VICTOR.
KOCAY

SCHÉMAS DU DÉSIR

UNE LECTURE D'*AMERS*

DE

SAINT-JOHN PERSE

PRESSES UNIVERSITAIRES
DU NOUVEAU MONDE

2021

Published in the United States by The University Press of the South. Printed in France by Monbeaulivre.fr

E-mails: unprsouth@aol.com; universitypresssouth@gmail.com

Visit our award-winning web pages: www.unprsouth.com

www.punouveaumonde.com

Victor Kocay.

Une lecture d'***Amers*** de Saint-John Perse.

Second Edition in French.

272 pages. French Literature Series, 56.

Front Cover Design by Stan Duchêne.

1. Saint-John Perse. 2. Twentieth Century French Poetry. 3. *Amers*. 4. Mythology and French Poetry. 5. Philosophy and French Poetry. 6. Naturalism in French Poetry. 7. Nietzsche. 8. Sexuality in Poetry. 9. Transcendence in Saint-John Perse. 10. Poetry about the Sea and Oceans.

ISBN: 978-1-937030-04-9 (First Edition: USA, 2011)
ISBN: 978-1-952799-37-2 (Second Edition: Europe, 2021)

Si l'on n'attend pas l'inattendu, on ne le trouvera pas, car il est difficile à trouver
Héraclite, *Fragments*

Ma consolation, c'est que tout ce qui a été est éternel ; la mer le rejette au rivage
Nietzsche, *La Volonté de puissance*

Préface de la deuxième édition

Pour la deuxième édition de cet ouvrage sur le poème *Amers* de Saint-John Perse, nous avons porté quelques changements au texte. Des coquilles ont été corrigées, et certaines phrases longues ont été reformulées dans un effort pour rendre le texte plus clair et plus lisible. Les arguments et les hypothèses avancés restent cependant les mêmes. Nous signalons toutefois que certains aspects de notre interprétation de la poésie de Perse ont été développés dans des publications subséquentes à cet ouvrage. Nous avons notamment mieux souligné l'influence de Nietzsche sur Perse dans un ouvrage qui porte sur les poèmes publiés après *Amers*, et nous avons mis en valeur certains traits de la poésie de Perse dans quelques articles. Cet ouvrage, et ces articles sont répertoriés dans la bibliographie qui se trouve à la fin de ce volume.

Nous tenons à revenir ici sur deux aspects de notre lecture du poème de Perse, aspects que nous n'avons pas cru nécessaire de souligner lors de la première édition, tellement ils semblaient aller de soi, ou ne pas mériter de considération particulière. Le premier est d'ordre technique, mais le deuxième relève plutôt des objectifs de notre ouvrage. Or, il nous semble d'abord qu'il faut préciser que les termes que nous utilisons pour distinguer entre les différentes parties du poème correspondent aux divisions que Perse lui-même a opérées dans son texte, du moins pour la version finale du poème. C'est-à-dire que nous nous servons des mots « invocation », « strophe », « chœur » et « dédicace » comme des sous-titres des différentes parties du poème. Ce sont les sous-titres que Perse lui-même a donnés à son poème. C'est pour cette raison que nous utilisons parfois ces mots sans déterminant. Nous nous servons aussi d'autres termes qui ne sont pas de Perse, comme « chant », « suite », « développement » et « tirades ». Ces termes désignent des passages séparés par un espace, ou un astérisque, ou qui sont précédés d'un chiffre dans la version de la pléiade. Les termes « laisse » et « verset » correspondent en général aux alinéas dans le texte de Perse. Ils sont, d'ailleurs, souvent séparés eux aussi par un espace. Ces termes servent uniquement à préciser la partie du poème dont nous parlons, et n'ont véritablement aucun rapport avec notre lecture du poème.

Or, comme notre ouvrage se veut une analyse et même une explication du sens du poème de Perse, nous revenons, parfois dans le détail, sur certaines idées évoquées par le poème, ainsi que sur des tournures et des images dont le poète se sert pour les exprimer. Cela veut dire que les deux discours, à savoir le poème de Perse et notre commentaire, sont imbriqués l'un dans l'autre. Cela peut poser un problème pour la critique parce que, dans un premier temps du moins, notre analyse prend l'aspect d'une réécriture du poème de Perse, et il serait sans doute préférable que les deux discours restent distincts. Dans cette perspective, il serait peut-être souhaitable de publier commentaires et analyses ensemble avec le poème de Perse, le passage visé précédant directement ainsi l'analyse, mais cela rendrait notre ouvrage beaucoup plus long, et sans doute un peu boiteux parce que le lecteur serait toujours pris entre deux discours. Si nous avons choisi de présenter notre analyse de la manière dont nous l'avons faite, c'est en partie pour que notre texte soit moins long, mais c'est surtout parce que notre ouvrage vise les lectrices et les lecteurs de Perse, lesquels, en principe, connaissent déjà le poème de Perse et sauront, alors, distinguer entre le poème de Perse et notre analyse. L'imbrication des deux discours nous paraît d'ailleurs inévitable, d'autant plus que l'analyse tente de préciser le sens d'une image obscure ou d'une syntaxe complexe. Pour en discourir, il faut, dans une certaine mesure, reprendre la phrase du poète. Mais celle-là est une question qui concerne l'explication de texte en général car, parler de l'œuvre d'un auteur, c'est toujours revenir sur son texte d'une façon ou d'une autre. Si on cherche à interpréter un texte, et à en préciser le sens, il faut qu'on se serve des mots et des phrases employés par l'auteur, ou du moins, il faut faire appel à des synonymes et à des paraphrases qui en rendent le sens plus clair.

Nous cherchons tout de même, en un deuxième temps, à mieux distinguer entre le poème de Perse et notre lecture du poème, notamment dans la deuxième partie de notre ouvrage intitulée « remarques, constats, conclusions ». Dans cette partie nous soulignons les thèmes principaux du poème de Perse ainsi que les idées qui, à notre sens, y sont incarnées. Notre présupposé – formulé uniquement après notre lecture du poème cependant – c'est que le poème de Perse se fonde sur des notions philosophiques que le poète a souvent exprimées à l'aide d'images et de symboles, ou au moyen de paraboles. Lire et interpréter un texte de Perse, c'est souvent une entreprise ardue. Le langage du poète ressemble peut-être, et dans une certaine perspective, à celui de la diplomatie, langage qu'il faut lire, comme le dit Proust dans *Le Côté de Guermantes*, « à travers des symboles superposés ».

Introduction

nos objectifs

Amers est un poème long et difficile, un poème « tentaculaire » selon Yves Bernabe, un poème « où l'ordre même s'offre le luxe de son propre désordre »[1]. Il est en plusieurs parties. Les images sont souvent complexes et parfois un peu obscures. Les lecteurs de Perse savent d'ailleurs que le poète se plaisait à mettre en valeur la polysémie des mots, et les sens possibles et différents de certains termes rendent l'interprétation du texte problématique par endroits. Et puis les références nombreuses et souvent voilées à l'histoire ancienne et à la mythologie grecque, entre autres, posent d'autres difficultés aux chercheurs, d'abord sur le plan de la référence elle-même parce que souvent on n'est pas sûr de bien pouvoir identifier la référence, et qu'ensuite on ne sait vraiment pas pourquoi Perse a parsemé son poème de références culturelles, étant donné d'ailleurs qu'il a dit mépriser la culture. Et pourtant, il incombe à tout chercheur qui s'intéresse à Perse de bien lire le texte et de cerner de son mieux le sens du poème. Il est évident, enfin, qu'il ne s'agit surtout pas d'une simple suite de mots sans rapports les uns aux autres. À notre sens, *Amers* est un poème qui se replie sur les croyances des peuples anciens et modernes afin de souligner que le désir de liberté est incessant et récurrent aux différents stades du développement de la culture humaine. Il nous invite en plus à prendre plaisir à la vie comme des êtres sexués et mortels.

Cet ouvrage représente notre effort pour comprendre le poème qui est peut-être le poème le plus difficile de Saint-John Perse. Il s'agit en premier lieu de ce qu'on pourrait appeler une exégèse, une analyse, ou tout simplement une lecture du poème. Nous passons en revue les différentes parties du poème en cherchant à cerner le sens que chaque partie développe. Dans cet objectif, certains de nos commentaires reprennent donc le texte de Perse, mais tout en le formulant autrement. Parfois il faut préciser le sens d'une référence, parfois il faut interpréter une image et son rapport avec le texte, et parfois il faut reprendre la syntaxe complexe de Perse et refaire la phrase dans un ordre de mots plus « logique ». Notre lecture se fait suivre, en deuxième lieu, par l'analyse des idées principales du poème, à notre sens, telles l'importance du désir, ou la notion de retour éternel.

Or, faire l'exégèse d'une œuvre poétique comme celle d'*Amers* pourrait paraître un peu osé à certains, d'autant plus que tout poème se laisse comprendre

1. Yves Bernabe, « Parole et pouvoir dans la poésie de Saint-John Perse », dans Henriette Levillain et Mireille Sacotte, *Saint-John Perse : Antillanité et Universalité*, Paris, Éditions Caribéennes, 1988, p. 33-43, p. 35.

de différentes façons selon la perspective des chercheurs. Notre lecture se veut un éclaircissement du texte. Nous ne cherchons à souligner ni l'intertextualité dans les poèmes de Perse, ni les ressemblances des passages de Perse avec les textes d'autres écrivains et poètes, c'est-à-dire sauf dans le cas où cela peut faciliter notre travail et nous aider à comprendre le poème. Nous ne nous penchons pas non plus sur la biographie de Perse, en partie parce que Perse voulait que sa poésie reste à l'écart de sa vie personnelle, et en partie parce qu'il existe déjà d'excellents ouvrages de ce genre. De plus, un poème comme *Amers*, construit sur le thème des forces de la nature et qui prend racine dans la mythologie et dans l'histoire ancienne, ne se laisse pas très bien expliquer par des recours à l'histoire personnelle et limitée du poète. Et finalement, nous ne nous donnons pas pour objectif d'expliquer ce qu'on appelle l'imaginaire ou la poïétique de Perse. Nous désirons plutôt cerner ici ce que le seul poème d'*Amers* nous dit. Le nôtre est donc un travail linguistique, structural et métaphysique, et cela parce que le poème de Perse semble l'exiger.

Comme plusieurs l'ont fait remarquer, Perse est un poète difficile. Pour bien le lire on est obligé de revenir sur le système linguistique dont il se sert et qui rend son poème possible, et cela sur trois plans, celui des mots, celui des phrases, et celui du discours ou de l'agencement des termes. Il est à noter au préalable que Perse respectait la langue française. La forme juste en poésie lui était très importante, comme en témoigne sa conversation avec des écrivains suédois. Le poète y précise que le contenu du texte peut parfois être obscur, étant donné que l'âme humaine est obscure, mais que la forme du texte doit être claire[2]. Or, une forme claire veut dire un texte lisible du point de vue de la grammaire, un texte qui laisse son contenu se déployer et s'appréhender. Par là on estime que la poésie de Perse se laisse lire et comprendre car une phrase bien formée est le véhicule d'un contenu particulier, que celui-ci soit clair, obscur, ou bien métaphorique. Sur le plan des mots on note que le vocabulaire de Perse est obscur par endroits, ou qu'il n'est pas tout à fait dans le registre du familier. En plus, le poète se sert de nombreuses références culturelles. Il est vrai pourtant qu'un mot se cherche dans le dictionnaire et que pour cette raison la « difficulté » lexicale et référentielle de son œuvre est un problème surmontable. Le sens d'un mot dépend souvent de son contexte, cependant, de sorte qu'on ne peut pas toujours se contenter d'une définition trouvée dans le dictionnaire. Il faut aussi tenir compte de l'ensemble et du sens véhiculé par la phrase. Comme Roger Caillois l'a si bien dit, chez Perse l'ampleur des données « apparaît comme la plus large possible : à vrai dire, elle coïncide avec celles du dictionnaire et du monde. Le poète puise dans un répertoire

2. Saint-John Perse, « Colloque avec des écrivains suédois », Stockholm, décembre 1960, Fondation Saint-John Perse, p. 5.

universel dont la richesse l'éblouit et où il ne se lasse pas de choisir. Il juxtapose, il énumère, il assemble. Dès lors, le problème capital de sa poétique est précisément celui des connexions »[3]. Suivant Caillois, alors, ce sont les connexions entre les mots et les rapports entre les phrases qu'il faudrait étudier pour bien comprendre le texte de Perse.

La syntaxe souvent contournée de la poésie de Perse représente un autre niveau de difficulté d'interprétation. On est parfois obligé de lire un paragraphe à plusieurs reprises uniquement pour trouver le sujet d'une phrase, la poésie de Perse ressemblant, sous cet angle, aux œuvres des Symbolistes, et notamment à certains poèmes de Mallarmé, à tel point qu'il serait possible de parler d'une influence des Symbolistes sur Perse, ou du moins d'une ressemblance entre les poèmes de Perse et les textes des Symbolistes[4]. Il serait tentant même de conclure que Perse est un poète dans la lignée générale des Symbolistes, surtout quand on se rappelle qu'un des préceptes des Symbolistes est que le mot doit « suggérer » son objet plutôt que de le nommer. À notre sens, Perse, lui aussi, se sert souvent de termes qui ne font que suggérer leur référent. Ou bien, il se sert de termes qui ne précisent pas tout à fait leur référent mais qui dénotent plutôt un objet proche ou semblable, laissant le lecteur compléter la référence afin de se faire une idée plus claire du sens que le texte communique. On pourrait donc dire que Perse est un poète symboliste, bien que ses croyances semblent être autres. La longueur de ses textes témoigne, par exemple, d'un certain écart entre les deux perspectives. Disons, du moins, que Perse semble avoir été moins « hanté » par le sens précis des sons et des lettres que ne l'avaient été certains Symbolistes.

Sur le plan de la référence il existe d'autres difficultés pour le lecteur qui cherche à bien comprendre le texte de Perse. Dans *Amers* Perse fait de nombreuses références à la mythologie et à l'antiquité, mais ces références sont souvent partielles de sorte qu'elles restent plutôt énigmatiques. Dans certains cas, il faudrait parler d'ellipses, tellement il est difficile de préciser à quel mythe Perse fait véritablement référence, et dans d'autres cas on pourrait voir en un seul passage une référence à plusieurs mythes, comme si Perse cherchait à mélanger les mythes,

---

3. Ce passage est cité par Saint-John Perse, *Œuvres complètes*, *op. cit.*, p. 1268.

4. Il se peut que dans sa correspondance et ses divers écrits Perse ait fait peu de références à Mallarmé, comme Alain Girard l'a démontré (« Le Mallarmé de Saint-John Perse », *Souffle de Perse* 5/6, 1995, p. 79-95), mais les lecteurs de Perse ressentent souvent une influence importante du poète symboliste sur Perse, et cela sur le plan linguistique tout aussi bien que sur le plan thématique. (*Cf.*, entre autres, Émilie Noulet, « Saint-John Perse et Mallarmé », *Europe*, avril - mai, 1976 ; Mireille Sacotte, *Parcours de Saint-John Perse*, 1987 ; Renée Ventresque, « Saint-John Perse, un grand poète du XIXe siècle : l'héritage de Mallarmé », *Souffle de Perse* 5/6, 1995, p. 96-105 ; Colette Camelin et Joëlle Gardes Tamine, *La Rhétorique profonde de Saint-John Perse*, Paris, Éditions Champion, 2002, p. 17).

à les croiser en quelque sorte pour en faire d'autres[5]. À notre sens, pourtant, Perse se sert des références mythologiques pour montrer à quel point les différentes cultures de l'antiquité se ressemblaient du point de vue de leurs croyances et de leurs légendes. Les références aux mythes constituent ainsi autant de rappels des croyances des peuples du passé et ont pour but d'exprimer le mobile principal de la création poétique, à savoir le désir.

la critique

Jusqu'à date très peu d'études du genre que nous proposons ont été réalisées, surtout en ce qui concerne *Amers*. Il existe des études de certaines parties du poème et il y a plusieurs articles qui traitent d'un aspect particulier du texte. Il nous semble pourtant, et de façon générale, que lorsqu'il s'agit d'expliquer le poème les critiques se contentent souvent de ce que nous appelons une glose. Ils évoquent l'importance du sacré, le désir de transgression que la poésie de Perse manifeste, et le besoin de spiritualisme du poète. Et ils n'ont pas tort. Mais plusieurs questions restent sans réponse. Par exemple, si Perse ne respecte pas les mythes auxquels il fait référence, comme certains le croient, on se demande pourquoi il les inclut dans son poème à lui. Et puis, pourquoi trouve-t-on en un même poème des parties aussi distinctes et aussi divergentes que les huit premières suites de la Strophe et le poème lyrique, « Étroits sont les vaisseaux » ? Étant donné en plus qu'il s'agit, entre autres, d'un poème d'amour, il faudrait s'interroger sur le sens de l'amour chez Perse, et sur les rapports entre les hommes et les femmes tels que présentés par le poème. Le manque d'analyse de l'ensemble du poème a pour conséquence que ces questions, ainsi que d'autres, restent sans réponse. Cela est dû sans doute en partie à la longueur et à la complexité du poème, mais reflète aussi, nous semble-t-il, le parti pris des critiques. Le vocabulaire de Perse a suscité nombreux articles, comme l'ont fait également les influences de la jeunesse du poète et du créole sur sa créativité poétique, et, quoique les thèmes principaux de ses poèmes aient souvent été évoqués, l'idée d'un ensemble ou l'idée d'un message particulier que le poète avance dans *Amers* semble être laissée de côté.

Certains critiques avancent même que la poésie de Perse ne cherche pas à communiquer des idées, qu'elle est composée plutôt de chants et d'hymnes, et que c'est surtout le rythme du vers qui intéressait le poète. La poésie de Perse serait alors une poésie de rituel ou de cérémonie qui tracerait la quête spirituelle du poète et son désir de dépasser ses limites personnelles. C'est ainsi du moins qu'un de ses premiers critiques a formulé son appréciation de la poésie de Perse. En 1952

---

5. C'est le point de vue de Colette Camelin et de Joëlle Gardes Tamine. *Cf. La Rhétorique profonde*, *op. cit.*, p. 87.

Maurice Saillet a en quelque sorte réprimandé le poète lorsqu'il a écrit qu'on « chercherait en vain dans l'œuvre de Saint-John Perse la continuité d'une pensée. Ce qui passe pour tel, à première vue, est simplement le fait d'une *nature* partagée entre l'amour et le mépris du pouvoir – fasciné par l'exercice d'une mystérieuse domination – et d'un *caractère* qui se plaît parfois à confondre hauteur et intelligence, arbitraire et lucidité. L'`idée pure`, dans cette œuvre, n'est autre que le soleil de la gloire qui décline à l'horizon du proscrit après avoir brillé sur la marche du conquérant »[6]. Sans formuler leur thèse de façon aussi tranchante, d'autres critiques ont quand même laissé entendre des remarques semblables. Dans son analyse du langage de Perse, par exemple, Pierre Van Rutten avance que l'écriture de Perse « est orientée vers l'émerveillement de l'impact et non vers la compréhension de la raison »[7]. Et dans un ouvrage très détaillé sur Perse, Elisabeth Coss-Humbert note que « l'œuvre de Saint-John Perse tire toute sa richesse et sa noblesse de cette acception du langage, car il n'explique rien, il ne démontre rien : il donne à voir les images du monde, et tandis qu'il transmet ces images à la vision intérieure du lecteur, les rapports logiques s'établissent d'eux-mêmes »[8]. Et tout dernièrement Renée Ventresque reprend la notion selon laquelle Perse ne serait pas un grand théoricien de la poésie car il n'aurait rien laissé de comparable à l'*Art poétique* de Claudel. Ventresque : « Saint-John Perse n'est ni un philosophe ni un théoricien du langage poétique. Il ne bâtit (ne veut bâtir) aucun système – d'Alexis Léger il a hérité la haine des systèmes en général »[9]. Et pourtant le manque de traces physiques ne veut pas dire manque d'inspiration et absence de réflexion. Par ailleurs, le poème lui-même semble récuser cette perspective.

Perse, lui-même a traité la « thèse » de Saillet de « déplorable », préférant à celle-ci la critique de Caillois, car à son avis la thèse de Saillet cherchait un peu trop à expliquer le poème à partir de la vie du poète[10]. Or, admettons que la pensée de Perse, si pensée il il y en a, ne se révèle pas facilement. Il faudrait donc faire un effort pour l'éclaircir. Pour ce faire, il convient d'abord de comprendre le poème, et il ne s'agit certes pas d'un traité de philosophie. Ce sont des textes poétiques, mais à notre sens cette poésie présente bel et bien une réflexion sur la condition humaine, réflexion que nous cherchons ici à élucider. Il semble d'ailleurs que la

6. Maurice Saillet, *Saint-John Perse poète de gloire*, Paris, Mercure de France, 1947, 1952, p. 104.
7. Pierre Van Rutten, *op.cit.*, p. 48.
8. Elisabeth Coss-Humbert, *Saint-John Perse. Poésie, science de l'être*, Nancy, Presses universitaires de Nancy, 1993, p. 401.
9. Renée Ventresque, *Saint-John Perse dans sa bibliothèque*, Paris, Honoré Champion, 2007, p. 93.
10. *Cf.* La lettre de Perse adressée à Roger Caillois en 1952, dans Saint-John Perse, *Œuvres complètes*, Paris, Gallimard, 1972, 1982, p. 963.

perspective de Perse ait changé au cours des années. Ce qui était vrai, peut-être, pour *Anabase* et d'autres poèmes de jeunesse, semble moins évident pour les poèmes d'exil et les poèmes ultérieurs, à tel point qu'on se demande si la critique de Saillet, que Perse connaissait bien, n'avait pas exercé une influence, pour minime qu'elle soit, sur la créativité du poète. C'est-à-dire que Perse aurait pu à la fin élaborer ses poèmes sur la mer et les mettre ensemble de sorte à produire un poème où la continuité de la pensée se laisse sentir. Mais tout cela n'est que conjecture. Ce qu'il faut retenir, c'est que le poème *Amers* n'est pas dépourvu d'idées, même si on ne sait pas quel facteur a motivé Perse à élaborer son poème de la mer à partir des textes qu'il avait publiés antérieurement.

À part l'analyse de Saillet, plutôt oubliée aujourd'hui, il existe plusieurs ouvrages fort bons sur la poésie de Perse. Quelques-uns visent plus particulièrement le poème auquel nous nous intéressons. Il convient de tenir compte de ces ouvrages, ne serait-ce que de façon brève et sommaire. L'ouvrage d'Albert Henry, intitulé *« Amers » de Saint-John Perse*[11], présente les thèmes principaux du poème et précise le sens de plusieurs mots. Se référant au travail de Roger Caillois, Albert Henry explique que la poésie de Perse est une poésie de choses[12], une poésie de mouvement[13], et que chez Perse il y a « soumission au réel mais aussi exaltation d'un réel intérieur »[14]. À son sens, la poésie de Perse est « œcuménique », c'est-à-dire qu'il s'agit d'une poésie qui « fait sortir les principes de l'effervescence » et qui « tire de la vie une cohérence qui s'épanouit en un ordre grandiose »[15]. L'ouvrage de Henry reste pourtant sur le plan général, l'auteur cherchant, nous semble-t-il, à présenter les thèmes principaux du poème de Perse. D'ailleurs, l'ensemble de son ouvrage est comme sous l'égide du soi-disant « réalisme » de Perse, suivant en cela l'exemple de Caillois, auteur auquel Henry fait souvent référence. Il ne cherche pas à expliciter les images complexes du poème et laisse de côté plusieurs éléments clés pour l'ensemble de l'interprétation.

Dans son ouvrage à elle sur la poésie de Perse, Marie-Laure Ryan propose une lecture intéressante du poème *Amers*[16]. À son avis, il s'agit de la célébration des noces de la mer et de la communauté terrestre[17]. Elle voit dans les discours des personnages féminins de « Strophe » le refus des traditions. L'acte de « rejeter le

---

11. Albert Henry, *« Amers » de Saint-John Perse*, édition revue, Fondation Saint-John Perse, Éditions Gallimard, 1963, 1981.
12. *Ibid.*, p. 25.
13. *Ibid.*, p. 28.
14. *Ibid.*, p. 27.
15. *Ibid.*, p. 128.
16. Marie-Laure Ryan, *Rituel et poésie : une lecture de Saint-John Perse*, Berne, Éditions Peter Lang, 1977.
17. *Ibid.*, p. 123.

rite ancien est conçu comme le geste initial d'un rite nouveau », écrit-elle, et cela nous semble tout à fait juste. Mais, malgré plusieurs aspects positifs de sa lecture du poème, il nous semble que Ryan méprise le sens général du poème lorsqu'elle dit, par exemple, que dans « Étroits sont les vaisseaux » l'amant cherche la certitude que l'amour est plus qu'une série d'expériences discontinues, ou lorsqu'elle note que les amants, dans ce même passage, participent à la création d'une œuvre aux dimensions de la totalité[18]. Ou est-ce seulement une façon de parler qui ne nous convient pas ? Il semble à nous que celle-là ne soit pas la perspective de Perse.

Gabrielle Clerc, pour sa part, insiste plus sur les aspects symboliques du poème. Elle se penche sur les références mythologiques et religieuses du poème de Perse, et elle souligne surtout l'importance du mythe de Dionysos dans *Amers*[19]. Dans l'organisation de ce poème, elle voit une espèce de forme théâtrale avec un autel au centre et autour duquel les figurants évoluent[20]. L'idée d'une procession religieuse est même centrale à sa lecture du poème. À son avis, ce poème qui constitue l'exposé du mythe de la mer[21], cette « épopée de la création poétique »[22], « a le sacré pour origine et pour visée, pour objet de sa célébration et pour matière »[23]. L'interprétation de Clerc qui souligne le sacré dans la poésie de Perse semble s'écarter de l'interprétation réaliste de Caillois et de Henry et, à notre sens, il faudrait donner raison à Gabrielle Clerc. Au moyen surtout des mythes et des légendes, le sacré semble bien appartenir au poème et, par là, la perspective selon laquelle Perse serait un poète « réaliste » est quelque peu battue en brèche. L'ouvrage de Clerc fournit d'ailleurs plusieurs informations utiles sur *Amers*, même si la notion qu'elle propose du mouvement des figurants autour d'un autel central reste un peu difficile à imaginer à partir du texte de Perse, et nonobstant les commentaires du poète à cet égard[24]. Il nous semble plutôt que la mer elle-même est l'autel devant lequel les participants viennent faire hommage, hommage à la mer bien entendu, et à son règne dans le cœur des hommes. Le fait que la mer semble tenir lieu d'un autel souligne en plus la perspective « naturaliste » de Perse,

---

18. *Ibid.*, p. 138.
19. Gabrielle Clerc, *Saint-John Perse ou de la poésie comme acte sacré*, Neuchâtel, les Éditions de la Baconnière, 1990.
20. *Ibid.*, p. 41.
21. *Ibid.*, p. 79.
22. *Ibid.*, p. 83.
23. *Ibid.*, p. 90.
24. D'autres chercheurs ont proposé une critique semblable à celle de Clerc. *Cf.* Joëlle Gardes Tamine, Colette Camelin, Catherine Mayaux, Renée Ventresque, *Saint-John Perse sans masque : lecture philologique de l'œuvre*, La Licorne, Presses universitaires de Rennes, 2002, 2006, p. 327-384.

c'est-à-dire que son poème semble avancer une forme de religion sans édifice, sans prêtres et sans dogme précis.

Plus récemment, l'ouvrage de Colette Camelin se donne pour objectif, entre autres, de préciser les sources philosophiques et poétiques de Perse[25]. Sur le plan philosophique, à son avis, il s'agit surtout chez Perse de l'influence de Bergson, de Spinoza et de Nietzsche, mais il est aussi question des présocratiques comme Héraclite et Empédocle. Sur le plan textuel, Camelin note l'importance pour Perse, entre autres, de l'*Iliade*, de l'*Énéide* et de la Bible. (Nous reviendrons sur les sources philosophiques et textuelles de Perse après notre lecture du poème.) Camelin consacre un chapitre au poème *Amers*, chapitre dans lequel elle propose que l'expérience centrale du poème, *Amers*, soit l'appréhension de l'Être dans un moment d'extase[26]. D'après elle, le poème est organisé « autour d'une crise où la jouissance sexuelle est donnée comme une expérience de fusion avec l'énergie de l'univers – bref éclair, éblouissement comparable à l'extase mystique »[27]. Nous avouons pourtant ne pas trop bien saisir en quoi consiste la « crise centrale » à laquelle elle fait référence. Il est bien question des rapports sexuels entre un homme et une femme, mais cela ne constitue pas une crise à notre sens – à moins que l'orgasme ne soit une crise – et le poète n'a jamais parlé de la représentation d'une crise personnelle. D'ailleurs, il nous semble que la notion d'extase mystique que Camelin avance, bien que compréhensible dans le contexte du poème, passe sous silence l'évident naturalisme de Perse. Il reste que, d'après le poème, la nature joue un rôle important dans la vie d'un être humain. En cela Perse reste l'héritier des Romantiques, mais le rôle de la sexualité dans le poème, et dans la vie selon le poème de Perse, est plus important que la notion d'extase, mystique ou autre, fait entendre. L'importance de la sexualité dans la vie est sans doute une notion que Perse a empruntée à la philosophie de Nietzsche, et indirectement alors à Schopenhauer. Chez ce dernier, la sexualité exprime l'essence même et la force énergétique de l'être humain.

Plus récemment encore, Colette Camelin et Joëlle Gardes Tamine ont publié un ouvrage sur la rhétorique de Perse[28]. Ces auteures consacrent une section de leur ouvrage à une analyse d'*Amers*. En plus de noter les traits du style et le vocabulaire souvent technique de la poésie de Perse, elles expliquent plusieurs images et références trouvées dans le poème, mais il faut préciser que les explications proposées ne sont souvent que des suggestions puisque les références

---

25. Colette Camelin, *Éclat des contraires : la poétique de Saint-John Perse*, Paris, CNRS Éditions, 1998.
26. *Ibid.*, p. 231. C'est une formule que l'auteure répète dans Colette Camelin et Joëlle Gardes Tamine, *La « Rhétorique profonde » de Saint-John Perse*, *op. cit.*, p. 97.
27. *Ibid.*, p. 255.
28. Colette Camelin et Joëlle Gardes Tamine, *La Rhétorique profonde*, *op. cit.*

dans le poème ne sont pas toujours claires. D'ailleurs, les explications avancées par ces auteures paraissent parfois un peu arbitraires car la fonction de la référence dans le poème n'est pas déterminée, comme quoi Perse aurait choisi ces références de façon tout à fait aléatoire. Selon ces auteures, les nombreux mythes mentionnés dans le poème n'y ont pourtant pas de place privilégiée et ne servent en effet qu'à créer l'effet du « sacré ».[29] En ce sens, elles abondent, paraît-il, dans le sens de Clerc, auteure pour laquelle le sacré est l'élément clé de la poésie de Perse. Selon Camelin et Gardes Tamine, pourtant, Perse ne respecte pas le sens des mythes, mais cherche plutôt à créer des mythes modernes[30]. Dans cette voie, elles ajoutent que d'après Perse le « divin » est le pouvoir de transgresser les limites imposées par la condition des hommes[31]. Or, il est vrai que la notion de dépasser les limites est une notion importante chez Perse, mais le divin, du moins dans *Amers*, reste beaucoup plus proche de l'être humain que la formule de Camelin et de Gardes Tamine semble suggérer. Qui plus est, il nous semble à nous que Perse ne veut pas créer de nouveaux mythes modernes, mais qu'il cherche justement à éviter la création de nouveaux mythes. Sa perspective quelque peu réaliste et naturaliste se veut plutôt la fête de la vie et de la jouissance de vivre.

Dans leur étude plus complète de la poésie de Perse, étude qui comprend la définition de plusieurs termes et des comptes rendus sommaires des poèmes et qui, pour cette raison surtout, semble se destiner à l'enseignement, ces mêmes auteures, en collaboration avec d'autres, proposent une lecture philologique des poèmes de Perse[32]. Leur ouvrage propose une interprétation d'*Amers* semblable à celle avancée dans les ouvrages des mêmes auteures mentionnés ci-dessus. On y lit, par exemple, que dans *Amers*, « l'essentiel est le chemin exigeant le dépassement des limites humaines »[33]. En général le poème de Perse pose, à leur sens, « contre toute visée existentialiste de chanter l'appartenance de l'homme aux grandes forces cosmiques, son aspiration à une élévation spirituelle, son énergie, sa dignité et sa capacité à affronter son destin »[34]. Dans cet ouvrage, les auteures vont pourtant plus loin que dans les autres ouvrages cités, et dressent comme un petit lexique pour chaque partie du poème. Nous nous référerons souvent à cet ouvrage dans notre lecture du poème de Perse. Les explications avancées par ces auteures sont souvent justes à notre sens, bien qu'en général, et comme dans leur ouvrage précédent, elles restent par endroits un peu arbitraires car elles ne semblent pas

29. *Ibid.*, p. 84.
30. *Ibid.*, p. 87.
31. *Ibid.*, p. 98.
32. Joëlle Gardes Tamine, *Saint-John Perse sans masque, op. cit.*
33. *Ibid.*, p. 335.
34. *Ibid.*, p. 331.

liées au récit du poème. Parfois nous en proposerons d'autres, fondées sur le contexte et sur le sens général du poème.

Or, il existe également nombreux articles sur un aspect particulier du poème *Amers* ainsi que des études plus limitées sur des notions plus précises comme, par exemple, les références botaniques ou historiques dans les poèmes de Perse, ou les images de violence qu'on y trouve. Nous ne pouvons passer ici tous ces textes en revue mais nous en tenons compte dans la mesure du possible dans notre lecture du poème.

l'unité du poème ?

Plusieurs lecteurs de Perse voient dans l'ensemble d'*Amers* un poème unifié et complet. Selon Marie-Laure Ryan, par exemple, « l'Invocation tend vers la strophe qu'elle fait surgir » et « la Strophe guette son épisode final (Étroits sont les vaisseaux) »[35]. Pour les auteures de l'ouvrage *Saint-John Perse sans masque* l'unité du recueil est forte et tient d'abord à la présence de la mer[36]. Or, le fait même que les critiques croient qu'il est nécessaire de parler de l'unité de l'œuvre est significatif en soi. Cela révèle en fait que l'unité du poème a été souvent mise en question par ces mêmes critiques et, il faut reconnaître que les diverses parties du poème manifestent des différences importantes. Par exemple, Invocation ressemble quelque peu à une ode à la mer ; les premières suites de Strophe sont à caractère plutôt épique et historique, tandis que la neuvième suite est un véritable poème d'amour, érotique et lyrique, quasi anhistorique et surtout pas épique. Pour sa part Chœur semble nous faire entrer dans le délire de la création poétique, tandis que Dédicace semble vouloir concrétiser la visée particulière du poète. Par ailleurs, le thème principal du poème, à savoir la mer, ne se présente pas toujours de la même façon dans les différentes parties du poème, de sorte que sur le plan thématique du poème le lecteur d'*Amers* ne peut s'empêcher de remarquer des dissemblances plutôt prononcées. Dans des passages descriptifs, la mer est bel et bien la mer. Elle semble pourtant jouer ailleurs un rôle symbolique selon le contexte où elle est chantée. Elle peut être symbole de la liberté d'une part, et d'autre part elle est symbole de la femme. Certains passages semblent plutôt mettre en valeur le symbolisme pratique et économique de la mer dans la vie des hommes. C'est dire que sur les deux plans du contenu et du style, *Amers* ne semble pas être une œuvre très unifiée. Qui plus est, les perspectives présentées dans le poème sont nombreuses et les points de vue sont divers, d'autant plus que le poète prête la voix à plusieurs personnages[37]. Les personnages du poème sont construits, d'ailleurs,

35. Marie-Laure Ryan, *op. cit.*, p. 115.

36. Joëlle Gardes Tamine, *et al*, *op. cit.*, p. 328.

37. Selon Steven Windspur, par exemple, les poèmes de Perse n'expriment pas un seul point de

dans différents registres et selon différentes croyances, et ils appartiennent à des époques éloignées les unes des autres. La voix épique de l'Invocation recèle, par exemple, une perspective quasi religieuse que l'on constate ailleurs dans le poème, mais dans « Étroits sont les vaisseaux », c'est plutôt la perspective naturaliste et esthétique qui tient le haut du pavé, comme cela se laisse voir dans les discours des amants.

Et pourtant, malgré la dissemblance entre les différentes parties de l'œuvre, lorsqu'on aborde le poème dans la perspective d'un drame qui présente une problématique particulière, il paraît que ce poème de la mer manifeste une certaine unité, mais ce serait sur le plan dramatique, philosophique et formel, plutôt que sur le plan thématique et stylistique. La forme définitive de l'œuvre représente un mélange de textes, de perspectives et de thèmes dont le poète s'est préoccupé à travers une période de plusieurs années. Pour cette raison surtout, et vu que Perse a fait peu de changements dans l'élaboration de la version finale, on serait tenté de passer sous silence les divisions majeures du poème publié en 1957, mais il faut reconnaître que la forme finale du poème n'est pas sans importance sur le plan de l'interprétation. La mise ensemble qui a produit la version finale avec ces quatre divisions principales (Invocation, Strophe, Chœur et Dédicace) fait du poème une espèce de drame qui ressemble à l'organisation d'une tragédie de la Grèce antique[38] . Mais, comme on vient de le dire, c'est un drame qui présente différents styles dans ses différentes parties. Dans Invocation et Chœur le poème ressemble plus à une ode qu'à un drame. Les huit premiers développements de Strophe ressemblent plutôt à un poème épique qui raconte l'histoire d'un peuple ou de peuples anciens, tandis que le neuvième développement représente plutôt un poème lyrique qui dévoile à tour de rôle les perspectives des deux amants au sujet de leur amour. Il convient néanmoins de considérer le poème comme un ensemble constitué de ses différentes parties, si ce n'est que parce que c'est ainsi que le poète a organisé son ouvrage. Les chants, les éloges et les hymnes divers sont des textes indépendants, mais pris ensemble ils créent un drame avec un récit, des personnages et une intrigue. S'il a regroupé ses poèmes de la mer en une seule œuvre, c'est sans doute pour en souligner leur appartenance à une thématique plus large. De là, l'unité de l'œuvre.

La structure du poème, ou du drame, souligne en plus l'importance du message véhiculé par le poème pour l'ensemble du poème lui-même, d'autant plus que la tragédie grecque antique était en soi une forme didactique. À ce constat il

vue car tous ses poèmes ont plusieurs narrateurs. *Cf.* Steven Windspur, *Saint-John Perse and the Imaginary Reader*, Genève, Librairie Droz, 1988, p. 5.

38. Selon René Galand, il se peut que Perse ait trouvé dans le théâtre grec l'inspiration principale de son poème. *Cf.* René Galand, *Saint-John Perse*, New York, Twayne Publishers, Inc., 1972, p. 108.

faudrait ajouter la fonction des nombreux mythes du monde antique auxquels Perse fait référence tout au long de son ouvrage. À notre sens, la structure de l'ensemble de l'ouvrage, et les références à la mythologie ne sont pas sans rapport. D'une part, les nombreuses références à la mythologie rapprochent encore plus l'ouvrage de Perse des drames de l'antiquité qui invoquaient souvent l'influence des dieux dans la vie des hommes. D'autre part, le drame de Perse nous invite à revisiter le système moral selon lequel nous vivons. Telle était également la fonction du drame antique, du moins en partie. Selon Jean-Pierre Vernant, par exemple, le genre tragique « fait son apparition à la fin du VIe siècle lorsque le langage du mythe cesse d'être en prise sur le réel politique de la cité. L'univers tragique se situe entre deux mondes, et c'est cette double référence au mythe, conçu désormais comme appartenant à un temps révolu mais encore présent dans les consciences, et aux valeurs nouvelles développées avec tant de rapidité par la cité de Pisistrate, de Clisthène, de Thémistocle, de Périclès, qui constitue une de ses originalités, et le ressort même de l'action »[39]. À notre sens le poème de Perse exploite les mythes d'une façon semblable, c'est-à-dire pour mettre en valeur le changement des valeurs linguistiques et sociales. En fin de compte, les divisions majeures du poème de Perse, et leur agencement qui en fait un drame, ont pour conséquence d'orienter la recherche vers le message que nous communique ce long poème quelque peu didactique. C'est d'ailleurs grâce à la mise ensemble de ces textes divers, du moins en partie, que le message du drame se laisse sentir comme tel. L'unité du poème découle plus de la juxtaposition de ses parties que d'une logique actancielle ou autre.

le réalisme de Perse ?

Il est difficile de voir dans *Amers* un poème réaliste et concret qui a pour but de parler du monde réel. Le poème dépasse aisément cette conception de la poésie. Contrairement à ce que plusieurs ont soutenu au cours des années, la poésie de Perse, du moins telle qu'elle se présente dans *Amers*, n'est fondée ni sur la dénotation, c'est-à-dire sur l'effort du poète pour dire le réel, ni sur ce que certains appellent l'extériorisation du sujet, à savoir la suppression apparente du sujet[40].

---

39. Jean-Pierre Vernant, *Mythe et tragédie en Grèce ancienne*, 1, Paris, La Découverte, 2001, p. 7.

40. *Cf.* Peter Baker, *Obdurate Brilliance. Exteriority and the Modern Long Poem*, Gainesville, USA, University of Florida Press, 1991, p. 33 à 60. Selon cet auteur, chez Perse, la vision de l'intérieur coïncide exactement avec la vision de l'extérieur. C'est-à-dire que les objets du monde semblent constituer même la vision intérieure du poète. Pour cette raison, Perse n'est pas un poète romantique selon Baker (p. 34). Et pourtant, comme il s'agit dans *Amers* d'un poème sur le désir, et comme le désir qui est subjectif et individuel prend la forme de son objet, multiple et divers selon le désir, la coïncidence de l'extérieur et de l'intérieur que Baker évoque semble

Elle reste profondément attachée à l'imaginaire du poète et s'exprime sous les traits du « songe ». Dans *Amers*, le songe est un mode de pensée intermédiaire entre le réel et le rêve et, chez Perse, il constitue une véritable méthode poétique où le subjectif se mêle au monde réel. Le poète s'en est déjà servi dans *Neiges* où il évoque les « grands lés tissés du songe et du réel » (*Neiges* I) pour exprimer la présence physique du monde dans les pensées et les conceptions du poète. Dans Invocation, le poète nous révèle que ce poème de la mer, que cette louange de la mer, n'aura pas pour objet la mer elle-même, mais vise plutôt les conceptions de la mer dans la pensée des hommes : « Et de la mer elle-même il ne sera question, mais de son règne au cœur de l'homme ». Or, parler du règne de la mer au cœur de l'homme, c'est déjà se situer dans l'imaginaire et le subjectif. En plus, le poète nous évoque ainsi et l'importance qu'a la mer pour les gens de nos jours, et celle qu'elle a eue dans le cours du temps. On est donc situé dans des souvenirs et des récits du passé. Dans *Amers*, il n'est donc pas question des propriétés physiques et réelles de la mer, mais des façons dont les hommes ont compris le rôle de la mer dans leur vie, et de leurs rapports avec la mer. On est d'ores et déjà dans le domaine de la subjectivité. Par conséquent, les passages du poème à caractère épique, et qui semblent parler de la mer, racontent moins les exploits de la mer qu'ils ne racontent ceux des hommes.

Dans la perspective historique, le poème de Perse a pour objet les textes et les œuvres produits dans le cours de l'histoire humaine. C'est dans leurs poèmes, dans leurs récits et dans leurs œuvres mêmes que les hommes révèlent leur rapport avec la mer, et c'est dans ces mêmes œuvres qu'ils révèlent aussi l'importance que la mer a eue dans leur vie. Il est d'autant plus nécessaire pour le poète de se référer aux œuvres du passé – mais sans citer les textes et préciser les emprunts – qu'il ne reste aucune trace du règne de la mer au cœur de l'homme. Pour parler de la mer, telle qu'elle figurait dans l'imaginaire des peuples anciens, il faut reproduire dans la mesure du possible la pensée de ces gens. C'est-à-dire qu'il faut s'immiscer dans leurs productions artistiques, intellectuelles et culturelles, les seuls vestiges qui restent de leur pensée. Il n'est peut-être pas nécessaire de reprendre la façon de parler et de penser des peuples passés pour faire état aujourd'hui des idées d'une époque révolue, mais on comprend pourquoi Perse cherche à faire revivre les peuples du passé, à savoir en reprenant le style de leur parler et l'élan de leurs drames. C'est dans le contexte de son drame de la mer à lui que l'imitation des styles du passé et les références au passé sont reprises, et cela sans doute dans le but de rendre plus vivante la pensée des peuples anciens. C'est-à-dire qu'il est naturel que Perse reprenne le style et les croyances des peuples antiques car c'est

---

relever de la chimère. C'est-à-dire qu'à notre sens la suppression du pronom sujet n'entraîne pas la suppression du sujet.

au moyen du style et des croyances que ces peuples racontent leur rapport avec la mer.

Plus généralement, et d'après le poème de Perse même, dans *Amers* il est question des désirs des hommes. Le rapport des hommes avec la mer relève après tout du désir, du désir de l'au-delà, du désir de plus savoir, du désir de voyager et d'être libre. Le poème met en valeur ce qu'on pourrait même appeler l'espace du désir. C'est-à-dire que le poète assimile le règne de la mer au cœur de l'homme à la demande que le courtisan adresse à son prince. Dans la même phrase où il nous dit qu'il ne sera pas question dans son poème de la mer mais du règne de la mer dans le cœur de l'homme, le poète enchaîne : « Comme il est bien, dans la requête au Prince, d'interposer l'ivoire ou bien le jade entre la face suzeraine et la louange courtisane » (Invocation 4). Pendant l'instant de la demande où le courtisan s'adresse à son prince, l'espace qui les sépare et qui les distingue l'un de l'autre se laisse comprendre comme un espace du désir, un espace euphorique où la requête sera subséquemment satisfaite ou rejetée. Le prince lui-même, pas plus que le courtisan, n'est pas important en soi. Ce qui importe c'est le rapport entre les deux, le plaisir suscité d'un côté par le cadeau offert, et de l'autre côté l'attente d'un désir satisfait et l'exaucement d'une demande. Parler du règne de la mer au cœur de l'homme, ce n'est pas s'interroger alors sur les traits physiques de la mer ni sur ses origines et son évolution, c'est évoquer l'espace du désir qui sépare l'homme de la mer et qui oppose l'homme à son désir – la mer prenant ainsi même l'aspect du désir. La mer ressemble ainsi à « l'hôte dont il convient de taire le mérite » (Invocation 4). Ce qui importe, c'est le désir de l'homme, et le plaisir que l'homme en retire, comme « la fumée encore du plaisir enfumera la tête du fervent » (Invocation 4). Dans *Amers* le poète nous parle des désirs des hommes dans un drame où la mer n'en est que le substrat, à savoir un substrat qui permet de donner forme au désir. Sous cet angle la mer multiple, amorphe et changeante symbolise bien l'aspect flou et variant du désir subjectif des hommes.

Par analogie, le rapport entre le prince et le courtisan, et plus particulièrement celui entre le cadeau offert et la demande posée, évoque également le rapport entre le poète et son texte, rapport caractérisé lui aussi par la notion d'un espace du désir. Cette analogie n'est pas tout à fait aléatoire. D'abord, l'attente euphorique qui accompagne la demande adressée au prince ressemble sans doute à l'émotion suscitée par la création poétique. En formulant son œuvre le poète se mesure en quelque sorte à son désir et cherche à produire un objet, un poème, qui sera digne et de son désir et du sentiment que l'objet de son poème a suscité en lui. Le poème a aussi pour but de satisfaire le désir humain de la production artistique et esthétique, et bien sûr son objectif est de faire plaisir aux autres. Or, lorsqu'on a audience chez le « Prince », c'est pour lui soumettre quelque demande. Ce faisant, il faut sans doute respecter les convenances, mais si on espère une suite heureuse à sa demande, ce n'est pas une mauvaise idée d'offrir au prince un cadeau valable, disons un objet de beauté ou un objet précieux comme l'ivoire ou le jade : c'est le poète qui nous le dit. De même, on pourrait offrir un poème, et l'ouvrage de Perse serait un objet de beauté de ce genre. Qui plus est, c'est en l'honneur de la mer que Perse a écrit son texte, mais ce n'est pas la mer qui figure au premier plan. C'est plutôt le désir des hommes face à la mer qui constitue l'objet du poème. Ainsi la mer est-elle le prince qui règne au cœur de l'homme et qui détermine sa conduite (le mobile de ses actions, ses impulsions et ses élans), donnant ainsi une forme à son désir, et elle est aussi le prince auquel le poète s'adresse. La mer serait donc à la fois la souveraine et l'objet du désir. Cela n'est pas impossible ni contradictoire. Dans Strophe-IX, par exemple, le poète se révèle ainsi en s'adressant au prince : « Désir, ô Prince sous le masque, tu nous as dit ton autre nom !... »[41]. C'est que le prince, à savoir le souverain, représente en effet le désir de l'homme, si bien que l'on comprend que c'est le désir lui-même qui est souverain et que la mer, elle, en est le substrat et le symbole.

Le désir peut pourtant prendre plusieurs formes, et cela se voit même à l'intérieur du poème. Le désir pousse l'homme à prendre la mer et à dépasser ses limites, mais il le ramène dans un autre temps auprès de la femme qui lui offre amour et douceur. *Amers* est en quelque sorte un poème qui sonde les profondeurs du désir et qui s'interroge et sur les sources de cette force inexplicable et sur le côté quasiment divin de son apparence dans la vie des hommes. C'est d'ailleurs le poème qui évoque le côté divin du désir. La seule certitude dans le poème de Perse semble être la récurrence du désir et, lorsque celui-ci est présent, il dicte sa conduite à l'homme. Pour donner une forme concrète à son désir, pour faire connaître les origines dites divines du désir, le poète se met à la tâche et cherche à donner à son désir à lui une forme qui l'extériorise et qui le transpose dans les termes du réel. C'est dans ce sens seulement qu'on peut parler du « réalisme » de Perse. Dans *Amers* le désir se concrétise et se réalise grâce au poème qui lui donne une forme particulière et réelle. N'est-ce pas justement le sens du dernier vers du Chœur, et alors du dernier vers du poème à part les trois strophes courtes de la Dédicace, à savoir « Est-ce toi, Nomade, qui nous passeras ce soir aux rives du Réel ? ». Le « Nomade » en question est le désir qui visite et revisite incessamment ses sujets. Mais le nomade n'est pas réel. Il reste subjectif et flou, mais tout ayant la capacité de se rendre réel grâce aux efforts créateurs de l'homme. Dans *Amers* Perse donne alors une forme à sa réflexion sur le désir, réflexion menée au moyen du songe, sa méthode principale. C'est une méthode qui permet de sonder l'espace entre la réalité et le rêve, entre l'objectif et le subjectif, entre l'intérieur et l'extérieur de l'homme. Perse ne semble chercher ainsi à faire connaître ni le

41. Saint-John Perse, *Œuvres Complètes*, Paris, Gallimard, 1972, 1982, p. 340.

monde réel en tant que tel ni la subjectivité du poète comme une réaction personnelle et particulière devant les événements de sa vie. Il schématise plutôt une véritable philosophie de l'être, ce qu'on pourrait même appeler une structure du vivant, structure où priment le désir et bien sûr le plaisir qui en est la conséquence heureuse. C'est pour cette raison que notre ouvrage s'intitule « Schémas du désir : une lecture d'*Amers* de Saint-John Perse ». Le désir lui-même est constant et inéluctable, mais son objet et ses réalisations, à savoir ses schémas, manifestent des formes multiples.

Première Partie : la lecture du poème

préalable descriptif : les versions

Amers fut publié dans son édition définitive en 1957, mais ce poème se compose de divers textes écrits et publiés sur une période de plusieurs années. Voici la chronologie de la publication des différentes parties du poème :

La suite VIII de la Strophe de la version de 1957 fut publiée d'abord en 1948 dans les *Cahiers de la Pléiade*. Elle avait pour titre « Gloire, Marine ». De ce poème, il existe deux manuscrits datés tous deux de 1948 ; il s'agit des manuscrits am3 et am4[42].

L'Invocation qui figure en tête de la version définitive du poème fut publiée en 1950, également dans les *Cahiers de la Pléiade*, sous le titre « Et vous mers ». De ce poème il existe quatre versions manuscrites. Les manuscrits am10 et am11 sont presque semblables. Ils sont datés de 1948. Le manuscrit am1 est daté de 1950, tandis que le manuscrit am12, réalisé à partir de am1, n'est pas daté.

La Dédicace qui se trouve à la fin de la version de 1957 fut publiée en octobre 1952 dans la revue *Exil*. Ce poème avait pour titre, « Midi, ses fauves, ses famines… ». La version manuscrite est datée de 1952. Il s'agit du manuscrit am7.

Le poème publié sous le titre « Amers » dans la *N.R.F.* en 1953 contient les sept premières suites de la Strophe et le Chœur. De ce poème il existe deux versions manuscrites, toutes deux datées de 1951 ; le manuscrit am13 a été dactylographié à partir du manuscrit am2 écrit à la main.

La suite IX de Strophe fut publiée dans la *N.R.F* en 1956 sous le titre « Étroits sont les vaisseaux ». La Fondation Saint-John Perse possède trois formes manuscrites de cet ouvrage. Le manuscrit am5, daté de 1953, est écrit à la main. C'est la version la plus corrigée du poème que nous possédons. Il représente sans doute la version manuscrite existante la plus ancienne du poème. Le manuscrit am6, également écrit à la main, et daté de 1953, porte peu de corrections, et le manuscrit am14, dactylographié, est le texte qui a été posté à la *N.R.F.* en juin 1956.

Or, comme la version la plus ancienne des manuscrits est souvent un texte dactylographié et peu corrigé, il est possible qu'il ne s'agisse pas de la version la plus originale des poèmes, à l'exception peut-être du manuscrit am5, une version très annotée du poème « Étroits sont les vaisseaux », manuscrit qui pourrait fort bien, alors, être le texte original.

---

42. Les manuscrits d'*Amers* peuvent se faire consulter à la Fondation Saint-John Perse, à la Cité du livre, à Aix-en-Provence.

D'après Albert Henry, c'est entre 1953 et 1957 que Perse a élaboré et mis au point la structure définitive de l'œuvre telle qu'on la connaît aujourd'hui, dans les deux éditions de la Pléiade de 1972 et de 1982[43]. Comme les différentes parties du poème entier publié en 1957 n'ont pas subi de forts changements lors de l'élaboration finale, il s'ensuit que la « mise au point » a consisté surtout en un réaménagement des parties du texte pour en faire la séquence définitive de la version de 1957. On serait porté à croire ainsi que le texte définitif dit *grosso modo* la même chose que les textes isolés pris à part, mais ce serait faux. La mise ensemble des diverses parties du poème a donné à l'œuvre accomplie un sens philosophique que les parties du poème considérées séparément ne laissent entrevoir qu'avec difficulté. Dans la version définitive du poème, par exemple, L'Invocation qui semble n'avoir pour but que de chanter la gloire de la mer reste un texte liminaire, à savoir dans la perspective des idées véhiculées par le texte. Les huit premières suites de la Strophe nous donnent une espèce d'histoire abrégée de la condition féminine et incitent les femmes à rompre avec les idées et les traditions qui les oppriment. Le texte « Étroits sont les vaisseaux » nous donne l'exemple de ce que pourrait être la vie, libre des contraintes que l'on s'impose à soi-même en quelque sorte. C'est une thèse nietzschéenne. Et enfin, la Dédicace précise encore plus la pensée nietzschéenne du poète et nous sort du contexte des cas particuliers pour aborder l'espace sans limites et le présent glorieux de l'espèce humaine. Ce n'est que dans l'ensemble du poème que les thèmes de la liberté, de la jouissance et du présent éternel de l'homme se concrétisent.

les thèses principales du poème

Il est fort probable que l'inspiration générale du poème *Amers* est nietzschéenne. On sait que Perse a fort apprécié la *Volonté de Puissance* de Nietzsche et, les thèmes du poème semblent mettre en valeur certaines des idées du philosophe. Dans son ouvrage récent sur le rapport entre Nietzsche et Perse, May Chehab souligne à son tour l'influence de la pensée de Nietzsche sur Perse, mais à son sens Perse n'est qu'un « descendant oblique » du philosophe et non pas un « épigone direct »[44]. À notre sens, l'influence de la pensée de Nietzsche sur la pensée du poète est capitale.

Il faut d'abord souligner l'importance de la nature chez Perse. À travers tout le poème la nature humaine, sous forme de désirs et de plaisirs physiques, est proposée comme la contrepartie des systèmes moraux oppressifs et de l'érudition qui étouffe l'inspiration. La nature est également une valeur de base dans la

43. Albert Henry, *op. cit.*, p. 42.
44. May Chehab, *Saint-John Perse Neveu de Nietzsche*, Paris, Éditions Champion, 2009, p. 23.

philosophie de Nietzsche où elle sert, entre autres, comme modèle du refus des systèmes moraux hypocrites et injustes selon le philosophe. Ensuite, le désir sexuel semble constituer le fond instinctif de l'être humain chez Perse, c'est-à-dire d'après le poème *Amers*, et il est aussi l'instinct le plus fort de l'homme pour Nietzsche. Selon Perse, la sexualité serait même une partie du divin chez l'homme, à la fois l'indice de son origine et de son destin. Et enfin, chez Perse, comme chez Nietzsche, le présent de l'être humain est considéré comme un moment éternel où l'espèce humaine déploie sa créativité et ses talents pratiques. Ces trois thèses, à savoir le recours à la nature pour justifier le comportement de l'homme, la primauté du désir sexuel comme force motivante de l'être humain, et le présent éternel de l'espèce constituent ici notre horizon de lecture d'*Amers*. C'est lorsqu'il est lu dans ce sens que le poème nous est le plus intelligible, ce qui nous convainc de la justesse de notre analyse, mais c'est aussi dans cette perspective que le poème nous est le plus intéressant et surtout le plus stimulant. De tous les poèmes de Perse, *Amers* est peut-être le poème le plus philosophique. C'est un poème qui nous entraîne dans les labyrinthes du désir humain et qui nous présente le désir sous différentes formes, formes que nous appelons des « schémas », suivant en cela la perspective de Nietzsche[45]. Sur le plan pratique, il s'agit des réalisations du désir, du désir qui reste subjectif et alors à l'abri, voilé au regard de l'autre, et qui a besoin d'une forme particulière, tel le poème, pour se faire connaître et reconnaître comme désir.

notre lecture

Notre lecture d'*Amers* suit de très près le texte, raison pour laquelle il serait utile au lecteur de notre ouvrage de garder le poème de Perse à portée de main. Si nous avons choisi de procéder de cette manière, c'est que le sens du poème de Perse est parfois difficile à saisir. Un mot ou une image ne se laissent souvent comprendre que dans un contexte particulier, et encore. Pour cette raison, il ne convient pas de donner seulement un lexique des termes problématiques chez Perse. Les mots ayant parfois jusqu'à plusieurs sens possibles, c'est l'image que le mot constitue, à savoir son contexte qui en détermine le sens propre, que celui-ci soit littéral, figuratif, métaphorique, archaïque ou vieilli. Le mot « épice », par exemple, veut dire tantôt « une substance d'origine végétale », tantôt « un présent offert à un juge » et tantôt il faut le comprendre au sens figuratif comme un

45. Pour Nietzsche, la volonté de puissance comme connaissance n'est pas une connaissance dans le sens traditionnel du mot mais une schématisation. L'esprit impose sur le chaos autant de formes et de régularité que nos besoins pratiques exigent. C'est dans ce sens que la connaissance est essentiellement créative. *Cf.* Nietzsche, Kritische Studienausgabe, herausgegeben von Giorgio Colli und Mazzino Montinari, Gruyter, Deutscher Taschenbuch Verlag, vol. 13, 1999, § 14(152), p. 333.

élément qui ajoute du piquant à la vie. C'est le contexte qui détermine le sens le plus probable du mot.

Qui plus est, certaines images, ainsi que différentes parties du poème, souvent incongrues, se laissent mieux comprendre comme un ensemble poétique et dramatique lorsqu'on aborde le texte dans une perspective particulière telle que celle qui motive notre lecture du poème, à savoir celle que prend l'expression du désir dans la philosophie de Nietzsche. Une lecture qui suit de près le texte permet en plus de souligner la justesse même de la thèse de départ.

Nous commençons notre lecture par la dernière partie du poème de Perse, à savoir par la Dédicace, parce qu'à notre sens c'est dans cette partie du poème que la pensée de Perse s'exprime de la façon la plus claire, la plus succincte et la plus précise, c'est-à-dire en tenant compte de l'ensemble du poème. Pour dire cela à la manière de Perse – et que l'indulgence des lecteurs nous oblige – il semble que ce soit dans la Dédicace que le glaive poétique éternel s'est montré de son éclat le plus vif, et que dans sa nudité splendide et terrible il y a produit son chant le plus pur.

Dédicace

Souvent comprise comme un hommage fait à quelqu'un, la dédicace est placée pour cette raison en tête de l'ouvrage dont elle est la dédicace. La dédicace qui clôt le poème de Perse ne nomme cependant personne, à part la mer, de sorte que la fonction « hommage » de ce texte ne semble pas entrer en ligne de compte. Et pourtant, étant donné l'importance de la pensée de Nietzsche pour le poète, il est fort possible que la dédicace qui figure en fin du poème rende hommage au philosophe et à sa pensée, bien que le nom de celui-ci n'y figure pas. Un texte court de ce genre peut aussi avoir le sens d'une consécration, la consécration d'une église par exemple, ou d'un monument. Dans cette deuxième acception du mot la dédicace ne peut que suivre l'édifice dont il marque la consécration. Selon ce sens du mot la dédicace d'*Amers* serait ainsi la consécration du poème considéré lui-même comme un édifice à caractère religieux ou comme une œuvre monumentale. On pense à la métaphore proustienne de l'œuvre littéraire construite comme une cathédrale avec seuil, nef, abside, etc. Mais le mot « dédicace » peut aussi signifier une inscription qui relate la consécration, et selon cette dernière acception du mot, la Dédicace d'*Amers* serait plutôt un texte qui rapporte la consécration du poème. De plus, selon M. Chehab, il faut lire le mot « dédicace » dans son étymologie grecque et latine, ce qui donne au mot le sens d'un lieu sacré et d'un éloignement, de sorte que la dédicace serait, d'après elle, une « sortie du sacré »[46]. Or, bien que le sens précis du mot « dédicace » ne soit pas donné dans le poème, il est néanmoins clair que dans le poème de Perse, Dédicace est un « chant » qui rappelle les thèmes principaux du poème. Il s'agit d'un texte plutôt court qui fonctionne comme une espèce de crescendo du finale. En ce sens elle représente surtout la consécration d'une œuvre majeure dont elle reprend les traits les plus essentiels et les plus saillants.

La Dédicace d'*Amers* a comme sous-titre les premiers mots de la dédicace elle-même, à savoir « Midi, ses fauves, ses famines... ». Cette formule exprime à elle seule la thématique du poème. Pour sa part, Benoît Clair Pillet rapproche cette formule du « Cimetière marin » de Paul Valéry[47]. À notre sens, on pourrait aussi faire le parallèle avec *L'Après-midi d'un faune* de Mallarmé car le thème du désir est central dans les deux textes. Pierrette Labasthe-Marne souligne par contre les rapports entre Dédicace et différentes formes des arts plastiques comme les tableaux de Gauguin et des fauvistes. À son sens, la composition de Perse se serait

46. *Ibid.*, p. 127.

47. Benoît Clair Pillet, « Étude de 'Dédicace' dans *Amers* de Saint-John Perse », *Souffle de Perse* 4, 1994, p. 16-18.

inspirée des arts plastiques, constat qui semble concorder avec d'autres passages et références chez Perse. Labasthe-Marne propose en outre que le mot « midi » personnifie à la fois Dionysos et Apollon[48].

Or, il est fort possible que Perse se soit inspiré des arts plastiques dans la composition de sa dédicace, et il est vrai que le mythe de Dionysos surtout joue un rôle important dans le poème entier, mais le mot « midi » doit se faire comprendre ici plutôt de façon symbolique sur les deux plans du temporel et de l'abstrait. Midi marque d'abord le milieu de la journée, le point médian du transit quotidien du soleil. Par là, il marque un point médian tout court. Il signifie alors un point médian entre un début et une fin, comme le point médian d'une vie et, de façon plus abstraite, il signifie aussi un point entre deux extrêmes. Si les deux points extrêmes en question sont le non-être, disons la non-existence qui précède la naissance et celle qui coïncide avec la mort, le point médian, midi c'est la vie elle-même. Midi représenterait donc la vie d'un homme, la vie des hommes au pluriel. La Dédicace met ce sens du mot en valeur. L'heure de midi précise en effet l'apogée de la civilisation humaine[49]. Pour cette raison elle enveloppe toutes les activités des êtres humains, et cela depuis toujours. Pour Perse il est donc toujours l'heure de midi. C'est dire que l'heure de midi perdure pendant tout aussi longtemps que la civilisation humaine se perpétue et se développe sur la terre.

Cette façon de lire le mot « midi » coïncide d'ailleurs avec les premiers versets du poème où le poète note que son audience est plus large « sur ce versant d'un âge sans déclin : la Mer, immense et verte comme une aube à l'orient des hommes » (Invocation 1). La mer représente alors les premiers pas de l'homme sur la terre, et desquels elle a été le témoin. Par ailleurs, l'âge de l'homme est sans déclin, ce qui veut dire en quelque sorte que nous sommes toujours à l'heure de midi dans notre développement.

Au moyen d'un glissage métonymique, le mot « midi » signifie également le désir, à savoir le thème principal de l'œuvre. Dans le sens biblique du mot, par exemple, le « démon de midi » représente la tentation « affective et sexuelle qui s'empare des humains vers le milieu de leur vie » (Petit Robert). Selon cette acception du mot, « midi » est le moment de la journée, et le moment de la vie, où le désir est le plus fort. Le parallèle avec le poème de Mallarmé, *L'Après-midi d'un faune*, est de nouveau souligné car ce poème évoque lui aussi le désir sexuel, celui d'un « fauve » à l'heure même de midi. Dans le poème de Perse, le terme « ses fauves » se fait suivre du terme « ses famines », et comme le fauve est symbole du

---

48. Pierrette Labasthe-Marne, « De la couleur à la trace, une page tableau : Dédicace d'*Amers* », *Souffle de Perse* 5/6, 1995, p. 223-237, p. 226.

49. Nous développons plus loin le parallèle avec le concept de midi chez Nietzsche.

désir qui se laisse représenter également par le manque à combler, ou la famine, les termes de fauve et de famine sont des synonymes sur le plan symbolique.

Par ailleurs, l'aspect historique ou temporel de la civilisation humaine est également mis en valeur par le mot « midi ». Selon le mythe grecque des origines, Cronos (le temps) désigne les éléments interchangeables d'un mouvement avec un début et une fin, de sorte qu'entre les deux points du début et de la fin il n'existe que des événements désirés car c'est le désir qui détermine la fin et le moyen de l'action humaine. De cette façon « Cronos symbolise déjà la faim dévorante de la vie, le désir insatiable [...] »[50], et le temps représente les désirs des êtres humains car c'est le désir, cette faim qui pousse l'homme à agir, qui institue la séquence temporelle. Désirer un objet quelconque, c'est reconnaître un manque à combler, c'est entrevoir le début et la fin d'une action, c'est appartenir déjà à la séquence temporelle. Le mot « midi », en tant qu'il signifie une espèce de présent éternel, un présent où le désir est incessant, souligne alors, et en un sens général, les efforts des hommes pour satisfaire leurs désirs. Il est symbole de la vie, tout court.

De plus, sous sa forme divine, nous dit Jean-Pierre Vernant, Cronos est « principe d'unité et de permanence », c'est la négation du temps humain dont la qualité affective est plutôt celle « d'une puissance d'instabilité et de destruction présidant […] à l'oubli et à la mort »[51]. D'une part le désir participe de la vie de l'individu ; d'autre part, et en tant que principe de vie, il est plutôt constant et éternel. Il s'avère alors que le mot « midi » a en effet plusieurs sens possibles. Il marque un moment précis de la journée, à savoir un instant dans une séquence temporelle, et il représente aussi le besoin des humains. Sur le plan symbolique, d'ailleurs, il reprend la notion de désir qui transcende le temps humain et évoque alors l'éternel, si bien que le mot « midi » est symbole de la civilisation humaine.

Le texte intitulé Dédicace est composé de trois strophes d'une longueur semblable. On y reconnait la voix du poète à la troisième personne, ainsi qu'à la première personne du pluriel. Il y a peu de verbes dans ce texte. Le poète utilise plusieurs fois l'apostrophe pour nommer des choses, comme si les noms des choses étaient inscrits sur une « table », ici la « table des Eaux ». La fonction de la table, d'ailleurs, est de résumer les événements de l'année. Nommer des choses c'est un peu les ressusciter et les opposer à la pensée. En ce sens, nommer un objet ou un événement c'est marquer le désir de connaître cet objet ou cet événement.

Les verbes qu'on y rencontre sont au présent – le présent de la vérité scientifique – ce qui souligne le moment précis de « midi » et le présent de

50. Fernand Comte, *Larousse des mythologies du monde*, Paris, Larousse, 2004, p. 14.

51. Jean-Pierre Vernant, *Mythe et pensée chez les Grecs*, Paris, La Découverte, 1965, 1996, p. 128.

l'homme au sens général. La seule exception est le verbe « mourir » qui est au futur : « Nous qui mourrons peut-être un jour disons l'homme immortel au foyer de l'instant », mais l'événement qui marque le non-être, ou la fin de l'homme, ne peut que se mettre au futur ici, car il s'agit de la vie humaine tout court, de la vie qui perdure, et non pas de la vie d'une seule personne[52]. Il est significatif, d'ailleurs, que le verbe « mourir » se fasse suivre par l'adverbe « peut-être » et par le verbe « dire » au présent. La mort, à savoir la mort de l'espèce humaine, n'est qu'une possibilité, d'où la formule « nous qui mourrons peut-être un jour » ; et le « foyer de l'instant », à savoir « midi », représente le présent éternel de l'espèce humaine de sorte qu'il est vraisemblablement question ici de l'activité incessante des humains. Le verbe « dire » au présent souligne la notion d'une vérité générale étant donné que l'homme vit toujours au présent. Autrement dit, c'est à « l'heure de midi », au présent de l'homme alors, que l'être humain s'agite et se perpétue.

Le mot « midi » se fait entendre 6 fois dans la dédicace et il est 5 fois en tête de proposition, suivi à chaque occasion par deux ou trois substantifs, à savoir :

> Midi, ses fauves, ses famines, et l'An de mer à son plus haut sur la table des Eaux...
> Midi, son peuple, ses lois fortes...
> Midi, ses forges, son grand ordre…
> Midi, sa foudre, ses présages ; Midi, ses fauves au forum, et son cri de pygargue sur les rades désertes !…

Or, il est courant de suivre la métrique classique quand on compte le nombre de syllabes dans un vers de Perse, et dans ce cas il faudrait dire que cette formule suit la division de 2 syllabes, 3 syllabes, et 3 syllabes, mais le texte de Perse est en prose et se lit comme un texte en prose. Pour cette raison, nous avons suivi le décompte plus naturel de la lecture en 2 syllabes, 2 syllabes, et 3 syllabes[53]. Quoi qu'il en soit, ce n'est pas le nombre de syllabes qui importe, ni la longueur du vers. C'est la répétition d'une même structure prosodique qui nous retient, car c'est le rythme du vers qui donne ici au texte sa qualité quasi liturgique. La structure rythmique de la formule en 2, 2 et 3 syllabes, alors, aide à mettre le mot « midi » en valeur et rehausse la fonction dénotative ou, ici, démonstrative du terme.

Linguistiquement le mot « midi » n'est qu'un déictique. Il ne marque qu'un point médian. Nommer midi, c'est alors nommer un point quasiment imperceptible

---

52. Sur le manuscrit de Dédicace le mot « homme » remplace ici le terme plus générique d'« être ». A l'origine Perse avait donc écrit : « Nous qui mourrons peut-être un jour, disons l'être immortel au foyer de l'instant » (Ms am7, Fondation Saint-John Perse).

53. Nous notons ici notre façon de compter les syllabes dans un vers de Perse, suivant le rythme en prose et non pas le rythme poétique classique, car nous faisons ainsi pour toutes les analyses rythmiques de cette poésie, bien que dans ce cas-ci la méthode de décompte utilisée importe peu.

et qui reste relatif d'après l'emplacement du locuteur sur la terre. Le passage du temps se fait plutôt sentir par le fait que les objets changent et se transforment, de sorte que nommer « midi » de façon concrète, ce serait nommer les objets qui durent et qui changent dans un endroit particulier car le passage du temps égale le changement. Nommer midi, c'est nommer des choses, c'est mettre en valeur les objets et les événements qui ont lieu à un moment précis de la journée. Et voilà la fonction principale des appositions dans Dédicace. Les objets nommés, à savoir les fauves et les famines, les peuples et ses lois fortes, les forges et le grand ordre, la foudre, les présages, les fauves au forum et le cri de pygargue, nomment à leur tour l'heure de midi. Midi, ce sont les événements inscrits à la table des Eaux. Et cela sur une période non définie parce que, on se rappelle, le midi de l'homme est éternel. Qui plus est, la plupart des termes qui figurent en apposition dans le poème soulignent les désirs, les besoins, les réalisations des êtres humains sur le plan et social et physique, les croyances des gens (on pense à la foudre de Zeus et aux oracles qui communiquaient la volonté des dieux aux hommes), ou les combats des particuliers (des fauves au forum). Et pourtant, malgré toutes les choses réelles nommées, malgré tous les événements qui se sont déroulés au cours du midi des hommes, midi n'est qu'un point abstrait entre deux extrêmes. C'est un moment précis, un moment qui se laisse résumer par la métaphore, « Midi, son cri de pygargue ». Le cri rauque et perçant du pygargue, sans modulation ni mélodie, semble évoquer l'heure de midi. On ne l'entend pas très souvent, d'ailleurs, le cri du pygargue, c'est-à-dire en dehors de la saison des parades et de la nidification. Sous cet angle, le cri du pygargue, symbole du midi, est encore un symbole du désir.

Le mot « midi » n'est pourtant pas toujours en tête de proposition, mais figure aussi à l'intérieur d'un vers : « l'homme de vigie, là-haut, parmi ses ocres, ses craies fauves, sonne midi le rouge dans sa corne de fer ». Le mot signifie ici une division chronologique, non pas de façon abstraite ou comme l'équivalent des événements qui ont lieu à cet instant, mais comme un moment précis dans les activités de tous les jours. Midi veut dire aussi midi, bien que dans le scénario créé par cette image, c'est-à-dire dans le poème, il est toujours midi, « midi le rouge ». Selon cette image, d'ailleurs, le mot « midi » peut aussi signifier le désir si on se rappelle que le rouge est souvent associé avec la passion chez Perse[54]. Ainsi « sonner midi le rouge » serait encore une autre formule pour signaler le désir de

54. Dans le contexte de son étude d'« Éloges », Nicolas Castin détermine une sorte de symbolisme des couleurs chez Perse. A son sens, le noir connote fréquemment une intensité vitale exacerbée, à la limite nauséeuse. L'or et le jaune marquent une outrance ou une folie. Le rose est associé avec la chair en excès et l'obscénité. Le bleu indique un commencement ou une force inaugurale, et le blanc représente souvent une négation, une absence ou une anémie (N. Castin, *Sens et sensible en poésie moderne et contemporaine*, Paris, PUF, 1998, p. 166).

l'homme. Et puis sonner midi dans sa corne de fer, dans une corne fabriquée par l'homme parce qu'elle est en fer et témoigne alors de la créativité de l'homme, c'est rappeler, grâce au mot « corne », le pygargue au bec de corne, et c'est mettre en relief le cri sur la rade, ce cri symbole du désir. Le cri de l'homme qui sonne midi et le désir de l'homme que le cri annonce sont ici des analogons du cri du pygargue, ce grand oiseau rapace.

Or, le mot « midi » est symbole des activités humaines, et par là il est symbole des désirs humains. Plusieurs passages de Dédicace soulignent cette interprétation. Dans la première laisse, par exemple, le poète demande « Quelles filles noires et sanglantes vont sur les sables violents longeant l'effacement des choses ? ». Le mot « sanglantes » peut indiquer une couleur, mais fait aussi penser à « saignant », terme qui évoque les menstrues et alors la sexualité. Associé avec l'adjectif « violents », le mot « sanglante » fait aussi penser à une mort sanglante ou violente, ce qui est suggéré en plus par le terme « effacement des choses », une expression qui équivaut à la mort. Le sable est d'ailleurs une matière mouvante qui se transforme selon la poussée de l'eau, et en ce sens il représente bien le passage du temps mesuré par le changement, par l'effacement des choses et par la production de choses nouvelles. L'adjectif « noir » qui qualifie les filles, peut indiquer la couleur de la peau, mais peut aussi vouloir dire, suivant le symbolisme des couleurs, une intensité vitale, c'est-à-dire des filles travaillées par un désir fort. L'adjectif interrogatif « quelles » souligne le caractère indéfini de la référence de sorte que les filles sur la plage sont comme toutes les filles, des filles de toujours : elles sont troublées par le désir et finissent par disparaître. D'autres filles prennent leur place et sont, elles aussi, troublées par le désir.

En plus, vu d'en haut par l'oiseau « plus vaste sur son erre », l'homme est « libre de son ombre » et à la limite de son bien[55]. La limite est suggérée par la référence aux « lois fortes » du peuple, lois qui prescrivent les activités des hommes. C'est-à-dire que la société est organisée selon les lois que l'homme s'est données afin que la société fonctionne et fleurisse. Au moyen de son travail et des fruits de son travail l'homme cherche à s'établir et à s'améliorer et par là il cherche à dépasser ses propres limites. C'est ainsi qu'il se crée. C'est ainsi qu'il bâtit des villes. C'est ainsi qu'il établit des lois, et c'est ainsi qu'il fait des poèmes, c'est-à-dire en cherchant à dépasser ses limites. D'ailleurs, les villes, comme les lois, comme la poésie, se transforment au cours des années suivant le rythme des limites

---

55. Le sens de ce vers est plus compréhensible lorsqu'on le compare aux changements proposés mais non retenus sur le manuscrit. Perse avait pensé à remplacer la formule « libre de son ombre » par « libre de son bien ». Il avait pensé remplacer « à la limite de son bien », par les mots « à la limite de son ombre » et par « à la limite de son dire ». Il est évident que l'expression « libre de son ombre » décrit l'homme et non pas l'oiseau. On pourrait comparer cette formule avec celle de Nietzsche : « Quand j'ai créé le surhomme j'ai laissé le soleil de midi sur lui ».

rencontrées et dépassées. Le poète a déjà connu la gloire grâce à son poème à lui, et alors son « front n'est point sans or » où le mot « or » est synonyme de gloire. Mais porter l'or au front, c'est porter un masque. Le poète porte toujours son masque, alors, son masque de poète et d'étranger selon l'image qu'il veut propager de lui-même[56], et il continue à écrire car le désir s'exprime toujours en lui et à travers lui. La victoire du poète est semblable, disons, à celle des cavaliers sur leurs « montures écarlates » de la deuxième laisse[57].

Dans la deuxième laisse de Dédicace le poète poursuit son travail créateur à la limite de son bien. Il ressemble alors à ces cavaliers dont il est fait mention dans cette même laisse, à ces explorateurs de nouveaux mondes qui font le tour des péninsules, à savoir à la limite des terres et des périples à cheval. La deuxième laisse résume aussi les activités sociales de l'homme, la création et l'établissement d'un ordre social, un peu à la manière dont un forgeron forge et impose par là une forme au fer, fabriquant peut-être une « corne de fer » pour servir à sonner midi. Les promontoires, eux, sont autant d'invitations au voyage, des appels à la découverte de nouvelles terres à l'« écume bleuissante », d'autant plus que le bleu représente souvent un commencement chez Perse[58], et l'écume « bleuissante » des voies qui s'ouvrent au loin invite en plus les hommes à prendre le large. Entre-temps, sur terre ferme l'homme a construit des temples qu'il a consacrés à ses dieux, les dieux y prenant la forme de statues ou d'idoles façonnées dans la pierre.

La troisième laisse souligne la qualité immortelle de l'être humain à travers ses activités et ses désirs, ceux-ci se renouvelant d'une génération à l'autre. Le cri du pygargue, un bruit sec, simple, court et strident, devient la métaphore du désir et de la faim. Et tel est le sort de l'homme qu'il soit usurpateur ou amant : chacun vaque à ses affaires, chaque individu exprime ses désirs et, après sa mort, d'autres individus font vivre l'espèce au rythme de leurs désirs à eux. Et le poète, son poème maintenant terminé, peut se dévêtir de son or. C'est-à-dire qu'il peut enlever son masque en l'honneur de la mer[59]. On comprend ainsi à quel point la

---

56. *Cf.* Colette Camelin et Joëlle Gardes Tamine, *La « Rhétorique profonde » de Saint-John Perse*, *op. cit.* Ces auteures se servent de cette image et de cette formule pour décrire la façon dont Perse s'est fabriqué sa propre biographie. Le masque sert non seulement alors à protéger ou à cacher, mais à mentir.

57. Sur le manuscrit on trouve marqué le mot « éclatantes » comme terminaison possible de cette phrase, un choix que Perse n'a pas retenu. Le mot « éclatant » rapproche pourtant le sens de ce vers à la notion de gloire et de victoire tandis que le mot « écarlates » que le poète a gardé pour la version finale rattache ce vers à l'image de la sexualité.

58. *Cf.* la note 54.

59. Sur le manuscrit le mot « or » est écrit au-dessus du mot « honneur » qu'il remplace. Le vers original était donc le suivant : « Et l'homme au masque d'or se dévêt de son honneur en honneur de la mer ». La répétition du mot « honneur », s'il ne s'agit pas d'une simple erreur de copiste, paraît curieuse, et c'est peut-être la raison pour laquelle Perse a remplacé la première instance du

mer mérite le respect du poète – et de l'homme seul qu'est le poète – s'il lui est nécessaire d'enlever son masque et de se montrer dans sa simplicité, sa nudité, son honnêteté et sa faiblesse devant ce spectacle incessant qu'est la mer. Par rapport à la gloire de la mer, celle du poète est minime et l'homme simple qu'il est ne peut que s'y montrer humble et respectueux. Le poète peut maintenant se reposer car son édifice est construit et sa consécration est inscrite sur la « table des Eaux ». Il est significatif de noter, d'ailleurs, que le seul autre endroit où l'homme se dévêt de son masque et se montre tel qu'il est dans sa simplicité et dans ses pensées nues, c'est dans « Étroits sont les vaisseaux », c'est-à-dire dans les transports de l'amour. Le respect du poète pour la mer ressemble alors au sentiment d'amour, à ce sentiment et à ce désir pas comme les autres parce qu'il semble venir d'ailleurs et a le pouvoir de transformer l'être humain, malgré lui, lui faisant voir un aspect de la vie qu'il n'aurait pas pu comprendre autrement.

Nous avons commencé notre lecture du poème *Amers* par une analyse de ce texte court et attirant qu'est la Dédicace finale parce que ce passage résume bien la perspective de Perse dans ce poème. Il nous semble enfin que la Dédicace a deux objets. D'une part elle met en valeur les événements et les actions dont l'être humain comble sa vie dans une espèce de midi éternel. Il ne s'agit pas de nommer toutes les activités des humains, mais d'évoquer ces activités de façon générale. D'autre part, la Dédicace souligne le fait que le désir n'est pas seulement la conséquence d'une constitution particulière des humains, mais qu'il est l'essence de l'homme et est originaire de la séquence temporelle elle-même. En ce sens le désir n'est pas à réprimer en raison d'un système moral quelconque – ce serait réprimer l'essence de l'homme. Plutôt, il faut reconnaître que le désir est l'expression de l'essence humaine, qu'il inspire et fait agir. C'est le désir qui motive l'homme et qui le pousse à construire des villes, à entreprendre des voyages parfois difficiles, et même à rédiger des poèmes. Il faut comprendre en fin de compte que le désir est éternel et qu'il est plus fort que l'individu. Face au désir qui trouble la pensée de l'homme et qui le pousse à agir, face à l'histoire du désir et alors, face à l'histoire de l'espèce humaine, le poète ne peut que reconnaître sa faiblesse : il enlève son masque comme signe de révérence devant la vérité, devant cette vérité que son propre poème met en lumière : « Et l'homme au masque d'or se dévêt de son or en l'honneur de la mer ».

---

mot « honneur » par le terme « or ». Le mot « or » signifie pourtant « honneur » ou « gloire » ici, surtout quand on se rappelle que le mot « honneur » peut aussi avoir pour sens l'estime, la gloire ou la réputation. Le sens du mot « honneur » serait légèrement différent alors dans ces deux instances.

Invocation

Invoquer, c'est appeler, c'est appeler à l'aide, souvent au moyen de prières adressées à Dieu ou aux Muses. Dans cette première partie d'*Amers*, repartie elle-même en six développements marqués par des chiffres arabes, l'invocation du poète s'adresse à la mer : « Et vous Mers... ». La mer est l'objet du poème, et c'est elle qui inspire le poète. Mais on apprend que la mer n'est pas la « muse » du poète. La mer inspire, elle retient l'attention, elle est l'objet principal du poème, mais la vraie muse du poète est le plaisir. Vers la fin de l'Invocation le poète s'exprime clairement : « Guide-moi, plaisir, sur les chemins de toute mer ». Cette proposition, ainsi que l'ensemble du paragraphe dont il a été tiré, est entre guillemets. C'est une espèce de prière, une invocation que le poète adresse à sa muse. Ainsi est-ce le plaisir qui dicte sa loi. C'est le plaisir qui pousse le poète à composer des vers, et c'est le plaisir rendu réel par la mer elle-même, et sous forme de mer, qui incite le poète à créer son texte en hommage justement à la mer. Ce n'est pourtant qu'à la fin de l'Invocation que le plaisir est nommé en tant que tel. Dans les premiers développements de l'Invocation il règne alors un suspense car, bien qu'il s'adresse à la mer, « Et vous, Mers », on ne sait dans quel but le poète s'adresse à la mer ni dans quel contexte.

Invocation-1

Le poète nous annonce ici l'objet de son poème, à savoir la mer. Il ne s'agit pourtant pas d'un aspect particulier de la mer, ni de l'importance de la mer pour le poète, mais de l'importance de la mer dans l'histoire de l'être humain ainsi que dans les songes, terme que l'on retrouve dans les deux premières laisses du poème. Et tout ce développement représente une fête en l'honneur de la mer. Le poète adresse la parole à la Mer, faisant ainsi de la mer un personnage de son discours. Le mot « rostre », bien qu'il ne soit pas sans rapport avec la mer car il nomme une partie de la carapace de certains crustacés, évoque l'antiquité, surtout l'antiquité romaine, et connote la fête et le triomphe parce que le rostre est une tribune ornée des éperons pris aux navires ennemis.

Le thème de la fête est très présent dans la première laisse de l'invocation, mais il faut surtout mettre en valeur que dans ce premier développement la mer représente un début. Elle est « immense et verte comme une aube à l'orient des hommes ». La mer a toujours été présente dans la vie des hommes, d'ailleurs, et en fait elle précède l'existence de l'homme sur la terre : elle est « notre veille, comme une promulgation divine », nous dit le poète. Elle est là depuis toujours mais on ne sait pas trop pourquoi ni comment. Elle est comme un héritage inattendu, comme une « terre de mainmorte ». Elle est symbole de l'origine, alors, et représente le renouvellement. À la fin de la laisse suivante on lit que la mer est comme une « province d'herbe folle et qui fut jouée aux dés ». Sa présence, du moins pour l'intelligence humaine, est le fait du hasard. Les hommes, pour leur part des spectateurs, ne peuvent que s'émerveiller devant une chose si immense. Ils se rassemblent et pour le vigile au bord de la mer et pour la fête dans un âge sans déclin. L'âge « sans déclin » fait écho au midi de l'homme mis en valeur dans la dédicace (voir plus haut), car le vivant de l'être humain est un présent éternel : les événements et les constructions du passé font tout aussi partie du présent de l'homme que les activités de nos jours. L'homme est toujours « à la limite de son bien », en train de se réaliser.

Dans la deuxième laisse d'Invocation-1 le présent éternel de l'homme est souligné par les mots, « l'heure vivante » qui ne « taira plus » l'âme étrangère de la mer. Il ne sera question ni de la mort ni de la tristesse car, en tant qu'espèce, l'être humain vivra toujours et la vie, elle, est une fête. La mort ne pèsera plus alors sur les vivants. C'est ce qui est signifié par le mot « Pâque », une résurrection. L'image de la résurrection est soulignée par la formule « une Pâque d'herbe verte » où la plante verte souligne également l'idée du renouveau. C'est à noter d'ailleurs que Perse se sert ici d'un symbolisme religieux, mais que son discours « libère » pour ainsi dire ces termes de leurs traditions religieuses. Il s'agit surtout chez Perse d'un discours symbolique et non pas d'un discours religieux, du moins dans le sens traditionnel du mot. En fin de compte, se soustraire au poids de la mort au moyen d'une résurrection symbolique est un acte libérateur pour l'être humain, tout comme l'accession au « domaine de franchise » représente une libération, et tout comme la « terre de mainmorte » est une terre « libérée » des droits de succession. Par conséquent, l'homme aussi doit être libre. Il se doit même de se soustraire aux lois et aux traditions qui l'oppriment. Cette poésie de la mer est à la fois une fête de la mer et une célébration de la liberté. Il semble même que Perse annonce ici l'avènement d'une nouvelle forme de religion, d'une nouvelle façon d'envisager notre rapport avec le divin. Nous ajoutons que le divin jouera un rôle capital dans « Étroits sont les vaisseaux ».

Dans la troisième laisse de cette première partie d'Invocation le poète marque sa présence au moyen de l'adjectif possessif « ma ». Il demande à la brise d'inonder sa naissance, espèce de baptême, paraît-il, qui le rend capable de prêcher les louanges de la mer devant les autres, à savoir « au cirque de plus vastes pupilles… ». Après les trois points il exprime le thème le plus important de son discours sous forme d'une métaphore, c'est-à-dire sous les traits d'un siège organisé selon les traditions du monde antique. « Les sagaies de Midi vibrent aux portes de la joie », nous dit-il. D'une part, les sagaies ou les javelots peuvent représenter la brillance du soleil. C'est l'interprétation que Marie-Laure Ryan donne de ce vers[60]. D'autre part, et de façon plus significative à notre sens, les

« sagaies de Midi » représentent la force et la douleur même du désir que l'homme ressent toujours, et qu'il cherche éternellement à combler. La vibration des sagaies traduit l'excitation du désir et, comme le désir annonce déjà son exaucement et le plaisir qui s'ensuivra, les « sagaies de Midi », symbole du désir, sont pour ainsi dire déjà « aux portes de la joie ». L'éternel du désir est suggéré par la majuscule du mot « Midi » : on est toujours midi pour le désir humain. D'ailleurs, grâce à la fête que le poème représente, les « tambours du néant cèdent aux fifres de lumière ». Cette image souligne que la vie triomphe ici de la mort. De même, l'océan foule « son poids de roses mortes » et revenu à la vie il lève sa tête de Tétrarque, comme si la mer avait du pouvoir sur les hommes. L'essentiel de ces images est que le poème redonne à la vie sa vigueur, et arrache l'homme à la mort.

On comprend donc dès le premier développement de l'Invocation que ce poème n'est pas une simple louange de la mer. Il n'est pas non plus le récit simple d'une fête ou des événements du passé. Il ne s'agit ni d'un poème réaliste ni d'un poème épique dans ce sens-là. Ce premier développement d'Invocation semble néanmoins jouer un rôle important sur le plan symbolique et métaphysique du poème. D'abord, le poète nous parle de fête, mais c'est uniquement grâce au poème que la fête se réalise, le poème constituant lui-même la fête de la mer. C'est grâce au poème que la mer se réveille pour nous, comme c'est grâce au poème que la mer arrive, au moyen de la fête, à faire reculer l'idée de la mort. Ensuite, c'est grâce au poème, et c'est au moyen du poème et en raison du poème que l'homme se libère de la crainte que l'idée de la mort lui inspire. Le discours du poète « réveille » pour nous la mer et précise la situation de l'homme. Il lui permet de dépasser sa crainte de la mort et alors de s'en libérer pour pouvoir jouir de la vie. Alors, en plus de nous annoncer l'objet de son poème, à savoir la mer, ce premier développement d'Invocation nous souligne la croyance du poète et en la vie humaine, vie considérée comme un plaisir et comme un printemps se renouvelant sans cesse, et en la force du désir qui travaille continuellement l'être humain et qui l'incite à agir.

Invocation-2

Dans ce deuxième développement, le poète cède la voix à « l'homme de mer », à savoir au « Chanteur du plus beau chant », et ce chanteur reprend la tradition orale des conteurs. Les guillemets et les temps verbaux distinguent entre le discours du chanteur, l'homme de mer, et celui du poète narrateur. Le chanteur s'adresse à son audience et prépare son histoire. Certaines formules se répètent, signe des traditions orales et des méthodes mnémotechniques dont les conteurs se

60. Marie-Laure Ryan, *op. cit.*, p. 156.

servent et se servaient autrefois. Les verbes dans ce discours sont surtout au futur. Le chanteur dit à son audience, il nous dit à nous, que son chant sera beau et qu'il réjouira tous ceux qui l'entendront. Il n'a pas encore commencé à débiter son histoire pourtant. Il la prépare plutôt, comme le poète a préparé le sien dans le développement précédent. Il est question à la fois de « grâce » et du « pur émoi du cœur », mais le chanteur dit en ignorer la source.

Pour sa part la voix du poète exprime le désir, l'amour et les sources du plaisir qui font l'objet du chant du chanteur, et de son poème à lui. À l'encontre du discours du chanteur qui est au futur, celui du poète est à l'imparfait, faisant savoir ainsi que le chant du chanteur, bien qu'au temps futur, appartient en effet au passé. Et puis le chanteur reprend lui-même la parole pour nous dire qu'il racontera son histoire « dans l'insouciance de la mort », que son histoire sera pour l'homme une « faveur nouvelle », et que ceux qui l'entendront se lèveront de dessous « le grand arbre de chagrin » et iront souriant dans « les fougères encore de l'enfance et le déroulement des crosses de la mort » car son texte fera plaisir.

Comme on l'a vu dans le développement précédent, l'idée de la mort est de nouveau écartée de la pensée de l'homme pour que celui-ci soit libre et puisse jouir de la vie. La référence à l'enfance évoque d'abord un moment de la vie où l'homme n'est pas préoccupé par l'idée de la mort. Et puis, la jeunesse insouciante et éternelle représente la gloire de l'espèce humaine. Ce thème est d'ailleurs souligné par le mot « crosses », la source des feuilles des fougères et des nouvelles pousses[61]. L'image des gens qui iront de l'avant dans la vie, et qui traverseront ainsi les différentes étapes de la vie, est soulignée alors par le déroulement des crosses qui implique les différentes étapes de la vie de la plante. Et les gens iront ainsi jusqu'à la fin, jusqu'à leur mort sans chagrin et sans crainte de mourir car ils seront heureux, libérés de la notion de mort qui les tracasse et les opprime. C'est dire qu'ils iront heureux jusqu'à la mort, jusqu'aux « crosses de la mort », expression qui souligne entre autres le moule religieux et chrétien dans lequel Perse fait couler ici sa pensée. En plus d'être louange de la mer et beau chant, le poème qu'on entendra, et qu'on entend déjà, aidera les gens à renouer avec les sources du plaisir de la vie et à lutter ainsi contre l'idée bouleversante de leur propre mort. Il semble que ce poème sur la mer soit aussi un poème didactique, tout à fait dans le moule des traditions orales, traditions auxquelles le texte de Perse emprunte ici sa forme.

---

61. Voir à ce sujet les précisions que Perse a données à son traducteur allemand, Friedhelm Kemp, « *Annotations* de SJP », *Cahiers Saint-John Perse*, 6, 39-131, p. 94.

Invocation-3

Dans le troisième développement de l'Invocation le travail « préparatoire » du poète se poursuit. Ce développement se distingue pourtant du deuxième en ce qu'on y retrouve la seule voix du poète. Les nombreuses répétitions de mots et de structures miment la marche nommée dans le premier vers de la première laisse, et reprennent la structure du chant, semblable à celle de la prière ou de la récitation. Le discours du poète est semé d'ailleurs de références religieuses.

Or, la première laisse nous fait savoir qu'il s'agit d'une poésie pour « accompagner la marche d'une récitation en l'honneur de la mer ». Cette poésie qui s'en vient servira en plus à faciliter « le chant d'une marche au pourtour de la mer ». La notion de marche est soulignée par d'autres termes, tels le « pourtour de la Mer », « l'entreprise du tour d'autel » et la « gravitation du chœur au circuit de la strophe ». Ces expressions, ainsi que d'autres dans le même texte, mettent aussi en valeur le caractère religieux de ce développement. Il est question d'une récitation, comme la récitation d'une prière, et le poète fait référence au chant liturgique. D'ailleurs, tout ce mouvement autour d'un autel, dont le figurant n'est pas nommé, laisse penser qu'il s'agit d'un rite ancien, d'une espèce de cérémonie où le poète lui-même joue le rôle du prêtre. Perse reprend ici la forme de la religion, les rites et les cérémonies, mais il les adapte, paraît-il, à son discours qui a pour objet la mer.

La deuxième laisse nous apprend que c'est la Mer elle-même, la mer qui est en nous, qui chantera comme à la place du poète. Aussi la mer se chantera-t-elle elle-même en quelque sorte. Encore une fois, il semble que ce poème de la mer ne soit pas un poème épique, c'est-à-dire un poème où le poète raconte une histoire et un exploit particulier à la troisième personne. Le poète se voit plutôt comme un médium à travers lequel l'histoire de la mer se relatera d'elle-même. C'est-à-dire que la notion de l'union du poète avec son objet, notion qui sera surtout mise en valeur dans Chœur, figure déjà dans les premiers développements d'Invocation. C'est d'ailleurs la mer qui portera elle-même sa « fraîcheur d'aubaine » par le monde. Cela veut dire que c'est la mer qui recueille les biens des morts, selon le droit d'aubaine. Dans le contexte du poème, il semble que la mer perdure tandis que les civilisations humaines s'établissent, fleurissent et puis disparaissent. La mer, elle, se renouvelle et paraît toujours fraîche. L'expression « fraîcheur d'aubaine » doit d'ailleurs se lire dans le contexte de la « langue d'aubain » dans Invocation-5. La fraîcheur de la mer reste toujours étrangère comme la langue d'aubain est une langue étrangère, langue de diplomatie. La mer parlera alors sa langue à elle, sa langue de toujours, et cette langue nous paraîtra étrange.

Dans la troisième laisse on apprend que cette poésie a pour but d'apaiser la fièvre d'une veille, à savoir la fièvre d'un désir fort, et qu'elle nous permet de mieux vivre notre veille, à savoir de mieux vivre avec notre désir. On apprend alors que la poésie a au moins deux fonctions. D'abord, elle exprime le désir du poète, et celui des humains, de source inconnue, et ensuite, elle vise à produire un certain effet chez l'auditeur, celui d'un apaisement, d'une satisfaction ou du moins d'une maîtrise du désir.

Cette laisse présente aussi la méthode du poète ; et il s'agit encore une fois du songe. Le poète nous dit qu'il nous racontera son « songe en mer comme il n'en fut jamais songé », et que c'est la mer elle-même qui est en lui qui songera ce songe de mer. C'est-à-dire que c'est tel que la mer se présente dans ses songes que le poète nous chantera la mer. Dans ses songes, le poète est pour ainsi dire à mi-chemin entre la réalité physique de la mer et le rêve subjectif du poète. Il ajoute que la mer est en lui « tissée », et que c'est en lui que la mer tisse ses heures de lumière et ses pistes de ténèbres. L'image d'un tissage exprime ici de nouveau le mélange de réel et de subjectif dont cette poésie est l'issue et, sous cet angle, le songe constitue l'espace même de la poésie.

Dans la quatrième laisse on dirait que l'euphorie du poète déborde car la structure de la phrase se désintègre. Il n'y a pas de verbe dans cette laisse, seulement des interjections et des propositions. On y trouve aussi plusieurs points d'exclamation, des tirets, et des mots isolés. Il s'agit de « licence », de « naissance », et de « résipiscence ». Or, la licence en question est sans doute la licence poétique, tandis que la naissance est symbole du renouveau, et le terme « résipiscence », terme religieux signifiant le regret, découle peut-être du fait que le poète ne reste pas fidèle à une seule religion mais envisage même le dépassement de la religion, tout court, ainsi que le renoncement aux traditions de sa jeunesse[62].

Cela est d'autant plus probable que le poète fait référence tout de suite après ce passage aux croyances de l'antiquité. Il s'agit de l'affluence des « bulles » de la mer, de « l'ébullition sacrée » des bulles qui sont comme des « voyelles », c'est-à-dire comme des mots et des messages à interpréter comme, au passé, les paroles des dieux se faisaient capter par ceux et celles qui avaient le don de comprendre les oracles. C'était la fonction de ces « saintes filles » auxquelles le poète fait référence et, c'était surtout la fonction d'une sibylle qui, entre autres, prédisait l'avenir, comme la Sibylle de Cumes selon l'histoire d'Énée. Dans le poème de Perse l'image de la mer qui est « tout écume », comme Sibylle « en fleur sur sa chaise de fer » reprend l'idée du renouveau, grâce au mot fleur. Et en raison du parallèle phonétique entre les mots écume et Cumes ce vers souligne aussi le rapport entre la mer et les oracles de l'antiquité. Qui plus est, la sibylle en fleur sur

---

62. Dans cette perspective, *Amers* reprend un des thèmes de *Neiges*, poème dans lequel le poète se distancie de la religion de sa mère.

une chaise de fer connote l'idée d'une société épanouie, ou en fleur, et dont les traditions sont bien assises.

C'est dire que la mer se laisse interpréter d'une façon semblable à celle dont les dieux de l'antiquité se laissaient comprendre. En communiquant ainsi avec le poète elle le nourrit de sa sagesse comme une mère nourrit son enfant de son lait et, c'est sans doute dans ce sens que le poète nous parle du lait de la mer. Il semble alors que la religion de l'enfance du poète n'ait plus la seule à se tailler une place dans ce poème où il est question surtout du divin qui s'exprime dans la nature et dans la mer mais surtout dans l'homme et à travers les efforts du poète. Il paraît que la mer mystérieuse transmet son propre chant au cœur de l'homme à la manière d'un dieu ou d'une déesse qui se faisait entendre au moyen des oracles dans la bouche d'une sibylle. Et comme les messages des dieux doivent être parfois difficiles à comprendre, le chant de la mer doit rester quelque peu énigmatique. C'est peut-être la raison pour laquelle le langage structuré et rationnel des autres laisses cède la place dans la dernière aux bribes confuses et aux interjections du poète qui a pour ainsi dire perdu la maîtrise de sa langue sous l'influence de l'oracle. Il semble que le poète devienne lui-même sibylle, ou du moins qu'il soit la bouche même de l'oracle, à savoir de la mer.

Dans ce troisième développement, comme on vient de le constater, le poète fait référence à la mythologie. Il est question, par exemple, de « l'affluence des bulles », des « saintes filles », et de « Sibylle en fleur sur sa chaise de fer ». Comme ces références se répètent à plusieurs reprises tout au long du poème il convient qu'on s'y arrête quelques instants. À l'antiquité, la sibylle était une femme inspirée dont la fonction était de transmettre les oracles des dieux. La Sibylle de Cumes reste la plus célèbre. Dans l'*Énéide*, Virgile raconte que la Sibylle de Cumes a guidé Énée à travers les enfers. D'ailleurs, Énée était le fils d'Anchise et d'Aphrodite, et selon Homère, Aphrodite « est née de l'écume fécondée par les organes sexuels d'Ouranos, organes que Cronos avait tranchés et jetés à la mer »[63]. En ce sens les « bulles » de la mer représentent la déesse née des vagues, la déesse dont le royaume est l'amour et le lieu du désir. De plus, Aphrodite a connu un véritable culte comme déesse de la fécondité et de la fertilité. On lui a consacré des sanctuaires et des temples. À Paphos, par exemple, où un temple lui était dédié, les marins consultaient la déesse avant de prendre le large, et les hiérodules, à savoir les esclaves du culte, se prostituaient aux étrangers de passage pour donner ainsi leur virginité à la déesse[64]. L'expression « les saintes filles » peut ainsi désigner les prophétesses qui inspiraient l'homme et qui le guidaient lors de ses voyages, mais elle peut également viser ces jeunes femmes

63. Fernand Comte, *Larousse des mythologies du monde*, *op. cit.*, p. 42.
64. *Ibid.*, p. 44-45.

qui s'offraient aux étrangers. Le mythe qui raconte la naissance d'Aphrodite ainsi que son influence dans la vie des hommes semble jouer un rôle important dans le poème de Perse, poème qui évoque la mer et surtout le désir de l'homme.

L'importance de la mer, des symboles religieux, et des formes rituelles est soulignée par l'organisation originale de ce troisième développement. Sur le manuscrit Invocation-3 comprenait trois passages supprimés, ou changés, dans la préparation de la version subséquente[65]. À l'origine alors ce développement comptait trois laisses principales et, chacune de ces laisses principales se faisait suivre d'une autre laisse décalée sur la droite, donnant à l'ensemble l'apparence des pièces grecques où strophe et antistrophe alternent[66]. Le premier passage a été supprimé. Nous le reproduisons ici car sa structure importe :

> Houle d'idoles chancelantes au pas des masques encornés, charroi de trompes, de béthyles [sic], et de vaisselle de bois noir ; de grandes crédences rituelles et de grands peignes d'écaille fourbe en forme de cigales, de grandes conques sur leur hanche en forme de femme ou d'olives…

Le deuxième passage se trouve presque entièrement dans le deuxième développement de Strophe VI, « Et cette fille chez les Prêtres ». Le passage entier sur le manuscrit am1 se lit comme suit :

> Mêlée de ruches et d'ombelles, roueries d'ailes captives au nœud de vertes nébuleuses, et croisements de vierges au pressoir, ah ! tant de filles dans les fers, de grandes filles séditieuses, de grandes filles acrimonieuses, ivres de vin de roseaux verts …

Le troisième passage reste au même endroit mais la marge a été supprimée, faisant de ce passage la dernière laisse du troisième développement. Pourtant, sur la version finale du poème la dernière phrase, « La Mer elle-même tout écume, comme Sibylle en fleur sur sa chaise de fer… », a rejoint la dernière laisse dont elle était séparée par un espace sur l'original.

Ces trois laisses décalées sur la droite du texte manuscrit semblent relever d'un discours autre que celui dans les trois laisses principales, dans le sens que la licence poétique y joue un plus grand rôle. On y trouve de nouveau un vocabulaire d'ordre religieux. Dans le premier de ces passages il semble que Perse évoque la fête orgiaque de Cybèle car le bétyle est symbole de la déesse. Qui plus est, aucun des passages décalés originalement à droite ne compte un verbe conjugué de sorte qu'on n'y trouve pas de véritable phrase. Ces trois passages donnent au

---

65. *Cf.* am1, Fondation Saint-John Perse.
66. *Cf.* Joëlle Gardes Tamine, *et al*, *op. cit*., p. 340.

développement entier une plus grande démesure que ne le fait la dernière laisse seule, mais puisque celle-ci a été retenue pour la version finale du poème, et surtout puisqu'elle se trouve à la fin du développement, elle finit par imposer son ton au développement entier. Le texte a en quelque sorte le pouvoir de faire perdre pied à ceux et à celles qui s'y aventurent, et il libère le poète du développement structuré et rationnel de son langage et de son œuvre. On dirait que le poète fréquente dans ces passages ce qu'il a imaginé ailleurs comme les premières langues primitives des humains, et cela à un moment où les hommes se croyaient plus proches des dieux et du divin[67]. Cet aspect de la poésie de Perse sera mieux souligné dans le Chœur.

Invocation-4

Composé de trois laisses courtes, le quatrième est le développement le plus bref de cette première partie du poème, mais pour l'ensemble de l'Invocation il est peut-être le développement le plus important[68]. Il est question à nouveau d'une louange de la mer, « Ainsi louée, serez-vous ceinte, ô Mer ». Mais comme dans les développements précédents, il n'est pourtant pas question de nommer la mer ni de la décrire dans son aspect physique. La mer elle-même comme phénomène naturel sera plutôt « l'hôte dont il convient de taire le mérite ». Ce vers est un peu ambigu. L'« hôte » au féminin désigne la mer mais il paraît que le poète n'a pas l'intention de « taire le mérite » de la mer. Il en fait plutôt la louange, ce qui veut dire qu'il se donne plutôt pour objectif de chanter les mérites de la mer, bien que ce soit toujours en rapport avec les sentiments de l'homme. Suivant de justesse la référence à Aphrodite et au culte de Cybèle, il se peut que le poète voie ici la mer comme une déesse. Selon la légende, l'amant d'Aphrodite, comme celui de Cybèle ont trouvé la mort pour avoir couché avec la déesse et pour en avoir parlé par la suite. Pour se protéger, pour éviter une mort certaine, le poète refuserait alors de dénombrer les mérites de sa déesse à lui. Mais il se peut également que la mer soit associée ici à une prostituée, à une femme dont il ne sied pas de parler et dont les bonnes manières exigent justement qu'on en taise les « mérites ».

Cette interprétation est soulignée par la suite de ce quatrième développement où figurent plusieurs références au désir et au plaisir. Par exemple, dans la deuxième laisse il est question de la fumée du plaisir, du délice du mieux dire et de la grâce du sourire. Le plaisir, évidemment, est ce vers quoi le désir nous pousse, un plaisir d'autant plus intense, d'autant plus valable, paraît-il, qu'il se

67. *Cf. Neiges*, IV où le poète évoque le voyage dans le temps « parmi les plus vieilles couches du langage, parmi les plus hautes tranches phonétiques ».

68. Nous soulignons dans notre introduction l'importance de ce passage pour l'ensemble du poème. *Cf.* la section intitulée « Le Réalisme de Perse ? ».

mêle d'un rituel somptueux de gloire et d'une transcendance spirituelle, comme ces derniers termes semblent le suggérer. L'association de la mer et d'une prostituée est soulignée également par la révérence du poète, par une « inclinaison » qu'il effectue sans « bassesse ». Or, s'incliner devant le prince ou devant la déesse n'a rien de honteux, nous semble-t-il, tandis que s'incliner devant une simple prostituée pourrait justement se faire voir comme honteux, d'où la bassesse. Pour le poète il n'en est pourtant rien car prostituée et déesse sont sous un certain égard des semblables. Quoi qu'il en soit, il semble que ce poème qui « exprime » la mer, qui met la mer en lumière, ait pour contrepartie le désir qu'il exprime comme en sourdine.

Le quatrième développement nous apprend alors qu'il s'agit dans l'ensemble du poème de la façon dont l'homme comprend la mer. Il ne sera pas question de la mer elle-même mais de son « règne au cœur de l'homme ». Il sera question du songe et alors de la façon dont l'homme comprend la réalité qui l'entoure. Le poète évoque ici le rapport entre le sujet et le prince. Il est bien, nous dit-il, de placer entre le Prince et la requête qu'on lui adresse l'ivoire ou bien le jade. Pour toucher le souverain et l'influencer en sa faveur il faut lui faire plaisir. Il faut, par exemple, lui offrir un cadeau. Plusieurs expressions soulignent d'ailleurs le rapport entre le sujet et son prince, entre le faible et le puissant. Le poète parle de « ceindre » la mer, ou de la couronner. Il fait référence au « règne » de la mer. Il parle de la « face suzeraine » et de « la louange courtisane », et il évoque la « révérence » et la « salutation ». Et bien sûr la mer semble jouer le double rôle de déesse et de courtisane.

Par analogie le rapport entre le sujet et son prince évoque celui entre le locuteur et l'objet de son discours. Il s'agit, pour ainsi dire, de l'espace entre l'objet visé par la pensée et l'entendement qui comprend l'objet visé à sa façon. Et comme il est question de l'espace de l'entendement, il est question aussi de l'espace de la langue qui exprime la pensée. Autrement dit, il s'agit du songe du poète, de l'espace de l'aperception et de l'entendement.

En outre, on trouve de nouveau des termes religieux dans ce développement. Les mots « fervent » et « grâce » renvoient à l'expérience religieuse, et l'image de « la fumée encore du plaisir [qui] enfumera la tête du fervent », rappelle l'encens que l'on brûle lors des cérémonies religieuses et dont la fumée enveloppe les participants. Les derniers mots de ce développement, « qu'on s'en souvienne pour longtemps comme d'une récréation du cœur », évoquent le plaisir qu'offre le poème et font écho à la « récitation » du chœur en l'honneur de la mer du développement précédent.

Invocation-5

C'est dans ce développement composé de sept laisses courtes que le poète se révèle le plus sur le plan personnel. Pour emprunter un vers à *Exil* (*cf.* le dernier vers de ce poème), on dirait que c'est ici que le poète décline son nom, sa naissance et sa race. Il nous dit que cela fait longtemps qu'il pense à ce poème en l'honneur de la mer, et qu'il y pensait même bien avant de se mettre à le composer, à tel point que son discours d'une période révolue s'alliait à la mer sans que ses interlocuteurs le constatent. Il cachait bien son jeu derrière les sourires et les courtoisies de sa profession de diplomate. Il nous révèle que lorsqu'il était « parmi les hommes de [s]on sang », à savoir parmi les hommes de sa race ou de son genre, il parlait une « langue d'aubain », à savoir une langue d'étrangers protégés, une langue de diplomatie, mais qu'il avait envie de parler cette autre langue, cette langue de la mer. Le poète évoque sans doute une période de plusieurs années pendant laquelle le poème s'est concrétisé dans ses songes. Cela est souligné par les termes de son discours et par la référence au langage de la diplomatie, à savoir au langage dont le poète se servait à un moment antérieur de sa vie. Et on sait bien que lorsqu'il a composé ce poème il était en exil et n'exerçait plus la fonction de diplomate.

Il nous dit qu'il a gardé longtemps en lui le désir ou la « prévenance » de ce poème, mais qu'enfin il ne pouvait plus l'empêcher de sortir. C'est l'analogie qui nous le révèle. Son poème était comme un « lait de madrépore » dans le polype. Or, le lait investit entièrement le polype, et par analogie on comprend que le poème investissait entièrement le poète, et puis, deuxième analogie, comme un liquide qui coule ou qui afflue, comme la marée qui monte, le poème a lentement pris forme dans ses pensées. C'était en plus pour lui comme une « quête de minuit ». Dans les annotations rédigées à l'intention de son traducteur allemand, Perse explique que l'expression « quête de minuit » veut dire « sous l'attraction de la pleine nuit »[69]. À notre sens, pourtant, l'explication de Perse n'est qu'une tautologie et fait abstraction de l'aspect symbolique de cette expression. L'expression quête de minuit doit se comprendre plutôt en opposition avec la quête de midi. À midi le désir est au plus fort, c'est ce que la dédicace nous révèle. À minuit alors, et par rapport à midi, le désir est moindre. Il n'est pas encore très prononcé ou très vif. C'est pour cette raison que le désir se compare ici non pas aux sagaies de Midi qui « vibrent aux portes de la joie » (Invocation-1) mais à une lente montée des eaux, à « un soulèvement très lent des grandes eaux du songe ». C'est-à-dire que le poème a pris forme lentement dans la conscience du poète. Le mot « lent » est significatif dans ce sens car la quête de minuit est moins forte et plus lente à se formuler que

69. Kemp, *op. cit.*, p. 95.

celle de midi. Il se peut que Perse ait voulu rester énigmatique même dans ses éclaircissements.

Pour le poète l'avènement du poème était comme un soulèvement de la mer dont les pulsations tirent « avec douceur sur les aussières et sur les câbles » des voiliers. Le parallèle entre la montée de la marée et le développement de la pensée que Perse semble vouloir mettre en valeur ici se laisse d'ailleurs plus clairement voir quand on considère les versions manuscrites de ce vers. Le poète avait d'abord précisé l'ordre inverse de ces deux mots « large » et « songe ». Sur le manuscrit on lit, « dans un soulèvement très lent des grandes eaux du large, quand les pulsations du songe tirent avec douceur sur les aussières et sur les câbles »[70]. Qu'il s'agisse de la montée des eaux est alors plus clairement formulé sur la version manuscrite car le poète y parle du soulèvement des eaux du large et non pas des eaux du songe comme on lit sur la version finale ; et le désir aussi est mieux évoqué sur la version manuscrite : les « pulsations du songe » tirent sur les aussières et les câbles, les invitant pour ainsi dire à prendre le large. On constate tout de même que pour le poète la montée de la mer représente et le songe et la montée du désir car sur la version finale il substitue aux mots « eaux du large » les mots « eaux du songe », passant ainsi du régime objectif au régime subjectif. D'ailleurs, comme la montée des eaux représente une force inéluctable et cyclique, poursuivant l'analogie, il va de soi que le désir lui aussi est une force incontournable.

Lorsque le poète s'interroge dans la quatrième laisse sur le pourquoi de son poème, il ne trouve pas d'autre réponse que celle de son plaisir à l'écrire. C'était apparemment le moment de le faire, ce qui est symbolisé par le passage de la comète qui à la fois marque un moment propice et augure des événements importants à venir. Le terme « les Filles de Halley » est sans doute une référence à la comète de Halley. L'« habit de Vestales » des visiteuses reprend probablement l'image de la queue de la comète en plus de placer le passage de la comète dans un contexte religieux car à l'antiquité les vestales étaient des prêtresses vouées à la chasteté. Elles portaient un habit blanc et avaient pour fonction d'entretenir le feu sacré, ici symbolisé par la comète. Et le terme « hameçon de verre » se réfère sans doute au télescope qui permet de voir la comète dans son orbite[71], à savoir « au tournant de l'ellipse ». C'est-à-dire que malgré son plaisir à lui, et on se rappelle que le plaisir est le motif principal de son poème, le poète veut également saisir ce qu'il croit être le bon moment pour écrire son poème, avant que la conjonction propice se perde.

---

70. Ms am10 et am11, Fondation Saint-John Perse. Sur les manuscrits am1 et am12 Perse avait déjà effectué ce changement.

71. Joëlle Gardes Tamine, *et al*, *op. cit.*, p. 342.

Mais c'est surtout en l'honneur de la mer que le poète veut écrire. C'est derrière la mer qu'il s'efface en quelque sorte, mais il aspire à en être le porte-parole et le défenseur, le défendeur même, car la mer, elle, ne bénéficie pas des droits dont les terres et les pays reconnus se vantent. Il n'y a pas de monuments érigés en son honneur, avec stèles et portiques comme à l'époque romaine. Elle n'a pas d'Alyscamps et ne manifeste aucune Propylée ou vestibule de temple comme les Grecs de l'antiquité en ont construit. Elle n'a pas non plus de dignitaires pour la représenter dans les pourparlers des délégués des pays riches et puissants. Il n'y a que le poète qui témoigne en faveur de la mer, mais son alliance avec la mer, l'étrangère, n'est pas une alliance entre égaux. L'épouse au loin est morganatique, ce qui veut dire que la mer ne bénéficie pas de tous les droits qu'une épouse pourrait normalement réclamer. Le poète, pour sa part, est prêt à défendre la mer sans droits ni reconnaissance comme pourrait le faire un prince qui épouse une femme au-dessous de sa condition. D'ailleurs, pour le poète la rédaction de son poème est semblable à la fondation d'une œuvre votive, et le poème est offert en fait comme le gage d'un vœu. Le vœu ressemble alors au vœu de mariage et, l'alliance est forte, selon le poète. Il lui semble en effet qu'elle dure depuis toujours et qu'elle durera encore longtemps.

Le poète nous fait savoir en plus qu'il a commencé son poème à un moment difficile, peut-être pendant la deuxième guerre mondiale, ou même avant la guerre, à savoir « entre les cloches du couvre-feu et les tambours d'une aube militaire… ». Il était entouré par des bruits de guerre et souffrait des privations que la guerre avait entraînées. Et lui de se réfugier dans sa poésie : c'est lui « qui s'est offert à rédiger le texte et la notice » de l'œuvre votive de la mer.

Il paraît en plus que l'écriture représente pour lui un acte semblable à celui de l'amour. Après avoir passé la nuit à écrire son texte, la mer, cette « Étrangère » se mire dans sa page, et la mer elle-même est souriante comme l'épouse elle-même après une nuit où la douceur et le désir ont été mis à nu. Le poète révèle par sa parole et par son geste, à savoir au moyen de son poème, que lui, cet homme de mer, a cédé à sa prévenance ou à son désir, et qu'il a composé son œuvre. Le rapport du poète avec la mer est présenté ici par l'analogie des rapports sexuels entre époux, et l'acte créateur est assimilé à l'acte amoureux, à savoir à la satisfaction d'un désir.

Invocation-6

Le sixième développement est composé de cinq tirades, à savoir des passages séparés par un astérisque. On retrouve la voix du poète qui évoque cette fois-ci l'histoire de l'être humain et le rôle du « scribe » dans les civilisations antiques, enchaînant alors sur le développement précédent où le poète nous dit qu'il a « pris charge de l'écrit » et où il révèle qu'il « s'est offert à rédiger le texte et la notice » d'une œuvre votive. L'importance de la fonction de l'écriture sera donc reprise dans cette partie du poème. C'est ici également, dans le dernier développement de l'Invocation, que le poète introduit le contenu des parties suivantes de son poème. La Strophe portera, nous dit-il, sur des peuples primitifs, sur leurs croyances ainsi que sur leurs gestes.

Dans la première tirade le poète dresse une liste des gens qui se trouvent sur les « degrés de pierre du drame ». Il s'agit, on dirait, des spectateurs organisés en cercle et qui regardent ce qui est en train de se dérouler dans l'amphithéâtre. C'est en cet endroit que le poème commence à se transformer en un « drame », en un drame de tous les temps car les spectateurs appartiennent à toutes les couches de l'histoire de l'homme. Tel un scribe qui faisait l'inventaire des biens dans la société antique, le poète dresse une liste des représentants des civilisations passées. Il s'agit des princes, des régents, des messagers, des prophètes et des magiciennes : personnages clés d'une société ancienne dans le sens que leurs fonctions relèvent de l'exercice du pouvoir. Ensuite il est question des pâtres, des pirates, des nourrices, des nomades, des princesses poétiques, des veuves, des usurpateurs, des fondateurs de colonies, des prébendiers et des marchands, des concessionnaires et des sages voyageurs. Ce sont là des gens de rang inférieur par rapport à ceux du premier groupe, qu'ils remplissent une fonction nécessaire ou qu'ils subvertissent plutôt l'exercice du pouvoir légitime et les liens sociaux. Ce sont en outre des êtres humains dont les actes se réalisent dans le monde réel, qu'ils soient à caractère moral ou immoral. Le troisième groupe se constitue d'un « cheptel de monstres et d'humains », à savoir la plèbe avec ses fables, ses esclaves et ses ilotes, ses bâtards divins, et ses « grandes filles d'Étalon ». Ensemble, toute cette foule de vivants et de morts d'à travers une période de plusieurs siècles, à savoir « aux travées de l'Histoire »[72], se met en marche vers la mer pour témoigner du drame qui se déploiera et dont le poète en sera le scribe.

Pour sa part l'« Auteur » de ce drame est déguisé. Il porte un masque, c'est-à-dire qu'il a la bouche peinte, et on comprend que le masque représente sans doute le sourire qui, dans le développement précédent, a prêté son alliance au poète : « Et le sourire aussi fut tel, de lui prêter alliance » (Invocation-5). Pour raconter son histoire le poète porte un masque car il joue un rôle, celui du poète, et par là il ressemble à Dionysos, le dieu masqué. C'est dire, et en poursuivant l'analogie avec le rôle du dieu masqué dans des drames de l'antiquité, que le poète est à la fois l'étranger qui incite les adeptes à se dégager de leurs inhibitions et l'initiateur du drame qui est sur le point de commencer. Il est à noter en plus que la majuscule du mot « Auteur » dans cette première tirade d'Invocation-6 s'explique

72. L'expression, « aux travées de l'Histoire », veut dire, selon Perse, que les gens se lèvent sur les paliers de l'Histoire comme sur les gradins d'un amphithéâtre (*cf.* Kemp, *op. cit.*, p. 96).

par le fait que toutes les fonctions humaines nommées ont la majuscule (Prince, Régents, Messagers etc.). La majuscule du mot « Mer » est également significative. Il paraît que Perse cherche à confondre ainsi la fonction de l'auteur et celle de la mer, surtout quand on lit dans le dernier vers de cette première tirade que la récitation est en « marche vers l'Auteur », là où on s'attendait à lire qu'elle est en marche vers la mer. La confusion des fonctions « auteur » et « mer » sera plus soulignée vers la fin du poème, dans le Chœur, mais pour l'instant il faut se rappeler que c'est la mer, en quelque sorte, qui est témoin de l'histoire de la civilisation humaine et que c'est la mer qui parle à travers la voix du poète. Le mot « auteur » peut donc tout aussi bien nommer le poète que la mer, tout comme le mot « mer » peut nommer le poète, la mer, ou l'étrangère.

La deuxième tirade de ce développement compte plusieurs alinéas, mais seulement deux phrases. La première phrase nous dit que la mer est venue vers « nous » les spectateurs, d'un seul tenant et d'une seule tranche. Il s'agit toujours de la mer, alors, de la mer qui est présente dans la vie des hommes, et cela depuis toujours, mais cette formule souligne aussi que la mer se laisse voir telle qu'elle est au présent précis du poète. Elle se montre « d'une seule tranche », de façon synchronique, à savoir sous les traits particuliers qu'elle possède du vivant du poète, perspective à distinguer alors de celle, intemporelle, qui sera mise en valeur dans Chœur.

La deuxième phrase, qui compte quatre alinéas, présente la mer en mouvement. Celle-ci n'est jamais stationnaire mais se mue toujours. Elle est comme les phrases d'une langue inconnue, d'une langue ancienne et étrange dont on ne reconnaît pas les groupements linguistiques et les périodes. C'est une langue nouvelle pour ceux qui l'entendent pour la première fois. Ses « commandements suprêmes » sont inscrits sur des tables d'airain, un peu à la manière biblique. Ses phrases se déploient comme les soulèvements de la mer d'un « très beau style périodique » au sein des « meutes héroïques ». C'est d'ailleurs la fonction du scribe de capter ce mouvement et de fixer les phrases de la mer. La référence aux « meutes héroïques » rappelle les récits épiques et les odes des civilisations révolues. Tel un athlète dans une ode de Pindare, la mer se meut de ses « grands muscles errants », mais sous son aspect physique elle est également visqueuse et glisse vers nous, ses vagues au crépuscule ressemblant à des pythons noirs quand la marée monte, le tout retenu pour ainsi dire par une membrane comme la plèvre.

Autrement dit, la mer est une très grande chose. Elle ressemble à un être animé qui se meut et se transforme avec le temps. Elle existe depuis toujours et elle est toujours en marche vers la « transgression divine... ». C'est dire que la mer a toujours fait partie des mythes des civilisations passées. Les hommes ont toujours eu du respect pour la présence et la force de la mer et l'ont souvent crue investie de pouvoirs divins. C'est cette croyance primitive en la force de la mer que le poète cherche à mettre ici en valeur. Pour le poète, cependant, la mer disparaît dans la nuit qui avance et qui l'entoure de plus en plus, quoique dans ses pensées elle représente une force éternelle et par là divine. C'est ainsi que le poète se mesure en quelque sorte à la grandeur de la mer. La mer s'étend devant lui et, le poète de constater le jeu de lumière et de pénombre à la surface de l'eau, mais à la manière de Pascal peut-être, le sublime de la mer le dépasse et l'effraie.

La troisième tirade poursuit les thèmes de la transgression divine et du sacré. Elle évoque les rites d'un peuple primitif. Il semble que le poète se réfère à plusieurs reprises à la fonction de l'aruspice, ce devin qui examinait les entrailles des animaux morts pour en tirer des présages. On y trouve nombreuses références aux viscères et aux sacrifices. Mais comme le poète dit « nous », il est clair qu'il se voit comme membre de ce peuple, et c'est ainsi qu'on se rend compte que le pronom « nous » signifie l'être humain en général, dans ses premiers efforts pour comprendre son monde, c'est-à-dire au moment où « l'esprit sacré s'éveille » pour la première fois. D'ailleurs, comme l'esprit sacré s'éveille avec l'être humain, il est clair que le poète évoque ici les premières manifestations de la civilisation humaine sur la terre.

Il est important de noter qu'à cet endroit sur le manuscrit Perse avait d'abord écrit « quand l'esprit délié s'éveille »[73]. Le remplacement du mot « délié » par le mot « sacré » établit un rapport chez Perse entre le sacré d'une part, et la liberté ou l'absence de limites d'autre part, c'est-à-dire si ces termes ne sont pas tout simplement synonymes pour Perse. La référence vise alors un peuple qui voit dans la nature constituée d'objets, d'animaux et de plantes, un lien intermédiaire entre l'homme et le monde spirituel, un peu à la manière des Grecs de l'antiquité. D'après W.F. Otto, par exemple, les dieux grecs « ne relèvent ni d'une invention, ni d'une création de l'esprit, ni d'une représentation, mais ils peuvent seulement relever d'une expérience »[74]. Les dieux grecs sont surtout des manifestations du monde réel. Les « temples frettés d'or » dans le poème de Perse suggèrent la Grèce, et la référence au Colisée suggère Rome. Il faut se rappeler, pourtant, que le poète ne vise pas toujours les événements et les bâtisses anciennes de façon précise et que, de toute façon, pour ces deux peuples polythéistes l'inspiration religieuse se partageait[75].

---

73. Ms am1 et am12, Fondation Saint-John Perse.

74. Walter Friedrich Otto, *L'Esprit de la religion grecque ancienne*, traduit par Jean Lauxerois et Claude Roëls, Paris, Berg International, 1975, 1995, p. 28.

75. Les cultures romaine et grecque étaient d'ailleurs très proches. Selon Paul Veyne, la culture romaine était d'inspiration grecque, à tel point que les termes « helléniser » et « civiliser » étaient synonymes puisque pour les Romains de l'Empire « la civilisation grecque est la civilisation tout court » (Paul Veyne, *L'Empire gréco-romain*, Paris, Éditions du Seuil, 2005, p. 202). Ce constat est d'autant plus intéressant dans le contexte du poème *Amers* car chez Perse le changement de

Associée à ces sacrifices à caractère primitif est la mer elle-même, « étrange », « à jamais inappariée », à savoir toujours seule. Et la mer est cette « autre face » des songes de l'homme ; elle est « chose sainte » au loin, à l'étiage ou à marée basse quand elle abandonne la terre rouge de la plage où ont lieu les sacrifices. En tant que phénomène naturel la mer devient elle-même un objet de culte. L'homme lève les bras devant la mer et son cri, « Aâh... », qui ressemble et au cri énoncé lors du rite religieux et au cri tiré de l'amant pendant l'acte de l'amour, marque la révérence de l'homme pour la mer ainsi que son plaisir à vivre. Le cri semble faire lui-même partie d'un rituel ou d'un sacrifice. Et c'est le cri de l'homme que le poète retient et qu'il veut se répéter comme un cri dont il dérive du plaisir avec chaque énonciation et chaque récitation. C'est-à-dire qu'en répétant ce mot, cette interjection symbole du plaisir et de la transgression divine, le poète répète à chaque reprise l'expérience subjective elle-même. Il dit que « nous avons eu ce cri de l'homme à la limite de l'humain », à savoir face au sublime ou sur le point de la transgression. Et la mer elle-même est comme des entrailles à lire et à interpréter. Il reprend l'expression cinq fois : « Nous avons eu, nous avons eu... », et son plaisir est évident par le fait qu'il désire reprendre le mot : « Ah ! dites-le encore », mais il ne répète pas le cri, il n'émet pas l'interjection qui signifie le plaisir de l'homme « à la limite de l'humain ». C'est peut-être trop difficile pour un homme de tenir face au divin, ou bien est-ce l'attente qui l'emporte, le désir l'emportant pour ainsi dire sur son exaucement. La troisième tirade se clôt sur encore une image d'un sacrifice devant la mer, celle d'une peau de buffle tendue et mise en croix sur quatre pieux.

Dans la quatrième tirade, on remonte plus loin dans le temps que l'époque de l'homme primitif. Cette tirade évoque même la période de l'histoire de la terre antérieure à l'existence de l'être humain. Le poète remonte « plus haut », nous dit-il, à un moment où les signes n'existaient pas, où la pierre était affranchie de son relief, c'est-à-dire à une période vierge où la pierre ne portait pas encore d'inscriptions réalisées par des scribes. Dans son « rêve » du monde primordial le poète se demande d'ailleurs à quoi la terre aurait ressemblé à cette époque lointaine. Il pense que la mer elle-même aurait sans doute été comme « une tendre page lumineuse », une page « pure de tout chiffre ». La lumière aurait peut-être trouvé sa source dans la mer. Cette image rappelle celle que l'on trouve dans Homère. Dans l'*Iliade*, par exemple, l'aède antique décrit le soleil comme « étant sorti du cours paisible et profond de l'océan pour monter dans le ciel »[76]. Mais

---

culture et de pratiques sociales, ainsi que l'adaptation de l'individu à la culture de l'époque et à la région en vogue représentent des aspects importants de sa pensée.

76. Homère, *L'Iliade*, traduction, introduction et notes par Eugène Lasserre, Paris, Garnier Frères, 1965, chant VII, p. 133.

comme il s'agit d'une époque qui a précédé la présence de l'homme sur la terre, nous les mortels, nous ne saurons jamais ses secrets. Cela ne nous empêche pourtant pas de rêver l'immortalité.

Enfin l'homme « rêve tout haut », nous dit le poète, et son rêve est d'homme et d'immortel. Le poète se demande en effet si nul asiarque n'a jamais rêvé un rêve pareil d'espace et de loisir. Or, l'asiarque surveillait les rites religieux dans la province romaine d'Asie et ainsi ce titre rejoint la notion des rites et des sacrifices de la tirade précédente, mais en général le poète fait référence ici aux désirs des humains. C'est en effet une caractéristique propre à l'être humain de rêver à l'immortalité, à « cet accès » ou à cette limite de l'être humain. La phrase, « Ah ! qu'un Scribe s'approche et je lui dicterai… », semble placer le poète au niveau des dieux présents avant l'arrivée de l'homme.

On se rappelle, d'ailleurs, qu'Homère fait souvent allusion à une langue des dieux et à la croyance selon laquelle les langues humaines les plus anciennes étaient très aptes à nommer exactement les dieux et à faire connaître leur essence et leur pouvoir[77]. Perse répète son souhait mais il remplace le mot « Scribe » avec majuscule par le mot « homme » avec minuscule. Le poète semble se voir ici comme l'intermédiaire des dieux, comme la bouche de l'oracle qui sait lire dans la mer le message qui y est formulé. Il nous dit enfin qu'il résiste au sommeil afin de finir son poème, afin de dicter l'inspiration qui le rapproche des dieux, mais que déjà le ciel « vire au bleu de mouette » et lui restitue sa présence, ce qui veut dire que la journée se pointe et que grâce à la lumière il revient à la réalité, à savoir à la réalité visible.

Dans la cinquième et dernière tirade d'Invocation-6 la mer est nommée « présence », et le poète s'adresse à elle de façon intime, se servant du pronom « tu ». Il ne s'inquiète pas du lever du jour annoncé à la fin de la tirade précédente car il sait qu'au soir la mer sera de nouveau présente devant lui. Ou bien il fait à nouveau référence ainsi aux marées, et on comprend que l'eau est loin de la côte le jour et plus proche la nuit, ou bien il pense à l'intimité du soir où il est à peu près seul devant la mer, et à quel moment toutes ses idées préconçues de la mer l'abandonnent. C'est dans ce sens qu'il peut revenir aux traits physiques de la mer comme s'il la découvrait pour la première fois. Il nous raconte d'ailleurs que la mer est une « substance » pour lui, une substance qui a un poids de glaise et une couleur de pierre. Elle est force et labour et, elle a un « parfum d'entrailles femelles et de phosphore ». Qui plus est, elle existe aussi dans les pensées des hommes et elle exerce son influence sur leurs attitudes et leur comportement. C'est ainsi que le poète nous parle de « rapt », et de la mer « saisissable au feu des plus beaux actes de l'esprit !… ». Il se sert de l'analogie des Barbares à la Cour qui

---

77. *Ibid.*, chant I, note 19.

violent les « filles des serfs ». Il souligne ainsi l'influence de la mer sur les pensées de l'homme, et l'analogie n'est pas anodine. Elle souligne le mélange de races qui serait la progéniture d'un viol, et elle évoque l'importance du désir dans les songes de l'homme. De nouveau, la mer est associée au désir sexuel et à la reproduction de l'espèce.

C'est-à-dire que la mer est multiple et complexe. C'est d'abord une substance avec ses propriétés physiques, son aspect et son odeur, mais elle pénètre aussi dans la pensée de l'homme où son idée peut influer sur les désirs car la mer est licencieuse, comme le suggère l'analogie des Barbares à la Cour. Par ailleurs, en suscitant le désir de l'homme, la mer évoque la joie ou le plaisir de voir ce désir comblé. À cet endroit du poème on trouve un passage capital, présenté sous forme de prière, et séparé du texte principal par des guillemets qui soulignent le fait qu'il s'agit d'un discours particulier important. C'est ici que le poète invoque sa muse, enfin, à la fin de l'Invocation, et sa muse est son plaisir. Il nous dit en fait que c'est son plaisir qui le guidera dans sa composition en l'honneur de la mer : « Guide-moi, plaisir, sur les chemins de toute mer ; au frémissement de toute brise où s'alerte l'instant, comme l'oiseau vêtu de son vêtement d'ailes… Je vais, je vais un chemin d'ailes, où la tristesse elle-même n'est plus qu'aile… Le beau pays natal est à reconquérir, le beau pays du Roi qu'il n'a revu depuis l'enfance, et sa défense est dans mon chant. Commande, ô fifre, l'action, et cette grâce encore d'un amour qui ne nous mette en main que les glaives de joie !… ».

Le poète se sent léger et vole vers son plaisir, ou vers son idéal, libre de toute entrave et de son propre poids, semble-t-il, plus licencieux, on dirait, que le cygne pris dans la glace dans le sonnet célèbre de Mallarmé. Le caractère licencieux de ce poème est souligné par ce passage où on apprend que le beau pays natal, le pays du roi, est à reconquérir. On sait que c'est le désir qui est souverain. Or, le beau pays natal du poète est l'île de Guadeloupe en un premier temps, une île dans la mer pour ainsi dire, mais le beau pays natal représente aussi le désir et l'amour, comme la suite du passage le fait savoir. Il y est question de la grâce de l'amour qui met en main les « glaives de joie ». Ce dernier terme reprend l'image des « sagaies de Midi aux portes de la joie » d'Invocation-1. C'est la même métaphore qui fait savoir que le désir dicte à l'homme son comportement. Qui plus est, l'amour est déjà entrevu ici comme une action semblable à une conquête militaire car c'est le fifre qui commande l'action. Toutefois, ici le désir et le manque se font combler non pas par la bataille et le butin mais par le plaisir seul.

Dans les derniers vers d'Invocation-6, il semble que le poète s'adresse à ses critiques. Il vient de nous révéler le caractère licencieux de son poème, et il sait que la poursuite du plaisir est sûre de provoquer la réprobation des « Sages ». Le poète prévoit déjà leurs remontrances et leurs réprimandes, car il sait que son poème sera « hors de raison ». Le terme « hors de raison » a double sens. Il s'agit d'abord du récit qui ne respectera pas toujours la pensée rationnelle, mais c'est également un poème qui ne se conformera pas à la bonne morale et au comportement raisonnable. C'est-à-dire que l'œuvre du poète sera peu conventionnelle et sur le plan de la logique et sur le plan moral. Mais il est poète, il est de mer et il n'a pas honte de son plaisir[78]. Il sait que certains n'aimeront pas son poème, mais il sait que d'autres seront de son côté. Il prévoit même que personne ne pourrait se tenir « sans offense » aux côtés de sa joie. Sur le manuscrit à cet endroit, à la place du mot « offense », on trouve le mot « malaise »[79]. Or, à notre sens, se tenir sans malaise à côté du poète se comprend plus facilement que se tenir sans offense aux côtés de sa joie, mais étant donné le caractère licencieux du poème, il se peut que certains en soient justement offensés par cette œuvre. Le terme « offensé » souligne mieux que le mot original « malaise » le caractère licencieux et le thème principal de ce poème. Le poète sait cependant qu'il y aura des lecteurs de son côté. Pour lui seront notamment ceux qui « de naissance, tiennent leur connaissance au-dessus du savoir » où le mot « connaissance » doit se comprendre comme signifiant la faculté de connaître de l'homme plutôt que le savoir appris en société et à l'école. La connaissance est un don de naissance, une faculté dont les hommes se servent toujours. Elle découle de l'observation et de la réflexion, tandis que le savoir, par contraste, doit être un corpus enseigné et appris, et il a surtout un caractère moral pour cette raison. C'est sans doute dans cette distinction entre connaissance et savoir que le poète prévoit sa riposte aux lecteurs « offensés » par le sujet de son poème et par les formules qu'on y trouve.

C'est dans ce contexte et dans cette distinction entre connaissance et savoir qu'il faut placer, nous semble-t-il, les remarques de Perse concernant la culture. Comme c'est bien connu, dans une lettre à Archibald MacLeish, Perse évoque son « hostilité envers la culture »[80], aveu un peu étonnant étant donné le niveau de « culture » de sa poésie. Les critiques ont signalé les nombreuses références d'ordre culturel et cultuel dans ses poèmes et *Amers* ne fait pas exception à la règle. Il serait facile de dire que Perse se trompait ou qu'il a menti à ce sujet dans un effort pour créer un personnage poétique distinct de l'auteur, mais il nous semble que la remarque de Perse doit se faire comprendre dans un contexte particulier. Perse, Alexis Léger, était à l'école au moment où le mot « culture » voulait dire autre chose qu'il ne veut dire aujourd'hui. Le savoir culturel exigeait des précisions et une pédanterie extrême. À ce sujet on peut comparer les

78. Nous signalons que pour Nietzsche, la liberté, c'est ne plus avoir honte.
79. Ms am1, am12, Fondation Saint-John Perse. Dans les annotations de son texte pour F. Kemp, Perse explique que cette expression veut dire « sans offenser » sa joie (Kemp, *op.cit.*, p. 97).
80. Saint-John Perse, *Œuvres complètes*, *op. cit.*, p. 550.

remarques de Kenneth Macleish que l'on trouve dans son introduction à l'ouvrage de Robert Graves, ouvrage qui porte sur les mythes grecs. Selon Macleish, dans le milieu culturel du XIXe siècle finissant l'étude des littératures anciennes était dominée par l'étude de la grammaire et de la syntaxe des phrases à la manière des analyses bibliques, laissant de côté la fonction sociale des textes[81]. W.F. Otto abonde dans ce sens. Il écrit que la religion grecque « n'a été jusqu'ici représentée, presque exclusivement, qu'au sens de l'historicisme du XIXe siècle : comme s'il ne s'agissait que de fixer de manière scientifique ses métamorphoses dans le temps, sans se demander ce que signifie le fait qu'elle ait pu se présenter de manière toujours neuve au cours des siècles »[82]. Étant donné l'importance qu'il accorde à la notion de mouvement pour la pensée en général et pour sa propre créativité, il n'est pas étonnant que Perse ait rejeté une telle conception, à savoir un peu rigide de la « culture », en faveur de la création poétique. On pourrait aussi y voir un autre aspect de la pensée de Nietzsche dans l'œuvre de Perse. D'après Jacques Sojcher, par exemple, la philosophie de Nietzsche est tournée « vers l'avenir, non vers le passé (c'est-à-dire le connu, l'intégré, l'image figée de la culture) [...] »[83].

La connaissance, comprise comme le produit de l'expérience et de l'observation directe serait en quelque sorte plus valable que le savoir appris. Cependant, il va de soi qu'être hostile envers la culture ne veut pas dire qu'il faut rejeter le sentiment ou l'inspiration qui a poussé les anciens à produire des œuvres littéraires. C'est un peu dans ce sens, d'ailleurs, que nous interprétons le poème *Amers*. Il s'agit d'une œuvre où la précision des références importe moins que le message véhiculé et l'effet produit.

---

81. Kenneth Macleish, « Introduction », dans Robert Graves, *The Greek Myths*, London, The Folio Society, 1955, 2001. Selon Macleish, « Classical scholars became archivists rather than innovators, museum curators rather than original thinkers. In literary terms, European universities became filled with magnificently reconstructed texts which everyone revered but no one bothered to relate to the living beings who had created and enjoyed them in the first place, and with experts who knew the size and shape of each brick in every ancient wall, but could neither see the walls themselves nor understand their purpose » (p. 14).
82. W. F. Otto, *op. cit.* p. 170.
83. Jacques Sojcher, *La Question et le sens Esthétique de Nietzsche*, Paris, Aubier Montaigne, 1972, p. 11.

Strophe

La deuxième partie d'*Amers* est divisée en neuf suites séparées par des chiffres romains. Les huit premières suites constituent le récit du poème, car récit il y en a, même s'il ne s'agit pas d'une histoire claire et simple. Le récit est composé de plusieurs scènes et développements, voire des fragments qui représentent des récits plus particuliers. Il est question de la description des villes, des mises en scènes et des discours de plusieurs personnages. La neuvième suite, Strophe IX ou « Étroits sont les vaisseaux », représente une scène d'amour ou plutôt un dialogue entre deux amants. Cette suite peut être considérée comme un poème à part et pourtant, il existe un thème unificateur dans les neuf suites de Strophe, le même thème d'ailleurs que la Dédicace et l'Invocation ont mis en valeur, à savoir le thème du désir. Il s'agit surtout du désir sexuel mais il est aussi question du désir de l'être humain de vivre libre. C'est un thème on ne peut plus romantique, d'ailleurs, pour ne pas dire nietzschéen.

Strophe-I : « Des Villes hautes s'éclairaient sur tout leur front de mer… »

La première suite de Strophe présente enfin les « amers » auxquels le titre du poème fait allusion, et cela pour la première fois. Il s'agit des objets fixes qui servent de point de repère sur la côte. Ce sont en un premier temps les villes dont les bâtiments et l'architecture s'agencent à la mer et qui sont donc visibles de la mer. D'une part, sous forme de caps et de rochers, il s'agit des indications des limites des eaux et, sous forme de villes et de structures portuaires la terre marque l'aboutissement du voyage et le port d'échange. Les villes représentent d'ailleurs des points d'intérêts pour les voyageurs ainsi que de belles occasions pour ceux et celles qui cherchent à se faire fortune car ce sont en plus des centres de commerce et des institutions consacrées aux activités diverses de l'homme. D'autre part, les villes en bord de mer et surtout les ruines qui y restent visibles marquent les différentes étapes du développement des sociétés humaines, histoire dont la mer a toujours été le témoin. L'uniformité et la fixité de la mer dans le cours du temps servent ainsi comme point de repère pour celui qui raconte l'histoire des terres et des réalisations humaines. C'est-à-dire que les amers dont il est question dans ce poème de la mer sont à la fois physiques et temporels. Pour le poète il ne s'agit pourtant pas de rédiger une histoire précise et exhaustive d'un peuple quelconque. Lui cherche plutôt à évoquer l'histoire humaine de façon générale, et cela à partir des amers, afin de mettre en valeur que les vestiges et les ruines sur la côte représentent et l'indice des activités humaines révolues et le souvenir des civilisations éteintes. Ainsi les quatre développements de cette première suite de Strophe rappellent-ils différentes périodes de l'histoire humaine, non pas de façon exacte, mais grâce à certains mots et au moyen de références plutôt vagues. En lisant ces textes le lecteur se fait transporter dans un passé antique. Il visite les bâtiments et fréquente les habitants des villes anciennes, mais comme le poète parle de la mer, et des besoins et des activités des êtres humains de façon générale, le lecteur peut facilement confondre les époques et voir différentes périodes historiques se pénétrer les unes dans les autres.

La référence historique du premier développement se fait sentir sous forme de verbes à l'imparfait : « Des Villes hautes s'éclairaient sur tout leur front de mer » et les « grands ouvrages de pierre se baignaient dans les sels d'or du large ». L'emploi de l'imparfait pourrait se faire lire ici comme le début d'une narration, plutôt qu'à valeur historique, mais le sens historique du passage est plus clairement souligné par la fin de ce passage, comme on le verra. Or, des villes étaient construites sur des fondations en pierre au bord de l'eau. Dans le port ainsi bâti il était question des activités d'échange et de commerce de la ville. Le poète nous parle, par exemple, des officiers de port, des péages, des aiguades (des approvisionnements en eau douce), des abornements et des règlements de transhumance. Il est aussi question d'échanges avec d'autres villes : « On attendait les Plénipotentiaires de haute mer ». L'arrivée des étrangers marquait sans doute un événement capital dans la ville et, pour cette raison, les habitants descendaient au port témoigner du spectacle. Dans cette perspective, la mer représentait l'estrade où se déroulait le drame de l'être humain. L'arrivée des plénipotentiaires signale pourtant l'offre d'une « alliance », sans doute une alliance avec la mer comme celle qui est évoquée dans Invocation-5. Tout ce récit des événements n'est qu'imaginaire pourtant. Le poète ne nous décrit pas un événement historique précis. Il s'imagine plutôt une scène quelconque qui aurait pu avoir lieu dans une ville au passé à l'approche des bateaux sur la mer, une scène qui a dû se produire et se reproduire maintes fois par le passé.

Les trois derniers versets de ce court développement soulignent qu'il s'agit de civilisations révolues et dont il n'existe aujourd'hui que des ruines. Vers la fin de ce développement, par exemple, le poète fait référence aux « Prêtres du Commerce », à l'alchimiste et au foulon. Le terme, prêtres du commerce, pourrait désigner les autorités portuaires et de la ville, car dans des civilisations anciennes les prêtres exerçaient souvent le pouvoir et contrôlaient le développement de la ville, ainsi que le commerce. En ce sens, ce terme signifie des pratiques qui n'existent plus, en plus de suggérer une époque où l'activité humaine était sous l'égide de la religion. De même, les métiers d'alchimiste et de foulon sont d'une autre époque. L'alchimie, la transformation du plomb en or, évoque les débuts de l'ère scientifique mais elle symbolise aussi la transformation, ici la transformation d'une ville riche et florissante en des ruines, en des pierres vétustes et en des champs incultes. D'une civilisation ancienne et très florissante, il ne reste maintenant que l'oubli de l'abondance (« un ciel pâle diluait l'oubli des seigles de la terre ») et des murs abandonnés, souillés par des oiseaux. En un sens, l'or s'est fait transformer en plomb ici. Et enfin, le métier de foulon, à savoir le foulage des tissus, évoque non seulement le travail et les activités des ouvriers d'une autre époque, mais suggère aussi le luxe et la douceur de la vie d'antan dans cette ville. Il faut se rappeler d'ailleurs que chez Perse le caractère « moelleux » des tissus est souvent utilisé comme symbole de douceur et de compassion humaine.

On ne sait pourtant pas ce qui est arrivé pour causer la déchéance de ces civilisations et de ces peuples de l'antiquité que vise le premier développement de la Strophe. Le poète se pose la question en effet : « Quel astre fourbe au bec de corne avait encore brouillé le chiffre, et renversé les signes sur la table des eaux ? ». D'après certains, l'expression « quel astre fourbe » dénote la lune parce que la lune commande aux marées[84]. En revanche, la syzygie n'explique pas le déclin et la disparition des civilisations. Il faut plutôt comprendre la référence à un astre fourbe dans le contexte des croyances astrologiques, contexte déjà établi d'ailleurs dans Invocation-5 où il est question, entre autres, de la comète de Halley. L'adjectif interrogatif indéfini suggère le passage d'un astre inconnu, signe des dieux dans le monde antique, et signe du renversement du sort. L'astre « fourbe » désigne alors un événement malheureux et extraordinaire, le déclin d'une civilisation, par exemple, ou la fin d'un mode de vie particulier. Ce renversement est d'autant plus incompréhensible que la civilisation établie sur la côte était une fois riche et florissante. Elle s'est transformée par la suite, on ne sait pourquoi, en des ruines lamentables et oubliées. Le « bec de corne » de l'astre fait de la destinée un oiseau rapace capable de dévorer sa proie, et les signes renversés sur les « tables des eaux » font savoir que les lois et les traditions de cette société ont été perdues.

Le deuxième développement de cette suite semble faire référence à la Méditerranée, au Moyen Orient, et à l'Israël biblique en particulier : « Nous vous prions, Mer mitoyenne, et vous, Terre d'Abel ! ». Le poète semble aussi évoquer la fuite d'Égypte des Israéliens. La formule « la mer louable ouvrait ses blocs de jaspe vert », semble suggérer le partage des eaux de la Mer Rouge selon le récit biblique qui raconte l'exode des Hébreux hors d'Égypte. Le poète fait aussi référence à la société ordonnée que ce peuple primitif a construite. Le labour de la terre était réglementé et la culture y fleurissait. C'est-à-dire qu'il s'agit d'une civilisation qui était bien organisée.

Le premier vers de ce développement reprend le thème des amers du développement précédent. Il est question de l'architecture frontalière et des travaux

---

84. Joëlle Gardes Tamine, *et al*, *op. cit*. p. 348.

des ports. On sait que la civilisation en question était bien organisée car on lit que les « prestations sont agréées » et les « servitudes échangées ». Ces formules suggèrent que ce peuple était régi par des lois et que les labours étaient partagés. En plus, on travaille la terre qui était « corvéable ». Ce dernier terme signifie que l'agriculture était développée, et en ce sens il rejoint la notion de servitude et la division du travail. Mais ici la terre est corvéable au « jugement de la pierre », ce qui veut dire que ce peuple savait fabriquer des outils, peut-être en pierre, pour retourner le sol et développer l'agriculture. Il s'agit donc d'une civilisation primitive mais qui était organisée et productive tout de même.

L'invocation du premier verset, « Nous vous prions, Mer mitoyenne, et vous Terre d'Abel ! », trouve sa réponse quelques versets plus loin. Il s'agit de trois versets placés entre guillemets, versets dont nous ignorons l'auteur, et qui sont adressés au poète. La réussite de la ville y est soulignée. On fait savoir que le poète peut trouver tout ce qu'il lui faut, entre autres, l'or dont il a besoin pour son « anneau d'alliance ». Or, Perse souligne dans ses commentaires que cette image rappelle le rite annuel du doge de Venise qui épouse annuellement l'Adriatique[85]. Suivant cette logique, il s'agit alors de s'offrir une épouse, mais il est aussi question des rapports entre hommes et femmes sur le plan général, ce qui se laisse constater dans les versets suivants où le poète évoque les maximes et les lois de ce peuple au bord de la mer. Il note que la règle du plus haut luxe est « un corps de femme ». Les rapports entre époux sont fixés alors par des coutumes, par des traditions et par des lois. Le succès des échanges est représenté par les « avenues de pilotage », et le bonheur est souligné par la « brise de mer à toutes portes », car la brise, ou un vent peu violent, est propice à la navigation et à l'échange.

Le dernier des trois versets adressés au poète reste pourtant un peu énigmatique : « Règle donnée du plus haut luxe : un corps de femme – nombre d'or ! – et pour la Ville sans ivoires, ton nom de femme Patricienne ! ». Cette ville et son peuple connaissent évidemment la richesse et le luxe. Le « plus haut luxe », d'ailleurs, est le « corps de femme – nombre d'or ! ». Le mot « règle » établit dans ce contexte un lien avec les lois et les coutumes de la société, et sous cet angle ce terme évoque aussi le mariage et l'organisation de la reproduction du peuple. Mais le mot « règle » dénote aussi la menstruation, ce à quoi le poète fait référence dans le développement suivant. (Ce rapport se comprend plus facilement quand on se rappelle la prédilection de Perse pour le singulier des mots pluriels et pour le pluriel des mots normalement au singulier. Ainsi le mot « règle » au singulier évoque-t-il le pluriel « règles »). Le plus haut luxe dans cette civilisation était donc l'offre de la femme ou la prise d'une épouse[86].

---

85. Cf. les annotations, dans Kemp, *op. cit.*, p. 98.

86. Il faut signaler ici qu'une idée semblable se trouve dans les aphorismes de Nietzsche où le

Le « nombre d'or », à savoir le rapport entre les parties d'une œuvre considérée comme particulièrement esthétique, se réfère ici à la femme, à une femme belle et alors convoitée. Qui plus est, cette société qui fonde et qui respecte les traditions de mariage est une société « sans ivoires », c'est-à-dire qu'il s'agit d'une société où les idoles et les icônes sont interdites. Le discours de l'interlocuteur du poète évoque probablement la ville ancienne de Jérusalem où les idoles étaient justement interdites, et dont le nom était un « nom de femme patricienne ». C'est-à-dire que le mot « Patricienne » évoque la noblesse romaine. Lorsqu'il a refondé la ville en l'an 135 apr. J.-C., et en a fait une ville païenne, l'empereur romain, Hadrien, *Publius Aelius Hadrianus*, a nommé l'ancienne ville de Jérusalem *Aelia Capitolina*, à savoir un nom féminin. Le nom de femme pour la ville n'est donc pas complètement aléatoire.

C'est ici que prend fin cependant le discours entre guillemets, discours dont on ignore l'auteur mais qui ressemble aux passages bibliques où Dieu intervient pour parler directement aux hommes. Le passage commence par l'impératif, « Trouve ton or, Poète [...] », et il évoque les maximes et les lois à respecter. Il se termine par ce don d'une règle qui semble avoir pour objectif de gouverner la reproduction et de donner un nom à la nouvelle ville fondée par ce peuple en l'honneur de son Dieu.

Le discours du poète reprend par la suite pour faire savoir que le commerce est florissant dans cette ville : « nous tenons tout au louage » ; les heures sont « emmaillées », ce qui veut dire, nous semble-t-il, que les heures sont rattachées au travail du port et sont ainsi rémunérées car une maille est une pièce de monnaie, d'où sans doute l'expression, les « mailles jaunes de nos darses ». Les citoyens semblent heureux, mais la mer, c'est-à-dire cet accès à d'autres mondes aussi bien qu'une invitation au départ, ne cesse d'attirer les jeunes gens. Elle monte et baisse comme un mouvement de méduse. Elle est comme une langue dont les phrases sont des répons, des chants liturgiques qui évoquent un autre monde. Elle séduit, elle stimule et allume le désir et, en fin de compte elle fait souffrir car le désir est aussi une souffrance. L'écume de la mer évoque à nouveau la naissance d'Aphrodite et le charme de la beauté de la déesse qui attire. Le nombre d'or qui décrit le corps de la femme, juxtaposé ici à des termes du registre animal (bête, mâle, mufle, encolures) souligne – toute ressemblance avec Baudelaire à part – le côté physique et inexorable du désir. Mais l'« anneau mâle », nous dit le poète, rêve de « plus lointains relais ». Il n'est pas prêt à prendre une épouse et à

---

philosophe nous dit que ni la « femme ni le génie ne travaillent. La femme a été jusqu'à présent le plus grand luxe de l'humanité [...] » (F. Nietzsche, *La Volonté de puissance* II, traduit par Geneviève Banquis, Paris, Gallimard, 1995, vol. 3, § 662, p. 240).

s'installer dans cette ville. Il veut remonter plus loin dans le temps, plus haut dans le songe.

Sur le manuscrit, ce développement compte un dernier vers que le poète a supprimé, un vers qui suggère encore une fois que le poète pense ici à Israël et, en particulier, à la ville de Jérusalem. Le vers supprimé se lit ainsi : « Toi, Mer du clan et de la horde, frappe au chanfrein la Ville cavalière »[87]. Ce vers fait référence aux tribus anciennes, à savoir aux « clans » et aux « hordes » qui constituaient à l'époque biblique le peuple hébreu. Il semble faire référence aussi au Dieu qui punissait les dérogations aux lois, à savoir au Jéhovah de la Bible. Le mot « chanfrein » désigne et la partie antérieure de la tête du cheval, et une surface plate obtenue en battant l'arête d'une pierre. La majuscule du mot « Ville » dénote probablement la ville capitale, mais comme c'est une ville « cavalière », une ville insolite alors, c'est une ville qui mérite une punition, qui mérite d'être « frappée ». L'analogie évoque la culture du peuple biblique.

Le troisième développement de cette suite consacrée aux amers des côtes évoque différentes villes, sans doute d'Italie, ce qui est suggéré, entre autres, par les mots « attelages du publicain ». Le « publicain » était un chevalier romain qui prenait « à ferme le recouvrement des impôts » (*Petit Robert*). Certaines des villes mentionnées ont été fondées au bord de la mer, tandis que d'autres se sont fait établir plus loin du littoral. Il faut signaler en plus que sur le manuscrit le chiffre « cinq » du premier verset remplace le chiffre « sept »[88]. Les « sept collines » renvoient sans doute à Rome et, les biches de fer évoquent probablement la déesse Artémis, ou Diane, déesse souvent représentée avec des biches. Pour les autres villes, les références sont moins claires, mais il est peut-être question des établissements dans les alentours de Rome et qui maintenant en font partie. Il pourrait s'agir également des villes de l'intérieur comme Florence, « là-haut tout un versant de terres grasses », et d'autre part de Venise ou de Naples, des villes adossées « à l'étendue des eaux » ou avec les « pieds tachés d'écailles et le front de lichen ». La référence probable à l'antiquité romaine est soulignée de nouveau par l'adjectif « décimables » qui qualifie les « terres grasses ». Ce terme évoque la pratique de l'Antiquité romaine de mettre à mort une personne sur dix coupables ; mais la « décime » représente aussi une taxe sous l'Ancien régime de sorte que les terres « décimables » seraient des terres sujettes à une autorité qui prélevait des impôts.

---

87. Ms am2, Fondation Saint-John Perse.

88. *Cf.* ms am2, ms am13, Fondation Saint-John Perse. Comme les auteurs de l'ouvrage, *Saint-John Perse sans masque*, le notent, Perse a probablement fait ce changement pour que la référence à Rome ne soit pas si évidente.

Le poète évoque le caractère religieux de certaines villes aux « murs d'asile et de pénitencier ». Il fait remarquer des traits architecturaux d'autres villes, comme le « Port d'échouage sur béquilles », « les fins de sentes, de ruelles », « les fosses d'usage » et, « l'escalier rompu ». Ces objets nommés, ces aspects différents des villes sont comme des signes qui parlent au poète. Une série de marches, voire un escalier, ressemble à une série de lettres, un alphabet de pierre déversé. Ce sont des signes tout comme les mots, à savoir des signes que le poète utilise pour dénoter les objets et pour évoquer d'autres signes. Il fait ainsi appel à ses souvenirs également. « Nous connaissons ces fins de sente », nous dit-il, et « t'avons vue, rampe de fer ». Sans doute le poète fait-il ainsi référence à ce qu'il a vu pendant ses voyages, et il semble de nouveau que ce ne soit pas vraiment la précision des références qui importe ici.

Il s'agit en plus de certaines activités humaines, comme, les prières, les ablutions, les révoltes, et cela dans le cours de l'histoire des hommes. Le poète fait d'ailleurs plusieurs références au cycle de la vie et aux règles des femmes. Il parle des villes qui « saignaient comme des filles-mères » descendant aux vasières, c'est-à-dire dans des endroits où les filles de voirie « se dépouillent un soir de leur linge mensuel ». Il mentionne aussi l'alcôve et sa « litière de caillots noirs ». Cette dernière image constitue probablement une référence à l'amour et aux rapports sexuels clandestins. Par ailleurs, la mer remplit sa fonction de laveuse dans tous ces cas. C'est-à-dire qu'elle est toujours présente et sert à régénérer la société des hommes. Elle est salvatrice et nécessaire non pas seulement pour la nature humaine mais en raison des émeutes et des activités meurtrières qui émaillent l'histoire des êtres humains. De telles activités, inexplicables et puériles, ont tout de même pour conséquence que sur la place de la ville « l'homme saigne comme un coq ».

Dans le dernier verset de ce développement le poète fait référence à « Colchide ». Il s'agit en premier lieu de la couleur de la nuit, couleur d'une « paonne de Colchide ». En deuxième lieu, cette référence évoque le pays de Colchide et la légende de Jason, à savoir celle de la toison d'or et de Médée, légende à laquelle Perse fera référence à d'autres endroits dans son poème. Il faudrait aussi souligner que la légende de Colchide nous situe entre le rêve et la réalité car ce pays existait véritablement ainsi que dans la mythologie. Cela est d'autant plus significatif que le domaine du poète est le domaine du songe, à savoir un domaine entre le rêve et la réalité.

Le quatrième développement de cette première suite de Strophe semble présenter diverses scènes de différentes villes. Il souligne également que le temps passe et que les croyances changent bien que les habitants des villes ne soient pas toujours au courant de ces changements. Le poète semble se moquer ici des traditions désuètes : « Tu t'en venais, rire des eaux, jusqu'à ces aîtres du terrien ».

Les aîtres, homonyme du mot « êtres », sont des cours ou des enclos d'un couvent ou d'un cloître. Cette image rejoint alors celle du développement précédent où il est question de « grands murs d'asiles et de pénitenciers ». Pourtant, pour la mer qui existe depuis toujours, les religions des êtres humains sont incompréhensibles et sont alors un peu ridicules, surtout dans le contexte des guerres évoquées, elles aussi, dans le développement précédent. Pour cette raison le « rire des eaux » doit se faire entendre comme un rire moqueur ou sardonique. La passion et la soif religieuse de l'homme doivent paraître plutôt futiles dans le contexte d'une mer unie et éternelle.

Le deuxième verset de ce développement évoque différentes scènes, sans rapport apparent entre elles, sauf dans le sens qu'il s'agit de scènes particulières dans la vie de gens qui vaquent à leurs affaires. Ceux-ci, comme d'habitude, ne font pas grand cas de l'arrivée des étrangers (indiquée seulement vers la fin de ce développement). Les étrangers amènent cependant avec eux un nouveau savoir, un savoir qui va transformer la vie paisible et agricole de ce peuple. Le poète suggère pourtant le changement qui se prépare, et il évoque l'idée d'un pouvoir supérieur qui en serait l'auteur lorsqu'il exprime le souhait dans le troisième verset « qu'un plus large mouvement des choses à leur rive, de toutes choses à leur rive et comme en d'autres mains, nous aliénât enfin l'antique Magicienne ». L'emploi de l'imparfait du subjonctif, « aliénât », fait comprendre qu'il s'agit ici d'un souhait de mettre fin aux vieilles croyances et de voir se constituer un nouveau monde fondé sur de nouvelles croyances. C'est-à-dire que le poète semble désirer un monde où l'homme n'est pas l'esclave de quelque puissance occulte. Il donne l'exemple des hommes d'Ulysse transformés en porcs par la Magicienne, à savoir par Circé. Perse a expliqué à F. Kemp que les « prunelles domestiques » mentionnées dans ce contexte désignent les prunelles des êtres changés le soir en bêtes domestiques comme dans l'histoire de la rencontre des hommes d'Ulysse avec Circé[89].

Il paraît que la civilisation humaine s'est éloignée en effet des croyances selon lesquelles les dieux et les déesses régissent le sort des hommes, comme c'était coutumier dans l'antiquité. Ces anciennes croyances se sont fait remplacer par une perspective plus naturelle, plus scientifique. C'est le sens de l'image du soleil « du pâtre ». Celui-ci descend vers les chantiers et les bassins de carénage, « beau comme un forcené dans les débris du temple ». Le soleil n'est qu'un astre ici, et non pas un dieu. Et en tant que source de lumière, il est aussi un symbole de l'intelligence humaine. Les « débris des temples » évoquent pourtant la fin d'une ère et le bris des croyances religieuses des civilisations anciennes.

---

89. Cf. Kemp, *op. cit.*, p. 98.

Pour leur part, les étrangers qui boivent dans le port avec les ouvriers sont des « vainqueurs d'énigmes de la route ». Ils ressemblent alors à Œdipe qui, lui aussi, a su vaincre l'énigme sur la route de Thèbes[90]. Ces étrangers, parmi lesquels figure le maître d'astres et de navigation, sont pourtant des hommes de « science » qui ne voient pas dans le mouvement des astres l'expression de la volonté d'un dieu quelconque. Ils y voient plutôt un système de navigation qui leur permet de voyager sur la mer loin des amers traditionnels, et cela en toute sûreté. En naviguant d'après les astres, les étrangers peuvent se rendre loin sur la mer, loin des villes et des pierres de la côte qui servaient auparavant à la navigation. L'énigme de la route qu'ils ont « vaincue » est sans doute celle de la navigation au moyen des étoiles. Les croyances mythiques et religieuses du monde ancien sont en train de se faire supplanter ici par la découverte d'une vérité scientifique nouvelle.

Sous couvert de la nuit, pourtant, dans certains quartiers, ceux des « pythonisses noires » ou des prophétesses, les vieilles croyances persistent et cette fois c'est la lune qui prend la parole dans la bouche des pythonisses. Elle confirme la fin des vieilles croyances car elle souligne qu'il est « Cent dieux muets sur leurs tables de pierre ! », mais que la mer, cependant, est toujours présente derrière les « tables de famille ». Les dieux semblent absents ou du moins ne parlent plus aux pythonisses, bien que la mer, source d'oracles et de communications avec les dieux pour les prophétesses, y soit toujours. C'est-à-dire que dans les paroles des prophétesses et dans les gestes des étrangers navigateurs deux systèmes de croyances se heurtent. Comme cela arrive lors de l'introduction de nouvelles connaissances, les deux formes coexistent là où s'effectue la transition d'un système à l'autre. Il semble en plus que les pythonisses se doutent des changements à venir. Elles précisent que le parfum de la mer, et alors de la femme, est « moins fade que le pain des prêtres ». Cette formule suggère que dans les nouvelles tendances de la pensée, la nature (parfum de mer et de femme) l'emporte sur le symbolisme religieux (pain des prêtres).

Pour sa part, le maître d'astres et de navigation, cet étranger qui a vaincu l'énigme des étoiles, et qui par là fait introduire de nouvelles connaissances dans le monde, doit passer la nuit avec les gens du port qui arborent des croyances appartenant à une époque révolue. Les habitants traditionnels du port ne peuvent voir dans l'étranger qu'un homme obscur – c'est un des sens des premiers mots de la suite suivante, « Ils m'ont appelé l'Obscur » – mais lui est comme un « chaudron de flammes rouges sur la proue étrangère », éclairant ainsi le chemin de l'avenir. Ce sont les pythonisses qui le disent et qui signalent ainsi les changements qui se pointent. Le savoir de l'étranger reste incompréhensible pour ceux et celles qui

90. *Ibid.*, p. 98.

respectent les traditions, mais pour les pythonisses ce nouveau survenu représente comme un gros fanal qui guide non seulement les bateaux sur la mer mais aussi la pensée de l'homme. L'étrangeté qu'elles ressentent devant cette nouvelle espèce de navigateur est symbolisée par les mots, « proue étrangère ». Il s'agit d'un navire qui vient d'ailleurs et de loin.

Strophe-II : « Du Maître d'astres et de navigation »

À l'exception du premier vers qui est à la voix du poète, la deuxième suite de la Strophe en trois tirades est entièrement à la voix du maître d'astres et de navigation. Comme dans d'autres cas où le discours est prêté à un personnage, le texte ressemble à un pastiche. Il imite le poème épique raconté par un « conteur » qui se sert de formules fixes et qui répète plusieurs passages. La qualité folklorique et l'aspect liturgique du discours sont ainsi mis en valeur. Le sens du texte est d'autant plus difficile à saisir que le discours ressemble à une parabole, à savoir à un texte qui cache un enseignement ou une morale particulière, et encore une fois, comme c'est le cas dans l'Invocation, le conteur fait référence au poème qui s'en vient.

Les premières paroles du maître d'astres et de navigation, à savoir « Ils m'ont appelé l'Obscur, et mon propos était de mer », soulignent le caractère occulte de son savoir. Il s'agit pour plusieurs critiques d'une référence à Héraclite, lui aussi appelé obscur. À notre sens, il s'agit surtout d'une mise en parallèle : le savoir du philosophe ressemble à celui du poète. C'est-à-dire que la poésie est une espèce de philosophie. Il faut signaler pourtant que le propos du maître importe aussi sur le plan du poème. Or, la découverte de la navigation astronomique est soulignée dans la suite précédente (Strophe-I, 4) ainsi que dans le titre de cette suite, à savoir « maître d'astres et de navigation ». L'astronomie antique est encore mise en valeur par l'expression « la plus grande Année », et un peu plus loin par la formule « l'Année appelée héliaque en ses mille et milliers de millénaires ouvertes ». Ces expressions rappellent de nouveau la pensée d'Héraclite : pour ce philosophe de l'Antiquité grecque la grande année équivalait à dix-huit mille années solaires[91]. D'après Héraclite, c'est « l'intervalle du temps au terme duquel tous les astres retrouvent leur position initiale. Il s'agit donc du temps de référence de l'astronomie ancienne »[92]. La « grande année » marque alors une occurrence extraordinaire. C'est un retour à l'origine en quelque sorte, ainsi qu'un événement exceptionnel[93]. La « plus grande Mer » signifie donc ici la mer découverte par la

---

91. Les auteurs de *Saint-John Perse sans masque* notent que chez Aristote la plus grande année est équivalente à 10800 années (*op. cit.*, p. 349). L'expression semble pourtant précéder Aristote.
92. Héraclite, *Fragments*, traduction et présentation par Jean-François Pradeau, Paris, GF Flammarion, 2002, 2004, note 63, p. 250.
93. En ce sens Perse évoque la notion d'une récurrence éternelle, une notion clé de la pensée de

navigation planétaire. Préalablement à la découverte de la navigation astronomique, on naviguait le plus souvent à l'aide d'amers terrestres. Avec l'avènement du nouveau savoir, les matelots pouvaient s'aventurer plus loin sur la mer. Ils pouvaient même traverser « la plus grande Mer », tout en sachant où ils étaient par rapport à leur point de départ. Le verset « Révérence à ta rive, démence, ô Mer majeur du désir... » souligne la transition d'un système de navigation à l'autre. Le poète reconnaît la valeur de la côte, ou de la rive de la mer, et sait que pour certains, s'éloigner de la côte, c'est de la démence. Mais la mer attire l'homme toujours plus loin et le nouveau savoir permet au navigateur adepte de s'aventurer de plus en plus loin de la côte. Sous cet angle, la mer est aussi un objet du désir, et comme elle est « immense », elle est l'analogon du désir sans fin de l'homme. L'homme veut aller toujours plus loin et découvrir de nouvelles limites bien que le savoir qui permet de tels voyages doive paraître obscur pour ceux qui n'y ont pas été initiés.

La deuxième laisse de cette tirade souligne la sûreté des matelots en mer lorsque les étoiles sont visibles, à savoir lorsque le soir est « ensemencé d'espèces lumineuses ». Les navigateurs habiles peuvent s'aventurer loin de chez eux et se montrer même devant la « Mangeuse de mauves » au bord de son antre. La « mangeuse de mauves » est sans doute Circé. Dans la suite précédente (Strophe-I, 4) le poète fait référence à « l'antique Magicienne », à « la lourde tresse circéenne », aux « glands fauves » et aux « porcs sauvages », rappelant ainsi la rencontre d'Ulysse avec Circé. Elle habitait une île, disons un « roc noir illustré de rotondes », et les mauves sont des fleurs qui ont un effet calmant sur celui qui en mange. Ces fleurs auraient pu constituer la base de la potion que Circé a utilisée pour transformer les matelots d'Ulysse en porcs. Du moins, l'effet serait semblable si la potion avait le pouvoir de faire endormir. Mais les nouveaux matelots, en possession de leur savoir des domaines célestes, peuvent s'aventurer loin des côtes et aborder même l'île de Circé sans craindre son influence. Hommes de science, ils n'ont plus peur du large, et ils ne croient plus à l'influence néfaste de la Magicienne.

L'art du maître d'astres et de navigation a alors des conséquences importantes pour le développement de la civilisation humaine. La navigation sur haute mer permet la découverte des terres et des richesses lointaines, et ces richesses attirent les explorateurs et les ambitieux, ainsi que les « agioteurs » ou les spéculateurs de mer, bref tous ceux qui veulent faire fortune sous d'autres cieux, à savoir « au feu des lignes verticales... » ou dans des endroits où le soleil brille plus

---

Nietzsche qui l'a peut-être empruntée lui-même à Héraclite (*cf.* Heidegger, « La Connaissance et l'essence de la vérité dans la pensée de base de Nietzsche », dans *Nietzsche, op. cit.*, vol. 3, p. 22- 31).

fort, on dirait, à cause du bonheur que promet la nouvelle terre. La découverte de nouveaux mondes est d'ailleurs soulignée par la question que pose le maître de navigation. Il demande s'il devrait suivre l'exemple de ces chercheurs de fortune et de ces agioteurs et s'enrichir à son tour. Il décide à la fin que sa prérogative à lui est de rester en mer car la mer pour lui est divine. Elle est délice. C'est pourtant la « plus grande Année », nous dit-il, et nous savons qu'il s'agit d'une année extraordinaire, d'un retour à l'origine en quelque sorte, et alors d'un nouveau départ, en sorte que sur la mer le maître d'astres peut se croire à l'origine d'un nouveau monde.

La navigation astronomique représente un nouveau début. Elle permet l'expansion de la civilisation, l'ensemence de nouvelles terres, comme un printemps de la civilisation. Elle représente une nouvelle ère qui commence, un « Siècle vert », où le vert est encore une fois symbole du renouveau. Par analogie, le poème que le poète est en train d'élaborer marquera lui aussi un grand événement et un renouveau de l'art et de l'inspiration. Dans son plaisir de rester en mer, le maître d'astres constate pourtant une étoile « apatride », à savoir une étoile qui se libère de son orbite régulière. Cette étoile constitue elle aussi une occurrence exceptionnelle puisque l'étoile est symbole du sort selon les croyances anciennes. Une étoile qui change de course signifie un changement de sort. L'étoile apatride représente ainsi un changement sur le plan du cours des activités de l'homme, tout comme « l'astre fourbe » de la première suite de Strophe a souligné un renversement de fortune. Il s'agit peut-être à nouveau de la comète Halley. Cette interprétation est soulignée par la tirade suivante où il est question des « Fumées d'un vin ». On parle, par exemple, du vin de la comète, et on prétend que le vin produit l'année de la comète serait exceptionnel pour cette raison. Malgré les circonstances propices et l'espoir de s'enrichir dans des pays lointains, le maître de navigation décide de rester en mer et de rêver son « rêve du réel... ». Il renonce aux richesses de la terre en raison de son plaisir sur la mer, préférant se consacrer aux connaissances et au songe de la mer, à savoir à la poésie. L'homme de science est en quelque sorte un poète à sa façon, ce qui dit long sur la conception persienne de la poésie.

Dans la deuxième tirade de cette suite, le rapport du maître de navigation avec son savoir est mis en valeur : « Secret du monde, va devant ! ». C'est dire qu'il existe encore des choses que le maître ne connaît pas, comme le mouvement des planètes et le fonctionnement du monde. Il paraît en plus que ses connaissances lui viennent dans une espèce de révélation. Il dit qu'il a vu « glisser dans l'huile sainte des grandes oboles ruisselantes de l'horlogerie céleste ». Ce passage qui à notre sens décrit le mouvement des astres selon un plan que l'on ne comprend pas semble en plus faire encore référence à l'astronomie ancienne. Il évoque l'orbite apparente des étoiles dans le ciel et met de nouveau en lumière la découverte de la navigation au moyen des étoiles. Mais la référence à « l'huile sainte » qui permet le mouvement des astres souligne également la perspective quasi religieuse du maître. C'est que l'huile est « sainte ». Cette interprétation est corroborée par d'autres références quasiment religieuses dans ce passage. Il est question, par exemple, de la « faveur immense », de l'« adulation » devant le spectacle du ciel et, dans la tirade suivante, il est justement question d'une « révérence ». Le poète fait donc référence aux Dieux et à ces prophétesses qui se donnent pour but, entre autres, de comprendre le surnaturel.

Or, le maître se croit guidé par une force divine, par de « grandes paumes avenantes », par des paumes qui lui ouvrent « les voies du songe insatiable », un peu comme la navigation astronomique a ouvert la terre au désir insatiable de l'homme. Pour sa part, le maître n'a pas peur de sa vision mais se tient plutôt l'œil ouvert « à la faveur immense ». Il arrive ainsi au seuil de la connaissance, et enfin il voit même au-delà. Il est lui-même à l'« avant seuil de l'éclat ». Il connaît le délire, ainsi que le plaisir intense comme celui qu'occasionne la fumée d'un vieux vin exotique, celui « qui [l]'a vu naître et qui ne fut point ici foulé ». Le plaisir intense a pour effet d'altérer le discours du maître de navigation. Ses phrases se désintègrent. Il ne sort que des propositions diverses et des exclamations : « La mer elle-même comme une ovation soudaine ! Conciliatrice, ô Mer, et seule intercession !...Un cri d'oiseau sur les récifs, la brise en course à son office [...] ». Or, le récif représente pourtant un danger pour les navires et sous cet angle il est de mauvais augure. Le danger futur est aussi souligné par l'idée d'une ombre qui passe « d'une voile aux lisières du songe », et qui en limite ainsi l'éclat. Le délire du maître ne semble pourtant pas diminuer sa capacité de voir le vrai. Il semble être conscient des difficultés à venir. Il constate qu'un astre « rompt sa chaîne aux étables du Ciel » et quitte ainsi sa place fixe. Une étoile qui rompt sa chaîne signifie un changement imminent, un changement d'autant plus inévitable qu'il s'inscrit au ciel. Le maître fait encore une fois référence au siècle vert et alors au recommencement du monde. Il répète qu'on l'a appelé obscur mais que son propos n'est que de mer : le sens de cette formule énigmatique se précise de plus en plus.

Dans la relation de sa vision, le maître d'astres et de navigation remplit, paraît-il, une fonction semblable à celle de la prophétesse qu'il remplace en quelque sorte sur le plan des valeurs religieuses. C'est par sa bouche à lui que l'oracle s'annonce et que la connaissance s'introduit dans le monde des humains. Mais les deux personnages se distinguent sur le plan du savoir communiqué. Les propos d'une prophétesse sont de source incertaine et semblent mystérieux ou cryptés. Il faut savoir les déchiffrer. Pour le maître d'astres, il ne s'agit pas d'une croyance ou d'un mythe nouveau qui serait caché dans des propos énigmatiques. Il est plutôt question d'un savoir pratique, c'est-à-dire la navigation à la lecture des étoiles, un savoir qui sert ainsi au développement de la société humaine. Par ailleurs, l'analogie du poème et de la science fait de la poésie un phare avant-coureur de la pensée des hommes, analogie qui sera significative par la suite.

La troisième tirade de cette suite fait une distinction entre le savoir du maître et celui du pilote. Le pilote voit avec son œil de chair, tandis que le maître se fie plutôt au songe ou à sa propre vision de « l'horlogerie céleste ». C'est-à-dire que le maître se tourne vers l'inconnu qui reste à déchiffrer et, devant le spectacle du monde il ne ressent que l'adulation. Il semble même subir l'influence de cet état émotif, l'équivalent d'une admiration excessive. Dans la tirade précédente il a juxtaposé la connaissance, le vin et la fumée du vin. Ici il mentionne l'ivresse qui découle de l'adulation et de la connaissance. Sa chance, nous dit-il, est « dans l'adulation du soir et dans l'ivresse bleu d'argus où court l'haleine prophétique ». Or, selon les auteures de l'ouvrage, *Saint-John Perse sans masque* le terme « bleu d'argus » se réfère au papillon aux ailes ocellées[94]. La traduction anglaise, à savoir « argus-blue hour », semble leur donner raison. Il est évident de toute façon que pour les traducteurs américains, c'est la couleur qui prime dans cette image[95]. Il nous semble, pourtant, à nous, qu'il s'agit plutôt d'une métaphore pour quelqu'un de clairvoyant, ce qui est suggéré par les autres références au globe oculaire que l'on trouve dans ce passage. Il est question, par exemple, de « l'œil de chair », et de « l'œil blanc cilié de rouge qu'on peint au plat-bord des vaisseaux ». Il est fait mention en plus de « l'haleine prophétique » et comme la prophétie est un talent de prévoir, l'haleine prophétique est pour ainsi dire le talent d'énoncer les prophéties, ou des prévisions. Il semble que ce soit la vue qui prime dans ses formules. Pour voir l'inconnu, pour invoquer la faveur des dieux et pour dire l'avenir, le maître, lui, n'a pourtant nul besoin d'arômes ni d'essences, lesquels font souvent partie des cérémonies religieuses des prophètes et des clairvoyants. À son avis ces choses-là sont inutiles. Sa méthode à lui est l'adulation et la révérence car celles-ci lui permettent de voir et de comprendre le mouvement et le secret du monde. De nouveau, l'homme de science se rapproche du poète persien.

Il ne s'agit donc pas dans cette tirade d'une simple façon de voir le monde ou d'une attitude anodine et sans rapport avec le poème entier. L'adulation et la révérence représentent une méthode de recherche et un mode de pensée d'après le poète, dans le sens qu'elles donnent accès à l'inconnu. C'est en raison de l'adulation que les connaissances de l'au-delà se libèrent de leurs assises mystérieuses pour prendre forme dans le songe du maître. Le songe devient ainsi un mode de savoir, un rapport avec l'inconnu mais qui reste axé sur le réel.

---

94. *Op.cit.*, p. 349.
95. *Cf.* les traductions de Marshall et de Fowlie, Fondation Saint-John Perse.

Comme le poète le dit : « Et toi qui sais, Songe incréé, et moi, créé, qui ne sais pas ». Le songe « incréé » représente le savoir qui reste à découvrir par celui qui existe déjà ou qui a été créé, et qui sait en même temps que son savoir n'est pas complet. Mais le songe, en plus de représenter un savoir, est aussi une méthode et, comme méthode, il ressemble dans son objectif et son inspiration aux cérémonies religieuses de celles qui « baignent dans la nuit, au bout des îles à rotondes, leurs grandes urnes ceintes d'un bras nu ». C'est-à-dire que tout comme les prophétesses qui, comme Circé, sont au bout des îles, le maître d'astres et de navigation cherche à étendre ses connaissances au-delà des limites connues et acceptées. Comme le font les prophétesses, il dispose ses « pièges pour la nuit » afin de capter des révélations et un savoir plus avancé, mais sa méthode à lui diffère de celle des prophétesses en ce que lui se fie au songe tandis que ces femmes d'une époque religieuse révolue se servaient d'essences et d'arômes pour conjurer la faveur des dieux. La découverte d'ordre astronomique et scientifique semble indiquer que la méthode du maître est la bonne[96].

Le personnage du maître d'astres et de navigation ressemble enfin au poète. Ces deux personnages ont commerce avec des connaissances « obscures », et leurs méthodes sont semblables. Homme de science, le maître d'astres se sert d'amers pour naviguer le long de la côte avant de découvrir la navigation au moyen des étoiles. Il faut souligner d'ailleurs que son nouveau savoir lui vient d'abord en songe. Le poète utilise lui aussi le songe dans la découverte et le développement de son texte, c'est sa méthode principale, il se sert également d'amers – compris ici de façon analogique comme des références historiques et culturelles – dans son voyage à lui dans le passé lointain des hommes. Qui plus est, les connaissances du maître ont dû paraître étranges aux non-initiés et aux ignorants de son époque. Les deux formules, « Ils m'ont appelé l'Obscur, et mon propos était de mer », et un peu plus loin, « Ils m'ont appelé l'Obscur et j'habitais l'éclat », soulignent l'étrangeté qu'ont dû ressentir les contemporains du maître face à sa capacité de lire les étoiles. Mais ces deux expressions ont un double sens. D'une part, il s'agit des connaissances nouvelles en matière de navigation. Le navigateur se réfère aux étoiles, c'est-à-dire à « l'éclat » qu'il habite, pour s'orienter sur l'eau. Savoir se servir des « lumières » pour s'orienter dans l'espace ne pouvait être qu'une science obscure à l'origine, c'est-à-dire à une époque où la navigation au moyen des étoiles était encore peu connue, de sorte que celui qui pratiquait cette nouvelle science devait ressembler à un prophète. Le maître d'astres s'étonne en effet devant les

---

96. On se rappelle que dans Homère aussi le songe est important sur le plan pratique. Dans le deuxième chant de l'*Iliade*, par exemple, le « Songe divin » vient la nuit à Agamemnon et lui conseille de s'armer et de tenter la prise de Troie. Homère, *L'Iliade*, *op. cit.*, p. 40. Il se peut que Perse imite ici le discours homérique.

critiques des « savants » qui n'ont pas encore compris la nouvelle science. Le parallèle avec les savants sceptiques et les incroyants représente sans doute aussi une mise en garde de la part du poète contre la réaction des critiques face à son texte à lui. D'autre part, les connaissances que le maître d'astres et de navigation tire ainsi de l'obscurité du monde sont l'indice d'une intelligence du monde qui existerait au-delà des limites des connaissances humaines. C'est comme si le monde avait des « secrets » pour l'homme, des secrets que l'homme saura déchiffrer, à tel point qu'un jour à venir le maître navigateur n'aura même pas besoin de guider son navire. Comme il le dit : « l'heure vienne où la barre nous soit enfin prise des mains ». La « barre » est sans doute la barre du gouvernail, de sorte que cette formule évoque probablement le pilote automatique à venir.

Le « secret » du monde se révèle pourtant dans l'activité humaine. C'est-à-dire que l'homme n'a plus besoin de mythes et de prophéties pour expliquer le monde. Il suffit de vivre et de faire, pour que le monde se révèle à celui qui sait écouter et voir le monde qu'il habite. Le maître d'astres et de navigation qui découvre les secrets du monde au moyen du songe est semblable sous cet angle au poète qui « songe » à la limite de son bien. Cette dernière expression, prise dans la Dédicace, se laisse comprendre enfin non pas dans le sens négatif comme quoi le savoir et le faire de l'homme seraient bornés ou limités, mais au sens positif selon lequel la possibilité d'aller plus loin, de faire mieux et de mieux connaître le monde sera toujours poignante chez l'homme.

Le parallèle du maître d'astres et du poète est souligné en plus dans le poème par la juxtaposition de la découverte scientifique et la découverte poétique, et cette mise en rapport n'est pas fortuite. Perse établit le même parallèle dans le « Discours de Stockholm » où il dit que « toute création de l'esprit est d'abord `poétique` », et où il rend explicite la ressemblance entre science et poésie : « Des astronomes ont pu s'affoler d'une théorie de l'univers en expansion ; il n'est pas moins d'expansion dans l'infini moral de l'homme – cet univers. Aussi loin que la science recule ses frontières, et sur tout l'Arc étendu de ces frontières, on entendra courir encore la meute chasseresse du poète »[97]. Dans ce contexte, la découverte scientifique et la découverte poétique sont mises sur un pied d'égalité.

Strophe-III : « Les Tragédiennes sont venues... »

Cette suite de la Strophe consiste en sept tirades où la voix du poète alterne avec celle des tragédiennes. Le mot « tragédienne » signifie d'abord actrice, actrice dans des pièces tragiques surtout, et nous renvoie alors aux tragédies grecques, c'est-à-dire à des pièces lyriques et dramatiques qui représentent le grand malheur de personnages célèbres. Ce mot est donc du même registre que le mot « Strophe ».

---

97. *Œuvres complètes*, *op. cit.*, p. 444.

Tous deux renvoient à l'antiquité. Il faut d'ailleurs considérer cette suite de la Strophe en connexion avec la suite suivante, à savoir « *Les Patriciennes aussi sont aux terrasses...* ». Ces deux suites mettent en scène des voix féminines, mais il s'agit de femmes de différentes classes sociales. Les patriciennes appartenaient à la noblesse romaine, tandis que les tragédiennes étaient de classe inférieure. Historiquement, le métier de tragédienne était méprisé par les classes plus élevées. Dans *Amers*, pourtant, les tragédiennes, comme les patriciennes, descendent vers une même mer pour guetter l'arrivée de l'étranger et pour connaître l'inspiration qui découle de ses paroles. L'inspiration, et le poème qui la communique, ont alors la capacité de transcender les classes sociales et de réunir des groupes séparés par des coutumes et des traditions sociales très différentes. Sous cet angle, ce poème de la mer a le pouvoir de transcender les limites physiques et sociales que la société impose, pour atteindre à une vérité plus éclatante.

Dans la première tirade de cette suite le poète nous apprend que les Tragédiennes sont descendues des carrières en l'honneur de la mer. La mer est ainsi la scène et le spectacle des habitants de la côte, et la ville elle-même représente les sièges que les spectateurs remplissent. Le site naturel est comme un énorme amphithéâtre. Le discours des tragédiennes nous révèle que les peuples ne s'intéressent plus depuis longtemps aux représentations théâtrales, comme si l'homme lui-même ne possédait plus le talent nécessaire pour faire perpétuer cette forme artistique. C'est comme si l'homme n'avait pas su aller plus loin et était tombé par la suite en une espèce de léthargie intellectuelle : « Ah ! Nous avions mieux auguré du pas de l'homme sur la pierre ! » ; « Ah ! Nous avions trop présumé de l'homme sous le masque ! ». Les premières paroles des tragédiennes expriment la déception due au fait que le « haut langage » s'est perdu même chez les tragédiennes, c'est-à-dire chez celles dont le métier consiste à offrir aux spectateurs un modèle attirant ou une image grandiose de l'homme. L'homme sous le masque représente l'art du théâtre mais il symbolise également l'inspiration théâtrale elle-même vu le parallèle établi ainsi avec le mythe de Dionysos, le dieu masqué.

Le mot « épice » dans l'expression « l'épice populaire » est à comprendre comme désignant un récit épicé et populaire, à savoir un récit licencieux, ce qui rejoint alors le propos d'Invocation-6. Les tragédiennes ont pour métier de mimer de tels récits, mais il paraît qu'elles n'ont plus le langage qu'il leur faut, leur métier étant en désarroi. Mais « l'épice populaire » est aussi une « offrande » offerte à un juge, de sorte que cette expression souligne l'idée d'un jugement rendu, jugement de l'homme en un premier temps, et jugement de la mer en un deuxième temps : « Incorruptible Mer, et qui nous juge !... ». Les tragédiennes font ainsi état de leur déchéance et du désarroi de leur métier. Comme elles le disent, leurs textes sont

« foulés aux portes de la Ville » et les « filles traînent au ruisseau » leurs perruques et leurs plumes de tragédienne tandis que les chevaux foulent aux pieds leurs masques théâtraux. Et ce qui est le plus important, sans doute, c'est le fait qu'elles n'ont pas su « garder mémoire de ce plus haut langage sur nos grèves ». Le « plus haut langage » est sans doute celui de la tragédie, au sens artistique du terme, mais cette expression vise aussi certainement le langage éteint des peuples disparus, à savoir le langage 'originel', à savoir le « plus haut langage » au sens historique du mot[98].

Les derniers versets de cette tirade évoquent la grandeur et la splendeur passées des actrices : « Ô Spectres, mesurez vos fronts de singes et d'iguanes à l'ove immense de nos casques, comme au terrier des conques la bête parasite… ». On se rappelle d'ailleurs que pour certains Romantiques un front large était symbole d'intelligence et de créativité, tandis qu'un front étroit signifiait une intelligence bornée. L'ove immense des casques des tragédiennes représente alors la gloire de l'homme, tandis que le front étroit comme celui du singe ou de l'iguane signifie un être borné. La formule, « la bête parasite » dans le terrier des conques désigne sans doute le bernard-l'ermite[99], mais sur le plan du discours des tragédiennes, cette image, ainsi que la précédente, soulignent le fait que les contemporains ne sont pas à la hauteur des rôles que les tragédiennes jouaient par le passé. C'est-à-dire que la scène a perdu de son éclat et de sa renommée, à tel point que les contemporains ne savent plus jouer les grands rôles tragiques. Ils sont « parasites » des grandes formes artistiques du passé.

Selon les tragédiennes la scène est abandonnée depuis longtemps. On n'y trouve maintenant que de vieilles lionnes. Or, selon Joëlle Gardes Tamine, l'expression « les vieilles lionnes » désigne Clytemnestre dans l'*Agamemnon* d'Eschyle, ainsi que Médée dans la pièce du même nom d'Euripide[100]. Cela est possible, mais une telle référence ne semble pas découler du sens du discours des tragédiennes. Il faut se rappeler que le lion peut également constituer une référence à la déesse Artémis, protectrice des femmes et symbole d'espoir en raison de la sollicitude qu'elle a pour les jeunes filles qui n'ont pas pris goût aux dons de la frivole Aphrodite[101]. Selon W.F. Otto, l'art du sixième siècle avant J.-C. montre la déesse « tenant un lion dans chacune de ses mains levées, comme s'ils étaient des chats »[102]. Il se peut en outre que les vieilles lionnes sur les margelles de la scène

---

98. Le discours des Tragédiennes pourrait être inspiré par l'ouvrage de Nietzsche, *La Naissance de la tragédie*. Dans cet ouvrage, Nietzsche évoque justement l'époque glorieuse des premières tragédies grecques par rapport aux drames fondés sur la raison des époques ultérieures.
99. *Cf.* Joëlle Gardes Tamine, *et al*, *op. cit.*, p. 353.
100. *Ibid.*, p. 353.
101. Fernand Comte, *op. cit.*, p. 37.
102. W.F. Otto, *op. cit.*, p. 151.

ne représentent que la désuétude du théâtre et du spectacle romain où figuraient souvent des animaux sauvages.

Il semble pourtant que ce soit l'adjectif « vieille » qui importe ici. L'image est celle d'une scène abandonnée où même l'espoir semble faire défaut. L'inspiration qui vient normalement de la déesse n'y est plus parce qu'on n'y croit plus. La « sandale d'or des grands Tragiques » luit maintenant dans les fosses d'urine avec « l'étoile patricienne et les clefs vertes du Couchant ». On constate dans ce passage l'image de la déchéance ainsi que la fréquence de la couleur jaune (or, urine, étoile, couchant). Le jaune évoque en même temps la richesse et la splendeur du passé et la déchéance et la fin d'une époque. Ce dernier sens est souligné d'ailleurs par l'image du « couchant » car la fin de la journée est symbole de la fin d'une époque. On se rappelle en plus que l'étoile est symbole du sort, et ici l'étoile patricienne, à savoir l'étoile qui gouverne le sort des tragédiennes, ou bien l'étoile patricienne de la tragédie, se trouve, elle aussi, dans les fosses d'urine, soulignant alors la déchéance de l'époque, le renversement d'un régime, la fin d'une civilisation ordonnée ainsi que la dégénérescence d'un genre artistique.

Dans la décadence il y a pourtant de l'espoir, et l'espoir est suggéré par l'image des « clefs vertes du Couchant ». Les clefs servent à ouvrir des portes. Elles donnent accès à d'autres pièces, et à d'autres villes. La couleur verte, elle, est souvent symbole du renouveau chez Perse, comme dans l'expression, « le siècle vert ». Les « clefs vertes » symbolisent alors le passage de la déchéance vers l'espoir d'un jour nouveau, vers l'espérance d'une nouvelle vie, peut-être une meilleure vie dans un monde nouveau. Il semble qu'une porte s'ouvre quand tout est perdu, et cette porte ouverte symbolise le dépassement d'une limite, à savoir une nouvelle liberté acquise.

La deuxième tirade, entièrement à la voix des tragédiennes, poursuit un développement similaire à celui qu'on constate dans la première. Les tragédiennes sont descendues en l'honneur de la mer, mais ici leurs gestes et leurs mouvements sont présentés en rapport avec leur corps et leur présence féminine. L'aisselle est safranée de l'épice et du sel de la terre, sans doute des sels provenant de la transpiration du corps. Le mot « épice » ici a le sens d'une substance aromatique ou piquante, mais le sens d'une offrande y est toujours présent, comme l'indique le vers un peu plus loin, « et cette offrande encore ». Le corps des tragédiennes est modelé, d'ailleurs, comme en argile, un corps à l'image d'une déesse sculptée alors. L'aisselle poilue ressemble au sexe, « modelée comme une aine ». Le corps de la femme est de nouveau une offrande, l'analogon de la pièce de théâtre elle-même qui est offerte aux spectateurs amassés sur la côte. Mais ici, dans cette tirade du moins, on dirait que le discours des tragédiennes est incertain. Les actrices se demandent ce qui se passera. Elles se réunissent en l'honneur de la mer, les bras levés en forme de prière, mais elles ne savent pas si la mer, cette « haute parole » de leurs pères, cette mer « tribale » et nomade comme les Sarmatiens, sera du rendez-vous. Autrement dit, elles ne savent pas encore si l'inspiration leur reviendra grâce à l'arrivée de l'étranger ou au moyen de cet étranger qui arrive de par la mer. Elles semblent ignorer que l'étranger représente justement l'inspiration et que c'est l'étranger qui déjà les inspire.

Dans tout ce discours des tragédiennes la mer reste pourtant centrale. Elle représente la scène du drame et l'objet visé par le regard des spectateurs. C'est la « roue du drame » qui ne s'arrête de tourner « sur la meule des Eaux ». Elle est comme la meule qui écrase des plantes odoriférantes, à savoir des violettes et de l'ellébore dont la racine toxique était utilisée autrefois comme purgatif. L'analogie fait savoir que le théâtre a le pouvoir de transformer les mœurs comme la meule transforme les plantes en des épices qui servent ensuite à purger le corps de ses poisons. Dans le cas du théâtre il s'agit d'un enseignement qui fait rejeter le poison moral.

Le mot « ensanglantés » qui décrit les « sillons du soir », à savoir les « sillons ensanglantés su soir », est utilisé ici dans son sens poétique, désignant alors la couleur rouge du couchant. Un peu plus loin le même adjectif décrit les « mufles du soir », et les « mufles ensanglantés du soir ». Il se peut que cette deuxième instance du mot donne à l'adjectif son sens propre, à savoir « taché de sang », étant donné qu'il s'agit de mufles, disons des mufles des lionnes de la tirade précédente, des lionnes qui viennent lécher le sel de l'arène le soir. Mais le mot « mufle » peut aussi dénoter un masque qui représente la tête d'un lion (Littré) de sorte qu'il est peut-être question ici d'un drame en train de se réaliser[103].

Quoi qu'il en soit, les tragédiennes se meuvent vers la mer, d'un mouvement très large, comme la houle de la mer, comme le mouvement de leurs larges « hanches de rurales ». Sous cet angle, elles ressemblent à la mer, leur inspiration, mais on se rappelle que les tragédiennes venaient souvent des classes inférieures. C'est ce qui se laisse entendre ici. Elles sont plus « terriennes que la plèbe », plus terriennes même que le blé du roi. L'aisselle ainsi que les chevilles safranées, les paumes peintes en pourpre, couleur du murex, elles lèvent les bras en l'honneur de la mer comme si elles étaient des participantes à quelque rite religieux primitif, comme si, en tant qu'actrices talentueuses, elles s'offraient en spectacle. Elles sont elles-mêmes le spectacle et le moyen pour communiquer au peuple des mœurs nouvelles.

---

103. Il se peut que Perse utilise cette deuxième image des mufles ensanglantés afin de rapprocher deux emplois différents d'un même mot. C'est un procédé dont il fait souvent emploi.

La tirade qui suit la troisième voit s'alterner la voix du poète et celle des tragédiennes. La descente des tragédiennes vers l'arène de la mer, ou vers la mise en scène, n'est plus le résultat d'une morne curiosité ou d'un vague espoir de leur part. Les actrices sont comme grisées par l'idée d'un nouveau drame et elles viennent vers la mer, prêtes à s'offrir elles-mêmes, prêtes à se sacrifier au nom de cette nouvelle œuvre dont l'anticipation seule suffit à leur faire connaître de nouveau le désir de jouer. Le poète nous présente une scène bigarrée où des actrices habillées pour la scène se mêlent aux habitants du port. Des dramatisations se mêlent aux événements du jour. Les pupilles des tragédiennes sont dilatées. On dirait que les actrices sont intoxiquées. L'effet de l'inspiration ressemble, paraît-il, à celui que produit la consommation de vin ou de drogues. Elles portent à la main leur masque, des masques qui suggèrent un code à interpréter étant donné que le masque, « entroué d'ombres » est comme la « grille du cryptographe ». Le mot « entroué », de l'ancien français, veut dire que des trous ont été pratiqués dans le masque. Et les tragédiennes sont prêtes à monter sur scène. Elles arrivent au bord de la mer où elles foulent aux pieds la pierre « étoilée d'astres des rampes et des môles », ce qui veut dire qu'elles rejettent leur sort, à savoir leur époque révolue et la disparition de leur métier, et viennent reprendre la scène laissée en désuétude depuis si longtemps.

Or, dans leur rôle d'interprètes, les tragédiennes représentent une offrande aux spectateurs et, sous cet angle, les spectateurs sont leurs juges. Il ne s'agit plus alors dans cette tirade d'une simple prière en l'honneur de la mer que les tragédiennes seraient venues réciter devant la mer. Le geste des tragédiennes ressemble de plus en plus à un sacrifice personnel. Elles s'exclament : « Voici nos bras, voici nos mains ! Nos paumes peintes comme des bouches, et nos blessures feintes pour le drame ! ». Elles sont préparées pour la scène. Elles expriment pourtant de nouveau leur déception : « Ah ! nous avions trop présumé du masque et de l'écrit ! » ; « Ah ; nous avions mieux auguré de l'homme sur la pierre ». Et de nouveau elles parlent de l'offrande que représente pour elles le drame. Cette fois-ci, pourtant, elles évoquent même l'offre de leur personne : « Voici nos corps, voici nos bouches ! [...] Voici nos gorges de Gorgones, nos cœurs de louves sous la bure, et nos tétines noires pour la foule, nourrices d'un peuple d'enfants-rois ». Dans l'expression « nos gorges de Gorgones » le mot « Gorgone » signifie d'abord un monstre de la mythologie grecque, faisant des tragédiennes des gorgones ou des magiciennes. Mais dans la mesure où elle décrit véritablement la gorge des actrices cette expression peut également signifier la couleur de leur peau maquillée au « blanc de céruse », car c'est la couleur des colonies de gorgones, des invertébrés des mers chaudes. L'expression « nos cœurs de louve » fait sans doute référence à l'histoire de Romulus et de Remus, les « enfants-rois » nourris par la louve et fondateurs de la ville de Rome. Selon cette analogie les tragédiennes seraient alors les fondatrices d'une société nouvelle et leur métier de tragédienne serait essentiel pour la survie de l'homme. Mais elles vont encore plus loin et demandent s'il leur faut produire aussi le « masque chevelu du sexe », c'est-à-dire qu'elles demandent si, en plus du spectacle théâtral qu'elles créent au moyen de leur personne et en leur présence physique sur la scène, il leur faut aussi faire l'offrande de leur corps entier et de leur sexe même, faisant ainsi du jeu des tragédiennes un sacrifice sublime.

L'idée de montrer le sexe en spectacle n'est pourtant pas sans précédent dans la mythologie grecque. Comme Jean-Pierre Vernant l'explique, le personnage de Baubô montre son bas-ventre dans un effort pour mettre un terme à l'angoisse du deuil de Déméter. Jean-Pierre Vernant : « Or le sexe qu'elle [Baubô] dévoile est aussi un visage d'enfant. Baubô, en le manipulant, lui donne un aspect rieur, et Déméter éclate de rire »[104]. Sous cet angle le sexe devient un masque dont la vue est grisante et libératrice, et le spectacle a du moins en partie pour fonction de distraire le spectateur. Comme on le verra un peu plus loin dans le poème, Perse donnera encore une fois au sexe féminin les traits d'un masque.

Dans le contexte d'*Amers*, il faut signaler d'abord que le geste par lequel les tragédiennes s'offrent en spectacle aux spectateurs rassemblés, ressemble, symboliquement du moins, au geste des hiérodules d'Aphrodite qui se donnaient aux étrangers de passage afin d'honorer leur déesse. En montrant le « masque chevelu du sexe » les tragédiennes se donnent symboliquement aux spectateurs et elles se comportent ainsi au nom du dieu qui inspire le drame. Ensuite, la référence aux Gorgones rappelle l'histoire de Persée, le héros grec qui a tranché la tête de la Gorgone, à savoir Méduse, cette étrangère et magicienne, pour l'offrir en cadeau au roi, Polydectès[105]. Le symbolisme de ce geste est capital car l'exhibition du sexe est assimilée au geste de Persée qui tient à la main, pour la montrer, la tête tranchée de la Gorgone, faisant ainsi de la Gorgone ou de la magicienne l'analogon du sexe

---

104. Jean-Pierre Vernant, « Figures du masque en Grèce ancienne », dans *Mythe et tragédie en Grèce ancienne II*, Paris, La Découverte, 2001, p. 25-43, p. 32. Nietzsche fait lui aussi référence à l'histoire de Baubô. Dans ses « Nachgelassene Schriften » des années 1888 et 1889 il compare la vérité chez les Grecs, vérité qui se cache derrière les apparences, à la femme qui se couvre pour ne pas laisser voir sa nudité. On doit, nous dit-il, « mieux respecter la honte avec laquelle la nature s'est dissimulée derrière l'énigme et l'incertitude colorée. Peut-être la vérité est-elle une femme, qui a des raisons [Gründe] pour ne pas laisser voir son fondement [Gründe] ?... Peut-être son nom est-il, pour parler comme les Grecs, Baubo?... Ô ces Grecs ! Ils ont compris ce que c'est vivre », (Nietzsche, tome 6, *Kritische Studienausgabe*, de Giorgio Colli et Mazzino Montinari, Gruyter, 1999, p. 439).

105. Comte, Fernand, *op. cit.*, p. 80. Il faut se rappeler que du sang qui a jailli du cou tranché de Méduse naît Pégase, le cheval ailé. La description de cette scène, le héros qui tient la tête tranchée de Méduse par sa touffe de crin contre l'épée hagarde fait penser à la statue réalisée par Benvenuto Cellini, « Persée présentant la tête de la Méduse » (Florence).

féminin. C'est-à-dire que le sexe féminin est considéré ici comme une magicienne qui peut transformer l'homme et dont le spectacle produit sur lui un effet grisant et envoûtant. De cette façon, c'est encore une fois le désir de l'homme qui est mis en valeur par cette scène car le désir sexuel de l'homme a le pouvoir de le transformer et de le rendre autre. Mais comme Persée a triomphé de la Gorgone, l'homme peut triompher du désir, le geste de la décapitation étant l'analogon des relations sexuelles qui assouvissent. Quoi qu'il en soit, toutes ces images ont pour conséquence qu'à l'image des tragédiennes sur scène se juxtapose l'idée du sacrifice et de l'offrande, de l'offrande du corps en un premier temps, la gorge même tranchée, et en un deuxième temps de l'offrande du sexe, cette magicienne qui transforme l'homme. Il paraît que le drame, le sacrifice et le désir ne se distinguent plus dans la bouche des tragédiennes.

La quatrième tirade reprend le discours des tragédiennes. Elle souligne le désespoir des actrices lorsque l'inspiration leur manque. Pendant longtemps elles ont connu l'ennui et l'écœurement à jouer « l'œuvre célébrée » mais qui n'inspirait pas. Les spectateurs avaient abandonné les gradins, non pas qu'il manquât de textes ou de pièces à jouer, mais que l'inspiration divine, cette inspiration, comme celle qui vient de la mer, selon Perse, manquait à leurs poètes. Derrière l'ennui et la déception figurait pourtant le songe d'un autre art, un « plus grand songe d'une autre œuvre » venant du côté de la Mer, à savoir l'inspiration du « plus grand texte ». Dès que les tragédiennes ont eu connu le songe d'une œuvre plus belle, elles se sont fatiguées des anciennes pour se tourner vers l'inspiration nouvelle.

L'inspiration est comparée ici à la consommation des fruits et du vin, et les mots que les tragédiennes utilisent évoquent en plus l'idée de la cérémonie religieuse. Les crédences, à la fois un buffet de la salle à manger qui sert à poser des plats, et une console utilisée pour la messe, sont chargées des vins du mécénat, mais ce n'est pas suffisant pour l'inspiration. Par conséquent, la « lèvre divine errait sur d'autres coupes » et, la mer, symbole de l'inspiration, « se retirait des songes du Poète ». Il est à noter ici que l'inspiration elle-même est vue comme divine, ce qui reprend et répète un des thèmes principaux du poème. C'est-à-dire que les muses, ces « filles hautaines de la gloire », disputées par la mer, semblent avoir abandonné les poètes de sorte que les tragédiennes n'ont plus de texte valable pour gouverner leur jeu. Le questionnement des tragédiennes souligne leur incertitude croissante. Elles se demandent chez qui elles vont chercher caution de « leurs commensaux », c'est-à-dire qu'elles se demandent où elles vont trouver leur inspiration. Or, le mot « commensal » signifie un hôte, et représente alors dans ce contexte l'inspiration poétique que les tragédiennes souhaitent trouver dans le personnage du poète, mais il signifie aussi une relation entre deux espèces différentes, relation profitable pour une espèce et pas vraiment nuisible pour l'autre. C'est ainsi qu'elles voient leur rapport avec le poète qui, lui, est d'une inspiration divine. Mais le mot « commensal » renvoie en plus à la première tirade des tragédiennes où il est question de la « bête parasite » au terrier des conques. Les tragédiennes ont besoin d'une inspiration dont l'étendue et la justesse les dépassent : ce n'est que sur scène, c'est-à-dire devant le public, qu'elles sont en effet tragédiennes. De même, c'est leur désignation comme tragédiennes qui les définit dans leur métier et qui leur rend ainsi la gloire de la scène possible. Mais pour réussir elles ont besoin de l'inspiration divine du poète. En ce sens elles sont parasites mais ne sont pas nuisibles. Elles sont en effet des êtres commensaux.

Il leur faut, à la fin, des textes inspirés et des textes qui inspirent. C'est l'idée du « plus grand songe d'un autre art », ainsi que du « plus grand songe d'une autre œuvre » qui se dessine derrière l'existant. C'est l'idée « du plus grand texte » qui inspire comme un « autre vin des hommes ». Lorsqu'on connaît le goût d'un mets plus appétissant, on se lasse du goût fade de celui dont on a l'habitude, et les tragédiennes de comprendre à la fin que l'inspiration leur manquait depuis un bon moment. Mais cette strophe est plus importante pour le poème que le simple aveu des tragédiennes pourrait le faire croire, car il s'agit au fond du rapport de l'homme avec son désir. L'homme, paraît-il, veut toujours aller plus loin. Il veut porter l'inspiration plus haut et réaliser des œuvres plus belles. Il veut connaître l'inspiration qui lui vient d'un autre monde, d'un monde qu'il nomme « divin » pour cette même raison. Bref, il veut créer et faire neuf. Une fois qu'elles ont entrevu la nature du désir humain, une fois qu'elles ont connu cet élan vers le nouveau et cet espoir de connaître le divin, les tragédiennes comprennent la désuétude de leur propre art. Elles reconnaissent dorénavant que l'inspiration est nécessaire à la vie.

Dans la cinquième tirade, entièrement à la voix des tragédiennes, l'espoir renaît car les actrices ont compris que l'inspiration leur revient. Elles en racontent leurs préparatifs, à savoir les sacrifices qu'elles sont prêtes à faire pour retrouver l'inspiration et la joie de vivre, pour redevenir celles qu'elles étaient par le passé et celles qu'elles veulent toujours être. Elles doivent se faire « plus libres » et « plus neuves », et on sait, suivant la tirade précédente, que c'est le désir de l'homme qui l'exige. Elles doivent se débarrasser de leur équipement et de leur mémoire en vue de la mer. Elles font le sacrifice de leurs traditions et de leurs biens acquis dans l'espoir que cette nouvelle inspiration leur permettra de mieux vivre. Cette tirade représente alors une espèce de baptême où l'eau purifie et initie à de nouvelles croyances, à des croyances d'autant plus belles qu'elles sont aussi libératrices. Les tragédiennes se délestent de leurs biens et de leurs traditions pour mieux se prêter aux changements à venir, pour se retrouver nues devant le monde comme lors de leur naissance. Elles sont comme la matière vierge qui attend les gestes du sculpteur.

Les tragédiennes s'offrent ainsi à la mer « nourrice » et à la mer « étrangère ». Elles déposent leurs accoutrements de l'arène comme les pauvres ouvrières exposent leurs ustensiles sur la voie publique. Comme les ouvrières, d'ailleurs, elles appartiennent elles aussi aux classes populaires et plébéiennes, mais leurs accoutrements, les costumes et les coiffures de la scène évoquent la grandeur, la magie et la naissance noble des personnages qu'elles représentent. Elles déposent aussi les instruments de leur métier. Il s'agit de « masques », de « thyrses », de « tiares » et de « sceptres », de « flûtes » et d'« armes ». C'est-à-dire qu'elles déposent tous les objets dont elles se servent sur scène, à savoir « tout l'appareil caduc du drame et de la fable ». Elles ne gardent que leurs socques de bois – des chaussures basses des acteurs de l'antiquité – et les anneaux d'or qu'elles portent au poignet. Ceux-ci serviront à scander les « œuvres futures », à suivre le rythme des « très grandes œuvres à venir, dans leur pulsation nouvelle »[106]. Les tragédiennes, interprètes de grandes œuvres tragiques, se transforment ici, paraît-il, en de jeunes actrices débutantes. Elles abandonnent les traditions de la scène antique en faveur des textes et des rôles à venir. Mais cela veut dire qu'elles s'abandonnent elles-mêmes en quelque sorte car elles renoncent ainsi à tout ce qu'elles ont fait, et qu'elles sont prêtes à tout risquer à la fin dans l'espoir de retrouver la gloire de la scène, gloire qui ne pourra leur venir que par l'intermédiaire du nouveau qui arrive de par la mer et à qui elles font entièrement confiance.

Il est intéressant de noter, par ailleurs, que certains des objets que les tragédiennes déposent rappellent d'autres passages du poème. Par exemple, dans la cinquième tirade, les tragédiennes dressent une liste des objets de la scène et des accoutrements dont elles n'auront plus besoin. Elles parlent ainsi des « trophées du trône et de l'alcôve » parmi lesquels figurent la coupe et l'urne votive, l'aiguière et le bassin de cuivre pour le « rafraîchissement de l'Étranger », les fioles du poison et les « coffrets peints de l'Enchanteresse » ainsi que les « présents de l'Ambassade » et les étuis d'or pour les « brevets du Prince travesti ». Or, la référence aux « trophées du trône et de l'alcôve » nous situe dans le domaine du pouvoir et du désir amoureux. L'aiguière ou le vase d'eau pour les ablutions de l'Étranger évoque un rite ou des préparatifs pour l'amour, et l'Étranger est celui qui arrive de la mer. Les fioles et les coffrets de l'Enchanteresse rappellent les potions des pythonisses ou de la magicienne, potions qui transforment les hommes en animaux. Les présents de l'Ambassade renvoient à la scène d'Invocation-4 où le

106. On se rappelle que d'après Nietzsche la tragédie a ses origines dans la musique. *Cf. La Naissance de la tragédie.*

courtisan accompagne sa requête devant le prince de l'offre d'un cadeau. Et le Prince, qui ici est un « Prince travesti », nous rappelle le masque que porte le prince car le prince est en effet le désir par son autre nom. Sous le masque du Prince, c'est le désir qui est souverain. Le fait que l'on retrouve ces images dans le discours des tragédiennes souligne d'abord la thématique semblable de ces deux parties du poème, et établit ensuite un parallèle entre les représentations théâtrales, et alors poétiques, et la réalité de l'être humain. Enfin, le rappel de certaines images établit une espèce de narration par le fait qu'il valorise ainsi certains objets en particulier.

Les sixième et septième tirades, à nouveau à la voix des tragédiennes, changent légèrement de ton. Le doute et l'imploration des tirades précédentes font place ici à une euphorie croissante. Cela se voit à la désintégration de la structure des phrases. Les exclamations, « Ah ! », ainsi que les souhaits, précédés par la conjonction « que... » se font de plus en plus fréquents. La sixième tirade commence par les mots, « Dénuement ! Dénuement !... », ce qui signifie que les tragédiennes exigent la fin de cette attente, à savoir la suite de leur drame à elles. Leur désir est au comble. Elles veulent que le nouveau texte soit enfin révélé. Elles souhaitent des œuvres « vivaces et très belles », « séditieuses » et « licencieuses », des œuvres qui peuvent recréer le « goût de vivre l'homme » en toute sa gloire. Elles ne demandent pas mieux que de pouvoir s'enchaîner à un nouveau mètre, à un « plus grand récit des choses par le monde », à un récit inspiré par le souffle de la mer, à savoir par son « grand souffle d'étrangère » qu'est l'inspiration, la mer prenant de nouveau l'allure du désir.

Au tout début de la suite qui a pour titre, « Les Tragédiennes sont venues… », les actrices étaient des juges déçues des exploits de l'homme, et les voilà vers la fin de cette suite des femmes humbles prêtes à renoncer à leurs propres traditions afin de connaître encore le plaisir de la scène. Elles sont prêtes à se soumettre au texte et au drame nouveau. Elles s'offrent librement, faisant ainsi le sacrifice de leur volonté à elles un peu comme une femme se donne à l'amour. Sur scène, elles représentent le mouvement de la mer qu'elles reprennent dans leurs corps mêmes. Leurs hanches de rurales reproduisent la houle de la mer comme si les actrices jouaient le mouvement de l'eau. Elles sont en effet de mer. Tout ce passage joue sur la métaphore qui fait de la mer l'inspiration, et du littoral la scène elle-même, le « grand arc de pierre nue dont la corde est la scène ».

Les textes à interpréter sont aussi de mer, tout comme le plaisir de jouer sur scène vient de la mer. Derrière la métaphore du plaisir qu'inspire la mer, se laisse entendre d'ailleurs l'importance du désir sexuel. Sur le manuscrit, après les mots, « [l]à siffle la pieuvre du plaisir », Perse a supprimé les mots « comme la mer elle-même, pieuvre et vulve »[107]. Les mots supprimés soulignent le rapport entre la femme et la mer et suggèrent surtout le désir de l'homme. L'expression, « la pieuvre du plaisir » est pourtant ambiguë. Il s'agit en effet du génitif, et alors d'une métaphore, et non pas d'un rapport causal. Cette interprétation est soulignée par la traduction anglaise de cette formule, à savoir, « the hydra's head of pleasure ». C'est le plaisir lui-même qui est pieuvre (plutôt que de voir le plaisir comme un élément causal qui fait siffler la pieuvre).

C'est dire que le jeu des tragédiennes semble leur procurer un plaisir intense. Les actrices sont prêtes à se donner aux divers sentiments représentés au moyen du drame. Elles s'offrent au plaisir ainsi qu'au malheur. Sur scène, elles jouent le bonheur – les textes « ensemencés d'éclairs » – ainsi que le malheur – les textes « semoncés d'orages ». C'est ainsi qu'elles retrouvent leur essence et leur plaisir devant la foule, à savoir « dans l'or sacré du soir ». Et pendant qu'elles sont sur scène, s'approchent à l'arrière-plan les bateaux qui amènent l'étranger sur la côte : les voiles sont visibles sur la « haute page tendue du ciel et de la mer »[108]. Les voiles s'inscrivent déjà alors sur les pages de l'histoire, et l'inspiration se fait texte.

La septième et dernière tirade de la suite des tragédiennes fait figurer en quelque sorte la bassesse des actrices. Elles semblent être au bout de leurs forces et s'abandonnent au nouveau maître dont elles espèrent un texte digne de leur talent et un drame qui leur permettra de briller de nouveau sur la scène. Les premiers « cris » de cette tirade rappellent à la fois l'illusion de la scène et l'humble origine des actrices. Celles-ci appartiennent aux classes populaires bien que le plus souvent sur scène elles jouent des rôles de déesse et de femme noble. C'est ce que nous entendons par la première phrase de cette tirade, à savoir, « Ah ! notre cri fut cri d'Amantes ! Mais nous-mêmes, Servantes ». Qui plus est, sur scène les actrices se font désirer et possèdent du pouvoir dans le contexte du rôle qu'elles interprètent, mais en même temps, et selon les consignes de leur métier, elles ne font qu'obéir aux directives du dramaturge et au mètre du vers à déclamer. La tragédienne est désirée en la personne qu'elle représente, mais comme actrice elle n'est que la personne derrière le masque qui s'évertue à jouer un rôle.

L'émotion des tragédiennes est dorénavant plus forte. Elles attendent avec impatience le poète qui saura les transformer, simples « servantes », en « amantes » désirées. Elles attendent celui qui saura se saisir d'elles pour les élever « aux carrefours du drame, comme un puissant branchage aux bouches des sanctuaires ».

---

107. Ms am2, Fondation Saint-John Perse.
108. Cette image de la mer qui semble monter au loin fait penser à la perspective de Cézanne, peintre pour qui l'espace étendu se faisait souvent représenter sur la toile par la verticalité. L'inspiration de Perse semble parfois emprunter des images aux différents arts plastiques.

Or, les « carrefours » du drame signifient sans doute le conflit entre l'ancien et le nouveau, selon le sens figuratif de ce mot. Pour sa part, le mot « branchage » semble être suggéré par le mot « carrefours » dans le sens que le carrefour est également une croisée des chemins, un endroit où se rencontrent les différentes branches d'un système de routes. Dans ce sens c'est ainsi le nouveau maître qui saura choisir la route à suivre pour faire revivre l'inspiration. Mais comme il s'agit du nouveau maître qui va soulever les actrices et les porter pour ainsi dire « aux bouches des sanctuaires », l'image d'un « puissant branchage » peut viser le poète, les bras tendus en l'air pour soutenir le corps des actrices. Dans ce sens, les tragédiennes se donnent comme dans un sacrifice en l'honneur du drame. C'est ainsi qu'elles espèrent accéder au drame nouveau, à savoir au « sanctuaire » de la scène, à ce lieu saint consacré par les dieux, à ce drame nouveau qu'elles désirent si ardemment connaître. L'image du poète qui les soulève serait donc une métaphore pour le nouveau drame qui, pour ainsi dire, élèvera les tragédiennes à de nouvelles hauteurs dramatiques. Mais le sanctuaire est aussi un lieu intime, et l'est encore plus la « bouche des sanctuaires » car ce terme souligne le passage d'un endroit à l'autre et ainsi l'entrée dans un lieu protégé. Le symbolisme sexuel de cette tirade est souligné par l'idée selon laquelle le sanctuaire dont il est question est un lieu séquestré où le poète amène la tragédienne au bout des bras, un peu comme après le mariage l'homme soulève la nouvelle mariée pour qu'ils traversent ensemble le seuil de leur nouvelle demeure.

Cette tirade souligne et complète alors la notion d'offrande qui traverse toute la suite des Tragédiennes. C'est-à-dire que les actrices s'offrent au public comme une femme s'offre à son amant. Par conséquent le drame lui-même est une sorte d'offrande, à tel point que la notion même de drame évoque ici des rapports sexuels entre hommes et femmes, d'autant plus que l'inspiration qui est à l'origine du souhait du nouveau semble être très proche du désir sexuel.

Le deuxième verset de cette tirade caractérise le poète qui s'en vient, le nouveau maître du drame qui, tel le prince ou le souverain, aura pour fonction de gouverner et de se faire obéir. Le nouveau venu ressemble en quelque sorte à Perse lui-même, du moins dans la perspective de ses origines : « nous viendra-t-il de la mer ou bien des Îles ? » (à savoir de la mer, ou de Guadeloupe). Par ailleurs, le nouveau sera « indifférent à son pouvoir et peu soucieux de sa naissance ». Il aura en plus les yeux « brûlés des mouches écarlates de sa nuit », effet de son travail nocturne, et il aura le pouvoir de réunir des choses diverses et de les tenir sous son autorité. C'est-à-dire qu'à partir des choses diverses, le poète saura faire une œuvre unifiée et, disons-le, harmonieuse, œuvre qui représentera par là une nouvelle forme poétique.

Pour leur part, les tragédiennes sont préparées pour cet avènement et sauront reconnaître la nouvelle autorité. Elles avaient « trop présumé de l'homme sous le masque » (première tirade), mais elles n'avaient pas, paraît-il, « trop présumé des chances de l'écrit ! ». Elles attendent le nouveau en leurs costumes et leur maquillage. Elles se trouvent sous les feux de la scène car c'est leur essence de se soumettre au texte qui dicte leurs actions et leurs paroles. Elles n'existent comme tragédiennes que grâce au drame. Le drame par contre est un maître « despotique » qu'elles reconnaissent à la « crispation secrète d'un aigle » dans leurs flancs. Cette dernière image pourrait désigner encore une fois le désir sexuel qui revient constamment et qui peut se laisser sentir comme une peine. Elle peut aussi constituer une référence à l'accouchement, au sens métaphorique du terme. On se rappelle par exemple que Platon utilisait la métaphore de l'accouchement pour signaler la création de nouvelles œuvres et la production de nouvelles idées. Mais l'image d'un aigle qui déchire les flancs des tragédiennes est sans doute aussi une référence à Prométhée, au dieu puni par Zeus pour avoir donné le feu à l'homme. Il était enchaîné sur une montagne où un aigle lui dévorait le foie tous les jours. Prométhée est symbole de révolte car il a agi contre les désirs de Zeus. L'image d'un aigle qui déchire le flanc des tragédiennes exprimerait alors la révolte des tragédiennes contre l'inertie des traditions de la scène, et elle signifierait en même temps la soumission des actrices à cette nouvelle autorité qui arrive de par la mer, la nouvelle autorité étant l'analogon de Zeus, suivant la logique du mythe. Or, le mythe de Prométhée a été abondamment interprété et expliqué au cours des années, mais il est peut-être utile de rappeler que d'après Nietzsche, la légende de Prométhée nous apprend la « nécessité du sacrilège imposé à l'individu qui s'efforce d'atteindre au titanesque »[109]. Autrement dit, celui qui cherche à se dépasser et à aller plus loin dans la vie doit en payer le prix. Voulant rompre avec les traditions et porter le drame à de nouvelles hauteurs, les tragédiennes doivent, elles, en subir les conséquences. C'est-à-dire que l'hybris des tragédiennes ne reste pas impunie.

Le dernier verset de cette suite exprime l'espoir des Tragédiennes eu égard à l'avenir. Elles requièrent « faveur nouvelle pour la rénovation du drame », drame dont elles font partie et dont la rénovation changera alors leur métier. Elles demandent aussi faveur pour la « grandeur de l'homme sur la pierre », sachant alors que l'être humain a la capacité d'aller plus loin et de faire mieux. Le mot « pierre » de cette dernière expression désigne à la fois la scène, à savoir « le grand arc de pierre nue dont la corde est la scène », formule de la tirade précédente, mais la pierre représente aussi la terre et la civilisation de l'homme en général. Qui plus est, le nouveau drame, le nouveau texte, permettra à l'homme de dépasser les limites qui lui ont été tracées par ses ancêtres, ancêtres dont les vestiges constituent autant d'amers, au sens large du mot, pour la navigation des nouveaux venus.

---

109. F. Nietzsche, *La Naissance de la tragédie*, *op. cit.*, p. 68.

Strophe-IV : « Les Patriciennes aussi sont aux terrasses... »

Cette suite, celle des Patriciennes, est plus courte que celle des tragédiennes. Elle compte quatre tirades, et à l'exception du premier vers de la première tirade qui nous dit que les patriciennes sont aux terrasses, « les bras chargés de roseaux noirs », ces quatre tirades sont à la voix des patriciennes. Or, les patriciennes sont des femmes d'origine noble. Ce sont des femmes riches qui possèdent apparemment tout ce qu'elles désirent. Elles sont éduquées, appartiennent à des familles puissantes et comptent parmi leurs biens de nombreux serviteurs. Et pourtant elles souffrent d'ennui et sont mécontentes, ce qui est symbolisé par les « roseaux noirs » qu'elles portent, des roseaux qui proviennent peut-être des « jardins brûlés » dont les patriciennes font mention dans leur première tirade.

Le premier verset de la première tirade évoque le manque de satisfaction et le vide apparent des traditions des Patriciennes : « ...Nos livres lus, nos songes clos, n'était-ce que cela ? ». Elles n'ont pas trouvé dans les livres ce dont elles ont besoin, et le fait que leurs songes sont « clos » suggère que les patriciennes ne connaissent même plus le désir qui stimule et motive : elles n'ont plus d'imagination. Elles ont tout ce qu'il leur faut du côté matériel, mais elles éprouvent tout de même un manque, un manque incompréhensible que ni la richesse ni leur situation privilégiée ne savent combler. Tout leur paraît fade. Les jardins sont « brûlés », et le vent soulève aux Parcs la « plume morte d'un grand nom ». Or, en un premier temps le mot « plume » signifie peut-être une plume d'oiseau qui traîne après la fuite des oiseaux. La fuite des oiseaux, à la suite de la destruction du jardin peut-être, serait donc à la fois la conséquence naturelle d'un incendie et un symbole de liberté. En revanche, les patriciennes n'ont pas pu partir et se sentent prisonnières de toute cette dévastation. En un deuxième temps le mot « plume » dénote un instrument pour écrire de sorte que ce terme peut renvoyer aussi à un écrivain célèbre, à savoir la « plume morte d'un grand nom ». Mais il s'agit paraît-il d'un écrivain qui n'intéresse plus les patriciennes ou qui de toute façon ne les inspire plus.

Plutôt, pour les patriciennes la rose est « sans arôme », la roue de la meule poursuit son travail monotone et triste, les statues de marbre n'inspirent plus. C'est ce qu'on apprend dans le verset suivant où on lit que « la roue [fut] lisible aux cassures fraîches de la pierre, et [que] la tristesse ouvrit sa bouche dans la bouche des marbres ». Comme les tragédiennes, les patriciennes ont elles aussi un rapport avec la terre, et avec les pierres de la carrière en particulier, bien que ce soit par le biais de la statuaire en ce qui concerne les patriciennes. Le plaisir des sens manque aux patriciennes, et il est clair que les valeurs du passé ne les inspirent plus. Il leur faut un nouveau système de valeurs qui conviendra mieux à leurs besoins spirituels. Bref, il leur faut un changement de régime. Le seul qui semble content ici est l'esclave, c'est dire le « Noir qui saigne les lionceaux » et qui donne l'envol aux couvées d'Asie. Lui seul chante toujours, sans doute parce qu'il ne s'imagine pas que le système de valeurs sur lequel la société est fondée et selon laquelle sa vie est organisée ne correspond plus au désir des patriciennes. En ce sens l'esclave ressemble aux peuples du port évoqués dans la quatrième tirade de la première suite de la Strophe. Il n'est pas au courant des changements qui s'effectuent et qui auront pour conséquence la transformation de son mode de vie.

Les patriciennes remarquent pourtant le soupçon d'une inspiration qui leur parvient de la mer, ce qui est d'autant plus étonnant qu'elles aient toujours fait abstraction de la mer, de la mer négligée et quasiment oubliée dans leurs traditions. On ne leur avait jamais parlé de la mer, et pourtant la mer est là à marquer depuis toujours les confins de leurs propriétés. « Et tant de houles s'alitaient aux paliers de nos cèdres ! », disent-elles. Traditionnellement la mer est considérée comme une limite, comme une espèce de vide qui délimite les terres, mais elle n'a pas été valorisée pour autant. Ici, elle représente cependant l'inspiration des femmes, et les femmes ont une certaine affinité avec la mer : « tout l'âge de la mer dans nos regards de femmes, avec tout l'astre de la mer dans nos soieries du soir ». Comme on l'a déjà vu, la mer participe ici du corps de la femme. La mer et la femme partagent une même odeur, paraît-il, et la mer, tout comme la femme, est génératrice de nouvelles vies. Par ailleurs, la marée, déterminée par la position de la lune, reprend le cycle mensuel des règles. Et finalement se révèle ici cet autre trait que la mer et la femme ont en commun. C'est que les patriciennes, négligées dans leurs palais, ressemblent en cela à la mer, à la mer qui a toujours été laissée pour compte dans le partage des terres et des pouvoirs des hommes.

Mais la mer prendra sa revanche en quelque sorte, car c'est au moyen de la mer que les femmes connaîtront la liberté. Celles-ci refusent d'être prisonnières sur leurs terres et dans leurs propres palais, bien qu'elles sachent que la fuite n'est pas sans danger : « se peut-il, ô prudence ! qu'on nous ait cru tenir un si long temps [...] ». D'abord, le mot « prudence ! » suivi d'un point d'exclamation suggère ici la crainte des patriciennes. Ensuite, et pour mieux comprendre l'image des liens physiques qui les retiennent, il faudra déplacer un peu le pronom « nous », pour donner à cette phrase le sens suivant : « se peut-il, ô prudence ! qu'on ait cru nous tenir un si long temps ». Sur le manuscrit cette phrase est précédée par les mots « au plus intime de nos corps d'amantes – se peut-il [...] »[110]. Perse a ainsi supprimé le mot « amantes » sur la version finale du poème. La phrase originelle souligne plus que la finale l'aspect sexuel de la domination des patriciennes, et

110. Ms am2, Fondation Saint-John Perse.

rehausse par là la notion de leur « captivité » à caractère physique, captivité contre laquelle elles luttent ici en tant que femmes.

Or, comme les tragédiennes l'ont fait, les patriciennes descendent vers la mer, ou plus précisément, vers cette étrange rumeur venant de la mer, et cela au moment même où « l'honneur désertait les fronts les plus illustres ». C'est un moment grave d'ailleurs car l'honneur abandonne les fronts illustres. La perte d'honneur signifie la transformation des valeurs. L'honneur qui manque est peut-être un manque de respect à l'endroit des femmes de la part des hommes, mais il est plus probable que ce vers veut dire que les patriciennes sortent en cachette, sous couvert de la nuit. C'est que, lorsqu'on est couvert de la nuit, à savoir quand on n'est pas vu, on ne peut avoir ni honneur, ni gloire. Les patriciennes descendent alors vers la mer à la recherche de nouveautés dans des quartiers près de la mer, précisément dans ces quartiers si mal famés et si longtemps négligés qu'ils ne sont fréquentés que par les ouvriers et les animaux. Les patriciennes arrivent pourtant, « soudain », au bord de la mer. Il faut comprendre que le mot « soudain » marque à la fois l'arrivée des patriciennes à leur point de destination peu habituelle, ainsi qu'un certain niveau d'anticipation et d'émotion, celles-ci étant revivifiées par l'activité nocturne des patriciennes.

Comme c'est le cas des tragédiennes de la suite précédente, la descente des patriciennes vers la mer prend les allures d'une cérémonie religieuse dans la deuxième tirade de cette suite, mais où il manque cependant de références religieuses précises. Les patriciennes arrivent au bord de la mer « mi-nues » dans leurs « vêtements de fête », habillées de leurs « pierres étincelantes » et de leurs « joyaux ». Elles s'accoudent au marbre comme à des tables de lave « où s'orientent les signes », et la « vigne extrême » de leurs songes est « sensible de rupture ». Or, la vigne désigne le vin par métonymie, et pour cette raison elle signifie l'ivresse libératrice que le vin occasionne. C'est l'ivresse qui a pour conséquence la rupture du songe et, la rupture du songe indique que les patriciennes cherchent à sortir des « songes clos » mentionnés dans la tirade précédente, à savoir ceux de leurs pères qui les opprimaient depuis si longtemps.

L'ivresse des songes évoque, par ailleurs, et encore une fois, le culte de Dionysos. On dirait que les patriciennes participent à quelque rite nocturne, sensuel et libérateur. Sur le point d'abandonner les valeurs du passé, « [a]u seuil d'un si grand Ordre où l'Aveugle officie », elles comprennent qu'elles s'étaient toujours soumises aux songes de leurs pères, à des songes dont elles ne comprennent ni le fondement ni la justification, bref à des songes qui ne sont pas leurs propres songes à elles. Elles s'étaient toujours voilées du songe de leurs pères qu'elles portaient alors tel un masque. C'est dire qu'elles suivaient la tradition de leurs pères, sans jamais mettre ces traditions en question. Dorénavant, pour les patriciennes la tradition est comme une religion divorcée d'avec ses racines. Ces femmes nobles se détournent de l'éducation et des traditions de leurs ancêtres pour s'imaginer un futur où tout sera autre. Elles s'imaginent une vie où elles n'auront plus de titres de noblesse, ni de situation privilégiée, et elles savent que dans cette nouvelle vie il n'y aura pas de honte à avoir. Elles envisagent déjà un futur où les privilèges de la naissance et du pouvoir ne seront que des souvenirs. Ce sera seulement à partir de ce moment-là qu'elles seront libres des responsabilités et des contraintes des traditions, et cette liberté leur permettra de connaître la fête, le « front comme couronné de pommes de pin noires ».

Le souvenir d'un pays futur reste pourtant une expression ambiguë. En plus de rappeler à nouveau la notion nietzschéenne d'un éternel retour, cette expression semble souligner le fait que la transformation des valeurs annoncée et préconisée s'est déjà concrétisée en quelque sorte chez les patriciennes, ce qui rehausse le côté prophétique de leur geste et de leur discours et établit un lien avec la suite de la poétesse (voir plus loin). Or, les pommes de pin noires évoquent les fêtes dionysiaques ainsi que la fête de Cybèle. Les Romains revivaient tous les printemps le mythe d'Attis, un jeune berger aimé de Cybèle. Il s'est mutilé et est mort sous un pin. Il y avait donc chaque année une procession au pin, suivi d'une fête du sang pendant laquelle chaque fidèle se flagellait[111]. Or, Attis, qui était l'amant de Cybèle, était le pendant de Dionysos, de sorte que les références à Dionysos et à Cybèle ont presque un même objet[112]. Le poème de Perse ne reprend pas l'ensemble du rite, mais il semble tout de même que la couronne de pommes de pin noires signifie la démesure et le plaisir, à l'encontre des fronts les plus illustres de la tirade précédente, fronts que l'honneur désertait cependant. Toujours est-il que les patriciennes abandonnent ici leurs biens et leur avoir pour redevenir femmes, ce qui semble leur rendre l'émotion essentielle qu'il leur faut pour vivre. Elles renouent ainsi avec la force et le plaisir de la vie.

La troisième tirade des patriciennes est plus obscure que les deux précédentes. Il semble que le langage du poète vire au rite et à la notion de sacrifice. Les allusions sont un peu plus cachées. Le propos des patriciennes ressemble à une invocation, à une prière adressée à la mer qui est personnifiée ici. La mer est même nommée la « Mère des présages », rappelant que le présage, ou l'oracle, vient souvent du côté de la mer, comme c'est le cas dans la sixième suite de la Strophe, « Et cette fille chez les Prêtres ». La tradition de l'oracle sera plus valorisée dans les suites subséquentes du poème. Ici, il semble qu'il s'agisse plus simplement de l'inspiration qui vient du côté de la mer. Le premier verset de cette

111. Fernand Comte, *op. cit.*, p. 60.
112. J.-C. Belfiore, *Dictionnaire de mythologie grecque et romaine, op. cit.*

tirade fait le rapport entre la mer d'une part, et la mère et les patriciennes d'autre part. Les mots « tressaille », « linges d'épousailles » et « femmes en travail » soulignent le rapport entre les femmes et la mer. La mer est justement la « Mère des présages », et le travail de l'accouchement mime la houle de la mer. Mais grâce à leur syllabe accentuée en « ail », ces termes suggèrent aussi le mot qui semble manquer, à savoir « entrailles ». Dans certaines cultures on faisait autrefois des présages à partir des entrailles des bêtes sacrifiées. C'est, paraît-il, le rapport entre le présage et les entrailles que le poète cherche à mettre en valeur ici. Et puis, la douleur aux entrailles rappelle de nouveau le mythe de Prométhée.

Dans le deuxième verset, il est pourtant question de l'inimitié entre la mer et les femmes. Les patriciennes évoquent le rapport entre les femmes et la mer sous forme de « règle » et font savoir, entre autres, que la douleur de l'enfantement ne les retiendra point d'aimer. L'enfantement doit se comprendre ici dans le sens de la progéniture ainsi que dans le sens métaphorique de la production de nouvelles idées. L'image du bétail qui enfante des monstres évoque l'intervention des dieux dans la vie des hommes (notion soulignée aussi par le masque de la mer) mais symbolise également la peur des choses à venir, en sus de faire valoir que la lutte des femmes pour se libérer de l'oppression rencontrera des obstacles. Il sera question d'horreur et de violence, mais les patriciennes savent qu'elles sauront faire face sans fléchir. C'est leur haut rang et leur noblesse qui leur donnent la force de se tenir face à la mer, c'est-à-dire de se tenir face à la réaction fâcheuse que l'expression de leur désir d'être libres est sûre de provoquer. Elles sont enfin comme « celles qui conversent avec la pierre levée du drame ». Cela veut dire qu'elles sont comme les tragédiennes, de simples femmes qui veulent renouer avec l'inspiration et leur désir d'êtres femmes. Comme elles le disent, et malgré la douleur et l'incertitude que l'accouchement de cette nouvelle idée entraînera, elles iront jusqu'au bout et cela sans crainte, comme elles ne redoutent pas d'aimer et ne chercheront pas non plus à effrayer leurs filles au sujet de l'amour et de l'enfantement.

Au troisième verset, les patriciennes font état de leurs sentiments face à la mer. Elles sont inquiètes de voir la mer comme un « Camp des Rois » où courent les chiennes blanches du malheur. Les hautes vagues ont peut-être l'aspect d'une armée vue de loin, et l'armée des rois est le signe des dangers à venir pour les patriciennes qui cherchent à braver la tradition de leurs pères. Mais elles sont aussi avides de l'effet calmant du pavot et sont envieuses alors de la mer qui sait intoxiquer. La mer ressemble à un « champ de pavots noirs où s'affourche l'éclair ». C'est-à-dire qu'à l'approche de la tempête des éclairs se voient sur le fond noir de la mer et, comme le pavot possède en sus de sa couleur la vertu d'un stupéfiant, il peut transformer l'état psychique des gens et provoquer le songe. Ainsi la mer livre-t-elle aux patriciennes des présages et des songes pour l'avenir.

Les patriciennes n'ont pourtant pas honte de leur passion de femmes et conçoivent déjà leurs œuvres, à savoir les « enfants » de la mer, dans leurs songes.

Il est en plus cette transformation ou cette animation des choses quotidiennes. Le verset suivant nous apprend par exemple que la mer, représentée souvent dans les œuvres artistiques du temple, devient soudain figurante dans l'histoire des peuples divers, comme un « grand arbre hiérarchique » et un « grand arbre d'expiation à la croisée des routes d'invasion ». Or, la croisée des routes rappelle le carrefour du drame de la suite précédente et évoque alors le changement, mais ce qui est plus important, c'est que l'image établie par ce verset suscite de nouveau la fête de Cybèle. Confinée au début au temple, selon la tradition, la fête a pris des proportions plus importantes, une fois que l'empereur en prenait parti. Elle a fini par devenir une grande fête à caractère orgiaque. Elle comprenait une procession au pin où Attis s'était émasculé et où il était mort. Après une période de douleurs bruyantes, les célébrants fêtaient sa résurrection. La fête se terminait par le transport de la statue de Cybèle et du bétyle sacré à travers la ville. Dans le cinquième verset de cette tirade il est question d'ailleurs de l'arbre d'expiation où un enfant est mort parmi les « effigies d'argile noire », dans une scène qui semble quelque peu « orgiaque ». Les cheveux sont tressés de paille – c'est une fête paysanne – et il s'y trouve de « grandes fourches de corail rouge ». L'image de corail rouge semble suggérer le sexe féminin. Cette interprétation est soulignée d'abord par le mot « fourche de corail », car la fourche, en plus de rappeler le verbe « s'affourcher » du verset précédent, peut également dénoter l'angle formé par les jambes. Ce mot renvoie ensuite à l'« offrande tributaire » qui se mélange ici à la « dépouille opime », c'est-à-dire aux dépouilles d'un général ennemi. Or, c'est l'enfant mort qui représente ici la « dépouille opime », et l'offrande tributaire est le paiement offert au vainqueur, à savoir les « gourdes d'or et les tronçons de glaives ou de sceptres », accompagnés des effigies et du corail rouge. La notion d'offrande rejoint la suite des Tragédiennes où les actrices font l'offrande au nouveau venu de leur corps ainsi que de leur sexe.

Les versets qui suivent élargissent un peu la perspective des patriciennes pour inclure l'interprétation historique. Il est vrai, paraît-il, que d'autres ont vu la mer à midi et que l'effet produit était semblable. La mer a toujours été et à la fois symbole de gloire et de liberté. Or, midi est le moment de la journée où le désir est le plus fort. À l'heure de midi, selon le mythe, les nymphes inspirent des terreurs soudaines[113]. Dans le poème de Perse, il est question, en effet, de la beauté de la nymphe et du désir qu'elle suscite auprès des gens qui prennent la mer. Ici, en revanche, le terme d'« Ancêtre » nomme encore une fois la mer et par là introduit dans ce verset une perspective historique plus générale. La mer existe depuis

113. Fernand Comte, *op. cit.*, p. 62.

toujours et a toujours influé sur la pensée de l'homme. Le « guerrier qui va mourir » subit lui aussi l'influence de la mer. Il songe à la gloire de la mer, à savoir à l'« éclat de mer », et dans ses songes les armes de la mer dont il se couvre, tel le glaive, ont un toucher soyeux, comme le linceul. Il est comme ivre, la « bouche pleine de raisin noir », le raisin symbolisant le vin et son effet sur la pensée de l'homme, la couleur noire rappelant le pavot noir intoxiquant du troisième verset de cette tirade. Mais la mer, toute séduisante qu'elle est, est aussi symbole de liberté. Le héros qui s'aventure sur la mer en quête de lui-même, tout comme l'affligé qui fuit quelque danger, y voient tous deux leur salut et en tirent leur inspiration. C'est-à-dire qu'au cours des siècles, la mer a été à la fois l'arène de nombreux conflits, et une offre de liberté dans le sens qu'elle permettait aux opprimés de fuir leur oppresseur. Elle a servi le pouvoir des rois, tout comme elle a rendu possible la fuite des subjugués. Au cours des siècles elle a donc été la scène de plusieurs migrations de peuples.

Le dernier verset de cette tirade, entre parenthèses, a pour thème la rupture : « Rupture ! Rupture enfin de l'œil terrestre ». La rupture est d'abord entre la terre et la mer où, « entre deux Caps », se joue la « confrontation muette des eaux libres ». Mais sur le plan figuré et dans la bouche des patriciennes, la rupture est surtout celle entre les traditions des pères et le désir des patriciennes d'être libres. La rupture en question est soulignée, d'ailleurs, par l'image de l'éloignement sur l'eau. Les patriciennes embarquent sur des vaisseaux et s'éloignent de la côte. La mer se laisse comprendre ici de façon métaphorique, et sans doute comme une métonymie pour la quête de la liberté, le poète nommant le moyen de fuir pour dire la fuite elle-même. Le départ en bateau représente d'ailleurs le désir du changement. Les patriciennes se trouvent enfin sur leurs « embarquements tragiques », avec leurs « robes lamées d'argent ». Le premier de ces termes souligne le sérieux de leur quête, et le deuxième rappelle leur haute naissance. On se rappelle en plus que la fête de Cybèle se terminait par le transport à travers la ville d'une statue de Cybèle, en argent, ensemble avec le bétyle sacré, c'est-à-dire avec une « pierre sacrée adorée par les anciens comme une idole » (*Le Petit Robert*). Pour aider à saisir le parallèle, nous soulignons que les vaisseaux des patriciennes haussent « toute une élite de grands marbres ». Or, le marbre est trouvé dans la nature – et on a déjà noté le rapport et des tragédiennes et des patriciennes avec les carrières de pierre – et il est également une pierre dont on faisait des sculptures à l'époque romaine, à savoir quand le culte de Cybèle était pratiqué. Sans doute les symboles des cultes étaient-ils souvent sculptés dans le marbre. Qui plus est, le « marbre » a également ici le sens d'une surface qui a l'aspect du marbre, à savoir les voiles de bateaux. Les allusions sont nombreuses. En plus de rappeler le culte de Cybèle alors, s'embarquer avec une « élite de grands marbres », c'est en quelque sorte emporter avec soi son passé sous forme de statues symboliques. Le terme, l'« aile haute », pour décrire ou bien les marbres ou bien les voiles des vaisseaux, fait néanmoins du départ un vol d'oiseau, et le vol d'oiseau renvoie à la plume morte des jardins brûlés de la première tirade des patriciennes, sauf qu'ici il s'agit de la fuite et non pas de ce qui est laissé derrière. Avec la fuite en bateau la déprime des patriciennes cède la place à l'inspiration et à l'espoir renouvelé. Il semble que le vaisseau, libre, puisse « s'envoler » maintenant avec sa charge vers d'autres terres. Tel est le sens de l'image du poinçon des pères au signe du thon – poisson rapide de grande taille – ou au signe de l'aurige – conducteur de char dans les courses à l'antiquité. Puisqu'il s'agit du poinçon des pères, il est probable que ces termes dénotent des pièces de monnaie de l'antiquité, à savoir des « espèces monnayables »[114], mais sur le plan symbolique il s'agit également d'un départ, et alors d'une rupture avec les traditions des ancêtres.

La dernière tirade du discours des patriciennes souligne la soumission de ces femmes nobles et riches, non pas aux traditions qui opprimaient, mais à l'inspiration nouvelle, à savoir à la rupture, et cela à l'instar des tragédiennes : « Ainsi terrestres, riveraines, ainsi complices, nous cédons... ». On apprend qu'elles n'ont pas honte d'exister et alors d'assumer leur présence physique dans le monde. Au lieu de s'abandonner aux préceptes religieux et aux prêtres qui voudraient qu'elles renoncent au monde, les patriciennes sont prêtes à « mener plus loin l'offense d'être nées ». Elles cherchent à satisfaire leurs désirs à elles et sont prêtes, s'il le faut, à emprunter des voies peu pratiquées, à savoir « des routes insoumises », pour aller au bout de leur inspiration. Le drame qui s'en vient leur rend cette nouvelle voie possible car l'essence du drame, ou le « sel » du drame, est ici le désir d'être libre. Parce que c'est son essence, le drame a le goût du sel de mer, comme il a aussi le goût du pain du sacre, ainsi que celui du corps des femmes, comme cela est indiqué dans la tirade précédente : « [...] ta saveur de mer est dans le pain du sacre, est dans le corps des femmes que l'on sacre ». C'est le même goût qui s'y trouve car il s'agit dans chaque cas d'un même sel. Par conséquent, le drame en question est celui de la lutte pour la liberté, c'est-à-dire pour le renouvellement du désir de vivre. C'est une même lutte et un même désir qui traversent les femmes de toutes les époques et dont la mer est symbole. Par analogie, la mer qu'on trouve dans les différents ports est une même mer, et les dialectes parlés dans ces différents ports appartiennent à une même langue mère. Où qu'on se trouve, il semble que la mer ait la capacité d'émerveiller.

Après avoir souffert de l'inanité de leur mode de vie, les patriciennes connaissent de nouveau le désir de vivre. C'est encore une fois question de la rupture ou du « déchirement » qui oppose l'honneur à la mer, l'ancien au nouveau

114. Joëlle Gardes Tamine, *et al, op.cit.*, p. 356.

et la tradition au plaisir de vivre. Tout comme les tragédiennes, les patriciennes ressentent le déchirement à leur flanc : « est-ce là ta griffe encore à notre flanc ? ». Cette même image dans les deux suites renvoie à une pensée semblable. Le « déchirement radieux » que le désir occasionne est physiquement dans le corps des femmes, mais il est aussi moral et métaphorique dans le sens qu'il oppose le respect du passé au désir de liberté, et représente la production de nouvelles œuvres. Le déchirement rappelle aux patriciennes leur condition de femmes. Selon la Bible, on se rappelle, pour avoir trahi l'homme la femme enfantera dans la douleur. Mais l'enfantement dont il est question ici est sans doute une métaphore du changement des idées, tout comme il suggère l'œuvre nouvelle dans le discours des tragédiennes. Le déchirement est entre deux systèmes de croyances alors, et ici l'ancien système se fait remplacer par le nouveau qui est plus scientifique et plus apte à faire fleurir la société qu'il fonde. La « griffe », ou le « chiffre des dieux » au flanc des femmes, rappelle le mythe de Prométhée et la notion de désir de liberté que le mythe véhicule. Solidaires de leurs consœurs, les tragédiennes, et de toutes les femmes, en général, et nonobstant les distinctions sociales qui les séparent, les patriciennes se révoltent contre les traditions de leurs pères. Elles sont prêtes à suivre leur désir jusqu'au bout. C'est une révolution sur le plan des mœurs qui se prépare.

La poursuite de l'objectif des patriciennes a ici pour analogon ce départ sur la « piste royale » et sur les « chaussées péninsulaires peintes ». Cela prend les allures d'un sacrifice. À leur départ les patriciennes constatent et un « triple rang d'écume en fleur », l'écume de la mer tenant l'office des fleurs coupées pour l'occasion, et la « fumée d'un sacre sur les eaux », les vapeurs de la mer remplissant la fonction de l'encens lors du rite religieux. La scène du départ est quelque peu magique sur le « terre-plein des Rois ». C'est-à-dire qu'un désir inexplicable pousse les patriciennes à s'aventurer loin de leurs origines. La scène entière évoque la présence de puissances occultes. Les chaussées péninsulaires « peintes, à grands traits blancs » représentent des routes à suivre et des vies à réaliser, étant donné que la couleur « blanche » signifie souvent une absence chez Perse. Cela veut dire qu'il est question à la fin d'une rupture avec le passé, d'un départ qui s'effectue et d'une vie nouvelle à réaliser. L'« explosion des hampes séculaires », à savoir la floraison extraordinaire de l'aloès, symbolise à nouveau la rupture extraordinaire par laquelle la nouvelle ère de liberté s'amorce.

Cette dernière image, prise dans le registre naturel, se substitue ici aux signes de magie et aux croyances anciennes mentionnés dans d'autres passages, tout comme l'écume et les vapeurs de la mer tiennent l'office de symboles religieux. Il semble qu'en plus de réaliser un chant de liberté féminine, Perse substitue aux symboles religieux traditionnels des symboles pris dans le monde naturel, comme quoi le besoin de liberté de la femme, besoin qui découle du désir naturel, ne peut s'exprimer qu'au moyen de cette même nature. Il semble également, et enfin, que le désir d'être libre fasse partie des instincts humains.

Strophe-V : « Langage que fut la Poétesse »

À part les premiers mots du passage, à savoir « Langage que fut la Poétesse », cette suite est constituée du discours d'une « poétesse ». C'est un discours de la mer, et de la sexualité des femmes, mais il évoque aussi l'au-delà et l'inconnu. Le sous-titre établit pourtant une équivalence entre la poétesse et son langage, comme quoi la poétesse n'existe qu'à travers son langage, c'est-à-dire qu'elle existe seulement dans son langage et grâce à lui. Comme le dit Maurice Rieuneau, dans cette suite la poétesse « est assimilée au langage, le langage est 'confondu avec elle' »[115]. Rieuneau constate en plus que cette suite se trouve au beau milieu du poème, de sorte que dans le mouvement de la strophe autour de l'autel la poétesse figure au centre. Or, tandis qu'il est vrai que la poétesse se confond ici avec son langage, rendant cette suite centrale pour le poème, cette centralité ne découle ni de la pagination ni du symbolisme religieux de ce passage. Plutôt, si cette suite est centrale, c'est parce qu'elle marque la concrétisation de la transition d'un schéma ancien de pensée à une nouvelle forme de pensée. La croyance mythique évoquée par les suites précédentes cède le pas ici au récit poétique qui vise le réel. C'est-à-dire que s'il y a équivalence ici entre la poétesse et son langage, c'est parce qu'il s'agit en fin de compte d'un texte supposé ancien, d'un texte qui raconte un événement et un changement important sur le plan social au moment même où cet événement était en train de se réaliser. Le récit est placé dans la bouche de quelqu'un qui aurait vécu ces changements avec tout l'espoir et toute l'incertitude des participants de l'époque. Tout ce qui reste de la poétesse, c'est son discours. Il ne s'agit donc pas d'un rapport religieux ou mystique entre la poétesse et son langage, mais d'une simple perspective historique. En plus d'établir l'équivalence entre le sujet et le prédicat, le verbe « être », au passé simple, marque alors un événement en train de se dérouler et par là il marque un « devenir ». Le titre de cette suite a donc pour sens que la poétesse est devenue son langage, non pas par synérèse ou par une croyance particulière en la force du langage, ou autre, mais uniquement en raison du temps qui passe. On ne connaît rien de la poétesse en dehors du texte qu'elle nous a laissé. Le passé simple du sous-titre se reprend d'ailleurs aux versets finals de la suite où la poétesse demande qu'on se souvienne de tout ce qui « nous fut de mer, et qui nous fut d'ailleurs ». Le verbe « être » est utilisé à la fin de façon constitutive. Certains traits des femmes relèvent de la mer et sont physiques, d'autres traits, comme le désir, viennent d'ailleurs et ne se

---

115. Maurice Rieuneau, « 'Langage que fut la poétesse' La Pythie selon Saint-John Perse », *Cahiers du 20e siècle* 7, 1976, p. 101-114, p. 110.

laissent pas facilement expliquer. Par ailleurs, et comme c'est le cas des autres discours des femmes de la Strophe, des discours qui constituent en effet des paires de discours, il faut considérer cette suite en rapport avec celle qui la suit, celle qui relate le discours de la prophétesse.

Il s'avère alors que les valeurs sous-entendues par le texte sont celles de l'époque de la poétesse. Le sien est un discours un peu abstrait ou symbolique. Il a surtout pour objectif d'exprimer le sentiment intérieur et intime d'une poétesse d'une époque révolue, d'une époque où de grands changements étaient en train de se réaliser. Comme l'aboutissement heureux du mouvement de révolte que le poème raconte n'était pas évident au cours de l'action, il est facile de comprendre l'incertitude apparente de la poétesse et sa vision seulement partielle des événements. La poétesse évoque le rapport entre la femme, son corps et son désir, et cela dans la perspective des femmes d'antan. Le thème principal de cette suite est celui qu'on trouve dans les suites des tragédiennes et des patriciennes, c'est-à-dire qu'il s'agit de la rupture avec les traditions du passé. La poétesse rejette les traditions qu'elle a apprises jeune et se tourne vers l'espoir d'un futur meilleur, vers le nouveau maître qui arrive. La rupture qu'elle annonce se reflète d'ailleurs dans le changement des rapports entre les hommes et les femmes en général, mais ne se limite pas à ces rapports, et prend enfin l'allure d'un discours sacré.

Le discours de la poétesse commence par une contradiction apparente, l'oxymore : « Amertume, ô faveur ! ». À notre sens, il faut voir dans cette contradiction un effet du dilemme qui travaille l'esprit de la poétesse. On peut d'ailleurs comprendre ce dilemme comme étant celui des femmes en général. Le mot « amertume » exprime à la fois le découragement de la femme et l'injustice sociale qui rend nécessaire la rupture avec le passé. Le mot « faveur » est à comprendre ici et dans le sens de la grâce et dans le sens des faveurs sexuelles, c'est-à-dire les marques d'amour qu'une femme donne à un homme. Ces deux mots au début du discours expriment alors la condition féminine de l'époque. Mais la poétesse veut mettre fin à cette condition de femme soumise dont le seul mérite est la faveur qu'elle accorde à l'homme. Et pour cela elle se tourne vers la mer qui inspire le songe, et de nouveau l'invocation adressée à la mer ressemble à un rite religieux. Elle demande : « Où brûle encore l'aromate », et l'on sait que l'encens fait partie de la cérémonie religieuse. L'encens symbolise le passage d'un niveau inférieur à un niveau supérieur. Il facilite alors la transformation de l'état psychologique, et ressemble dans cette perspective à l'effet provoqué par la graine du pavot. L'aromate et le pavot sont dans ce sens propices au songe et, par là, ils aident à préparer le dépassement des limites.

Dans le discours de la poétesse, la mer est associée à nouveau à la graine du pavot et au corps des femmes, et encore une fois elle représente l'inspiration. La poétesse parle au nom de toutes les femmes ici et elle dit que les femmes se tournent enfin vers la mer « insomnieuse du vivant ». C'est-à-dire que la mer existe depuis toujours, et que depuis toujours, elle règle le corps des femmes. Elle est aussi symbole du désir, et les femmes voient leur désir se mimer dans le mouvement de la mer. Le fait qu'elles voient la mer de façon grave, « comme l'inceste sous le voile », souligne la préoccupation sexuelle de leur pensée et suggère le mobile de leur révolte. La poétesse reprend en plus le parallèle entre les marées et les règles des femmes, un rapport déjà mis en valeur dans les discours et des tragédiennes et dans ceux des patriciennes, mais la phrase de la poétesse reste un peu obscure. Elle dit : « Et nous disons, nous l'avons vue, la Mer aux femmes plus belle que l'adversité. » Cette dernière proposition pourrait se lire d'au moins deux façons. Il se peut que la mer qui est le domaine des femmes (la mer aux femmes) soit plus belle que l'adversité. Cette façon de lire la phrase reprend le rapport physique entre les femmes et la mer, rapport qui a déjà été signalé à plusieurs reprises. Il se peut cependant que cette phrase veuille dire que dans la perspective des femmes la mer est plus belle que l'adversité. Selon cette deuxième lecture, préférable à notre sens, la mer prend sa valeur de symbole de liberté et s'oppose ainsi à l'adversité, c'est-à-dire à l'opposition que le mouvement des femmes provoque. La réaction contre la liberté des femmes se repose d'ailleurs sur les traditions et les croyances qui gouvernent la sexualité, de sorte que l'« adversité » dont la poétesse parle doit se comprendre à la fois comme une réaction contre le désir de liberté et comme une référence à la condition féminine, à savoir aux règles et à l'enfantement.

La lutte qui s'engage met alors en question les traditions qui gouvernent la sexualité et qui subjuguent la femme en réprimant sa sexualité. La poétesse invoque la mer : « Ô Mer qui t'enfles dans nos songes comme un dénigrement sans fin et comme une vilenie sacrée [...] ». La mer qui s'enfle dans les songes est symbole du désir, mal vu chez les femmes, comme les règles elles-mêmes, considérées selon certains comme une « tumeur obscène » et comme un « mal divin ». Par le passé, et surtout dans le contexte religieux, les règles mensuelles étaient considérées comme une honte, comme un « dénigrement » ou une « vilenie sacrée ». De même, le rapport entre le cycle mensuel des femmes et l'influence de la lune sur le mouvement de la mer a eu pour conséquence que les femmes voyaient souvent la mer d'un mauvais œil, comme une « tumeur obscène et comme un mal divin ». C'était évidemment le corps qui était « obscène » et le cycle mensuel qui était un « mal divin ». C'est contre de telles croyances traditionnelles que la poétesse lutte ici.

La deuxième laisse du discours de la poétesse établit un nouveau rapport entre le sexe, le désir et l'amour. Il ne s'agit pourtant plus d'un rapport établi par des croyances mythiques et religieuses. Le rapport entre le sexe et l'amour que la poétesse veut mettre en valeur est naturel car il est fondé dans la nature. Le principe qui s'y fait valoir est le plaisir, le plaisir sexuel sans honte et sans arrière-pensée parce que le sexe fait partie des désirs naturels, et on ne doit pas avoir honte de la nature. La perspective de la poétesse est réaliste et c'est sans doute pour cette raison que le désir s'exprime ici sous ses traits physiologiques. Dans un passage qui n'est pas sans rappeler Baudelaire[116], le sexe féminin est décrit comme un « ulcère » et comme une « plaie » au flanc des femmes et dont les lèvres s'enflent sous l'influence du désir en raison d'un écoulement du sang. Or, le désir est naturel, mais comme on l'a vu dans d'autres passages du poème, il constitue aussi l'aspect divin de l'homme, de sorte que le sang se comprend ici comme « le sang des dieux ». Le désir et le changement physique qu'il opère se font connaître alors dans le corps des femmes, mais le désir est considéré ici plutôt comme la conséquence physiologique de l'influence du dieu de l'amour.

Et l'amour fait mal, comme l'invective et la malédiction font mal. Son effet est semblable à celui des « serres promenées » dans la chair. C'est la même référence au mythe de Prométhée, comme dans les discours des tragédiennes et des patriciennes et, c'est de même un signe de révolte dans la bouche de la poétesse. Mais ici c'est aussi un signe du désir récurrent, du désir qui travaille la chair et qui préoccupe l'esprit tout en le confondant. L'expression, « les essaims fugaces de l'esprit sur la continuité des eaux... », souligne en même temps le manque de forme de la pensée sous l'influence du désir et le caractère passager du désir. C'est en plus un « mal qui prend au cœur des femmes comme un feu d'aloès ». Cette expression reprend la fin du discours des patriciennes où il est question de « l'explosion des hampes séculaires » de l'aloès, et où l'explosion, à savoir la floraison est symbole du changement et du nouveau. Ici pourtant il s'agit plutôt du « feu d'aloès » et le feu est depuis longtemps une métaphore du désir et de l'amour. Les « inflexions du col » et « l'arc inversé de la bouche » où naît la « pruderie de l'âme » dénotent de nouveau le sexe féminin – et l'on rappelle le mythe selon lequel Baubô a donné à son sexe l'aspect d'un visage – mais suggèrent aussi l'attitude (la pruderie) qui caractérise souvent les discours portant sur la sexualité. La démesure semble faire naître des sentiments qui la répriment.

En se donnant sans honte au plaisir sexuel et en acceptant l'amour non pas comme un mal mais comme une condition naturelle et bienheureuse, les femmes se révoltent contre les traditions et rejettent en même temps les anciennes croyances qu'elles estiment dorénavant comme démodées. Et cela arrive de façon imprévue, comme si d'un seul coup une nouvelle idée voyait le jour et faisait en sorte que les anciennes croyances se fassent remplacer par des nouvelles : « Notre naissance est de ce soir, et de ce soir notre croyance ». Les femmes continuent d'honorer les vieilles traditions, du moins en apparence. Elles ont toujours à la bouche le goût de

116. *Cf.* « À Celle qui est trop gaie », poème interdit des *Fleurs du mal*.

« cèdre et d'oliban », à savoir le goût de l'encens qui est le goût des traditions passées, un goût qui les « tient encore à [leur] rang ». Elles ont pourtant en plus le goût de la mer aux lèvres comme une boisson nouvelle et connaissent alors l'avant-goût de la liberté. L'avènement de nouvelles croyances a pour conséquence que les anciennes, dorénavant périmées, sont abandonnées. Le « blâme et le soupçon » attribués autrefois aux femmes parce qu'elles étaient femmes et qu'elles avaient des affinités avec la mer sont maintenant récusés. Les femmes donnent congé aux anciennes divinités, aux lares « du seuil et de l'alcôve » car elles n'y croient plus. Pour sa part, la poétesse se tourne plutôt vers les hommes puissants et s'apprête à leur adresser la parole. C'est-à-dire qu'elle se tourne vers les « hôtes divins », ver les « Seigneurs », vers les « maîtres du fouet ! », vers les « maîtres en tout du saisissement », à ceux qui tiennent haut « le cri des femmes dans la nuit », et elle leur demande de bien se rappeler ce qui se déroule là en cette conjoncture particulière.

Il paraît que la perspective réaliste de la poétesse fait figure de prophétie, mais seulement après coup, c'est-à-dire que la prophétie n'est pas tout à fait prophétie pour nous qui lisons ce texte d'un âge révolu car nous savons que ce qui est prophétie dans la bouche de la poétesse s'est réalisé par la suite. Le discours de la poétesse se termine par l'énonciation d'une espèce de prière : « Faites qu'un soir il nous souvienne de tout cela de fier et de réel qui se consumait là, et qui nous fut de mer, et nous fut d'ailleurs ». Or, pour la poétesse ce n'est qu'un souhait ou une prière dont la formule, « qui nous fut de mer, et nous fut d'ailleurs », rappelle les deux dimensions. D'une part il s'agit du corps de la femme (qui nous fut de mer), d'autre part il s'agit du désir sexuel qui relève du divin (qui nous fut d'ailleurs). Pour le lecteur, par contre, le changement préconisé s'est réalisé par la suite, faisant ainsi de la prophétie de la poétesse une expression de la réalité historique. Et c'est grâce au poème que le souhait de la poétesse se réalise, ce qui veut dire qu'on a connaissance de ce changement et de cette conjoncture parce que la poétesse les a décrits dans son œuvre. Il s'agit de « choses illicites » et de choses qui « passent l'entendement... », des choses qui soulignent alors le caractère historique de ces changements. Les femmes se révoltent et rejettent les attitudes qui dénigrent leur sexualité et qui les opprime en tant que femmes. Le discours poétique en tient compte et constitue alors un document à valeur quasi-historique, ce qui donne ainsi à la poésie un rôle capital dans la connaissance du parcours historique de l'être humain. Sous cet angle le discours de la poétesse représente en quelque sorte la leçon du poème entier, mais cela reste à voir.

Strophe-VI : « Et cette fille chez les Prêtres »

Cette suite est composée de huit tirades plutôt courtes. Le premier et le dernier vers de la suite font partie du discours du poète, mais à part ces deux vers, il s'agit du discours de « cette fille chez les prêtres ». Celle-ci se sert de la première personne du pluriel. Elle dit « nous » pour parler d'elle-même et des autres filles qui sont comme elle. Il s'agit en effet d'une prophétesse ou d'une fille oracle. Cela est plus évident si on compare le sous-titre français avec la traduction anglaise, traduction que Perse a approuvée. L'expression, « cette fille chez les prêtres », se laisse traduire par la formule, « And this girl prophet with the priest »[117]. La fille nous renseigne, d'ailleurs, elle aussi, sur la grande « rupture » avec les traditions du passé. Autrement dit, elle nous renseigne sur le changement qui s'effectue dans les mœurs et les attitudes des femmes à une époque révolue. Cette suite est plutôt allégorique mais il paraît que le thème visé est encore une fois la révolte et la liberté des femmes. Il faut surtout noter que la prophétesse refuse à la fin de remplir sa fonction de prophétesse. Elle n'interprète plus les signes naturels qui communiquent la voix des dieux car elle n'y croit plus, paraît-il. C'est-à-dire qu'à la fin la prophétesse n'est plus prophétesse. Par contraste, la poétesse de la suite précédente raconte un événement capital de son époque, un événement supposé être réel, et dans son discours à elle, elle fait justement figure de prophétesse. Son récit d'un événement réel à valeur d'augure dit bien ce qui arrivera par la suite. C'est-à-dire que la lutte pour la liberté entamée à l'époque de la poétesse et fondée sur des croyances nouvelles réussira, et a réussi, bien que la poétesse ne puisse pas témoigner du changement. Il semble que d'après Perse la poésie qui raconte les événements vécus du monde soit plus fiable comme prophétie que ne le sont les interprétations des signes de la nature selon les croyances religieuses et les mythes du passé. La perspective historique et scientifique a supplanté la mythologie dans les croyances du peuple.

Les premiers mots énoncés par cette fille chez les prêtres, « Prophéties ! Prophéties ! », soulignent sa fonction de fille oracle. Étant donné sa fonction dans le récit, il faut reconnaître que cette fille appartient aux traditions de l'antiquité, à une société révolue pour laquelle la voix des dieux se faisait connaître à travers des signes ou, plus précisément, à travers la voix d'une personne inspirée, telle une pythie ou une sibylle, une personne qui savait interpréter les signes des dieux. Il est question ici de « Lèvres errantes sur les mers », et de « filles liées au bas des Caps ». Or, selon certains l'expression, les « filles liées au bas des Caps », constitue une référence à Andromède, délivrée par Persée au retour de son expédition contre la Gorgone[118]. Cela se peut, mais à notre sens, le nom au pluriel et le sens de ce passage pourraient également constituer une référence aux Océanides et aux nymphes qui entouraient, par exemple, la déesse Artémis. Selon

117. *Cf.* les traductions de Marshall et de Fowlie, Fondation Saint-John Perse.
118. Joëlle Gardes Tamine, *et al*, *Saint-John Perse sans masque*, *op. cit.*, p, 359.

le mythe, ces jeunes femmes de la mer, qui symbolisaient la beauté, avaient le pouvoir de mener les hommes à la folie et provoquaient des terreurs soudaines à l'heure de midi[119]. Il se peut également qu'il s'agisse ici du mythe grec des origines des dieux. Le dieu marin, Poséidon, a été élevé par les Telchines, des femmes à demi marines, à demi terrestres qui avaient le pouvoir de faire tomber la pluie et la grêle[120]. Toujours est-il que les lèvres errantes sur les mers, et la « phrase naissante qu'elles n'achèvent... », « sous l'écume », évoquent une forme de communication entre les hommes et les dieux, ce qui rappelle la notion de prophétie.

Pour les filles oracles il est question de savoir interpréter les signes naturels pour comprendre les désirs des dieux qu'elles communiquent par la suite aux hommes. C'est dans ce sens que les « filles liées au bas des Caps y prennent le message » et « relayent » ainsi quelque dieu à la connaissance de l'homme. Ces « filles » représentent des signes naturels interprétés comme des signes de la volonté des dieux. Elles communiquent ainsi un début de phrase à la prophétesse et celle-ci est censée terminer la phrase en complétant l'idée qu'elle exprime. Ici « l'impatience est sur les eaux » et on sait par là que les dieux veulent que leur volonté soit reconnue. Il s'agit peut-être d'une tempête qui constitue un message à décrypter et à interpréter. Sur les pierres au bord de la mer on attend que le message se révèle. Le fait que la mer « lave sur la pierre [leurs] yeux brûlants de sel » suggèrent que les « filles liées » sont dans l'eau où à la surface de l'eau. Elles personnifient en effet les vagues qui s'écrasent contre les rochers. On apprend en plus que la pierre est « asexuée », ce qui veut dire, à l'encontre de la poétesse de la suite précédente pour qui le sexe prime, que les filles au bas des Caps ne sont pas libres de leur corps, ou plutôt que leur fonction l'emporte sur leur être. La mer aussi est personnifiée dans ce discours : sur la pierre « croissent les yeux de l'Étrangère », à savoir les yeux de la mer, ou bien les yeux de la déesse qui se révèle à la fille oracle au moyen d'une tempête sur l'eau. Or, par le fait qu'elle interprète les signes naturels comme des signes de la volonté des dieux, le savoir de la fille oracle dépasse les limites humaines, c'est-à-dire pourvu qu'on y croie. Dans cette perspective le mythe représente un schéma de la pensée qui permet de dépasser le savoir humain. Il est semblable sous cet angle au poème de Perse qui a lui aussi pour objectif de dépasser les limites des hommes pour aborder des connaissances d'une autre forme.

La deuxième tirade de la prophétesse fait savoir que celle-ci met en question son don de fille oracle : elle commence à ne voir dans les phénomènes naturels que des phénomènes naturels et non pas des signes des dieux. Pour cette

---

119. Fernand Comte, *op. cit.*, p. 62.
120. *Ibid.*, p. 20.

raison le message tant attendu ne se déclare pas et reste obscur. La prophétesse ne semble voir dans l'eau que des « bulles heureuses qui chantent l'heure avide et chantent l'heure aveugle ». C'est-à-dire qu'elle se demande en effet si les bulles de mer marquent la présence d'un dieu ou d'une déesse ou si ce ne sont simplement que des bulles dans l'eau devant elle. De même, elle se demande si la mer est toujours la mer ou si, en plus d'être la mer, elle est encore autre chose, à savoir le domaine d'une déesse.

Les filles liées au bas des Caps, les « invisibles Sœurs captives sous l'écume » – à nouveau à la manière des Océanides – restent prisonnières des vagues et ne peuvent pas communiquer leur message car la fille oracle ne sait plus prendre la relève pour les affranchir, à savoir en relayant aux hommes le message qu'elles désirent communiquer. Elles sont mêlées « de ruches et d'ombelle », ce qui suggère qu'elles sont douces comme le miel et belles comme les fleurs, selon le mythe des Océanides. Nonobstant leurs nombreuses tentatives, à savoir « des roueries d'ailes rétives et cent bris d'ailes rabrouées », elles ne réussissent pas à se libérer et restent prises dans l'eau. Ces grandes filles séditieuses, acrimonieuses et ivres, sont telles sans doute parce qu'elles restent « dans les fers », « sous le mors » ou « au pressoir ». C'est dire qu'elles sont frustrées dans leur désir, faute d'oracle pour transmettre leur message. Elles restent prisonnières de l'eau parce que la fille oracle ne croit plus aux croyances mythiques. Par conséquent, les Océanides, ces filles « liées au bas des Caps », ne savent plus communiquer le message des dieux et n'ont désormais ni pouvoir ni influence. Le fait qu'elles sont en plus « ivres d'un vin de roseaux verts » établit un rapport avec le déliement de la pensée effectué dans le songe qui, lui, est source de nouvelles idées. Autrement dit, la mythologie grecque n'explique plus le monde pour nous, mais elle était le produit de la pensée de l'homme ou, plus précisément des songes de l'homme, tout comme les schémas de la pensée que nous avons élaborés et que nous respectons aujourd'hui ont pour but de nous expliquer notre monde à nous.

Or, selon la mythologie, Artémis défend la pudeur des Océanides et tient leur virginité pour une valeur suprême. Dans la troisième tirade, on apprend pourtant qu'une « engeance nouvelle » paraît sur les sables et, que celle-ci double les pas des « Vierges infaillibles ». On dirait que le règne des Océanides est maintenant périmé, que l'influence des dieux et des déesses dans les affaires de l'homme n'a plus cours. Le changement est marqué aussi par le verbe au futur : « … S'en souviendront vos fils, s'en souviendront leurs filles et leurs fils ». La prophétesse évoque ainsi une époque ultérieure où sa lutte à elle ne sera que souvenir, à la manière dont la poétesse demande qu'on se souvienne de la lutte qu'ont menée les femmes de son époque. Or, il semble que la tempête s'approche car des nuages noirs s'accumulent à l'horizon. La pluie se lâche sur la mer et sur les îles. Les anciens y auraient vu un message, « l'avoine blanche du message », que les dieux cherchaient ainsi à communiquer aux hommes. Ou bien ils y auraient vu le geste de quelque dieu, de Zeus, par exemple, qui s'était transformé en pluie d'or, « les îles illuminées d'or pâle », pour séduire la jeune Danaé. Et cependant, cette « fille chez les prêtres », cette prophétesse de demander tout simplement aux prêtres ce qu'ils craignent dans ce « souffle sur les eaux », de ce « doigt de soufre pâle » et, de cette « semaille de menus oiseaux noirs ». Les oiseaux sont supposément les « ingrédients du songe » et l'essence d'un mauvais augure, à savoir le « sel noir des présages » mais, pour la fille oracle ce ne sont que des oiseaux. Pour souligner le fait qu'il s'agit seulement d'un phénomène naturel, la prophétesse complète sa pensée en donnant le nom et l'espèce des oiseaux : « (procellaires est le nom, pélagique l'espèce [...]) ». Les parenthèses font savoir que la « définition » fait partie d'un discours qui vise le monde réel, en opposition avec la perspective mythique selon laquelle les phénomènes naturels sont les conséquences et les indices de causes surnaturelles.

Dans la quatrième tirade, la fille oracle reprend l'idée d'une rupture sur le plan des croyances. Elle commence par affirmer qu'il est « des choses à dire en faveur de notre âge ». Elle parle sans doute d'une époque où la religion se confondait avec la mythologie. Elle reconnaît que dans la « cassure des choses », il y a toujours quelque morceau ou quelque bribe qui inspire et qui attire, « comme au tesson du glaive ce goût d'argile sèche et de poterie de fer, qui tentera la lèvre du mieux-né ». Autrement dit, il y aura toujours des gens bien éduqués qui auront la nostalgie des anciennes civilisations, mais pour sa part, cette fille chez les prêtres désire connaître des « choses étrangères ». Elle est solidaire des autres femmes, des femmes de son époque ainsi que des femmes des générations futures. « J'ai faim pour vous », dit-elle, mimant ainsi le « cri de l'oiseau de mer à sa plus haute pariade ». C'est-à-dire que même si elle ne connaîtra jamais elle-même la liberté dont elle ressent l'approche, elle la souhaite pour les femmes à venir. Le cri de l'oiseau « à sa plus haute pariade » fait savoir qu'il s'agit d'une révolution à caractère sexuel, la pariade étant la saison de la reproduction des oiseaux.

Dans cette perspective, le « Continent de mer » représente de nouveau la liberté. Il s'agit d'un nouveau domaine et d'un nouveau régime. Quand on prend la mer on est donc en rupture avec les traditions de la terre, avec les traditions du mariage, par exemple, traditions souvent oppressives pour les femmes, ainsi qu'avec l'influence supposée des astres sur les hommes : « Pour nous le Continent de mer, non point la terre nuptiale [...] pour nous le libre lieu de mer, non ce versant de l'homme usuel aveuglée d'astres domestiques ». Les « astres domestiques » représentent sans doute les lares domestiques des Romains. La fille oracle a de l'estime pour les autres filles qui, comme elle, sauront se libérer des

« souillées d'algues comme des bauges désertées », ainsi que de « la puanteur sacrée qui monte des eaux vastes » et qui sauront prendre le large : elle les voit finalement comme libérées du littoral « au bas des Caps ». Or, se convertir aux nouvelles croyances, c'est en quelque sorte aller plus loin que ses ancêtres. La nouvelle croyance et la liberté nouvelle se laissent comprendre de façon symbolique ici, sous forme d'un voyage, comme un départ sur la mer. C'est ainsi qu'il faut comprendre les allusions à la navigation dans cette tirade. La fille oracle estime les filles qui « auront su s'étarquer à de plus hautes vergues ». C'est-à-dire, sur le plan métaphorique, qu'elle estime les femmes qui ont osé rompre avec les traditions de leurs pères, d'autant plus que, sur le plan symbolique, l'image de « s'étarquer à de plus hautes vergues » n'est pas sans rappeler la notion de sacrifice. C'est d'ailleurs le même genre d'image qui clôt l'avant-dernière tirade du discours des patriciennes.

La cinquième tirade de la prophétesse représente une pause dans ce récit de la transition d'un système de croyances à un autre. Elle se lit comme une espèce de prière ou de chant, comme un moment de réflexion et de recueillement au milieu du tumulte. Il s'agit d'une espèce de refrain qui reprend la thématique du rapport entre la femme et la mer, mais tout en développant des images de liberté. Par exemple, le début de la première laisse, « ...De vives toiles déferlées », indique un progrès rapide et inaltérable sur la mer, reprenant ainsi l'image de la fin de la tirade précédente. Le « ciel qui change de voilure » souligne par métonymie le départ des bateaux, et le départ des bateaux est une métaphore du changement sur le plan des croyances. Et comme le changement est ainsi entamé, sa suite est plus ou moins inéluctable, d'où le calme et l'apaisement de la fille oracle qui est le témoin de cette scène. Le mot « voilure » qui dénote les bateaux et le déplacement sur l'eau se fait d'ailleurs sentir sous les traits du « peigne de fer » aux cheveux des femmes, car la voilure se dit aussi d'une pièce de métal déformée.

Or, l'expression, « la mer en nous s'élève », signifie que la révolte des femmes est en pleine croissance. De nouvelles valeurs viennent remplir le vide laissé par les anciennes croyances qui sont maintenant démodées. Et ces nouvelles valeurs sont fondées sur la douceur et sur le songe. Elles sont comme une « faveur » aux tempes, où le mot « faveur » se lit à la fois comme une bienveillance et comme le ruban qu'une dame donne à son chevalier en signe d'amour. Les femmes ont, en plus, le goût de la mer à la bouche, et c'est un goût qui plaît et qui rend heureux parce qu'il est naturel et augure bien des choses à venir. Il est d'ailleurs plus doux pour cette raison et cette douceur s'exprime : « la douceur est dans le chant, non dans l'élocution ; est dans l'épuisement du souffle, non dans la diction ». Autrement dit, ce n'est pas la forme précise des mots qui est importante, c'est l'acte par lequel on les formule qui importe. Chanter, se servir de sa voix et de son souffle, c'est plus important pour le sentiment de bien-être que ne le sont la précision de l'élocution et l'exactitude de la diction. Le plaisir que le goût de liberté offre aux humains est en même temps la réponse de l'être humain à la félicité de la mer, et la félicité est par là un sentiment naturel, paraît-il.

La sixième tirade oppose plus directement les deux systèmes de croyances, l'ancien et le nouveau. On dirait que la prophétesse fait la sourde oreille à l'oracle et qu'elle refuse ainsi de jouer le jeu, et cela, malgré les signes qui évoquent toujours la présence des dieux et alors d'un message à interpréter. La première laisse évoque le désir des « filles liées vives », à savoir les Océanides, de communiquer le message d'un dieu, d'un dieu qui fait la pluie et le beau temps. Mais leur désir ne connaît pas de succès : elles « baissent la tête, sous le fardeau de nuée grise orangée d'or ». C'est un signe de défaite et d'humiliation. La prophétesse, pour sa part, fait semblant de ne pas entendre les Océanides. Elle note les aspects différents de la mer et les changements de lumière à la surface des eaux. Ces changements sont sans doute de l'ordre naturel, mais ils pourraient aussi se laisser interpréter dans la perspective mythologique, étant donné qu'il s'agit du discours d'une prophétesse. Parfois, nous dit la prophétesse, la mer est calme et a la couleur des yeux des nouveau-nés et, on se rappelle qu'Artémis est aussi la déesse des nouveau-nés, de sorte que dans la perspective du mythe cette couleur de la mer pourrait indiquer la présence de la déesse. Mais parfois la mer ressemble aussi à celle, « parées d'ors », qui « s'interroge dans le vin », référence peut-être à Cybèle et au culte orgiaque de cette déesse de la nature. La couleur « or » pourrait évoquer ou bien la présence de la déesse, ou bien le jeu naturel de la lumière à la surface de la mer, et bien sûr, l'or rappelle aussi la « couleur de plus grand âge » du vers précédent, c'est-à-dire l'âge d'or d'une civilisation.

La fille oracle ne formule cependant pas de message. Dans la dernière laisse de cette tirade elle continue de parler de l'aspect de la mer. Elle dit qu'en septembre la mer est comme « vêtue de pollen gris » et va « nue parmi les cendres de l'esprit ». Cela constitue peut-être une autre référence à Artémis, déesse qui aimait se baigner nue. La juxtaposition des références à Artémis et à Cybèle, s'il s'agit bien de références aux mythes, ce qui est fort possible étant donné le contexte, n'est pas sans importance pour l'ensemble du poème. Artémis est la déesse des nouveau-nés mais, comme Athéna et Hestia, c'est une déesse pour qui la chasteté est d'une grande valeur. Or, selon Jean-Pierre Vernant, une fille qui se voue à la guerre ou à la chasse doit rester vierge, afin de « refuser cette bifurcation vers la pleine féminité que représente le mariage pour toute adolescente franchissant le seuil de la puberté »[121]. Cybèle, par contre, est la déesse de la

121. Jean-Pierre Vernant, « 'Œdipe' sans complexe », dans Jean-Pierre Vernant et Pierre Vidal-

fécondité et son culte peut s'avérer orgiaque. Les filles liées au bas des caps sont vierges mais connaissent le désir sexuel, ce que signifient l'écume et les bulles de la mer qui marquent près d'elles la présence d'Aphrodite, la déesse de l'amour. Elles veulent être libérées de leurs chaînes. Par conséquent, on peut conjecturer que la liberté de ces filles vierges passe par le sexe, et on sait que la libération sexuelle ainsi que les rapports sexuels sont des thèmes capitaux pour le poème entier. Dans ce sens, l'interprétation que nous donnons de ce passage concorde avec la thématique générale du poème. Pour revenir à la juxtaposition des références à Artémis et à Cybèle, il faut préciser que le règne d'Artémis semble pourtant céder le pas ici au culte de Cybèle. En leur désir de se libérer, ces jeunes femmes vierges souhaitent reprendre le contrôle de leur sexualité et cherchent dorénavant à jouir de la vie. Sur un plan plus général, il s'agit du changement des valeurs sociales. Les femmes se libèrent des traditions qui les oppriment et qui les empêchent de jouir de la vie.

Finalement, il semble que la prophétesse refuse de respecter les traditions de l'oracle. Au lieu d'interpréter les signes devant elle, elle se tourne vers le songe, vers son propre rapport avec la mer, vers son plaisir à elle. Elle contemple la mer « empoussiérée des poudres de Septembre » et qui va « nue, parmi les cendres de l'esprit ». Son discours de la mer a pris l'allure d'une rêverie qui mélange l'objectif et le subjectif dans une formule poétique mais où on voit toujours l'image de la « mer chaste et qui va nue », image qui rappelle encore le mythe d'Artémis et des Océanides, mais qui, associée aux « cendres de l'esprit », souligne la déperdition de la croyance mythique. À la fin de cette tirade la fille oracle demande, « qui donc à l'oreille nous parle encore du lieu vrai ?... ». Il est dorénavant clair pour elle que les différentes interprétations données aux divers aspects de la mer font plutôt partie du songe que de la réalité physique de la mer. Elle ne croit déjà plus aux vieilles histoires traditionnelles selon lesquelles les aspects de la mer constituent des signes des dieux à interpréter. S'effondre ici la vérité de ces traditions, la vérité qui règne depuis très longtemps pour la prophétesse. Elle aussi se tourne vers un avenir autre.

Les septième et huitième tirades marquent l'avènement et le triomphe des valeurs nouvelles. Les Océanides entendent la « chose », c'est-à-dire le présage, mais il s'agit d'un présage qui n'a pas encore été formulé et qui pour cette raison reste imprécis et sans nom. La « chose » est d'ailleurs à la fois très proche et très lointaine, comme le sifflement du vent, comme le vent étésien dans le gréement des voiliers, et elle leur est chose douce. La majuscule et le genre féminin du mot « Étésienne » ont pour conséquence la personnification du vent et en font encore

---

Naquet, *Mythe et tragédie en Grèce ancienne I,* Paris, La Découverte, 2001, pp. 75-98, p. 88.

une déesse dans la tradition des Océanides. Mais cette fois-ci la douceur est dans l'attente et non pas dans le chant ni dans le souffle. On se rappelle que dans la cinquième tirade de cette suite on lit que la douceur est dans le chant et dans le souffle, et non pas dans l'élocution ou la diction. Le poète semble avoir changé d'idée ici mais il faut noter qu'il remonte en un premier temps de l'expression des mots ou de l'élocution à la production sonore des mots, à savoir au chant et au souffle, et qu'en un deuxième temps il remonte encore plus loin, vers une étape qui précède la production des mots, à savoir l'attente. Or, l'« attente » est le moment qui précède l'acte de parler, un moment de suspense et de songe alors, à savoir un moment analogon du désir. C'est aussi et pour cette raison un instant d'angoisse et d'incertitude où la pensée n'est pas clairement formulée. Comme le disent les Océanides, « ce sont là choses peu narrables, et de nous seules mi-perçues ». Elles évoquent sans doute les présages qui n'ont pas été formulés et qui ne le sauront plus car la prophétesse n'y croit plus.

Il se peut cependant qu'elles évoquent aussi le changement qui s'effectue sur le plan moral chez les humains, à savoir le changement à venir, car elles savent que les choses vont changer. Aux voyageurs elles conseillent de ne pas bâtir sur la côte car la terre, c'est-à-dire la terre vouée aux anciennes traditions s'écroule et que les pierres déliées se défont « au penchant de ces eaux ». À cela il faut ajouter que selon le mythe la déesse Artémis donne conseil aux voyageurs. Les Océanides restent fidèles ainsi à leur déesse protectrice. Pour leur part, ces « Servantes déliées », s'en vont, les pieds nus, plus loin de la mer, mais elles sont « ensommeillées » et comme aveuglées : elles se déambulent « comme d'une main d'aveugle parmi la nuit des signes enneigés ». Elles suivent pourtant « ce pur langage modelé » qui porte les traces de la réflexion de l'homme, ce « relief d'empreintes méningées ». Autrement dit, c'est la réalité physique de l'homme et la capacité de son cerveau qui rendent possibles l'expression du songe et de la poésie. Cela veut dire, à notre sens, qu'au fond, c'est le langage de l'homme qui rend possibles et le mythe et la communication elle-même. La fréquence de la couleur blanche souligne ici la transition et le mouvement vers l'inconnu. Les filles déliées parlent par exemple de « l'argile blanche », de « la marne blanche » sur lesquelles elles marchent, et des « signes enneigés ».

La huitième tirade de cette suite fait savoir que la pluie sur la mer a cessé et que nul n'en a relevé le message : « les pluies sont passées, de nul interrogées ». La tempête est passée et la vie des marins reprend. « De lourdes bêtes conjuguées s'orientent seules vers la mer ». Les « lourdes bêtes conjuguées » sont peut-être des baleines mais sont plus probablement des bateaux qui reprennent la mer. Les conjuguées sont aussi des algues d'eau douce, de couleur verte, par contre, de sorte que l'image des « bêtes conjuguées » rejoint celle de l'eau verte des laisses suivantes. Or, la tempête est le genre de tempête qui vient de loin et que l'on voit quatre fois l'an. Pour cette raison il serait d'autant plus facile d'y voir un signe des dieux. La prophétesse avoue d'ailleurs que ce n'était pas toujours facile de tenir face à la mer et alors aux traditions : « qu'on nous tance ô mer, si nous n'avons aussi tourné la tête !... ». À la fin pourtant, les choses revenues à leur état normal, l'essentiel est que les Prophétesses « s'en vont, avec les Pluies » repiquer les rizières plus loin de la côte. Elles abandonnent ainsi leur rôle de prophétesse pour reprendre les activités et les travaux des hommes. Les anciennes croyances religieuses sont dorénavant du passé.

Le dernier verset, entre parenthèses et dans la bouche du poète, « (Et, là ! que voulions nous dire, que nous n'avons su dire ?) », souligne le côté allégorique de cette suite. D'une part, il s'agit de la rupture entre deux systèmes de croyances. Les croyances religieuses et mythiques de la civilisation antique se font remplacer par des croyances nouvelles fondées paraît-il sur la nature et les talents de l'homme. Selon ces nouvelles croyances, les différents aspects de la nature et de ses manifestations ne représentent plus autant de formes particulières de communication entre l'homme et les dieux. La nature est maintenant perçue comme un aspect de la vie des humains, et les humains eux-mêmes font partie de la nature. D'autre part, le discours de la prophétesse nous dit encore une fois qu'il s'agit en particulier de la liberté des femmes qui s'amorce ici. Avec le changement de régimes, les femmes n'ont plus à jouer le rôle qu'on leur a fait jouer par le passé. Elles ne sont plus des sirènes mystérieuses. Elles ne sont plus des prophétesses qui possèdent des dons surnaturels. Elles ne sont pas non plus des séductrices qui mènent les hommes à leur perte et, surtout, ce ne sont plus des femmes subjuguées par les hommes et par des traditions anciennes et répressives. Elles peuvent se libérer de leurs chaînes et connaître la douceur de la mer, c'est-à-dire la liberté de leur corps et le plaisir de vivre. Il leur suffit en quelque sorte d'y croire.

Or, il faut comprendre la suite de la prophétesse en rapport avec celle de la poétesse, bien que dans ces deux suites les rôles soient renversés. Dans la suite de la poétesse, c'est la poétesse qui fait figure de prophétesse grâce au fait qu'elle relate un événement supposé réel. Elle décrit ce qu'elle voit. Elle relate le changement en cours ainsi que son espoir pour l'avenir. Comme être mortel, elle ne peut témoigner des changements effectués. Ce n'est que pour les générations futures que son texte constitue une prophétie. En revanche, la prophétesse des anciennes traditions a justement perdu son don de prophétie, ou du moins elle ne semble plus y croire. Elle ne voit dans les aspects changeants de la mer que les aspects naturels : la couleur de la mer dépend du temps qu'il fait, par exemple, et les vagues ne sont que des vagues poussées par le vent. Elle abandonne son rôle de prophétesse pour reprendre la vie de femme. Elle rejoint par exemple les autres qui ont pour travail de repiquer les rizières. Dans la suite de la prophétesse on constate cependant une réflexion sur le langage de l'homme et sur l'importance de la poésie comme le véhicule des songes. C'est grâce au langage, et à la poésie alors, que l'homme atteint le divin. En fin de compte, la transition est complète. Ce ne sont plus les dieux qui parlent le langage des hommes, c'est l'homme qui décrit la nature et les efforts des hommes et qui par là, au moyen de son propre langage, rejoint ou retrouve le divin en lui.

Strophe-VII : « Un soir promu de main divine... »

Le titre de cette suite en cinq tirades fait savoir que l'attente du « drame à venir », et dont on nous prépare l'avènement depuis le début du poème, est maintenant terminée. Mais il reste à montrer que sur le plan social les valeurs ont changé et, c'est l'objectif de cette suite. Le poète parle ici de « nos filles » qui hèlent les « filles d'autres rives », comme s'il s'agissait de quelque scène pastorale ou d'une églogue où les protagonistes vivent simplement en harmonie avec la nature. Sous cet angle, cette suite reprend alors la thématique de la suite précédente. Ici pourtant les filles parlent de feux, comme les feux de la fête, par exemple, ou les feux d'une alliance, deux termes qui suggèrent une cérémonie de mariage, ce qui est souligné par le titre. Les « filles » nous disent aussi qu'il s'agit du « dernier soir », à savoir le dernier soir avant leur alliance, et dans le contexte du poème il faut comprendre que les filles sont en passe de devenir des femmes. Cette scène reprend alors la thématique du mythe selon lequel les hiérodules se donnent aux hommes de passage, offrant ainsi leur virginité à la déesse.

Or, dans la deuxième tirade on voit qu'il s'agit de nouveau, et en un premier temps, d'une rupture avec les croyances du passé. Les jeunes femmes se comparent à leurs « mères aux seins de Parque », à leurs mères qui « redoutent les sabots du drame », et elles se voient toutes autrement. Les Parques étaient de vieilles femmes terribles qui contrôlaient la destinée des hommes, de la naissance jusqu'à la mort. Elles font ainsi partie des croyances anciennes selon lesquelles la vie des hommes était déterminée par le sort. Le rapport entre les mères et les Parques relie les mères des jeunes filles aux traditions anciennes. Le fait que les mères redoutent les sabots du drame montre en plus qu'elles ont peur du changement et du progrès, ce qui est souligné par le verbe « aimer » au passé, par le symbolisme de la fin de l'été (« ses fins de guêpes jaunes ») et par la perte de mémoire. Les jeunes femmes, par contre, plus « étroites des hanches et du front plus aiguës », n'ont pas peur d'abandonner les anciennes valeurs et d'accepter de nouveaux comportements : elles offrent « aux houles à venir une épaule plus prompte », à savoir une résistance plus ferme. On note d'ailleurs dans cette tirade que le poète se sert d'un symbolisme naturel pour souligner la différence entre les jeunes filles et leurs mères. Aux mères sédentaires et traditionnelles sont associées des « chaises de cèdre », des « plantes à quenouilles » et la fin de l'été ; aux jeunes femmes, plus actives et plus robustes, sont associées les hanches étroites, la houle de la vague, et la force du corps. Les jeunes femmes sont plus dynamiques que leurs mères et elles sont prêtes à affronter les nouveautés et les changements à venir, changements symbolisés d'ailleurs par les vagues à venir, par les vagues qui ne cessent pas et qui miment alors le passage du temps. Sous cet angle, les nouvelles valeurs sont plus étroitement liées avec la force du corps humain que ne l'étaient les anciennes.

Dans un deuxième temps cette tirade nous apprend aussi que les jeunes femmes ne suivent plus l'exemple de leurs ancêtres. Celles-ci gardaient l'aspic et le stylet dans leurs corbeilles, c'est-à-dire dans leurs corbeilles de mariage. Or, l'aspic est ou bien une espèce de lavande, ou bien un plat moulé, ou bien une vipère venimeuse. La vipère semble avoir la préférence ici parce que l'aspic est placé avec le stylet « des veuves » (i.e. l'aspic des veuves et le stylet des veuves), soulignant ainsi la fonction morbide des deux instruments. D'ailleurs, le verbe « dormir » qui complète la phrase a normalement besoin d'un sujet animé, bien que sur le plan métaphorique « dormir » suggère une attente. Or, il se peut que l'aspic et le stylet fassent allusion aux suicides des deux héroïnes qu'étaient Cléopâtre et Lucrèce, comme le proposent les auteurs de *Saint-John Perse sans masque*[122], mais cela ne semble pas avoir de rapport avec cette suite. Ce qui importe ici, c'est que pour les ancêtres des jeunes filles, dans leurs rapports avec les hommes, l'amour était secondaire à l'honneur. À l'opposé, les jeunes femmes ne voient plus les rapports entre les hommes et les femmes du même œil et par conséquent leurs corbeilles sont plus « légères ».

Plus poétiques que leurs mères, les jeunes femmes préfèrent retenir le « sifflement du Siècle », son « ruissellement splendide », et son « grand cri de mer encore inentendu ! ». Elles ne veulent pas se laisser décourager par l'orage. L'écume à leurs pieds n'est aucunement présage d'un malheur à venir. Ce n'est que « bouillonnement d'écume et langue de rustre » à leurs chevilles nues. C'est la vue et le toucher qu'elles constatent et non pas le symbolisme. Elles sont quand même curieuses de la tempête sur l'eau. Elles regardent les éclairs qui frappent la surface de la mer comme une épée étincelante, mais elles n'y voient nullement des signes à interpréter comme s'il s'agissait des désirs des dieux qui cherchaient à se faire connaître. Il est plutôt question pour elles d'un spectacle, comme la « fille admonestée du Prince » qui danse sur les « parvis du peuple » et qui leur rappelle les « grandes émeraudes de famille » scintillant au « foyer vivant ». Leur

122. Joëlle Gardes Tamine, *et al, op. cit.*, p. 360.

perspective est ainsi tout aussi poétique que celle de leurs ancêtres, mais c'est seulement l'aspect d'une surface colorée qui retient leur attention : les associations poétiques se font à partir de situations réalistes mais sans évoquer une communication divine.

La troisième tirade de cette suite fait savoir que les jeunes femmes qui se préparent ainsi pour ce soir « promu de main divine » ont une attitude calme face au lendemain. Elles ne s'inquiètent nullement de la réaction possible des dieux en colère. Elles ont confiance en elles-mêmes et en le nouveau drame qui vient du côté de la mer. Ceux qui cherchent à influencer le cours des choses, nous disent-elles, comme celui qui danse « la bibase aux sept jours alcyoniens » (oiseau marin qui présage le calme), succombent tôt ou tard au dégoût. Ce n'est que le rythme constant de la mer « martelant la glèbe » qui les sauve de l'ennui. C'est-à-dire que les traditions culturelles ont une moindre influence sur les gens ici que le monde naturel qui, lui, est sans cesse et depuis toujours. Les jeunes femmes savent d'ailleurs ce qu'elles auront à faire le lendemain, mais ce soir elles descendent vers la mer guetter le nouveau drame. Les deux expressions, les « sandales encore de l'enfance » et la descente au « dernier val d'enfance », suggèrent encore une fois qu'elles se préparent pour une cérémonie de mariage où elles perdront leur virginité, passant ainsi de l'enfance à la vie d'adulte. Elles passent par des « sentiers de ronces » où se voient de « vieux flocons d'écume jaunissante », mais pour elles ce n'est que de l'écume de mer, rien de plus. Elles y voient « la plume et le duvet des vieilles couvaisons ». Il ne s'agit plus des efforts des Océanides pour communiquer un message quelconque des dieux car les jeunes femmes n'y croient plus.

Elles savent, en revanche, que leurs ancêtres ont souffert pour qu'elles, de jeunes femmes d'une époque ultérieure, puissent connaître la liberté et jouir de la vie. Sous forme d'une espèce de prière elles offrent leur amitié à toutes les femmes, réelles et mythiques, qui les ont précédées et avec lesquelles elles partagent en quelque sorte la destinée. Elles offrent ainsi leur amitié à l'écume des prophétesses et à l'aile déchirée des Océanides, au goût de sel de l'Étrangère, et à toutes les déesses « sur la mêlée des eaux ». Jeunes femmes libres et heureuses, elles savent nager dans la plume blanche de l'écume, dans « l'immense lacis vert », et parmi « l'immense vannerie d'or [...] sous les eaux ». C'est dire qu'elles connaissent les anciennes croyances qu'on appelle de nos jours des croyances mythiques, ainsi que le rôle que les femmes ont joué au cours des siècles précédents, mais pour elles ces croyances ne sont que des mythes et, sous cet angle, elles n'ont plus cours. Les jeunes femmes ont déjà rompu en quelque sorte avec les traditions de leurs ancêtres, ce qui veut dire qu'elles n'ont pas l'intention de subir la vie mais d'en jouir.

La quatrième tirade de cette suite complète les préparatifs du « mariage ». La scène est pourtant décrite au moyen d'objets naturels, et qui ne sont que des objets naturels, et non pas des indices d'une puissance supérieure ni des signes d'une cérémonie religieuse quelconque. Par exemple, le soir est de couleur « de scille et de scabieuse », des fleurs bleues. On entend le chant heureux des tourterelles. Il s'agit d'une scène pastorale. Les références aux mythes, bien que présentes, n'ont plus de valeur ici. On apprend par exemple que « l'aboi lointain des Parques s'endort au ventre des collines ». C'est-à-dire que les forces du destin, les Parques, n'exercent plus leur influence ici. De même, la cinéraire maritime n'est « plus à craindre », tout comme « Clélie la grive des jardins »[123] n'est plus « fable que l'on craigne », et la mer n'est que la mer de toujours, à savoir la mer qui « nous fut de naissance ».

Dans la troisième laisse de cette tirade on voit que l'heure préparée ainsi est même plus belle que celle où les jeunes femmes elles-mêmes ont été conçues, car ces jeunes femmes, à l'encontre de leurs mères, ont été préparées par la nature elle-même. Elles ont été lavées par l'eau de la pluie (« l'ablution du ciel »), une eau naturelle. Leur chair est « sans défaut ». C'est-à-dire que toute notion de péché est éloignée de la pensée de ces jeunes femmes, enlevée sans doute par l'eau du ciel comme un fard est enlevé lors des ablutions. Et c'est l'Amour lui-même qui en est responsable. Alors, au lieu d'être la source du mal et du péché, l'amour fait partie de la nature. Il reste étranger à la notion de péché, considérée ici comme du fard qui masque la réalité. Tout est naturel ici, les préparatifs pour l'amour ainsi que l'amour même. Les chambres sont préparées : les portes sont ouvertes vers la mer. Seront également ouvertes au vent de mer les « jarres d'herbes odorantes ». On dirait que la nature elle-même est de la fête et qu'il se passe des choses inouïes.

Les jeunes femmes nous rappellent à deux reprises qu'il s'agit du « dernier soir », d'une soirée exceptionnelle alors. La flore et la faune participent de la fête. Un homme fait cadeau d'un « bol d'offrande » qu'il a taillé dans le quartz. Cette image souligne la notion d'offrande des jeunes femmes, notion qui a l'allure d'un rite religieux, mais c'est un rite qui n'a pas lieu dans un contexte religieux traditionnel car on apprend qu'il n'y a personne dans les temples « sans office » éclairés par les derniers rayons du soleil. Les « mules poussiéreuses s'arrêtent aux arches des préaux ». La mule, pantoufle du pape brodée d'une croix, ou pantoufle de femme, a été abandonnée. On dirait que le sacre n'est plus au temple mais qu'il s'est déplacé dans la chambre nuptiale, dans ces chambres ouvertes au bord de la mer. Et le lecteur de comprendre que ces jeunes femmes ont abandonné les croyances de leurs ancêtres, une forme de religion basée sur des idéologies et sur

123. Sans doute une référence à un événement de la jeunesse du poète.

des cérémonies factices, pour s'adonner à une autre forme de religion plus vraie parce que fondée dans la nature. C'est le soir lui-même, couleur « de scille et de scabieuse », qui plonge un « bras d'idole » dans les chambres ouvertes sur la mer. C'est dire que la lumière bleutée du couchant, mêlée d'ombres et de fraîcheur, traverse et illumine la pièce où aura lieu l'offrande, tout comme la mer y pénètre grâce au vent.

La dernière tirade de cette suite complète l'idée d'une offrande. Les jeunes femmes s'offrent en effet à l'homme de mer dont elles attendent l'arrivée. Elles sont seules maintenant : les hôtes « s'égarent sur les pentes » et les femmes sont « en quête de lavande ». Sur le manuscrit à cet endroit on lit que les femmes sont en quête de lavandes « pour la literie de nos chambres »[124], image qui souligne encore une fois qu'il s'agit des préparatifs pour la chambre nuptiale. Or, le ciel du soir ne menace plus car on lit qu'il n'y a pas de « menace au front du soir ». Mais le sens de cette phrase est double. Ou bien il n'y a plus de risque de tempête, ou bien les jeunes femmes ne craignent plus les représailles des dieux. Dans le ciel du soir elles n'y voient que le « grand ciel de mer aux blancheurs de harfang ». La couleur blanche semble indiquer que ces jeunes femmes croient à un avenir plus heureux. La lune, symbole des cycles féminins et du mouvement de la mer, est lune « de menthe à l'Orient ». L'orient signifie l'est et représente aussi un début. De même, la couleur verte signifie la nouveauté, comme un printemps qui se déclare. L'étoile rouge à l'horizon est sans doute la planète Mars, symbole de guerre et de l'amour masculin. Elle est d'ailleurs comme « l'étalon qui a goûté du sel », ce qui veut dire que l'étalon est vif et prêt à s'accoupler avec la femelle qui l'attend, qui l'invite et qui s'offre à lui. Toute cette scène, tous ces préparatifs pour l'amour accomplis sans honte et sans gêne rappellent encore une fois le culte d'Aphrodite selon lequel les jeunes femmes se donnaient au premier venu dans les temples consacrés à la déesse. Le dernier vers de cette suite semble confirmer cette interprétation. Les filles sont préparées pour l'amour et l'homme de mer est dans leurs songes. « Meilleur des hommes, disent-elles, viens et prends !... ».

Strophe-VIII : « Étranger dont la voile... »

Strophe-VIII fait suite aux préparations d'amour racontées dans Strophe-VII et met ainsi fin à l'attente. L'étranger arrive chez les femmes. La rencontre se culmine par les rapports amoureux, rapports qui seront racontés, ou simplement

124. Ms am2, Fondation Saint-John Perse. Le manuscrit am13 porte la variante « pour la literie du soir ». Cette partie de phrase a été supprimée sur la version finale.

repris et élaborés, dans Strophe-IX, « Étroits sont les vaisseaux ». La huitième suite, pour sa part, est en deux tirades. De celles-ci la première ne figure pas sur le manuscrit et a donc été ajoutée après, peut-être pour faire la transition d'une suite à l'autre sur la version finale. Elle semble poursuivre le discours des jeunes femmes de la suite précédente car une voix pose une question à l'étranger, faisant ainsi du discours de l'étranger une réponse à la question des jeunes femmes, à savoir, pourquoi, cette fois-ci, l'étranger met-il pied à terre ? Le manque de guillemets de la première tirade indique pourtant que les rôles sont renversés ici. C'est la voix des femmes qui remplit la fonction de la narration, laissant alors le poète, l'étranger ou l'amant, libre de raconter lui-même, dans la deuxième tirade, son arrivée sur terre ferme.

Les guillemets de la deuxième tirade font pourtant savoir qu'il s'agit du discours d'un personnage, et non pas exactement de celui du poète. Cette tirade, c'est-à-dire le discours de l'étranger, se comprend mieux dans le contexte d'une réponse formulée eu égard à la question posée par les jeunes femmes. Il faut d'ailleurs se rappeler que cette suite représente la suite la plus ancienne du poème *Amers* (elle était publiée en 1948), et qu'alors les idées du poète n'y sont peut-être pas entièrement formulées, ou du moins, que Perse ne voulait toujours pas dire de façon explicite en quoi son poème consistait. Le symbolisme semble y jouer un rôle important, mais le sens des symboles et des allusions qui s'y trouvent n'est pas toujours évident.

Or, la première tirade pose une question à l'étranger dont le bateau a si souvent longé les côtes. Une voix, sans doute celle des jeunes femmes de la suite précédente, demande pourquoi, cette fois-ci, l'étranger a changé d'idée et vient mettre pied sur la « terre coutumière », c'est-à-dire là où la « coutume » s'impose et s'établit. La terre s'oppose ici à la mer qui représente, elle, la liberté, à savoir un domaine dépourvu de traditions. La voix demande plus précisément quel « mal » pousse l'étranger à venir sur la côte car, paraît-il, un tel changement, peu naturel, ne pourrait résulter que d'une force extraordinaire. Il s'agit peut-être d'une force plus importante que l'homme, comme celle de la maladie peut-être, ou d'une force aussi remarquable que ne l'est la force du désir. Il paraît tout de même qu'à ce stade de l'élaboration de son poème, Perse entrevoit le désir comme un mal qui ronge l'être humain de l'intérieur et qui peut le transformer.

Dans la deuxième tirade l'étranger répond à sa façon à la question posée par les femmes. Il est, dit-il, rongé par un désir qui l'amène et vers la côte et vers la femme. Sa réponse en six laisses courtes évoque la douceur, la liberté et le désir en un ensemble descriptif et sensuel. La première laisse évoque la scène où l'eau et la terre se rencontrent. Les marbres noirs de la baie sont striés des « blanches couvaisons » des oiseaux. La voile du bateau a la couleur du sel et le navire rejoint doucement, à « griffe légère », la terre des femmes. Le ciel est clair et reluisant. L'étranger rappelle son voyage au large, voyage qui semble maintenant irréel. Il se demande : « tant de ciel nous fut-il songe ? ». Sur le manuscrit à cet endroit on lit pourtant, « Et tout cela nous fut-il songe ? »[125]. Sur la version finale, l'image du ciel est sans doute une métonymie pour ce qui s'est passé sous le ciel.

L'étranger évoque aussi le désir qui l'amène sur la côte. Il fait référence à une « écaille prise au masque divin » et à de « grandes lèpres interdites ». Or, la lèpre est une infection de la peau caractérisée à un premier stade par la formation d'écailles, de tubercules et de pustules à la surface de la peau (*Trésor de la langue française*). C'est aussi une métaphore pour le désir (Littré), et c'est ainsi, à notre sens, qu'il faut comprendre cette référence. L'écaille « prise au masque divin » signifie d'abord que l'homme n'est qu'un seul homme parmi tant d'autres et qu'ensuite le désir, cette maladie de l'homme, ne vient pas de l'homme lui-même, ni d'une condition humaine physique quelconque, mais de l'au-delà, du divin. C'est-à-dire que le désir, considéré souvent comme une sorte de maladie, est ici plutôt le reflet du divin en l'homme. Le « sourire » du masque divin semble aussi se référer au désir car le sourire du masque évoque à la fois Dionysos, le plaisir sensuel et la satisfaction du désir. Le vers, « Et le sourire au loin sur l'eau des grandes lèpres interdites... », fait référence donc au « mal » qui ronge l'étranger sur son bateau. Mais le sens de ce vers est difficile à saisir. Pour mieux le comprendre, il nous semble qu'il faut changer un peu l'ordre des mots et lire, « Et le sourire des grandes lèpres interdites au loin sur l'eau... », faisant ainsi de la formule « des grandes lèpres interdites » le complément du nom « sourire » et non pas du nom « eau ». C'est-à-dire que loin de la côte, loin de la femme, l'homme ne peut satisfaire son désir. Le sourire est symbole du plaisir et du désir satisfait, tout comme la maladie est symbole de la peine et du désir non satisfait. Une fois le rapport établi entre le désir et la maladie, c'est-à-dire une fois établi le sens figuratif du mot « lèpre », le poète est libre de poursuivre l'analogie. Il fait référence aux symptômes de la maladie de la peau pour évoquer les troubles du désir. C'est dans ce sens qu'il convient de comprendre le « très grand mal, d'être si blanche et telle, avant le soir », car la blancheur de la peau est symptôme de la maladie.

Il semble que l'homme s'adresse à son interlocutrice dans la deuxième laisse, ou bien, qu'il devienne conteur et raconte son expérience de mer dans le langage familier du peuple, utilisant le pronom « tu », et reprenant le début des phrases, bien que le début des phrases n'y figure pas. À la place de la formule, « Plus libre que la plume […] », par exemple, il faudrait lire quelque chose comme,

---

125. Ms am3, Fondation Saint-John Perse.

« tu y es plus libre que la plume… », ou bien, « on y est plus libre que la plume… ». Le conteur évoque ainsi le sentiment de liberté qu'il connaît au large, là où il est plus libre que la plume évincée de l'aile d'un oiseau par exemple ; il y est aussi plus libre que l'amour aux rêves du soir. Sur la mer on peut voir son ombre « quitte enfin de son âge », à savoir libre de son époque. C'est sans doute pour dire, et selon le poète, que chacun connaît le désir, peu importe d'ailleurs son âge.

À l'antiquité on exprimait le désir, entre autres, sous forme de mythes. De nos jours on l'exprime autrement, dans un contexte naturel par exemple, comme dans ce poème de Perse. Seul en mer, pourtant, le poète peut réfléchir à la condition de l'homme. Il peut se voir comme représentant de l'espèce et non pas toujours comme un individu travaillé par des désirs personnels. L'image de laisser « l'ancre dire le droit parmi l'églogue sous-marine » rappelle la tradition des prophéties racontée dans Strophe-VI, mais ici, il est clair que l'étranger ne se soucie guère des Océanides et des oracles révélateurs de la volonté des dieux. Tout comme le maître d'astres et de navigation, l'étranger ne croit plus au bien-fondé de l'oracle. Le mythe n'a plus cours chez lui. Pour lui, comme pour les jeunes femmes de Strophe-VII, le désir est naturel et naît avec l'homme. En laissant tomber l'ancre à la mer, il démontre qu'il fait fi du discours des Océanides et des vieilles traditions.

Et pourtant, une plume blanche, symbole de la liberté, est aperçue sur l'eau noire. Et comme la plume est aussi un symbole de la poésie, elle fait penser à la gloire des conteurs du passé, comme elle le fait d'ailleurs dans le discours des patriciennes. La poésie stimule l'imagination et le songe, et elle suscite l'envie pendant la veillée même du matelot, à savoir avant même que n'arrive le moment des rêves occasionné par le sommeil. Les plumes aperçues sur l'eau noire, peut-être même les crêtes des vagues qui ressemblent à des plumes, sont comme les « dépouilles du plus fort », comme la « dépouille opime » de Strophe-IV peut-être, image qui suscite celle de la mort d'Attis et du culte de Cybèle. Le poète rêve en effet à d'autres poètes qui ont traité de la mer et de l'amour. Pour sa part, le « Soir » nomme le songe du poète. Cependant il lui vient l'odeur de la terre. Le vent lui porte jusque sur son bateau le goût de l'arec (le cachou) et des âtres morts. Avec ce goût et cette odeur lui vient aussi l'idée de la grandeur poétique. Il se demande si la main du « destin » lui sera encore offerte. Autrement dit, il se demande si son œuvre à lui connaîtra un jour la gloire.

La lutte entre le réel et le songe du poète se poursuit cependant. Dans les dernières laisses de cette suite, l'étranger rend plus précise sa réponse à la question posée, à savoir pourquoi il interrompt son voyage en mer pour faire escale cette fois-ci sur la côte. Sa motivation est ici plus explicite. Bien qu'il ait été séduit par l'idée de grandeur et par la douceur de la mer, l'odeur de la christe-marine lui rappelait l'odeur et le goût de la chair, et c'est ce goût qui l'a attiré. C'est-à-dire que, bien que la femme surtout l'attire, la terre entière semble lui faire signe et le tire de ses songes poétiques.

La dernière laisse, un seul verset, une proposition qui complète la phrase de la laisse précédente, précise que l'homme est attiré plus particulièrement par son désir pour la femme. Il précise que le goût de la chair et de la terre est plus réel « Que lingerie de femme dans les songes, que lingerie de l'âme dans les songes ». Le mot clé de ce passage est le mot « songe » car le désir réel et physique est ainsi mis en opposition avec le songe que l'homme a connu sur la mer. Ici le réel a plus grande valeur que l'irréel. C'est-à-dire que la terre est plus « dispendieuse » que la lingerie de femmes en songe. Bref, l'homme de mer est attiré par la femme et veut satisfaire son désir, quel qu'en soit le prix, ce que le songe seul ne lui permet pas de faire.

Strophe-IX : « Étroits sont les vaisseaux »

Divisée en 7 chants et précédée d'une courte introduction, Strophe-IX raconte une nuit d'amour entre un homme et une femme. Le premier et le dernier des chants sont plus ou moins à la voix des amants au pluriel. Les chants II à VI représentent une espèce de dialogue entre les amants, mais ce n'est pas un vrai dialogue. On dirait plutôt deux discours qui alternent. Le point de vue de la femme se fait suivre par le point de vue de l'homme, comme deux discours différents mais juxtaposés. L'introduction, une phrase en deux versets, fait savoir tout simplement que les amants aussi témoigneront en l'honneur de la mer. Qui plus est, comme les premiers vers ainsi que le premier chant de la Strophe figurent tous deux sur la version manuscrite du poème, il est à supposer que Perse avait déjà envisagé le poème, *Étroits sont les vaisseaux*, comme faisant partie d'un poème plus élaboré au sujet de la mer avant de le publier indépendamment. C'est-à-dire que la « préface » et l'« introduction » du poème, des textes qui établissent le rapport avec les autres suites de la Strophe, faisaient déjà partie de la première version du poème.

Sur le plan du contenu, on note d'abord le parallèle entre la mer et les amants. Les amants sont les « tard venus parmi les marbres et les bronzes ». C'est dire que les amants n'ont pas été très souvent représentés sous forme statuaire, sans doute parce qu'ils ne figuraient pas très haut dans l'échelle des valeurs des civilisations d'antan. D'ailleurs, on apprend que les amants se taisaient « au sein des foules étrangères » et qu'alors ils y passaient comme inaperçus. Aujourd'hui l'amour est conçu comme un rapport intime entre deux personnes, et alors le silence des amoureux au cours de l'histoire n'est pas étonnant. En fin de compte les amoureux sont pour nous comme la mer qui, elle aussi, est passée longtemps inaperçue, comme l'Invocation et le discours des Patriciennes nous le font savoir. On faisait attention à la mer seulement dans le contexte des limites de la terre, de sorte que la mer était longtemps conçue comme un vide, comme l'au-delà qui ne marquait que la limite des biens. De plus, la mer était conçue comme une espèce de route qui offrait aux opprimés l'accès à de nouvelles terres et, sous cet angle, elle représentait un chemin vers la liberté pour des êtres opprimés. C'est sans doute la raison pour laquelle dans ce poème de Perse la mer est associée aux femmes, réprimées elles aussi pendant de longues périodes au cours de l'histoire. Il semble même que dans *Amers* Perse se fasse l'avocat des démunis, des laissés-pour-compte et des êtres négligés en général, à savoir de la mer et des femmes.

Or, les textes de Strophe-IX sont plus faciles à déchiffrer que les autres. Le sens des phrases est plus facile à saisir. On dirait qu'il y existe moins de références à la mythologie, et moins d'images à caractère ésotérique. C'est comme si les idées du poète devenaient plus claires, plus explicites et plus osées au fur et à mesure que le poème entier prenait forme dans sa pensée. Par conséquent, il est moins besoin de faire l'analyse détaillée des expressions et des images de cette partie du poème. Pourtant, comme les échanges ainsi que les différentes perspectives des amants forment tout de même le cadre de la pensée de Perse, il semble que le commentaire s'impose ici. Pour le dire en quelques mots, il paraît que le discours des amants fait savoir que l'amour permet de déjouer l'emprise de la mort sur l'homme. L'immortalité, mais non pas la vie éternelle, découle de la participation de l'individu à l'espèce. C'est à peu près ce que Nietzsche appelle l'éternel retour du même. Il semble que ce soit celle-là la notion centrale du poème, celle que Perse cherche à élaborer par le moyen des figures et en un langage poétique.

Strophe-IX, I

Le premier chant de Strophe-IX est à la première personne du pluriel. Ce chant reprend le rapport entre la mer et l'amour et donne plus ou moins le contenu thématique des discours à suivre. La couche étroite des amants est semblable à un vaisseau, et la mer immense sur laquelle le vaisseau avance fait écho à l'empire du songe qu'est l'amour. L'amour est symbolisé par l'été et la chaleur de l'été car l'amour coïncide avec l'arrivée du temps chaud. Il est important de noter en plus que l'amour participe du divin, ce qui est signifié d'abord par la montée d'un astre. L'astre est symbole des forces divines, et c'est sans doute pour cette raison que l'astre en question monte, marquant ainsi l'ascension du royaume de l'amour et distinguant en même temps les nouvelles valeurs des anciennes valeurs, comme celles des « fêtes sous-marines » des Océanides, mentionnées ailleurs dans le poème. Cependant, le rôle du divin est autre ici. Autrefois l'astre était symbole du sort – on pense par exemple à l'importance de l'astrologie dans certaines cultures, et bien sûr dans la première suite de la Strophe l'astre semble gouverner le sort des peuples : « quel astre fourbe [...] ». Plutôt que d'annoncer l'intervention des dieux dans la vie des humains, ici l'astre se fait tout simplement apercevoir à l'horizon.

Selon les apparences, il semble sortir de l'eau et traverser le ciel du soir. Pour les amants, la montée d'un astre n'est qu'un phénomène naturel, au mieux une métaphore car le poète demande quel astre est venu un soir « flairer la couche du divin ». C'est-à-dire que les rôles sont renversés. Ce n'est plus l'homme qui interroge les astres, mais l'astre qui vient s'enquérir de l'homme, car la « couche du divin » est synonyme de l'amour. Les croyances du monde ancien sont révolues et à leur place se trouvent l'homme, la nature et le divin de l'homme, à savoir l'amour en tant que force de la nature à l'intérieur de l'homme.

Pour les amoureux les confins de la terre ne veulent plus rien dire. Ils se distinguent dans ce sens de leurs ancêtres pour qui les confins de la terre marquaient les limites des biens. C'est dire que le royaume de l'amour n'est pas chose terrestre. Les amoureux s'apparentent à la mer et la vague de l'amour qui les symbolise se poursuit comme les vagues de la mer se poursuivent, à savoir depuis Troie et jusqu'aux amants, c'est-à-dire depuis toujours et sans faillir.

La référence à la ville de Troie, et alors à la guerre de Troie, car les deux références sont synonymes, se laisse d'ailleurs comprendre de différentes façons. D'abord il est le sens géographique de la référence. L'ancienne ville de Troie se situait sur la côte est de la Méditerranée. Après avoir quitté Troie, Énée, le fils d'Aphrodite, a fondé une colonie grecque à Cumes, dans l'Italie d'aujourd'hui. Son exploit est raconté par Virgile dans l'*Énéide*. Le déplacement des vagues est ainsi une métaphore pour le déplacement des civilisations de l'est vers l'ouest. Ensuite, dans le sens historique, la référence à Troie évoque la culture qui s'est développée à partir des premiers textes connus, à savoir à partir des textes des auteurs grecs anciens, textes qui ont souvent servi d'inspiration à Perse. Le développement culturel que suggère la référence à Troie se poursuit alors au présent. Et enfin, la référence à Troie, à savoir à la défaite de Troie, est aussi une métaphore pour le renversement des valeurs sociales, thème important pour les suites I à VIII de Strophe. Il faut signaler d'ailleurs que le renversement des valeurs est aussi un thème important dans l'œuvre de Nietzsche.

On se rappelle que le poème *Étroits sont les vaisseaux* a été ajouté à la première version du poème *Amers* pour en faire la version finale que nous connaissons aujourd'hui. Étant donné les différences entre ces deux parties du poème, et malgré les ressemblances surtout thématiques que plusieurs ont notées, il nous semble que cette partie du poème fonctionne, nous l'avons dit, comme un cheval de Troie qui introduit « en terre étrangère » des valeurs nouvelles, valeurs qui finissent par se substituer aux valeurs traditionnelles de l'ancien monde. Au récit des valeurs révolues, se substitue ici l'exemple de l'amour libre et sans contraintes. L'amour entre un homme et une femme, fondé sur un désir naturel, se substitue aux croyances religieuses et mythiques des époques précédentes. Dorénavant, dans le monde que les amants représentent, les phénomènes naturels ne seront pas signes du surnaturel. Ce ne seront plus que des phénomènes naturels. La référence à la ville de Troie, à la guerre de Troie et à ses conséquences au début de cette « plaidoirie » en faveur de l'amour et de la mer nous rappelle en fin de compte qu'il est question de changements, de changements qui auront pour fondement la promotion de la liberté et le développement des esprits.

Or, c'est grâce à l'amour que les amants réussissent à déjouer le sort humain, à savoir la mort certaine. C'est grâce à l'amour que « la mort elle-même, à son de conques, ne s'y ferait point entendre ! », à savoir dans les chambres des amants. Autrement dit, grâce à l'amour l'homme devient immortel. Ce thème se répète à plusieurs reprises dans les chants de Strophe-IX. Étant donné pourtant que l'immortalité de l'homme représente la culmination des changements sur le plan des valeurs, il semble que le changement et la nouvelle croyance qui en est sortie soulignent le fait que les croyances changent avec le temps. Ici c'est une perspective nouvelle qui détermine la pensée des amants. Mais comme les valeurs ont changé au cours de l'histoire, il est certain que la pensée de l'homme continuera à évoluer, abandonnant des valeurs devenues vétustes pour en adopter des nouvelles. Comme le poète nous le dit, la « terre un soir pleure ses dieux [...] ; les villes s'usent ». Le monde change et il existe alors des ruines physiques, religieuses, sociales et autres, et le poète de renchérir qu'il y aura « toujours à notre porte Cette aube immense appelée mer ». L'aube, ainsi que la mer, représentent un début et un renouvellement. Qui plus est, la mer porte le vaisseau des amants et par là, elle est aussi symbole de l'amour et des nouvelles valeurs préconisées.

Le dernier vers de ce premier chant, à savoir « et ce dialogue encore dans les chambres : », annonce le dialogue qui suit, mais à cause du pluriel du mot « chambres », et à cause de la présence de l'adverbe « encore », il faut conclure en un premier temps que le poète parle ici non pas d'un seul couple, mais de tous les amants, dont l'homme et la femme du dialogue ne sont que des représentants. En un deuxième temps, l'adverbe « encore » nous fait savoir que ce dialogue n'est pas nouveau mais qu'il a été répété et se répétera à plusieurs reprises au cours des âges, ce qui souligne la pérennité de l'amour et des relations entre hommes et femmes, y compris les sentiments et les craintes qui s'expriment de chaque côté. Ce dialogue qui se répète, et qui souligne encore une fois le naturel et l'importance de l'amour dans la vie des hommes, évoque la notion d'un retour éternel telle qu'élaborée par exemple dans la pensée de Nietzsche. Pour Perse, cependant, c'est au moyen de l'amour, au moyen de ce rapport naturel entre hommes et femmes, que l'individu participe de l'espèce humaine et échappe à la solitude angoissante que provoque en lui l'idée de mourir.

Strophe-IX, II, 1

Le premier discours prononcé par la femme consiste en une seule tirade. L'amante attend l'arrivée de l'amant qui « est de mer ». Les images dont la femme se sert reprennent les symboles connus de la vigne, de l'écume des vagues et des bulles sur le sable. Ces symboles rappellent les fêtes dionysiaques, l'amour d'Aphrodite et le jeu sous-marin des Océanides. La femme fait le rapport avec la « Vivacité divine » mais il semble que les objets qu'elle nomme aient ici un sens naturel et non pas mythique. Ce sont d'abord des objets de plaisir qui appartiennent au monde. Ils sont divins uniquement dans le sens que leur compréhension nous dépasse. C'est-à-dire que le rapport avec le divin dans ce discours est tout autre qu'il ne l'était dans les récits évocateurs de la mythologie antique.

Cela se confirme dans la deuxième laisse où la femme ne se présente pas comme un être moral dont les activités sont gouvernées par un dieu ou par une déesse, mais de façon physique et sexuelle. L'homme la déshabille et elle est nue : « il n'est plus femme qu'agréée » nous dit le poète. Selon Perse, cette expression veut dire que la femme est nue pour l'homme[126]. Elle « s'ouvre » ainsi pour l'homme avide et met en valeur ses traits féminins. Elle est « semence et sève de douceur » et, symboliquement, l'acide des sécrétions vaginales est mêlé avec le lait des glandes mammaires : c'est dire « l'acide avec le lait mêlé ». De même elle est « le sel [mêlé] avec le sang très vif », et elle goûte la saveur amère du cuivre. D'après les traits physiques que la femme met ici en valeur, il est évident que pour elle l'essentiel féminin participe de la mer. La mer est son odeur et son goût. La mer est en elle comme dans « l'urne maternelle » C'est dire que la mer est en elle comme dans l'utérus qui a la forme d'une urne.

D'après la femme, l'homme, son amant, est « comme le dieu tatoué de fougère mâle... ». Cette référence est un peu ambiguë. Selon P. Perrin cette image met en valeur la « puissance phallique » à cause de la vigueur de la fougère mâle, plante utilisée pour ses propriétés curatives[127]. Or, sur le manuscrit à cet endroit on trouve une qualification que Perse a supprimée. La phrase originale fait référence au « dieu tatoué de fougère mâle qui se relève d'un mal sacré »[128]. D'après le contexte on pourrait donc proposer qu'il s'agisse du dieu grec, Pan, ou du dieu romain, Faunus, une divinité rustique. Pan était l'amant préféré des Ménades lors de leurs orgies dans les montagnes, et il existe dans le British Museum (Catalogue E. 301) un vase où on peut voir l'image d'une Ménade avec les bras et les jambes tatoués d'une forme toilée[129]. Quoi qu'il en soit, l'image semble suggérer que l'homme se comporte ici comme un dieu, d'autant plus que chez les Grecs anciens

126. *Cf.* les annotations que Perse a fournies à F. Kemp, (*op. cit.*, p. 72).

127. Patrick Perrin, *Étude symbolique, mythologique, botanique et thérapeutique des végétaux cités dans « Amers » de Saint-John Perse*, Fondation Saint-John Perse, p. 23.

128. Ms am5, Fondation Saint-John Perse.

129. *Cf.* R. Graves, *The Greek Myths*, *op. cit.*, p. 103.

le « mal sacré » désignait une crise d'épilepsie, c'est-à-dire une crise pendant laquelle on était possédé par un dieu[130].

Pour sa part, l'homme vient se désaltérer auprès de la femme qui, elle, est comme une « source sous les sables » ; elle est comme une urne contenant une boisson fraîche et désaltérante. L'amour et le plaisir qu'elle lui offre sont comparés ici à la consommation de fruits. Le visage de la femme entre les mains de l'homme est fraîcheur, et pour l'homme assoiffé par son désir de la femme et du sexe féminin, cette « fraîcheur d'amande » du visage de la femme désaltère. En plus pour l'homme le visage de la femme est une « connaissance première du fruit sur la rive étrangère », formule qui reprend les suites VII et VIII de la Strophe où la femme s'apprête à s'offrir à l'étranger venu de mer. D'ailleurs, si le « mal sacré » de la phrase supprimée par Perse se réfère à une forme de délire provoqué par le désir sexuel, on comprend peut-être pourquoi Perse l'a supprimée : le récit des relations sexuelles entre l'homme et la femme n'étant que dans ses premières étapes, il serait prématuré que l'homme s'en « relève ».

Dans la laisse suivante on note le contraste entre le « rêve » de la femme et le « songe » de l'homme. Dans le rêve de la femme le désir sexuel est mis en parallèle avec la quête de nouvelles terres, sur les plages desquelles les navigateurs découvrent les traces laissées sur le sable par les vagues. Ces traces ressemblent aux marques qu'auraient laissées sur le sable les cheveux dénoués de jeunes femmes « extasiées » et « en larmes dans leurs pagnes ». Ce qui importe dans cette image, c'est que là où les croyances du monde antique faisaient voir dans les traces formées dans le sable des messages provenant de la part des dieux, la femme moderne n'y voit que des dessins intéressants qu'elle décrit à l'aide de comparaisons d'ordre naturel. À son sens, les traces laissées par les vagues sur la plage sont « comme de grandes palmes suppliciées » ou comme les « empreintes capillaires » de grandes filles. C'est dans ses rêves que la femme a vu cette image, mais plutôt que d'y voir une inspiration divine, elle rapproche sa vision d'un phénomène naturel, quoique poétique, ce qu'elle appelle des « figurations du songe ».

La femme distingue pourtant entre le rêve d'une part et le songe de l'autre, le songe étant plus proche de la réalité que le rêve. À son avis, le « songe » de l'homme est plus réaliste que son rêve à elle. Lui, « couché dans la réalité du songe », jouit du corps de sa partenaire. Le sexe féminin se laisse exprimer ici par la métaphore du fruit. Il s'agit par exemple de la « chair de grenade » avec son revêtement punique, du « cœur d'oponce, figue d'Afrique et fruit d'Asie ». Ce sont, nous dit-elle, des « fruits de femme » qui sont « plus que fruits de mer ». Pour

---

130. L. Robin, « Notice », dans Platon, *Phèdre*, texte établi par C. Moreschini et traduit par P. Vicaire, Paris, Les Belles Lettres, 1985, 1994, note 1, p. XLIV.

sa part, l'homme « boit à même la bouche ronde »[131], et on comprend que les fruits en question ainsi que la « bouche ronde » représentent le sexe féminin. Le songe de l'homme tourne ici vers l'exaucement du désir, vers cet endroit où le désir et la réalité se rencontrent.

Il est important de souligner, d'ailleurs, que dans son premier discours la femme se présente de façon « non peinte ni parée ». C'est-à-dire qu'il ne s'agit pas d'un rituel à l'ancienne où les participants se déguisaient, se peignaient le visage où mettaient un masque. La femme se présente ici telle qu'elle est dans la nature, de façon simple et honnête. Cela est très significatif pour l'ensemble de ce poème où à maintes reprises sont mis en valeur et la nature et le naturel.

Strophe-IX, II, 2

Le discours de l'homme, en une tirade, souligne la solitude au cœur de l'homme ainsi que la puissance du désir qui le lie à la femme. Pour l'homme, la femme participe si bien de la mer que lorsqu'il est avec elle, il participe lui aussi de la mer. Il se mêle par exemple au « sable d'or » de sa côte et il connaît le mouvement des vagues qui la font et qui la défont, ou qui l'engendrent, comme les vagues sculptent et transforment en quelque sorte le sable de la plage. Le rapprochement de la femme avec la mer est souligné par une phrase qui a été supprimée sur la version finale. Sur le manuscrit, la première laisse du discours de l'homme se termine par la phrase, « De femme issue, ton corps de femme ... La mer y change de tunique »[132]. Selon cette phrase, la femme semble être une manifestation parmi d'autres de la mer.

La femme est associée à différentes images par l'homme. Nue, elle n'est pourtant pas une « Vierge des grands fonds ». Elle n'est donc pas Aphrodite qui est née de mer. Elle n'est pas non plus une « Victoire de bronze ou de pierre blanche »[133] ramenée de la mer par des pêcheurs ou par des « tâcherons de mer ». C'est-à-dire qu'elle n'est ni l'incarnation d'une déesse ni une figure mythologique mais une femme réelle en chair et en os. L'homme ressent la chaleur de son corps et connaît son odeur. La mer est en elle de façon essentielle comme le sel est dans le blé. C'est d'ailleurs la mer en elle qui attire l'homme et qui fait monter son désir tout comme la marée fait monter la mer. C'est dire qu'il ressent « la montée, de toutes

131. Dans son ouvrage sur la tradition de Delphes, M. Delcourt souligne le rapprochement des mots « bouche » et « vagin ». Comme elle le dit, les mots *stoma* et *stomion* désignent et le vagin et la bouche terrestre de la tradition pythique à Delphes (*L'Oracle de Delphes*, Paris, Payot, 1955, 1991, p. 141).

132. Ms am5, Fondation Saint-John Perse.

133. Les auteures de *Saint-John Perse sans masque* voient ici une référence à la Victoire de Samothrace et à l'Aphrodite de Cnide sculptée par Praxitèle (*op. cit.*, p. 366), mais ce n'est pas là l'essentiel de ce passage.

parts, des nappes du désir, comme aux marées de lune proche » et il se laisse aller à son désir, ce qui est signifié par le fait qu'il tranche « le nœud de chanvre qui tient la coque sur son ber ». Ainsi se donne-t-il à la mer, comme il s'aventure sur le corps nu de la femme, vers la naissance de son désir, désir symbolisé par la rencontre de la terre et de la mer. La marée monte et la mer « ornée de bulles » pénètre dans les terres produisant le bruit « de noria », à savoir celui d'une machine hydraulique pour élever l'eau. L'expression, la nuit « pleine d'éclosions... », traduit l'image des bulles qui montent à la surface de l'eau[134]. C'est une image qui fait penser encore à Aphrodite, déesse de l'amour née de la mer, mais ici il s'agit seulement de l'écume de la mer produite par l'action des vagues. Ainsi la pénétration de la mer dans la terre est-elle une métaphore des rapports sexuels entre l'homme et la femme.

Les associations se poursuivent. Pour l'homme, le corps de la femme est comme un vaisseau car ils ont tous deux la forme du navire. Plusieurs termes soulignent cette ressemblance. Le corps de la femme est, par exemple, comme une « nacelle », une « nave » et une « nef votive ». Or, la « nacelle » est un petit bateau à rames et le mot « nave », du latin *navalis*, a donné « naval » mais aussi « nef » au sens d'un grand navire à voiles ; et le terme « nef votive » exprime l'accomplissement d'un vœu, faisant alors aussi un lien avec l'image de la nef d'une église. Le corps de la femme ressemble à la structure d'un vaisseau en ce que la forme de son sexe rappelle la carène d'un navire, « jusqu'en son ouverture médiane ; instruit en forme de carène ». Et la répétition du mot « vœu » (« nef votive » et « vœu des courbes ») souligne que l'homme voue un culte à la femme. Le vaisseau qui est femme porte cette nuit la « charge d'un homme » et, il rompt « sur l'eau chaîne d'offrandes ».

Les rapports de l'homme avec la femme ne sont donc plus limités par les convenances du rite où la femme s'offre à l'étranger. Tout comme l'homme qui coupe la corde de chanvre qui retient sa barque, la femme rompt la chaîne d'offrandes qui la rattache aux traditions. Ils connaissent tous deux maintenant la liberté de la mer et c'est pour cette raison qu'ils ont le sentiment de défier la mort. N'étant plus limités par le temps, ils sont à la dérive sur « les chemins d'acanthes noires de la mer écarlate... ». Et là, on dirait que le langage de l'homme est aussi à la dérive. Du moins devrait-on changer les adjectifs de place pour dire « les chemins d'acanthes écarlates de la mer noire ». L'écarlate est plus près de la couleur de la fleur et la mer paraît noire la nuit, à moins qu'on ne comprenne la mer ici comme une métaphore du désir, et l'acanthe comme une feuille architecturale dans la nef d'une église, faisant ainsi le rapprochement avec la notion de « nef votive », et mettant en valeur l'aspect sacré de l'amour.

134. Cf. Kemp. *op. cit.*, p. 73.

Quoi qu'il en soit, l'étendue de la mer représente « une aube immense » pour le couple. Le mot « aube » se fait comprendre de nouveau dans le sens d'un début. C'est un commencement qui se répète pourtant depuis les origines de l'être humain. Sur la mer de l'amour la terre devient un songe aux « confins violets ». La terre n'est que le souvenir des limites que le geste de l'amour a permis de contourner. Ce geste de l'amour, cette houle de la mer qui se répète dans l'accouplement est d'ailleurs la houle de tous les temps. Elle symbolise même l'apogée de l'être humain. Comme une reine porte une couronne, la houle « se couronne d'hyacinthes comme un peuple d'amants ! ». L'image est celle du scintillement de la mer car l'hyacinthe est une pierre semblable au zircon. Mais l'hyacinthe est aussi une fleur, la jacinthe, allusion suggérée par d'autres références aux fleurs dans ce passage et par la couleur violette des confins, à savoir la couleur de la fleur.

La dernière phrase de cette tirade, à savoir « Il n'est d'usurpation plus haute qu'au vaisseau de l'amour », fait savoir que l'amour, ainsi que le désir qui rend l'amour possible, est un maître sévère auquel personne ne peut échapper, tellement il fait partie des êtres humains. Il faut rappeler que dans Invocation-4 on apprend qu'il ne sera pas question de la mer dans ce poème de la mer : « Et de la Mer elle-même il ne sera question, mais de son règne au cœur de l'homme ». On pourrait dire une chose pareille de ce poème de l'amour, à savoir qu'il ne sera pas vraiment question de l'amour, mais du règne de l'amour au cœur de l'homme.

Strophe-IX, III, 1

Dans son deuxième discours à elle la femme compare son amant, à savoir le « Maître du lit », au « Maître du navire » qui dirige les mouvements du vaisseau. Les mouvements qu'elle évoque sont semblables à la houle de la mer, un mouvement qui existe depuis toujours et qui se répète dans l'acte de l'amour. Mais la femme exprime aussi son inquiétude parce que son amant semble ne s'intéresser qu'à l'acte de l'amour, c'est-à-dire qu'il semble faire abstraction de sa présence à elle et de l'amour qu'elle lui offre. Elle le supplie : « Ayez, ayez de moi plus que don de vous-même ». Elle craint en effet que son amant rêve aux lointains, comme cela arrive parfois aux hommes de le faire, nous dit-elle. Il lui semble en effet que les hommes voient souvent la mer comme un appel au départ, et qu'ils voient l'eau comme « debout aux portes du Désert »[135]. Or, la porte représente une sortie, un seuil de transition entre deux lieux. (Nous reviendrons à l'image de la porte car cette image se reprend à la fin de cette partie du discours de la femme). La mer est symbole de liberté, et le « désert », pour sa part, représente la solitude de l'homme,

135. L'aspect « debout » de la mer reprend encore une fois la perspective paysagiste de Cézanne.

ou du moins une épreuve à subir. On se rappelle que le discours précédent de l'homme commence par les mots : « ...Au cœur de l'homme, solitude ».

Dans la troisième laisse de ce discours, la femme explique qu'à son avis l'homme est souvent « hanté, comme la mer, de choses lointaines et majeures ». Elle a pourtant de l'espoir lorsqu'elle remarque que l'homme lui sourit car cela voudrait dire qu'il la reconnaît comme femme entière. Elle n'est donc pas pour lui qu'un seul objet de plaisir. Elle voit son amant se comporter comme « d'un grand destin en marche sur les eaux », comme un éclat de mer entre les « emblavures de limon », entre les terres fines ensemencées de céréales. On comprend le sens de l'allusion à la nature car l'homme et la femme en font partie. C'est leur rôle même de s'aimer. C'est le rôle de la femme, par exemple, de s'ouvrir à l'amour, de faire offrande d'elle-même et d'enseigner ainsi à l'homme « la grâce d'être aimé » ou la « faveur d'être ». C'est pour cette raison surtout qu'elle se donne à l'homme comme elle se donne à l'amour.

La femme commence alors à s'imaginer l'attitude des amants et l'importance de leur geste. L'homme lui tient son visage à elle entre ses mains comme « une mangue ovale et jaune, rose feu ». Sa langue dans sa bouche a le goût du cuivre. Elle voit ainsi l'amour comme nourriture et boisson qui satisfont les amants. Elle s'imagine différentes façons possibles pour faire l'amour. L'homme pourrait, « sur l'arène », à savoir sur la plage, lui tenir les bras au-dessus de sa tête de sorte que leurs fronts se toucheraient. Elle serait pour lui la foule qui applaudit la violence de son désir, à savoir « la faune de [s]es dieux » ; ou bien il pourrait lui laisser les mains en liberté, en quel cas elle pourrait faire courir ses mains sur le corps musclé de son amant, sur son sexe qui ressemble à une armature. Elle compare le désir à un faucon et l'amour au prédateur qui se courbe sur sa proie. Elle constate le changement que le désir éveillé produit en l'homme, désir qu'elle nomme en effet « l'irritation divine ». C'est-à-dire qu'il s'agit d'un sentiment quelque peu étranger à l'homme, d'un désir inexplicable et qui doit alors lui parvenir d'ailleurs, d'un autre monde, voire d'un monde divin. Cette phrase fait écho à celle dans la première laisse de cette tirade où la femme dit que c'est une autre en elle « qui geint avec le gréement ». Tous deux, l'homme et la femme sont autres sous l'influence du désir qui les possède.

La présence du divin sous forme du désir fait ainsi de l'amour un acte sacré ou quasiment religieux, et c'est l'amant même qui est traité de « dieu » ici. Le désir est pourtant un sentiment naturel qui caractérise les êtres humains, tous les êtres humains, même les hôtes « de passage ». La formule « notre hôte, de passage » rappelle le culte d'Aphrodite selon lequel de jeunes femmes se donnaient aux étrangers de passage. C'est dans ce contexte, semble-t-il, que la femme se donne à son amant. Elle est prête à faire ce voyage d'amour : « l'obole de cuivre est sur [s]a langue ». Le geste de l'amour est ainsi mis en parallèle avec un voyage vers un autre royaume. L'image de « l'obole de cuivre entre les dents » fait partie d'un rituel de la Grèce antique, rituel qui consistait à mettre dans la bouche du mort la somme dont il avait besoin pour franchir le fleuve des enfers[136]. La métaphore voudrait qu'ici le désir et l'amour transportent l'individu vers un domaine autre que le domaine du réel.

L'amour a ainsi une « face étrangère » et, en général, la femme ne sait ni d'où il vient, ni sous quels traits il se présente. Elle comprend pourtant que par le passé l'amour s'expliquait par l'intervention des dieux et sous forme de mythes. Mais elle, elle n'a pas besoin de mythes. Elle demande en effet aux « dieux précaires » de couvrir « l'exode des grands mythes ! » à l'aide de leurs masques. Elle sait d'ailleurs que selon les mythes et les légendes les monstres et les héros même sont conçus des rapports sexuels entre un dieu et une femme mortelle. Mais elle n'en a pas peur. Elle évoque la présence physique de son amant, son odeur de mâle qui ressemble à l'odeur de « la mer au lointain » et elle constate que leur amour est une « alliance de mer ». C'est-à-dire que le mythe de l'amour du monde antique se fait remplacer ici par des explications naturelles et physiques : l'amour est une alliance de mer où un même principe, le désir, œuvre chez l'homme et chez la femme.

Le dernier vers de cette suite, « Alliance de mer est notre amour qui monte aux Portes de Sel Rouge ! », est un vers obscur qui laisse proposer plusieurs associations et différentes possibilités d'interprétation. Que l'amour soit une alliance de mer, cela se comprend assez facilement chez Perse, et l'amour qui « monte » établit un parallèle entre le désir qui croît et qui décroît, et les marées de la mer qui montent et qui baissent. L'image des portes de sel rouge rappelle l'image de la deuxième laisse de ce discours, à savoir la mer « debout aux portes du Désert », et le désert est symbole de la solitude de l'homme dans la deuxième laisse. Le sel, d'ailleurs, est le principe de la vie ainsi que de la mer, et la couleur rouge signifie souvent chez Perse la chair et l'obscénité. La formule, les « Portes de Sel Rouge », ressemble également à la formule « portes de la Mer Rouge », formule qui semble rappeler l'exode des juifs hors d'Égypte. On constate d'ailleurs que le mot « exode » se trouve également dans la dernière laisse. Sous cet angle il paraît que les « Portes de Sel Rouge » sont symbole de fuite et de liberté. En plus, le sel est l'essence de la mer car il distingue entre la mer et l'eau douce. C'est pour cette raison surtout que le mot « sel » peut suggérer par métonymie le mot « mer ». La présence des majuscules souligne cette interprétation, comme si l'expression « Portes de Sel Rouge » voulait nommer un endroit particulier. Les portes représentent toujours un seuil, à savoir la limite de deux domaines, et l'alliance

136. André Hurst, « Sur un passage d'*Amers* : la culture grecque comme élément de savoir intégré », *Espaces de Saint-John Perse* 1-2, 1979, pp. 213-227, p. 214.

qu'est l'amour, c'est-à-dire « notre amour qui monte aux Portes de Sel Rouge ! », représente ainsi le passage de la solitude du particulier vers l'union du couple et au divin de l'être humain. Qui plus est, l'amour permet aux amants de fuir les traditions d'un monde qui ne leur convient plus. Il représente un exode et la fondation d'un nouveau royaume. Le symbolisme de la porte, image d'une transition ou d'un voyage vers un domaine autre, ici vers un domaine divin, semble faire partie alors de ce discours de l'amante, et c'est l'homme, son amant, qui l'amène dans ce royaume nouveau et autre.

Strophe-IX, III, 2

Le deuxième discours de l'homme, en huit laisses, fait de nouveau l'éloge du corps de la femme et remet en valeur certaines notions capitales chez Perse, notions comme la divinité de l'amour et son importance pour l'être humain. On y constate aussi la différence entre l'homme et la femme eu égard à leurs façons respectives de comprendre l'amour. L'homme commence par dire à la femme qu'il « n'élèvera point de toiture » pour elle, toiture qu'on pourrait comprendre comme un temple ou comme tout autre édifice à caractère religieux, l'homme n'étant pas religieux dans ce sens. L'absence de toiture peut aussi vouloir dire que l'amant et l'amante n'auront pas d'avenir ensemble, comme quoi il n'est pas dans la nature de l'homme de rester en un seul endroit avec une même femme. Sous cet angle, les hommes et les femmes sont alors différents. L'homme explique que le désir continuera toujours à le visiter. Il précise que l'été, la saison de l'amour, « chasse à l'épieu sur les labours de la mer » et que le « désir siffle sur son aire ». Tel un épervier, l'homme a couvert le corps de la femme et cela est dans la nature de l'espèce. L'accouplement est même un « Décret du ciel » qui les lie. Le caractère « divin » et mystérieux de l'amour est encore plus marqué dans un vers biffé sur le manuscrit où, après la formule « Décret du ciel et qui nous lie ! » Perse avait écrit « Étroite la greffe et la suture, l'occultation parfaite »[137]. Bien qu'ils aient connu ensemble la gloire de l'amour qui est « Salaire de braises » – cette expression reprend celle où la femme a traité l'amour d'« arrhes de l'Été de mer » (Strophe-IX, II, 1) – l'homme ne peut pourtant pas rester longtemps auprès d'elle.

L'homme fait surtout l'éloge du corps de la femme ici, mais il le fait de telle façon que l'amante représente toutes les femmes au sens général du mot. Il reconnaît sa dette envers elle. Il dit qu'il cherchera, « le front bas », à savoir de façon humble, « le chiffre occulte » de sa naissance, comme si celui-ci était caché dans les mystères des constellations qui traversent le ciel la nuit et, on se rappelle la référence dans Strophe-I au « nombre d'or », formule qui désigne la beauté du corps de la femme. L'homme évoque, en plus, plusieurs traits physiques de la

137. Ms am6, Fondation Saint-John Perse.

femme. Il s'agit par exemple de la couleur de sa peau, dorée et rougeâtre, sous le soleil de juillet, formule qui rappelle l'histoire des dieux qui « tournent à l'or de laque dans leur gaine de filles ». On pense à Zeus qui s'est transformé en une pluie d'or pour séduire la belle Danaé, selon le mythe, mais ce n'est là, pour l'homme, qu'un mythe appartenant à un autre monde. L'éclat doré de la peau de la femme est vu plutôt ici comme un revêtement qui recouvre sa nudité, cette nudité qui, comme l'or, attire toujours l'homme. Entre parenthèses, l'homme ajoute : « Et qui donc n'a rêvé de mettre à nu ces grands lingots d'or pâle ».

Selon l'amant, toute femme est noble grâce au fait qu'elle est femme et naît ainsi « marquée de l'Étalon divin ». L'étalon étant à la fois le mâle reproducteur d'une espèce, un système monétaire, et un modèle, cette expression laisse comprendre que la femme revêtue d'un duvet doré est le modèle même du divin et que chaque partie de son corps est un délice pour l'homme. Elle est « idole de cuivre vierge, en forme de poisson ». Elle est la mer elle-même, et la lumière de la mer, lorsque l'heure de midi fait déborder l'huile du lustre, car midi, « ruptile et fort », est le moment où le désir est le plus fort. Le mot « ruptile » est du registre botanique. Il se réfère au calice des fleurs qui s'ouvre spontanément en se déchirant. Ce qui est à noter, c'est que le propos de l'homme évoque le caractère divin de la femme mais tout en plaçant la femme dans le registre du naturel. Il n'est donc question ni du mythe ni de l'intervention des dieux dans cette histoire d'amour. Dans son corps de femme et dans sa nature humaine, la femme réelle semble se substituer ici à l'espace du divin des récits mythiques et le divin semble faire partie de la pensée de l'homme.

Les métaphores se succèdent les unes aux autres dans ce discours de l'homme. On lit que la femme est l'âme nubile du feu rose. Elle est l'arôme, la chaleur et la faveur du sable. Elle sent les dunes « où tremble le songe, pavot pâle », sans doute parce que l'effet du songe est semblable à celui du pavot. Elle est « l'exclamation du sel et la divination du sel ». Elle est « fièvre faite femme ! ».

Sur le manuscrit, après la cinquième laisse qui se termine par les mots « taches de rousseur », toute une laisse a été supprimée. Nous la reproduisons ici.

> Fraîcheur aussi d'argile rouge aux bas des éboulis de mer. Bouche plus fraîche que la sauge et le pourpier de mer. Et les pieds affranchis de l'écorce terrestre froissent chair plus puérile que l'on ne voit, aux fins de jour, les paumes neuves des nageuses – Au recel de la main toute la rose du soir – Fraîcheur aussi par temps couvert, de ces beaux fonds de mer limpide où s'abîme le ciel couleur de sauge et de rétine – Riche la flore et le vivier ! Grand corps cilié comme l'oracle à fond de mer. Le ventre bas nourrit les algues de septembre – et l'arôme est d'octobre – Cuivre des lampes immergées le Rouge broyé dans le murex, et tous les rouges d'amarante de nuit de mer et les bleus de cyanure de l'anémone de mer : Je suis tout l'interdit lavé de pourpre de ta nuit de femmes. Rouge d'oursin les chambres du plaisir[138].

Cette laisse souligne le rapport entre la femme et la mer et met en valeur ce que nous appelons le naturalisme de Perse. Le poète décrit la femme dans des termes qui dénotent normalement différents aspects de la flore et de la faune, établissant ainsi un rapport entre la femme et la nature.

C'est dans la sixième laisse qu'on trouve la formule qui exprime le plus clairement l'idée principale de Perse dans cette suite du poème. Le poète y dit tout simplement que les « lèvres qui t'ont fleurée ne fleurent point la mort ». Une fois qu'on a connu l'amour, une fois qu'on a reconnu l'importance du désir, on n'a plus peur devant la mort. L'homme qui parle ici continue à dresser une liste de métaphores pour décrire la femme. Elle est l'odeur de la pierre, de la mer, du varech et de la vierge. Elle est la « bonté du grès » et ses mouvements ont la grâce de l'avoine sauvage poussée par le vent. De plus, elle se meut avec la « migration des sables ». Elle est tout. Elle est en tout. Pour l'homme la femme répond à la mer. Elle suit le rythme de la mer et elle s'ouvre, « libre, non libre », comme le va-et-vient des vagues sur la côte. Elle est sans doute libre dans son corps de se donner à l'amour, mais par le fait que le désir participe de la nature humaine elle n'est pas libre. Elle est régie par le mouvement des eaux qui symbolisent le désir. Il semble que la femme investisse entièrement le songe de l'homme ici. Et elle ne doit pas avoir honte de son corps non plus car son corps participe de la nature. D'après l'homme, elle peut se donner à l'amour car « Il n'est pas là offense pour ton âme ! ». Voilà un autre des thèmes principaux du poème, à savoir qu'on ne doit pas avoir honte de ce qui est naturel et de ce qui participe de la nature de l'espèce.

Malgré la violence de l'accouchement, malgré la honte qui s'est souvent associée par le passé à la sexualité des femmes, l'homme exprime le souhait que le plaisir soit aussi au rendez-vous : « plaise au plaisir sacré de joindre sa victime ». Et ce qui est plus important, c'est que la femme ne doit pas avoir honte de son sexe, de sa « chair froissée de grande labiée » car la vie elle-même est divine et que le corps participe de la vie. Qu'on se soumette alors à la nature sans en avoir honte. Qu'on soit ainsi inondé du plaisir de l'amour car la « jubilation très forte est dans la chair », et l'aiguillon de la chair est dans l'âme, ce qui veut dire que le désir, l'aiguillon de la chair, fait lui aussi partie de l'être humain. Et la nature humaine a toujours été pareille, semble-t-il : « Une même vague par le monde, une même vague notre course... ». L'homme établit même un rapport entre l'amour et la structure du vers en poésie. Le corps de la femme, dit-il, comme le vers de l'antiquité, est rompu en son milieu, faisant de la césure, et alors du rythme poétique, l'équivalent du sexe féminin.

---

138. Ms am5, Fondation Saint-John Perse. Le même passage, plus ou moins, figure aussi au manuscrit am6 mais avec certaines corrections proposées.

Strophe-IX, IV, 1

Le troisième discours de la femme est celui de la soumission. L'amante se soumet à l'amant et à son plaisir à elle. Ses « plaintes » dans la nuit ressemblent au roucoulement de l'orage et du ramier des falaises, ainsi qu'au bris des vagues sur les sables. Les larmes qu'elle pleure témoignent de la présence de la mer en elle. Elle se donne à son « Oppresseur », à son amant, bien qu'elle ne comprenne pas pourquoi les choses sont ainsi. Elle demande à la fin de la première laisse : « nous diras-tu qui nous assemble ? ». Malgré sa soumission à la nature, celle-ci lui reste mystérieuse. Elle ne sait s'expliquer pourquoi l'homme et la femme se désirent. Pendant l'acte de l'amour, où elle se compare à une « tendre bête harponnée », elle veut toutefois que le plaisir se prolonge. Mais l'amour peut être violent. Elle le décrit comme un « attelage » sur la mer. L'homme peut lui faire mal. Ils se tiennent pourtant tous deux et elle s'ouvre à son amant comme la mer s'ouvre à la foudre, à la foudre qui est symbole de l'acte sexuel.

Pour la femme aussi, tout comme pour l'homme de la suite précédente, l'amour représente une espèce d'échec imposé à la mort inéluctable. « Ô mer levée contre la mort ! », dit-elle. La mer est l'amour en marche comme une armée qui vient à la rencontre de l'ennemi, à savoir contre la mort. L'amour est une « seule vague sur son cric », une vague soutenue de façon artificielle on dirait, une vague comparée ici à un naja, à un cobra avec sa tête dressée. C'est-à-dire que l'homme, avec son érection, est le maître de l'armée de la mer levée contre la mort car il sait l'usage des armes de l'amour.

L'amour ressemble d'ailleurs à la mort car dans l'amour, tout comme dans la mort, on devient autre. Pour sa part, la femme « soutient seule l'ardente controverse ». Elle recule, elle s'arque, elle émet son sifflement semblable à celui de la prêtresse. Elle participe à la mort et à l'amour dans cette lutte car elle est transformée par les relations sexuelles. Elle entend « vivre la mort et son cri de cigale » dans l'acte sexuel.

Le désir s'intensifie cependant et atteint son apogée : « l'irritation est à son comble ». Sur le manuscrit ce vers se fait suivre par le passage suivant : « et la fièvre du sang. Et qui suis-je moi-même, dans ta nuit, qu'enveloppe et gaine de ta force ? »[139]. La référence à l'acte sexuel est explicite. Qui plus est, les mots qui suivent directement ce vers, soit « Congre royal », se réfèrent au phallus grâce à la forme cylindrique et allongée du poisson. La femme pousse un cri, elle connaît l'orgasme, et puis c'est fini : « Tu as frappé, foudre divine ! ». Elle a l'impression d'avoir participé à une fable mythique, et elle croit avoir atteint l'interdit. L'amour est considéré comme un accès à un autre mode de vie, comme une rencontre avec

139. Ms am5, Fondation Saint-John Perse.

l'inconnu. Il ressemble un peu au nirvana du bouddhisme alors, à cet état de sérénité suprême qui est la conséquence de la fusion de l'âme individuelle et de l'âme collective.

Pour sa part, la femme fait le rapport entre le plaisir de l'amour et les histoires de la mythologie ancienne. Le « très haut peigne d'Immortelle coiffant l'écume radieuse » est sans doute une référence à Aphrodite, née de l'écume de la mer, mais ce n'est pas dans le contexte divin que la femme pense à la déesse. Sa pensée prend plutôt une forme poétique et elle fait des associations. Le moment suprême passe, « et tout ce comble, et qui s'écroule, herse d'or !... ». Cette image traduit en un premier temps le sentiment euphorique de l'acte sexuel, mais révèle aussi en un deuxième temps la fin du règne du mythe et une nouvelle croyance en la nature. C'est que le comble, en plus d'être un apogée, et alors le point culminant des rapports sexuels, est aussi une charpente qui soutient le toit d'un édifice, et la herse en est l'épure tracée sur le sol. Or, l'édifice qui s'écroule est celui de la mythologie qui n'a plus cours dans les croyances des amants. Pendant quelques instants pourtant la femme a cru « hanter la fable », mais le mythe n'a plus de prise une fois que le point culminant est passé, une fois que la structure du mythe s'est écroulée. Reste pourtant le mobile du mythe, à savoir le désir humain qui stimule et qui motive toujours, à savoir la « herse d'or » de la structure du désir, bien que l'expression qu'on lui donne soit autre ici. C'est-à-dire que dans ce discours de la femme, le mythe d'Aphrodite, bien que toujours présent, n'est plus l'expression de la vérité. Il n'est que fable et expression poétique d'un âge révolu.

L'amante compare son amant à un dieu qui serait son hôte, comme suivant un rapt, mais ce qui est plus important que la référence mythologique, c'est l'effet produit. La femme constate que grâce à l'amour la peur de la mort s'éloigne de ses pensées. La mort s'en va « du pas des mimes, honorer d'autres lits ». L'amour représente ainsi un dépassement de l'être, un moment où l'individu n'a plus de volonté ni de raison individuelle, une expérience qui doit ressembler à celle du trépas. Cependant, le désir maintenant est passé : « la Mer étrangère, ensemencée d'écume, engendre au loin sur d'autres rives ses chevaux de parade ... ». La preuve que l'apogée de l'amour donne accès à un autre niveau de connaissance, ce sont les larmes que la femme a pleurées. Ce n'étaient pas « larmes de mortelle », nous révèle-t-elle.

Strophe-IX, IV, 2

Le discours suivant de l'homme, en trois tirades, est plus long que celui de la femme. L'homme communique plus ou moins l'expérience sexuelle dans sa perspective à lui. De plus, il reprend certaines métaphores et certains termes descriptifs utilisés préalablement pour décrire la femme. Par exemple, on lit de nouveau que le corps de la femme est un « vaisseau qui s'ouvre sur sa quille, illuminé de braise et d'or ». C'est aussi une « corbeille ardente du naufrage ! ». Il est « splendeur » et « tristesse ». L'homme pour sa part en est comme hanté. « La mer n'est pas plus âpre à consumer son dieu... », nous dit-il. On constate de nouveau une référence à la mythologie et plus particulièrement à l'amour qui influe même sur les dieux.

Le mot « âpre » que l'on trouve ici doit se lire dans deux sens différents. Il signifie d'abord l'aspect rude de la mer, comme sous l'influence de la tempête, et sous cet angle il est symbole du désir intense. Mais il veut dire aussi « ardent », comme un désir ardent, et ici il s'agit du désir pour le corps de la femme. C'est en effet un corps « illuminé de braise et d'or », à savoir sous l'effet du désir. L'homme évoque aussi le désir de la femme, ce désir de la mer qui veut « consumer son dieu ».

Quoiqu'il soit intense, le désir n'est pourtant que de courte durée : « Grâce pour Celle qui fut là, et si brièvement fut là ». La majuscule (Celle) fait du désir une déesse qui visite l'homme dans l'amour, comme cela arrive dans certains mythes. L'amour a par ailleurs la capacité de transformer les êtres, de faire en sorte qu'ils oublient jusqu'à leur identité personnelle. L'homme explique que l'expérience rapide de l'amour est « comme Celle qui a bu le sang dans les coupes royales et qui ne connaît plus ni sa caste ni son rang ». C'est probablement une référence au culte de Cybèle et à la fête du sang qui en faisait partie, ou à la tradition pythique de Delphes selon laquelle la pythie buvait du sang de taureau pour prouver sa pureté[140]. Le parallèle souligne le fait que l'expérience de l'amour a le pouvoir de transformer l'être humain. À la manière d'un stupéfiant, dirait-on, l'amour offre la vision d'un autre mode d'existence où les distinctions et les divisions de la vie réelle n'ont plus cours. L'expérience de l'amour donne un aperçu de ce qui pourrait nous advenir après la vie, et sous cet angle elle nous donne alors une image de ce qui pourrait être la mort.

Le souvenir du songe raconté, à savoir le songe de celle « qui a bu le sang », est un texte placé entre guillemets dans la deuxième laisse de cette première tirade. Il raconte l'expérience sexuelle comme s'il s'agissait d'un voyage dans le monde des morts : « J'ai fréquenté la mort éblouissante et vaine, j'ai conversé de pair avec la foudre sans visage ; et moi qui sais de mer plus que n'en savent les vivants, je sais aussi le mal ancien dans sa clairière de feu jaune. Qui rêve l'épée nue couchée dans les eaux claires, n'a point banni du conte les flambeaux et les larmes … ». Le songe relate la rencontre avec l'autre monde, monde que l'on peut entrevoir au moyen de l'amour et de l'orgasme. Le « mal ancien » est sans doute le désir qui est si fréquemment représenté dans les mythes. La formule « Qui rêve l'épée nue couchée dans les eaux claires » constitue peut-

140. M. Delcourt, *op. cit.*, p. 47.

être une référence à Persée, ou à Excalibur[141], mais il faut se rappeler que le coup d'épée dans l'eau décrit aussi un geste inutile. Le rêve pour sa part s'oppose et à la réalité et au songe, de sorte que la formule « celui qui rêve l'épée couchée dans l'eau […] » décrit quelqu'un qui ne participe pas à la vie, mais qui maintient une perspective contemplative face à l'amour et face à la vie. Dans le poème de Perse, et par rapport au songe, le rêve a souvent un caractère négatif et solipsiste. Autrement dit, rêver l'amour, plutôt que de faire l'amour, c'est faire perpétuer les vieux mythes au sujet de l'amour. Pour l'homme qui raconte le songe, cependant, l'amour est beaucoup plus qu'une métaphore d'ordre poétique, il est l'essence même de l'être humain et un acte réel.

Or, l'expérience sexuelle est particulière dans le sens qu'elle semble offrir aux êtres humains la possibilité de participer à un monde divin. Grâce à l'orgasme, la culmination de cette expérience, l'individu est amené à envisager une forme d'existence qui serait l'équivalent de la mort, de cet état où l'individu perd conscience pour ainsi dire et ne connaît plus « sa caste ni son rang ». Il s'ensuit que ce désir qui transforme et l'homme et la femme ne peut venir que d'une inspiration divine tellement il est étrange. C'est comme si le dieu de l'amour même se servait du corps de l'homme pour posséder celui de la femme : « Inimitié au dieu jaloux qui te vendange dans mes bras ! Étrangère la main qui presse la grappe entre nos faces ». L'homme ne sait expliquer lui non plus la transformation que le désir fait œuvrer en sa personne. Pour lui, pourtant, l'essentiel n'est pas le geste de l'amour lui-même. Ce qui importe, à son sens, est la « fierté de vivre dans l'accès ». C'est le désir lui-même qui est important. Et le désir lui rendra certainement visite de nouveau. D'ailleurs, la quatrième laisse de cette première tirade commence par les mots « ...Tu renaîtras, désir ! Et nous diras ton autre nom ».

L'homme se demande si le désir, cet aveugle qui escorte le roi ivre, a un autre nom et, si oui, lequel. Or, le désir fait crier. Il rend visible « l'approche du message », référence à la pluie interprétée par la prophétesse de l'antiquité. Il est précurseur et annonciateur, ce qui veut dire qu'il a le pouvoir de se faire connaître. Il se réalise dans le corps d'un homme et puis, il passe dans d'autres corps car ses « voies sont multiples ». Et on se rappelle que le nom que l'on donne au désir est une fonction poétique, de sorte que l'autre nom du désir dépend de l'époque où on chante le désir. Pour les Grecs de l'antiquité il s'agissait de l'intervention des dieux dans la vie des hommes. Pour l'époque moderne, pour notre poète, il est plutôt question de la nature humaine qui s'exprime ainsi, de telle façon que le désir puisse prendre le nom des objets du régime naturel. Mais puisque le désir est souverain, et qu'il relève du divin de l'homme, on peut aussi l'appeler « Prince ».

---

141. Joëlle Gardes Tamine, *et al, op. cit.*, p. 369.

La deuxième tirade de ce discours de l'homme se lit en fait comme une étude du désir, étude qui figure alors au « cœur » du poème, et au point culminant du drame. C'est-à-dire que dans leur ensemble les discours de l'homme et de la femme constituent cinq des sept parties de Strophe-IX. Il y a alors cinq « dialogues » qui représentent comme une pièce classique en cinq actes. Ce quatrième chant de Strophe-IX en est alors l'acte trois de la pièce, si on poursuit l'analogie et, selon la tradition, le troisième acte est le point culminant du drame. Ce n'est pas là une raison suffisante pour voir dans ce chant la notion capitale du poème de Perse, mais quand on sait que le désir est le thème le plus important du poème, il s'ensuit que l'organisation qui met le désir en valeur et qui le montre en ses tenants et ses aboutissants est significative sur le plan de l'interprétation.

D'une façon qui lui est habituelle, Perse se sert ici de formules métaphoriques pour parler du désir. Disons qu'il en décline les noms et les titres, donnant ainsi la réponse à la question qu'il a posée dans la tirade précédente, à savoir quel autre nom a-t-il le désir ? Il paraît que l'amour a plusieurs noms, et un seul autre nom en général. Il est d'abord « Trombes en marches ». Il est « l'éclair de partout essaimant ses présages ». Il est la « succion du dieu fort », comme il est la « mer au masque de baudroie ». La baudroie quitte parfois les profondeurs de l'eau pour venir vers la surface où il s'exprime, tout comme le désir monte des profondeurs de l'être pour s'exprimer dans le monde. Le désir est en fait le « maître » ici. Il est le sculpteur qui façonne les êtres, son « peuple de carriers ». Et l'homme demande au « sculpteur », à savoir au créateur, de revoir son ouvrage. Il précise qu'il ne s'agit pas des ouvrages d'une autre culture, comme ceux qu'on pourrait voir dans « le miroir d'argent ciselé où court l'ignominie des roses ». Ce sont là des figures mythologiques comme « le léopard parmi la vigne, la vierge en croupe du taureau, ou le dauphin coiffé des pampres de l'écume ». Ces figures-là sont d'une époque révolue et ne sont pas claires. Si les critiques ont eu du mal à préciser à quelles figures mythologiques le poète fait référence ici, c'est, à notre sens, du fait que Perse mélange exprès les différentes figures afin de montrer que toutes ces figures se confondent pour ceux et celles qui n'y croient plus. L'amant demande au sculpteur de revoir ses ouvrages d'un autre genre, et cette fois-ci il s'agit des images de la mer, de ce « puissant plexus de forces et d'alliances », « la mer hors de ses sangles, et dans sa grande robe de jument noire entaillée de blessures : ouverture fraîches et lubriques ! ». Bref, il s'agit de représenter l'amour au moyen du monde réel et naturel, et non plus au seul moyen de figures mythologiques.

Cependant, une fois que le désir divin est passé, à savoir une fois que « les dieux sont passés », l'homme se sent redevenir lui-même. Il est plus calme, comme sous l'influence du pavot. La mer reprend pour lui sa « couleur de sédiment ». Elle devient « immeuble » et un rêve au loin. Elle reprend son aspect naturel comme après le passage d'une tempête. Il importe d'ailleurs de noter que la mer est symbole du désir et de la passion, ainsi que du calme que procure la satisfaction du désir.

La troisième et dernière tirade de ce chant exprime plus clairement la pensée de l'homme. On dirait qu'après que le désir est passé, l'homme retrouve son esprit et peut de nouveau réfléchir à ce que cette expérience lui a appris. Il sait que le désir lui reviendra. Comme il le dit : « je me lèverai encore en armes dans la nuit de ton corps ». Pour sa part la femme est « chantante et balbutiante », telle « Sibylle ouverte sur son roc comme la fille d'Érythrée ». La « fille d'Érythrée » est sans doute la reine noire dans les rêves du Soudan (Soudan et sultan) mentionnés dans le chant précédent, mais comme « la mer au loin » est symbole du désir, cette expression est encore une autre expression du désir. Il existe cependant la légende de l'Aphrodite Mélanide, dite la Noire ou l'Obscure[142], mais même dans cette perspective il est toujours question d'Aphrodite et alors du désir. Sibylle, pour sa part, est celle qui a mené Énée aux Enfers pour rendre visite aux ancêtres. Le rôle de guide dans le royaume des morts établit un rapport avec la tirade précédente et avec l'amour même parce que l'amour représente une expérience possible et précurseur de ce qui pourrait être la mort. L'homme dit aussi à la femme qu'elle « fréquentera encore le vrai du songe [...] que nul n'enseigne ni ne nomme ». Or, fréquenter le vrai du songe, c'est connaître l'amour qui est en partie physique et en partie rêve, et c'est surtout connaître la transgression que l'amour rend possible.

En fin de compte, l'homme et la femme ne sont que des êtres de « relais » du désir et de l'amour. Ils font partie de cette « même vague par le monde » qui existe depuis toujours. Lorsqu'ils font l'amour, c'est toute une histoire riche et bariolée qui se répète, « une même vague depuis Troie... », à savoir une même vague qui se répète dans leur geste : « Riche d'offrande notre couche, et de la charge de nos œuvres... ». L'homme formule encore des métaphores pour dire la femme. Elle est la vierge clouée à son étrave. Elle est la libation du vin au tranchant de la proue. Elle est l'offrande de haute mer, comme elle est la chaîne de roses, symboles d'adieu, jetées sur l'eau au départ des bateaux. C'est ainsi que l'homme nous révèle que le désir est ce « Prince sous le masque » et dont les noms sont multiples. Ou bien, c'est Dionysos sous le masque et qui est figure du désir, le désir étant et souverain et divin.

L'amante se soumettra de nouveau à son dieu, ou à son désir, nous dit-on, et elle émettra de nouveau son cri, cette voyelle où le dieu s'engage. Le cri de la femme, poussé à l'apogée du plaisir sexuel, représente encore un nom du désir. Et

142. Jean-Claude Belfiore, *Dictionnaire de mythologie grecque et romaine*, *op. cit.*

c'est ainsi que l'homme comprend l'importance du désir, de la foudre sur la mer, et de l'amour lui-même, cette foudre divine. C'est Ishtar, nous dit-il, cet autre nom de la déesse Aphrodite. Elle est « éperonnée d'éclairs et d'aigles verts, dans les grandes gazes vertes [...] ». La couleur verte évoque encore une fois le renouvellement de la vie, et bien sûr elle « frappe à midi », c'est-à-dire au moment où le reflux du désir est à son plus haut point.

Comme les déesses avaient plusieurs noms selon les civilisations et les époques où on les fêtait, le désir lui aussi a plusieurs noms selon les visions du poète. Ce qu'on exprimait autrefois au moyen de dieux et de mythes, s'exprime ici sous les diverses formes de la nature. L'amour est splendeur, et non tristesse. Il libère le cœur de la mort. Il permet à l'être humain de dépasser l'angoisse que l'idée de la mort suscite en lui. C'est ce qui est symbolisé par le cri de la femme au point culminant de l'amour, car il s'agit d'un cri qui « dure sur les eaux ». Bref, une fois qu'on a connu l'amour, on n'a plus peur de mourir. C'est grâce à l'amour même qu'on peut entrevoir ce que sera la mort, de sorte que cette transgression des limites réelles constitue encore une forme de liberté.

Strophe-IX, V, 1

La réplique de la femme, en trois tirades plutôt longues, se laisse caractériser par son aspect de calme. Revenue à elle-même après que la violence du désir l'a eu quittée, elle réfléchit à ses rapports avec son amant et donne libre cours à ses sentiments de tendresse et d'amour.

Dans la première laisse de son discours elle se sert de comparaisons et de métaphores pour évoquer son rapport avec l'homme. Elle est « rangée » à côté de lui comme « la rame à fond de barque » ; elle y est « roulée, comme la voile avec la vergue ». Il y a comme un « million de bulles plus qu'heureuses » dans le sillage de la barque portée par la mer, comme les capitules et les florules « en voie de dissémination » sont portées par l'ombelle de la fleur. On se rappelle d'ailleurs que les bulles de la mer représentent souvent Aphrodite, ou les voix des « filles sous les vagues » de la mythologie. Le bonheur de la femme s'exprime ici encore une fois alors dans des termes mythologiques, ou plutôt dans des termes poétiques qui évoquent simplement les mythes de l'antiquité. Ces termes ont pour fonction d'évoquer le contentement de la femme après le passage du désir, et on sait que le désir la quitte car elle le voit s'éloigner d'elle comme d'un pas qui « n'est point de mortelle ». Le fait que le désir s'éloigne d'un pas qui n'est pas celui d'une femme « mortelle » fait savoir qu'elle aussi, tout comme l'homme, reconnaît le désir comme appartenant à un autre monde. Et elle reconnaît surtout l'effet sur sa personne du passage du désir : « Et qui donc était là, qui n'est plus que bienfait ? ». Elle ne nomme pourtant ni dieu ni déesse. Elle constate simplement que son expérience était celle d'une transgression, et elle l'exprime en des termes poétiques.

Les amants sont comme bercés maintenant par les vagues de la mer, et la femme, à la manière du personnage féminin dans « Le Lac » de Lamartine, exprime le désir que le temps se ralentisse : « Allez plus doucement, ô cours des choses à leur fin ». Elle continue à songer à l'amour et elle ne se voit que comme appartenant à l'amant. L'attitude des amoureux, à savoir la main de l'homme sur le sein gauche de la femme, est symbole de la liberté car le « sceau d'empire est dérobé ». Les amoureux, dans leur amour, ont découvert le secret de l'autre monde, de cet empire qui est celui du bonheur : « Ferme ta paume, bonheur d'être… ». C'est ainsi que la « bonté d'aimer s'étend à toutes ses provinces ».

La cinquième laisse de cette tirade se termine par les mots, « Tu es là, mon amour, et je n'ai lieu qu'en toi ». Cette expression exprime le rapport entre l'homme et la femme. On pourrait y voir un aspect du taoïsme, comme l'unité des principes mâle et femelle mais, on pourrait également y voir une influence du romantisme. Perse admirait beaucoup Hugo, par exemple, poète qui exprime des sentiments semblables. C'est-à-dire que l'union de l'homme et de la femme constitue un être de niveau supérieur dans certains poèmes d'Hugo. Le discours de la femme semble, d'ailleurs, emprunter d'autres références au romantisme. Les amants se baignent dans le silence et l'apaisement de la mer. La femme écoute battre le cœur de l'homme et elle sent l'odeur de son parfum. Elle se sent en sécurité, et surtout, elle n'a pas peur : « Et l'épine de la crainte est de ma chair absente ». Les vers suivants ajoutent à son sentiment de bien-être. On y apprend que les portes sont barrées et qu'au-delà des portes la mer est calme. Elle ajoute que « La pierre du seuil est en travers du seuil, et la mer au-delà de la pierre du seuil ». Mais il faut aussi comprendre cette absence de crainte comme le triomphe des valeurs nouvelles. La femme a rejeté les valeurs traditionnelles de la crainte et de la honte face au plaisir sexuel, et elle connaît enfin le bonheur. En plus, c'est grâce à l'amour que le couple triomphe de la mort. La cause a été gagnée, la mer est conciliée. Ensemble l'homme et la femme ont défié la mort. L'amour libère ainsi l'être humain de la solitude, et le désir en est le moyen. La femme nous dit qu'elle aime et qu'elle connaît le désir, comme d'autres aussi le connaîtront : « La mer ensemencée d'écume assemble au loin pour nous ses chevaux de parade ». Enfin elle se sent libérée de la mort et dans son cœur et dans son corps.

La deuxième tirade de cette suite souligne l'importance de l'amour, sentiment qui a une espèce de pouvoir mystique grâce auquel on peut défier la mort. Plusieurs des images et des métaphores de cette tirade développent cette notion. L'image du voyage, par exemple, autre image romantique, est très présente. C'est-à-dire que la vie est assimilée à un voyage sur la mer. La « maison de boiserie » des amants est vue comme une « trirème » qui navigue sur la mer. La « trirème » était un navire de guerre rapide des Romains. Mais plutôt que de se lancer vers la guerre, le navire file doucement sur l'eau comme à la suite d'une victoire. La brise est fraîche et « dit un nom plus frais qu'Anchise ». Anchise, personnage mythique, fut le berger aimé d'Aphrodite. Leur fils s'appelait Énée. Anchise fut rendu aveugle par la foudre de Zeus parce qu'il s'était vanté de sa liaison avec la déesse. Or, l'image de la trirème qui navigue sur la mer exprime le sentiment de bien-être de la femme, mais la mer en question est plutôt l'amour. La trirème se lance vers l'aurore, symbole du début et du renouvellement de la vie. La femme demande : « Qui donc en nous voyage qui n'a vaisseau sur mer ? ». Le voyage dont il est question est celui de l'amour et de la vie, à savoir la vie du plaisir et du bonheur, vie qui d'ailleurs semble sans fin. Cela se voit dans la question suivante où la femme demande si la vie du bonheur qu'elle connaît sera pour toujours : « Vivre n'aurait-il sa fin ? ». Cette question suggère encore une fois que c'est grâce à l'amour que l'être humain connaît l'immortalité. Et la femme de compléter sa pensée : « Que nul ne meurt qu'il n'ait aimé ! ». On pourrait croire que l'impératif exprime ici le désir ou le souhait que tout le monde soit assez heureux de connaître l'amour avant de mourir mais, le vrai sens de la formule, à notre sens, est plus général et plus philosophique. C'est plutôt que la mort ne fait plus peur à ceux qui connaissent l'amour, l'amour étant synonyme de la vie qui se poursuit.

Que la mer soit une métaphore pour l'amour et pour la vie se fait comprendre dans la laisse suivante où la femme dit : « Nous qui passons les mers sur notre lit sans rames ni mâture, savons, et qu'il n'a fin, ce cours de choses réversibles ». Cette expression souligne que le cours de la vie continuera après la mort, car « il n'a [pas] fin », et évoque la notion de l'éternel retour car les amants savent que la vie est un « cours de choses réversibles ». L'amour existera toujours alors, comme la mer, comme les voies de mer, comme la lune qui éclaire la nuit, comme les étoiles au ciel, comme l'étoile « Bélus » qu'elle nomme. On sait d'ailleurs que Bélus est un autre nom pour Baal, dieu de l'orage qui répand la pluie vivifiante[143]. L'amante regarde la mer. Il fait nuit. Elle voit la côte et les îles. Elle considère les étoiles qui montent au ciel et qui se reflètent à la surface calme de l'eau. Elle dit : « Cette nuit, l'étoile est double et s'enfle sur les eaux ». Grâce à l'étincellement sur l'eau, le reflet ou le « double » des astres ressemble aux épées des belluaires, ces gladiateurs qui combattaient des animaux à l'époque romaine. Il paraît, selon la femme, que « des compagnies sans armes se déploient dans les jardins de pierre, comme au sortir des grandes fêtes interraciales »[144]. Les images

143. Fernand Comte, *op. cit.*, p. 138.

144. L'image des fêtes interraciales renvoie aux fêtes de mariage organisées par Alexandre le

de l'astre doublé par son reflet, et de mariages sur la plage soulignent le symbolisme de l'union du couple comme une chose naturelle, et de nouveau les images poétiques sont choisies dans le régime naturel, et ici dans le régime historique aussi.

L'amante reconnaît pourtant les signes précurseurs de la pluie et s'imagine les traces que les gouttes de pluie laisseront sur la plage, signes que personne ne saura déchiffrer : « Et sur les sables picorés nul ne déchiffrera l'écrit ». C'est-à-dire qu'il existe toujours des signes, comme dans l'ancien monde, mais que ceux-ci ne sont plus compris comme l'expression de la volonté des dieux. La mer est « conciliée », la cause est « gagnée ». C'est-à-dire que la femme ne croit plus aux anciennes traditions. Le monde n'est plus pour elle un livre à déchiffrer, un livre qui recèle un sens important et dont les lettres et les phrases ne sont que des indices des dieux absents. Les signes du monde renvoient tout simplement au monde. Dans le monde de la femme, c'est dorénavant l'amour seul qui prime. L'interprétation des « signes » se limite au monde physique, aux déplacements des animaux, aux vapeurs sur la mer. Les « taches de l'infection divine » sont visibles dans les maçonneries « liées au sable de mer ». Les taches blanches du sel de mer sur les pierres rappellent alors les taches blanches, symptôme de la lèpre et symbole du désir, sur la peau de l'étranger de Strophe-VIII. Mais ici ce ne sont que des phénomènes naturels précurseurs de la pluie à venir.

La femme entend ensuite la « brise d'avant pluie » et la chute « des petites noix de palme ». Le couple cueillera les noix plus tard. Elle croit entendre la pluie sur le toit mais elle se trompe. Le bruit qu'elle entend est causé plutôt par le « cliquetis » des feuilles des palmes. Entre-temps, tout se ranime sous l'influence du vent, comme si les objets du monde avaient une âme, mais ce ne sont que les effets de l'averse qui approche.

Et puis c'est véritablement la pluie qu'elle entend tomber sur les tuiles de la maison, et l'eau s'accumule déjà dans les jattes et les « terrines vernissées aux revers de Nubiennes ». Selon Perse, l'image des lèvres des Nubiennes évoque la forme du bord des récipients d'eau[145]. C'est avec cette eau que la femme se lavera, d'ailleurs, « de sa nuit d'amante ». L'étoile aussi « s'y lavera, dernière venue et tard sevrée ». Il s'agit sans doute de l'étoile du matin, à savoir la planète Vénus, symbole de l'amour, qui persiste à se montrer malgré le jour qui se lève. On note pourtant la proximité phonétique des verbes « se lever » et « se laver ». Ici c'est le jour qui se lève mais à cause de la pluie qui tombe le matin, c'est comme si l'étoile, tout comme la femme, se lavait de sa nuit.

Grand. *Cf.* Joëlle Gardes Tamine, *et al*, *op. cit.*, p. 369.
145. *Cf.* Kemp, *op. cit.*, p. 80.

La dernière laisse de la deuxième tirade nous fait savoir que le jour s'est enfin pointé sur la mer. L'aube d'été est comme « le premier pas d'amante nue hors de son linge foulé bas ». Sur le sable se trouvent de petites rides semblables aux « meurtrissures au flanc des jeunes mères ». Ce ne sont là pourtant que des traces de la pluie fine enfantée au petit matin, image que la femme exprime de façon poétique.

La troisième tirade de ce discours évoque le retour aux activités de la journée. La nature se réveille, dirait-on, et elle participe de la fête. La mer pullule de l'activité des organismes vivants divers et, sur la côte, les gens vaquent à leurs affaires. À cause de la pluie pendant la nuit, le matin a été lavé, tout comme l'épouse s'est lavée. La couleur est « au monde restituée », grâce notamment à la présence de la lumière du soleil, mais la couleur est aussi une métonymie pour exprimer les objets visibles du monde. C'est que la couleur d'un objet en constitue notre première perception. Par là la couleur est « entremetteuse et mérétrice ». Le terme, « entremetteuse », doit se comprendre ici comme voulant dire « intermédiaire », comme la couleur est intermédiaire entre l'objet et notre perception de l'objet[146]. En plus, les objets du monde s'entremettent en quelque sorte dans les affaires des hommes car les hommes œuvrent à gagner leur vie maintenant. Le sens péjoratif du mot est aussi présent, grâce surtout au mot « mérétrice ». Or, en plus de dénoter un bivalve du genre vénus (Cythérée), le mot « mérétrice » signifie aussi une courtisane ou une femme publique[147]. C'est aussi le surnom de Vénus à Chypre, à Samos et à Abydos. Dans le contexte du discours de la femme, il s'agit sans doute d'un aspect de la perception, à savoir une fonction naturelle du monde qui se donne, pour ainsi dire, à la perception et aux activités quotidiennes du port. En ce sens, la femme qui se donne à son amant ne fait que reprendre le geste naturel du monde.

La femme est d'ailleurs émue de voir la vie reprendre sur la côte. La mer qu'elle voit devant elle « n'est plus songe ». C'est la mer elle-même qui se présente maintenant devant elle et elle lui fait une ovation, « comme à la mer elle-même de midi, celle qui lave ses lionceaux derrière les poivriers en fleurs ». On se rappelle que midi représente le désir, ainsi que les activités humaines en général. La référence aux lionceaux pourrait évoquer ou bien Artémis, ou bien Cybèle. Le char de cette dernière était tiré par des lions, mais en fait, aucune déesse n'est nommée.

---

146. Il s'agit peut-être d'un autre aspect de la pensée de Cézanne, peintre pour qui la couleur était notre premier rapport avec le monde. Mais c'est aussi un trait fondamental du fauvisme en général.

147. *Grand Dictionnaire universel du XIXe siècle*, Paris, Larousse.

Sous la journée nouvelle, les gens cherchent à satisfaire leurs besoins et à combler leurs désirs. Ces termes se prêtent aussi à la femme, à l'épouse qui vient se laver de sa nuit d'amour, surtout quand on se rappelle le contexte mythologique du poème. Selon le culte d'Aphrodite, les hiérodules se prostituaient aux étrangers de passage. Ce sens est souligné et par les termes d'entremetteuse et de mérétrice, et par les termes de la fécondité. Dans l'eau se trouve, par exemple, tout un « peuple de petites méduses, en forme d'ovaires, de matrices ». Celles-ci remplissent les « anses mises à jour ». Le mot « anse » renvoie à « urne », autre nom de l'utérus, comme en est la « matrice ». Ce terme décrit aussi l'aspect de la trompe de Fallope qui rattache l'ovaire à l'utérus.

Au bord de la mer, source de vie, et après la pluie engendrée pendant la nuit, les activités se reprennent nombreuses. Les gens ramassent des coquillages et de l'ambre. Aux îles se laissent apercevoir les sternes et les pies de mer et, au loin, comme un « vaisseau d'offrande » nage un poisson bleu, peut-être un thon, poisson « aimé des Nomades ». Ou s'agit-il plutôt d'une référence erronée au dauphin ? Quoi qu'il en soit, la femme salue maintenant tous les êtres vivants du monde dont elle fait partie : « Qu'à tous s'étende même palme ! », dit-elle, la palme étant un symbole de la victoire et de la gloire. Elle participe de l'activité du monde et connaît ainsi le bonheur et la paix des eaux. Le songe de la nuit et de l'amour, ce mélange de rêve et de réalité qui caractérise le désir, l'abandonne à présent. Elle est éveillée et le songe a cédé le pas devant l'aspect de la réalité qui se déploie devant elle. Elle nous dit que le sommeil « s'ouvre, pour l'amante, à la censure du grand jour… ». C'est l'être de la mer qu'elle fête maintenant en son bonheur. C'est l'aspect de la mer qu'elle salue. Il semble que, grâce à l'amour, la femme voie le monde entier sous un jour nouveau.

Strophe-IX, V, 2

La réplique de l'homme est en 5 tirades. Les laisses sont, en général, plus courtes que celles qui communiquent la pensée de la femme en Strophe-IX, V, 1. L'homme paraît plus réaliste que la femme, ou du moins, il semble être moins influencé par son sentiment, comme si un passage court traduisait mieux la réalité qu'un passage plus long, bien qu'en fin de compte l'homme et la femme partagent un même songe.

Or, le point de vue de l'homme contraste ici avec celui de la femme selon lequel il « n'est sécurité plus grande qu'au sommeil de l'Amante ». La femme craint la séparation, et voit la sécurité plutôt dans l'union des amants. Dès les premiers mots de la première tirade de l'homme, à savoir, « ...Solitude, ô cœur d'homme ! », on sait que l'homme pense s'en aller. Il semble voir son départ comme nécessaire même, comme faisant partie de sa condition naturelle. De plus, l'énonciation, « sait-elle du songe tout l'abîme ? », semble indiquer d'abord que les amants partagent un même songe, à savoir le désir, et fait ressentir ensuite tout le mystère du désir qui les travaille tous deux. L'homme lui-même ne comprend pas son désir. Il s'agit d'un désir voilé, ténébreux, et cela même au moment où le désir de l'union avec la femme est au plus fort, c'est-à-dire « au grand midi de l'homme ». C'est-à-dire que la source du désir reste voilée : elle est « sous la mer où bouge ce peu de sable et d'or... ». Cette formule évoque encore une fois les Océanides de la mythologie grecque et le message mystérieux qu'elles avaient à communiquer. Ce genre d'associations, fréquent dans le poème, rattache le désir à l'inconnu et aux anciennes croyances mythiques. C'est-à-dire que le désir reste inexplicable. À la fin, il semble relever du divin.

Or, où qu'elle se trouve la source du désir, il est clair que le désir transforme ses sujets. Sous l'influence du désir, la femme perd ses qualités personnelles pour l'homme et ne devient qu'une « femme », c'est-à-dire un objet de désir. Ainsi, n'est-ce qu'au moment où le désir s'éloigne que l'homme reconnaît les traits particuliers de sa partenaire, « ce front de femme mis à nu ». En soi la femme est « douceur », et pour le corps, « au flair de l'homme », et pour l'esprit, « aux serres de l'esprit ». L'homme aussi devient autre sous l'influence du désir, désir dont il semble être obsédé. Il est déchiré entre le désir de l'amour, la « faveur » de la femme, le « col flexible de la femme », et celui de s'éloigner, ce qui est indiqué par le « goût » de son « âme très foraine ». Il se demande en effet pourquoi ce goût du large lui revient toujours, même dans l'étreinte de l'amour.

Or, l'homme ne sait pas d'où lui vient ce désir du large et il ne sait pas non plus la source de son sentiment de bien-être. C'est-à-dire qu'il ignore la source de cet état de grâce qu'il connaît auprès de la femme. Il utilise le mot « grâce » quatre fois en deux strophes pour décrire la femme. Il sent sur son visage le souffle de la femme endormie. Il contemple sa figure enfantine sous forme d'ovale. Elle est comme une déesse qui se montre nue, c'est-à-dire dans toute sa simplicité de femme. Il aperçoit son côté franc, côté qu'on ne voit pas normalement, comme on ne voit pas l'envers des lunes satellites. Elle est d'ailleurs douceur, et dans la grâce de son visage, le poète entrevoit un état de grâce qu'il s'imagine venir de plus loin, d'une origine révolue, d'une qualité de femme que possèdent donc toutes les femmes et dont l'importance est symbolisée par la majuscule : « Et de Qui d'autre graciés, recevons-nous de femme cette faveur d'aimer ? ».

Comme le désir en fait partie, la grâce qu'est l'amour fait, elle aussi, partie de la condition de l'être humain[148]. Cette grâce est d'ailleurs « incorruptible ». Elle appartient à la femme sous toutes ses formes : « saveur de vierge », « faveur d'amante », « parfum d'épouse ». Et l'amour, comme on l'a déjà vu, a le pouvoir

148. On se rappelle que dans « Neiges » aussi la grâce joue un rôle important. Elle y représente le don originel que le poète a reçu de sa mère.

particulier d'éloigner la mort ainsi que la crainte de mourir des préoccupations de l'homme. C'est un don exceptionnel que la femme fait donc à son amant, comme si, en l'aimant, elle lui communiquait une sorte de pouvoir magique. Il nous dit que c'est grâce à la femme que « l'or s'allume dans le fruit », que « la chair immortelle nous dit son cœur de safran rose » et, que « l'eau nocturne garde présence et saveur d'âme », comme les gouttes d'eau qui restent à l'endroit où les feuilles des palmiers ont été arrachées à l'arbre.

La deuxième tirade de ce discours de l'homme représente une série de métaphores où la femme, sous forme du pronom « tu », se laisse voir dans ses rapports avec les sentiments de l'homme. Le premier vers de cette tirade, à savoir « …Ô toi qui vas, dans le sommeil, ta part mortelle répudiant », reprend les paroles de la femme en Strophe-IX, V, 1, et fait croire encore une fois que l'homme et la femme partagent un même songe. Il semble qu'ils communiquent l'un avec l'autre pendant le sommeil ou, du moins, dans leurs désirs pareils. Et puis, puisque la femme participe à l'amour, elle est comme « immortelle » et semble appartenir à un autre monde. Elle est comme une déesse, mais elle est aussi qualité et esprit, comme elle est « promesse en Orient », ce qui indique qu'elle est comme une source de vie nouvelle pour l'amant car l'Orient représente un début. C'est un peu comme si la femme existait uniquement pour l'homme. Par un beau matin au ciel rose, la femme est pour le poète la voile de son bateau, la voile qui lui permet d'avancer et de faire son chemin. Elle est aussi « fraîcheur de mer et fraîcheur d'aube », ainsi que la première lumière du matin. Elle correspond avec les perceptions et les sensations agréables du poète, avec la « transparence d'aigue [marine] du réveil », par exemple, et avec « la prémonition du songe ». Elle lui rappelle aussi « l'Étoile verte du matin », l'étoile verte étant sans doute Vénus, à savoir la « Princesse apanagée du jour » qui descend les gradins du ciel tous les matins « pour aumôner l'enfance au front bouclé des eaux… ». Selon l'étymologie du verbe, « aumôner » veut dire « céder à titre gratuit ». On comprend alors que l'étoile du matin cède ainsi sa place au soleil qui se lève, de sorte que chaque jour est comme une nouvelle vie accordée à la terre, et alors à l'homme. Dans ce sens la femme a le pouvoir de faire tous les jours une nouvelle vie à l'homme, ou plutôt, c'est l'amour qui rend la nouvelle vie possible. La femme est « l'invisible de la source » et « de la flamme ». En ce sens elle et créatrice et elle a une espèce de pouvoir magique qui peut transformer son amant en un nouvel homme. Elle l'inspire et provoque son désir : elle est « mangeuse de pétales et chair d'amaryllis des grèves ». En plus de nourrir le songe de l'homme, elle le nourrit aussi de riz, de fruits, et de blé, de sorte qu'elle nourrit le corps de l'homme tout aussi bien que l'esprit et le songe. Pour l'homme, alors, en plus de ses qualités réelles et physiques, la femme possède un côté spirituel, exotique et rarissime.

Or, comme le temps passe et la vie se poursuit, l'amour aussi doit passer. C'est ce qui est expliqué par l'image du fleuve qui rejoint la mer. L'homme ne sait pourtant pas ce qui l'attire vers la femme : « qui donc en moi descend le fleuve de ta faiblesse ? ». Il évoque ainsi le mot d'Héraclite selon laquelle on n'entre pas deux fois dans le même fleuve. C'est une espèce de pensée ou d'analyse rudimentaire, on dirait, le début peut-être d'une réflexion plus poussée, mais l'homme ne poursuit pas cette lignée. Il préfère exprimer sa pensée par une figure, ce qui est indiqué par la dernière phrase de la deuxième tirade : « Heureuse la courbe qui s'inscrit au pur délice de l'amante ». La figure est un peu énigmatique, un peu comme les aphorismes d'Héraclite d'ailleurs, mais il semble que la figure du poète vise la constitution et les limites des êtres corporels. Selon la formule du poète il est à comprendre que la courbe marque la limite du corps et qu'ainsi elle définit la femme car, en fait, la courbe n'existe que grâce à la femme dont la présence physique s'exprime sous forme de courbe. C'est ainsi que la courbe marque la limite de son corps, et c'est ainsi que le « pur délice de l'amante » se comprend car la « courbe » est une référence au corps de la femme[149]. La pensée du poète ébauchée dans cette tirade par la figure du fleuve se termine en quelque sorte en queue de poisson. Pour le poète, la perception physique, le délice de l'amour et le bonheur d'aimer l'emportent sur l'analyse et l'explication entamées. Et pourtant, le rapport entre le corps et ses limites, autrement dit entre l'être et ses qualités, constitue déjà une sorte d'analyse poétique et philosophique d'ordre ontologique.

La troisième tirade poursuit le développement par métaphores, mais cette fois-ci le discours est à la troisième personne et au démonstratif. Chaque verset commence par le pronom « celle ». La femme est « gerbe » et « semence » et l'homme se montre très prévoyant à son égard. Elle sait lutter en songe contre les « ombres », à savoir contre les ombres ou les pensées noires, occasionnées sans doute par la solitude de l'homme. L'homme pour sa part protège la femme contre les intempéries. Mais c'est ainsi grâce à elle qu'il réussit à faire son chemin en eaux claires. Qui plus est, couchée sur la hanche droite, elle ressemble à un vase qu'on transporte. Ainsi le corps s'exprime-t-il de nouveau sous forme de courbe. Enfin la femme est surtout douceur pour l'homme, douceur qu'il transporte « au vaisseau de [s]es bras ». Il semble que les bras de l'homme autour de la femme prennent ainsi la forme d'un vase.

Dans les quatrième et cinquième tirades de cette suite, l'homme revient à la réalité de l'aube qui éclôt. Il garde le souvenir de sa nuit d'amour mais de plus en

---

149. Ce procédé est souvent exploité par Éluard.

plus il s'adonne à la perception de la matinée et aux activités de la ville portuaire. La nuit se dissipe et fait place au jour. Nombreuses images suggèrent ici la naissance du jour et établissent un rapport entre la naissance du jour et la naissance d'un enfant. Il s'agit par exemple d'une « aube sous le lait de Verseau », le lait évoquant la lumière du matin sur la mer ainsi que la lactation qui suit la naissance d'un enfant. De même, le jour naissant est « vigile encore dans l'Est » et la nuit se déchire. La mer est en « fleurs sous la première ondée du jour », et le vent d'est crée de petites vagues, donnant ainsi à la surface de l'eau l'aspect de la chair plissée d'un « nouveau-né ».

Or, l'homme aussi entend la pluie, « comme pieds nus de femme sur le pont », dit-il. Et, au loin, l'averse paraît blanche sous l'effet de la lumière du matin. C'est-à-dire que le « ciel en mer donne son lait », voire « le lait du Verseau ». Toutes ces images du jour nouveau, de la couleur du ciel, et de la pluie qui tombe au petit matin se confondent dans le discours de l'homme et mettent alors en valeur l'harmonie des objets disparates. L'homme veille et il se croit seul à veiller. Il s'inquiète déjà de la journée qui pointe, comme si elle amenait avec elle des soucis restés à l'écart pendant la nuit et sous l'influence de l'amour. Comme un vaisseau qui transporte blé et vin, il transporte maintenant la femme en lui, mais comme tous les êtres réels, son vaisseau ne dure pas pour toujours. « Le taret de la mort est dans le bois du lit, est dans la quille du navire ». De même, son rapport avec la femme ne peut durer longtemps non plus. Mais pour l'instant, c'est l'amour qui « frappe plus fort aux boiseries du songe ». Et puis la journée se déclare. Il entend « se déchirer la nuit à l'avant d'une proue ». C'est une belle matinée de juin qui s'annonce. La femme dort toujours et reste alors aux prises avec le songe, du moins, c'est ce qu'il croit. La mer sous le soleil du matin est resplendissante et neuve. La lune toujours visible est en train de disparaître et le souvenir de la nuit, toujours vif, rappelle que lorsque l'homme et la femme s'unissent ils semblent former un seul être : « la nuit tient ses mains de femmes dans nos mains ... ».

Sur le manuscrit, après la laisse qui se termine par cette dernière phrase, il s'en trouve une autre qui rappelle encore la pensée d'Héraclite. La laisse supprimée se lit ainsi : « Que l'homme avant le jour se taise dans la femme. Et la femme est dans l'homme, et la mer dans la femme. Et la nuit dans le jour, et le jour dans la nuit où tant de mer à tant de femme fut mêlée ». Une autre version, légèrement différente, remplace « et la mer dans la femme » par les mots « et dans l'homme est la mer », de sorte que la phrase entière se lisait ainsi : « Et la femme est dans l'homme, et dans l'homme est la mer ». Quelle que soit la version privilégiée, il semble que l'homme et la femme participent d'un même être car la mer est dans la femme qui est dans l'homme, de sorte que la mer est dans l'homme, ainsi que dans la femme, tout comme la nuit est dans le jour et le jour est dans la nuit. Selon Héraclite, le jour et la nuit sont une même chose[150], la distinction n'étant qu'une question de perception, d'après la position du sujet. Selon l'analogie, l'homme et la femme ne représentent que les deux pôles d'un même être.

Dans les dernières laisses de la quatrième tirade, l'homme contemple l'amante qui sommeille toujours, et il pense aux premiers mots qu'il lui dira en tant qu'homme, c'est dire lorsqu'elle se réveillera. Il souligne la distinction entre le monde réel et celui du songe. Bien que le jour se lève, la femme dort toujours et la « nuit de mer est sur sa face ». Elle reste prise dans le songe et on se rappelle que le monde du songe est poétique, mythique et surréel. Cette dernière laisse et la proposition qui la suit sont pourtant difficiles à comprendre. Pourtant, si on complétait les négations dont l'homme se sert ici, et qu'on changeait quelque peu la syntaxe de la phrase, la dernière phrase de la quatrième tirade, en deux laisses, se lirait ainsi : « J'aurai pour celle qui n'entend [pas] les mots qui ne sont [pas] mots d'homme ». Celle qui « n'entend pas » est évidemment la femme endormie. Puisqu'elle dort, elle ne peut entendre les paroles de l'homme. Par ailleurs, sous l'effet de son désir, l'homme dit des choses qui lui paraissent étranges, à savoir des mots qui « ne sont pas mots d'homme ». Cependant, on pourrait également lire la formule de la dernière proposition non pas comme une négation mais comme une restriction. C'est-à-dire qu'à la place de la version donnée, on pourrait lire, « J'aurai pour celle qui n'entend [pas] les mots qui ne sont que des mots d'homme ». Bien que la restriction avec « que » soit plus « réaliste » que la négation, la négation nous semble préférable. Le poète ne peut parler qu'en tant qu'homme de sorte que l'expression paraît ainsi quelque peu redondante. Ainsi exprimée, la formule de l'homme n'évoque pas l'aspect divin de l'amour, aspect qui a été suggéré à maintes reprises. Si on lit la phrase comme une négation, à savoir que l'homme dit des mots qui ne sont pas mots d'homme, sont mis en valeur et le contenu du songe et le mystère du savoir qui dépassent l'entendement. Comme le poème vise en partie du moins la transgression de la réalité, il est naturel que le langage dépasse lui aussi les limites de l'homme. Sur le manuscrit, cette phrase se termine par les mots « les mots qui d'homme nulle n'a sus »[151]. Cette version souligne le fait que les mots énoncés par l'homme n'ont jamais été entendus par la femme (« que nulle n'a sus »), ce qui souligne à son tour qu'il s'agit de mots qui ne sont pas des mots d'homme. Le contenu de la cinquième tirade souligne également l'interprétation selon laquelle les mots prononcés par l'homme ne sont pas des mots d'homme. Ils ont sans doute été inspirés par quelque force divine.

---

150. Héraclite, *Fragments*, *op. cit.*, p. 230.
151. Ms am6, ms am14, Fondation Saint-John Perse.

La première laisse de la cinquième tirade répète la référence à la naissance du jour et évoque de nouveau la naissance d'Aphrodite dans l'écume de la mer. On y lit que la femme s'éveille « comme fille d'immortelle prise aux aisselles hors de l'écume mère ». Le réveil de la femme est semblable alors à la naissance de la déesse. La nuit d'amour marque en plus une nouvelle vie qui commence et pour l'homme et pour la femme. Pour l'homme, la femme est donc une déesse pendant la nuit, c'est-à-dire dans son songe et sous l'influence de son désir, car elle le fait entrevoir un monde divin, un monde autre que celui de l'être isolé et seul. Le jour, la femme est pourtant autre : elle n'est que femme. Elle a un corps d'une surface étendue, un corps qui recèle son intérieur, un peu comme l'écorce d'un arbre en recouvre le tronc.

Dans la mythologie, d'ailleurs, la femme est souvent trompeuse dans ses apparences, et l'homme de se demander quelle pensée venue d'un autre monde mythique pourrait persister encore en son esprit qui est en train de s'éveiller : « quel présage encore jusqu'à toi s'ouvre sa route de colchiques ? ». Or, le colchique est une plante vénéneuse de la famille des liliacées (amaryllis, tue-chien) de la région de « Colchide », pays de l'empoisonneuse Médée. Un peu plus loin dans cette même tirade il est fait mention de la « mer de Jason » qui « nourrit au loin ses plantes carnassières… ». C'est une référence à l'histoire de Jason et des Argonautes qui ont voyagé en Colchide, au pays de Médée, afin de ramener la Toison d'or pour le roi Pélias. Médée tombe amoureuse de Jason et elle l'aide dans ses démarches. Par la suite, lorsque Jason se lasse d'elle, elle devient jalouse et cherche à se venger. Le poète se demande à son tour si lui aussi sera victime de la jalousie et de la colère féminines[152], du moins pendant le réveil de la femme où le songe se mêle toujours à la réalité. L'homme incite son amante au repos pourtant, vu qu'il n'y a ni menace ni péril devant eux. Elle n'a aucune raison pour se mettre en colère. Elle n'a rien à craindre non plus, non pas parce que l'homme ne décidera pas de partir, mais parce que l'amour qu'ils ont connu est plus fort que la crainte, selon l'homme. Sur la faiblesse de la femme, il « a fondé » et, sur la grâce de la femme il « a composé ». C'est-à-dire qu'il a cédé à son désir[153]. Mais cela veut dire aussi, sans doute, qu'il s'est inspiré de la femme pour composer ses vers.

---

152. Dans ses annotations à l'intention de son traducteur, Perse dit qu'il ne fait aucune allusion historique ou mythique ici, qu'il s'agit d'une simple association d'images (*cf.* Kemp, *op. cit.*, p. 85). Étant donné le développement de cette séquence, cela nous paraît peu probable, à moins qu'on puisse faire l'association d'images particulières, disons de façon symbolique, sans se préoccuper de l'histoire ou du mythe. On pense aux figures de discours que des locuteurs utilisent sans en savoir ni l'origine ni l'étymologie des termes. Pour Perse, cependant, l'origine des mots joue un rôle important. Il est donc plus probable qu'au moyen de la note en question, il voulait dire que le sens du poème lui-même importait plus que la mythologie et la référence historique.

Dans les trois laisses suivantes, le poète évoque les événements qui occupent les habitants de la ville au petit matin. La nuit se retire comme un bateau qui baisse et qui « croise ses voiles ». La lune perd de son éclat. Le vent se lève et répand en l'air l'odeur salée de la mer. Les constellations des étoiles disparaissent comme si elles étaient retenues par la mer (la servante) au fond d'un golfe où, tantôt on en pouvait voir le reflet. Les gens se lèvent et se mettent au travail. Les lumières de la ville s'éteignent. On est prêt à accueillir la première houle de la mer. Les idées saugrenues se retirent, elles aussi, car, comme on lit un peu plus loin, il s'avère que les plantes carnassières de la mer de Jason sont « au loin », comme la jalousie et l'idée de la mort sont loin des pensées de la femme. De plus en plus le songe cède la place ici à la réalité du jour qui s'impose.

L'idée de l'amour ne se perd pourtant pas, et persiste à s'imposer à l'idée de la mort, comme on voit dans l'avant-dernière laisse de cette tirade. L'amour est « grâce recouvrée sous la censure du grand jour », et l'homme demande que le jour ne lui enlève pas son souvenir de la nuit : « Ne me dessaisis pas, clarté ! De cette faveur, en tout, d'aimer [...] ». L'amour est d'ailleurs essentiel pour l'homme, comme le souffle dans la voile est essentiel au bateau qui fait son chemin vers le large. L'association du souffle et de la voile, de la voile qui est formée par le souffle, du souffle qui remplit la voile, rappelle l'association de la femme et de la courbe selon laquelle la courbe marque les limites du corps. C'est dire que le souffle est à la voile ce que la courbe est à la femme, à savoir l'expression de sa matière physique, ou une forme imprimée à la matière. Comme l'amour lui aussi est une qualité et une présence physique et est connu grâce au corps, le poète se demande en effet si l'amour laissera lui aussi son empreinte sur les amoureux, tout comme le vent change la forme de la voile. C'est dire qu'il se demande si les amants garderont pendant le jour « l'inflexion du corps et de l'épaule ». Il s'agit de l'attitude des amoureux pendant la nuit, attitude pareille à celle que prennent les fidèles à la coque d'un bateau, réunis par leur couche tout aussi bien que par leur désir. L'homme voudrait en fin de compte que la douceur de l'amour se perpétue au courant de la journée, même lorsque la réalité concrète de la journée s'imposera.

Évidemment l'amour n'est pas un être physique à la manière dont une voile ou dont une personne sont des êtres concrets mais, parce que les objets physiques existent grâce aux qualités qui les définissent et, étant donné qu'ils participent au discours grâce aux mots qui les nomment, il est à supposer que l'amour, dénoté lui aussi par le langage de la même manière que les objets réels, signifie quelque chose de concret et possède alors des qualités particulières. Il s'agit en effet d'un raisonnement particulier. D'une part, l'objet se laisse dire en ses qualités particulières, qualités qu'on cherche à nommer. D'autre part, si l'amour s'exprime

153. *Cf.* Kemp, *op. cit.*, p. 85.

par des mots qui en dénotent ses qualités à lui, il doit en quelque sorte faire figure d'objet. C'est le langage qui le veut ainsi, paraît-il.

Strophe-IX, VI, 1

Les trois tirades de la femme que ce chant représente ont pour sujet l'inquiétude, c'est-à-dire la crainte que l'homme l'abandonne. Dans le chant précédant l'homme s'est inspiré de la femme endormie pour élaborer sa réflexion sur l'amour. On apprend dans le sixième chant que la femme n'était pas endormie, qu'elle feignait le sommeil et qu'elle observait son amant. Il semble alors qu'en plus des qualités féminines qui ont transformé l'homme en désir, la femme possède aussi la capacité de receler la vérité et de tromper son amant. C'est dire qu'elle est magicienne en quelque sorte, et c'est sans doute en connaissance de cause que l'homme craint sa réaction lorsqu'elle se réveillera. Cependant, on dirait que l'homme et la femme partagent toujours un même songe et qu'ils semblent connaître la pensée l'un de l'autre sans en entendre l'expression explicite.

Dans la première tirade de ce chant, les nombreux points d'interrogation soulignent l'inquiétude de la femme. Elle questionne les motivations de l'homme. Elle se demande ce qui existe en lui pour qu'il veuille toujours abandonner la femme en faveur de la liberté du large. Il paraît d'ailleurs que l'inquiétude l'affaiblit car plusieurs images de faiblesse sont associées ici avec des images de guerre et de dureté. La première laisse distingue entre le sommeil de la nuit et la clarté brillante du soleil, à savoir entre la pénombre et les « glaives du jour ». C'est le moment de la journée où la « rosée de mer », une fine couche d'eau, « enduit les marbres et les bronzes », statues peut-être de héros ou de guerriers. C'est le moment où « l'aboiement lointain des camps », un bruit fort et strident, fait « s'émietter les roses de la ville ». Les fleurs perdent leurs pétales à cause de la violence du bruit du camp militaire. Le poète établit ainsi un contraste entre le faible et le fort, entre la femme et l'homme, et par là il désunit les deux amants qui pendant la nuit semblaient ne faire qu'un seul être harmonieux.

L'inquiétude de la femme se précise dans les laisses suivantes où elle prend la forme d'une interrogation adressée à l'homme. Dans la deuxième laisse, par exemple, la femme demande si l'homme est prêt à s'aliéner « avec le jour ». Elle veut savoir où il va, où il demeure, et qui il fréquente quand il est loin d'elle. C'est-à-dire que la motivation de l'homme lui reste voilée de mystère. Elle ne sait pas, par exemple, quel « Pilote » monte à son bord pour le diriger vers le large et vers l'inconnu. Le mot « pilote » doit se comprendre ici comme une figuration du désir, du désir inexplicable et caché qui pousse l'homme à agir car le pilote, ou l'hôte, monte dans le navire de l'homme du côté de la mer « où l'on n'aborde [pas] », à savoir du côté du large. Ainsi est-il caché et invisible aux riverains. Qui plus est, la formule, du côté où « l'on n'aborde » semble établir un parallèle entre le bateau et le cheval, et dans les laisses suivantes ce parallèle se poursuit.

Dans la troisième laisse, la femme révèle que dans le visage de l'homme elle voit les traits d'un aigle pérégrin penché sur le bord des falaises. L'image de l'oiseau de proie est comme « taillée » ou sculptée dans les traits de l'homme, mais ce qui importe, c'est que la femme se demande si les traits de l'oiseau perceront le « masque de l'amant ». Ainsi l'homme est-il double pour la femme : derrière l'amant se cache l'homme qui est seul et qui dévore.

La dureté entrevue dans le visage de l'homme fait encore contraste avec le doute qui semble caractériser ici la femme. Dans les laisses suivantes, par exemple, elle révèle qu'elle ne sait aimer, d'un amour de femme, « celui pour qui nul ne peut rien ». Elle s'avoue en quelque sorte faible et sans armes. Elle ne peut lutter contre la mer qui, plus forte qu'elle, semble toujours capable d'attirer l'homme. Elle se montre vulnérable, faible et même résignée. Dans la sixième laisse, par exemple, elle constate ainsi que la journée commence : « Voici. Le vent se lève ». C'est-à-dire que pour elle la journée ne commence pas avec l'énergie et l'assurance qui étaient le propre de l'homme dans la dernière tirade du chant précédent, mais seulement par le vent qui se lève. Elle remarque en plus que « l'étrille de l'athlète court déjà sur l'eau vive ». L'étrille est une brosse pour les chevaux, ou un crabe appelé aussi 'un portune', du latin 'portunus' – dieu des ports. L'image créée est celle d'une préparation de départ, comme on brosse un cheval avant de le monter. C'est-à-dire que l'homme prépare déjà son départ, et que la femme est au courant.

Elle sait que l'activité du port reprend, que la mer va dicter sa loi à l'homme. Elle sait en plus que l'homme s'en ira vaquer à ses affaires. Elle avance pourtant que l'amour aussi est action, que l'amour est même une action plus grande au moment de la « désertion ». Elle se sert d'images de guerre et de bataille pour évoquer l'amour et la « désertion » de l'homme. Elle dit que « les aigles cette nuit n'étaient pas aux armées », que le « Tressaillement d'armes [est] sous les sables et sous la pierre du seuil » et que « la vague hennissante » est à la porte. C'est-à-dire que l'homme doit lui paraître agité, et désireux de partir à la recherche de nouveaux exploits et de nouvelles conquêtes, tandis que la femme, pour sa part, évoque la peine et la frustration que lui cause toute cette inquiétude. Elle en veut même à l'homme qui l'abandonne, à l'homme qui s'en va interroger « Mars rougeoyant ». C'est un symbole du masculin et de la guerre. Elle en veut à celui qui, d'après elle, « n'a de femme ni l'usage ni le soin ».

Elle précise d'ailleurs que son inquiétude est aussi de mer : « De mer aussi, le savais-tu ? Nous vient parfois ce grand effroi de vivre ». Dans l'avant dernière laisse de cette tirade, elle dit qu'il « n'est péril plus grand qu'au sommeil de l'Amante ». Cette dernière phrase fait contraste avec le discours de la femme du chant précédent (Strophe-IX, V, 1) où elle avance, dans sa deuxième tirade, qu'il

« n'est sécurité plus grande qu'au vaisseau de l'amour » et, dans sa troisième tirade, où elle dit qu'il « n'est sécurité plus grande qu'au sommeil de l'Amante ». Or, il faut comprendre d'abord qu'il s'agit de deux moments différents, et qu'à la magie de l'amour de la nuit et du songe se substituent dans Strophe-IX, VI, 1 le réalisme de la journée naissante et des activités quotidiennes des individus. Le sentiment est d'ailleurs double puisque la sécurité et le péril font, tous deux, partie du sommeil. Cela veut dire en fin de compte que la crainte se recèle dans la sécurité, que la sécurité n'est jamais absolue. Par ailleurs, comme la sécurité dont parle la femme est une sécurité qui découle de l'amour, il s'ensuit que l'amour lui-même n'est pas absolu, mais qu'il doit un jour prendre fin.

La deuxième tirade semble marquer un changement d'attitude de la part de la femme. On dirait que sa crainte se mue en résignation, et qu'elle se lamente maintenant de l'absence imminente de son amant. Elle reconnaît que la « solitude » est au cœur de l'homme. Elle reprend les paroles de l'homme du chant précédent, comme si elle les a entendues dans leur songe. Elle sait que l'homme lui-même ne se comprend pas car il ne sait répondre à son questionnement. « Où es-tu ? Dit le songe. Et toi, tu n'as réponse ». L'homme ne fait d'ailleurs que regarder la mer, et la femme de s'expliquer cette solitude à sa façon. D'après elle, l'homme est « comme un fils de Navarque », c'est-à-dire qu'il est comme le fils d'un commandant de navire de guerre qui bâtit sa demeure sur la côte, mais qui n'a pas de vaisseaux pour faire campagne. La mer représente alors pour lui le rêve d'un autre monde, et ici l'horizon de mer semble même figurer une « armée sans maître », comme si la place de l'homme commandant était au loin, à savoir auprès de l'armée.

On se rappelle que le songe est une pensée qui dépasse la pensée rationnelle, et qu'il a le pouvoir d'interroger les désirs et les motivations les plus obscurs et les plus recelés des êtres humains. Or, l'homme et la femme partagent ici un même songe. L'homme connaît le songe de la femme et la femme connaît celui de l'homme. C'est dans ce sens que la femme comprend un peu les motivations de l'homme, comme on vient de le voir, et cela dans la mesure du possible car les sentiments restent obscurs. Selon la femme, l'homme cherche l'aventure et la gloire, mais elle avoue ne pas très bien comprendre son amant. Après avoir évoqué le désir de l'homme de partir, elle demande : « que sais-je encore des routes jusqu'à toi ? ». La « route jusqu'à toi » doit se comprendre ici comme une voie d'accès à la pensée et aux sentiments de l'autre. C'est une métaphore pour la compréhension des sentiments de l'autre.

Le silence et le regard au loin de l'homme provoquent toujours l'inquiétude chez la femme. Elle ne sait pas « où il est » dans ses songes. Elle ne sait pas quel « combat » il mène, ni quelle « cause » il défend. Elle s'inquiète surtout de sa solitude à elle, conséquence de la désertion de l'homme, et elle voit la mer maintenant comme une rivale pour les sentiments de l'homme. Elle sait que la mer a une place dans le cœur de l'homme, et qu'elle ne peut rien faire pour empêcher l'homme de partir, comme si la mer était l'épouse à laquelle l'homme retournait après une visite auprès de sa maîtresse. D'après elle, la mer est l'autre qui lui vole son homme et pour cette raison la mer représente le renversement de l'ordre naturel. C'est la folie qui pénètre dans sa vie domestique pour tout mettre sens dessus dessous. D'ailleurs la mer entre déjà dans la maison, au moyen de l'amour, au moyen du songe, et la vie domestique est altérée par conséquent. « La foule est dans les chambres », et « L'épouse n'est plus gardée de la promiscuité ». En effet, en laissant pénétrer la mer dans la maison, on fait entrer la « Magicienne ». Pour sa part, la femme voudrait que la Magicienne monte par la cuisine, à savoir comme une servante, et qu'elle « s'ouvre les veines dans la chambre » pour ne pas pouvoir s'approcher de l'homme. Elle sait pourtant que la mer « adultère » s'offrira à l'homme, et qu'elle n'aura pour elle que les « boissons vertes » de l'amertume. On se rappelle que Jason a récusé Médée pour épouser la fille du roi Créon. Pour se venger, Médée a tué sa rivale[154]. Pour la femme, la mer, cette Thessalienne, est « menace et honte ». Or, Médée n'était pas Thessalienne d'origine, mais en épousant Jason elle l'est devenue en quelque sorte. Pour l'aider à lutter contre la mer, cette « magicienne », la femme implore les dieux terrestres à venir à son aide.

Dans la troisième et dernière tirade de ce chant, la femme demande à l'homme de ne pas partir. Elle voudrait qu'il reste auprès d'elle. Elle utilise la voix impérative à plusieurs reprises. Elle invoque la nostalgie de leur amour, sa faiblesse et ses besoins. Elle fait savoir qu'à son sens l'amour lui-même est une « action » on ne peut plus honorable. Les deux premières laisses de cette tirade rappellent le bonheur et l'amour du couple. L'amante demande à l'homme qui ressemble à « un nomade roulé dans son étroite laine », de se rappeler les « chambres ouvertes sur la mer » où ils ont aimé. Leur amour était comme une tempête sur la mer et elle en fait un portrait plutôt pastoral. C'était un amour sous les étoiles, une idylle où les amoureux se promenaient pieds nus et laissaient voir les indices de leur amour, comme le sang sur les mains des meurtriers est l'indice du crime qu'ils ont commis. C'était en plus un amour divin qui les consumait d'une part, et qui les nourrissait de l'autre. Il portait en lui des « astres consumés » et jetait « du haut des caps, au vol des mouettes stercoraires », des « lunes exténuées ».

La femme sait d'ailleurs que l'homme songe à la gloire de l'action, et elle essaie de lui faire comprendre que l'amour aussi est une « action ». Sa justification

154. *Cf.* Jean-Claude Belfiore, *op. cit.*

et sa preuve, c'est que la mort « s'offense » d'amour seul. L'amour seul sait déjouer la mort et il n'est pas sans gloire ni reconnaissance. Il a laissé son empreinte sur le monde, par exemple, à savoir sur leurs « fronts [à eux] parés du sel rouge des vivants », où le mot « sel » se laisse lire comme une métaphore pour l'essence et l'élan de la vie. Elle incite son amant à ne pas s'en aller chercher gloire et puissance car, d'après elle, la gloire et la puissance « ne se fondent qu'à hauteur du cœur d'homme ». À son sens, c'est le cœur qui l'emporte. C'est le cœur que les gens se rappellent et, c'est le cœur qui est le plus noble : « l'amour au désert consomme plus de pourpre que n'en revêt la chute des Empires » nous dit-elle. La « pourpre » est symbole de la royauté et de la gloire. La femme explique de nouveau qu'elle est dans l'homme, et qu'elle peut vivre avec lui, où qu'il aille, car elle est sa « servante ». Mais surtout, elle avoue que le fond de ses désirs d'amour lui reste caché. Elle demande même à l'homme, « que savons-nous des forces qui nous joignent ? ». Elle se voit comme une partie de l'homme, et elle fait appel à son amant comme la compagne non sevrée fait appel à l'orfraie mâle.

Les dernières laisses du discours de la femme ressemblent plus à une prière qu'à un raisonnement du genre qu'on vient de lire. La femme prie l'homme de rester auprès d'elle, face à la mer, à observer le rite du solstice (on est au moins de juin) : « l'astre rouge par le prêtre attaché à son montant de pierre noire, perforée... ». L'ascendant de l'astre rouge, à savoir de la planète Mars, est symbole de l'ascendant de l'homme guerrier et victorieux. La femme demande à l'homme de la tenir « contre le doute et le reflux de mort ». Elle lui demande de la regarder entre les yeux « où du pinceau très vif se fixe le rouge vermillon du sacre ». Dans certaines cultures la tache rouge sur le front est signe de mariage. Elle prononce ainsi un serment de fidélité à l'homme, et réitère que les êtres mortels connaissent le bonheur et l'immortalité seulement au moyen de l'amour. Elle souhaite même que les amants soient unis dans la mort : « qu'un même lé de mer, au même lé de songe, nous joigne un jour, de même mort ! ». Le lé, une largeur de tissu, est utilisé ici comme une métaphore pour l'union des amants[155]. La femme voudrait alors que l'amour se perpétue. Elle termine son discours par l'énonciation d'une espèce de proverbe qui reprend un des thèmes principaux du poème entier : « Il n'est point d'action plus grande, ni hautaine, qu'au vaisseau de l'amour. » Et cela parce que l'amour permet de déjouer la mort. Comme elle le dit, c'est le « grand rire d'immortels » qui les liait dans leur nuit d'amour.

Strophe-IX, VI, 2

155. Perse s'est servi de l'image du lé dans « Neiges » : « les grands lés tissés du songe et du réel ». L'image souligne que les fils du songe et du réel sont tramés ensemble pour faire un seul tissu.

La réplique de l'homme est en quatre tirades. À la requête de la femme, l'homme répond qu'il doit partir sur la mer, suggérant de nouveau par là que c'est pour une seule nuit qu'il est venu auprès d'elle, malgré la durée de l'amour que la femme souligne dans son discours à elle. Il ajoute néanmoins qu'il portera en lui l'amour qu'elle lui a donné. Il commence par exprimer son embarras : « ...Armes rompues à fond d'aurore – ô splendeur ! ô tristesse ! ». La splendeur, c'est l'amour, la tristesse, c'est le départ imminent de l'homme. Le terme « armes rompues » signifie une défaite ou une soumission. On se rappelle que la femme a tantôt comparé l'aurore aux « glaives du jour » (IX, VI, 1). Les références militaires se poursuivent tout au long du discours de l'homme, mais ici le terme « armes rompues » semble signifier aussi la fatigue qui fait suite à une nuit passée à faire l'amour. Ce terme symbolise aussi l'embarras d'un homme qui se rend, comme un guerrier qui ne sait plus lutter sans ses armes. La mer au loin, le domaine naturel de l'homme, on dirait, ne lui est d'aucun secours.

La parabole de l'homme qui a vu « des vases d'or aux mains des pauvres » doit se lire dans ce contexte comme une offre d'amour et une promesse de bonheur (le vase d'or) faite à celui qui est solitaire d'essence : « solitude au cœur d'homme ». Dans le discours précédent de l'homme, la femme endormie lui rappelait la forme d'un vase qu'on transporte. La métaphore des pièces de monnaie pour l'amour se répétera d'ailleurs dans la dernière tirade de l'homme. Il paraît néanmoins que la promesse de bonheur n'est qu'un songe, et que la possibilité d'un amour éternel est irréalisable car au cœur de l'homme règne la solitude.

Or, l'homme sait qu'il doit partir. Il essaie de faire comprendre qu'il n'est pas traître, qu'en effet l'homme n'abandonne jamais la femme : « Vaisseau qui porte femme n'est point vaisseau qu'homme déserte », mais évidemment il comprend l'amour d'une façon autre que la femme. Pour celle-ci l'amour est synonyme de la proximité de l'homme et de l'union du couple. C'est sans doute pour cette raison qu'elle implore l'homme de rester auprès d'elle, tandis que pour l'homme l'amour se laisse comprendre de façon plus abstraite comme un rapport entre les hommes et les femmes et comme une expression du divin en l'homme.

Seul sur la mer, l'amant va garder pur son amour pour la femme. Lui fait sa prière aux dieux de la mer : « gardez, ô dieux ! croisée de femme, l'épée très chaste du cœur d'homme ». Dans ses annotations du texte, Perse explique à son traducteur que cette expression exprime le souhait que l'âme de l'homme reste virile. Il reprend aussi le sens militaire du terme, « lame d'honneur », dans le sens moral et physique[156]. Dans le sens moral, l'âme de l'homme est métissée grâce à son rapport avec l'âme de la femme et, dans le sens physique, l'image est d'une traversée de femme. Le mot « croisée » se laisse comprendre ici comme une rencontre d'un

---

156. Kemp, *op. cit.*, p. 87.

homme et d'une femme, d'autant plus que le terme « croisée » désigne aussi l'espace créé par le croisement du vaisseau de la nef avec le vaisseau du transept d'une église. L'image du « vaisseau » est centrale dans le poème. Mais la « croisée » signifie aussi une rencontre, une bataille même, comme dans « croiser le fer », à savoir « engager les épées » ou, de façon figurative, « entrer en lutte » avec quelqu'un. L'homme et la femme sont alors comme des épées qui se croisent. L'homme voit les rapports entre les hommes et les femmes comme une opposition essentielle qui, tout en opposant l'homme à la femme et la femme à l'homme, les attire tous deux et rend possible ce don d'immortalité qu'est l'amour. L'homme fait à la femme un vœu de chasteté, voire de fidélité. C'est un vœu spécial dans le sens qu'il ne semble pas que ce soit à l'intention de son interlocutrice que l'homme fait son vœu. Il semble plutôt qu'il formule son vœu à l'intention de toutes les femmes, au pluriel. L'homme reste nomade, et l'amour au sens général lui semble plus important que l'amour pour une personne particulière.

Cela se voit dans la troisième laisse de cette première tirade où l'homme semble parler directement à la femme, sur un ton un peu sentencieux d'ailleurs : « Amie, notre race est forte ». À son sens, la mer qui sépare les amants n'est pas une frontière car « l'amour est sur la mer, où sont les vignes les plus vertes ». Il dit que les « dieux courent au raisin vert » et que les taureaux sont « chargés des plus belles filles de la terre », référence sans doute au culte de l'amour de Cybèle, ou d'Aphrodite. Lui ira sur la mer comme un « nomade ». Il y lavera son linge et son « cœur d'homme trop peuplé ». Ce sera pour lui un moment de reprise, comme une purification de l'âme aux « libres manières et très haut ton ». La mer sera en quelque sorte sa thébaïde. Les « amants », dit-il, ne sont pas « gens de labour ni valets de moisson ». Ce sont plutôt des gens qui ont besoin de liberté et qui désirent la « fraîcheur de vivre ». C'est un genre honnête et noble, on dirait, celui des « amants ». Libres d'esprit et indépendants, ils se laissent voir à découvert la nuit, c'est-à-dire sans peinture sur la figure et sans masque. Ils n'ont pas besoin d'accoutrements pour participer au divin. Ils n'ont qu'à se laisser voir tels qu'ils sont, honnêtes, simples, et purs de cœur.

La deuxième tirade de l'homme rend cette perspective plus claire. L'homme dit « nous » pour parler des « amants », et il précise que lorsque les amants auront levé leurs « lattes de bois mince », à savoir pour partir, « un siècle entier du drame aura tendu ses draps nouveaux ». Évidemment, l'amour est un drame qui se répète depuis toujours et qui continuera à se faire jouer à l'avenir. Le désir poussera toujours l'homme à s'accoupler avec la femme. L'homme s'exprime ici sous forme d'une métaphore, de sorte que la question « Quel hennissement d'étalon blanc a fait courir, avec la brise, ce très grand frémissement d'amante sur la robe des eaux ? » établit un rapport animal entre l'homme et la femme. Cela rappelle aussi cependant l'image du ciel qui couvre la terre, comme dans la mythologie grecque. La pensée de l'homme au sujet de l'amour est alors un peu plus abstraite que la pensée développée dans le discours de la femme. Lui voit l'amour comme un rapport entre les sexes d'une même espèce, tandis qu'elle présente l'amour comme un rapport plus intime entre une femme particulière et un homme particulier, un rapport où elle se sent surtout en sécurité.

Le rapport entre les sexes est souligné à nouveau dans la deuxième laisse de cette tirade où l'homme parle de descendre aux « baies mi-closes » le matin, là où on lave les bêtes nouveau-nées. Il y va pour nager, toujours de pair avec la femme, avant de lever l'ancre et de prendre le large. Il gardera, nous dit-il, le souvenir de la femme en songe, à savoir « au même lé de songe ». Autrement dit, il gardera le souvenir de la femme sous forme d'un songe où se mêlent les différents aspects de leur amour, comme un tissu métissé, fabriqué d'une part de réalité et d'une part de désir et de songe.

Et le jour de se faire de plus en plus large. L'homme est impatient de partir. Il s'imagine déjà les couleurs de l'eau, l'azur et le bleu du large, ainsi que les « couleuvres d'eau verte », c'est-à-dire les tracées visibles de l'eau où les rivières se jettent à la mer. Il se représente aussi le pilote en train de fixer sa route dans l'obscurité de la nuit finissante. Il s'adresse aux femmes au pluriel maintenant, « Amies », et il explique son rêve de toujours de partir sur la mer. Il nous apprend que même couché avec une femme, il rêvait de mer, de cette « Intruse » dans sa robe d'étrangère dont il apercevait le bas de jupe comme sous la porte. L'amour est d'ailleurs comme une vague de mer qui unit toutes les femmes, et la femme avec qui il s'entretient est en passe de devenir une femme représentante de son sexe. Elle devient toutes les femmes réunies en une seule, comme lui devient représentant de tous les amants : « sur tous nos lits d'amants ». La notion, universelle, d'amour se précise à la fin de cette tirade où l'homme explique qu'« une même vague, ô toutes, vous rassemble, compagnes et filles de tout rang ». C'est ainsi que l'homme évite le particulier et le sentiment personnel qui caractérisent le discours de la femme.

La troisième tirade du discours de l'homme est peut-être sa tirade la plus philosophique. La mer y semble prendre la place du désir, et il paraît que l'homme est de nouveau sur la mer. Il a repris sa vie de solitaire et il se rappelle maintenant le souvenir de cette femme croisée dans un port d'escale. Les vagues qui se pressent autour de lui sont comme « mille têtes d'épousées ». Elles ressemblent alors aux Océanides. L'homme semble même avoir peur que la mort ou que l'oubli fassent disparaître pour lui le souvenir de cette femme : « Roses […] m'envierez-vous Celle qui passe avec moi la porte de chaux vive, sur l'escalier du port »[157]. Or, les roses sont souvent associées avec la mort, de sorte qu'il s'agit ici d'une personnification de la mort sous forme de la fleur, symbole de la mort. La majuscule du pronom « Celle » nous fait savoir qu'il s'agit de la femme croisée cette nuit, de cette femme qui a fait don de son amour, femme que l'homme transforme en déesse dans ses songes. Et de nouveau l'image de la porte souligne le passage à un autre monde. La femme est en passe de devenir une femme au sens général, un peu à la manière, on s'imagine, dont une femme réelle peut devenir la déesse d'un mythe quelconque selon les fabulations des auteurs. Il est clair pourtant que le songe joue ici un rôle important dans l'élaboration de la pensée de l'homme, et ainsi dans la création poétique. C'est-à-dire que le songe qui perpétue pour l'homme ses rapports avec la femme est aussi la source de son inspiration et de sa poésie.

La deuxième laisse de cette tirade poursuit le développement du souvenir de l'homme. Cela est indiqué par l'emploi du passé simple, « du meilleur de nos fruits fut cette chair ». L'homme évoque la beauté de la femme, son corps, son odeur, son sel ou son âme. Maquillée des sels noirs de la terre, aspergée d'alcoolats de lavande au zeste de cédrat qui expriment son « âme de sel vert », elle obsède l'homme. Lui, sur son bateau, il est perdu dans ses rêves. Mais le songe est interrompu par les activités à bord du bateau, semble-t-il, ce que signifie le passage suivant, entre guillemets dans le poème : « Ayah, chèvre de bord, vous donnera son lait… Le singe a emporté vos perles dans la mâture… ». Ce sont, semble-t-il, des anecdotes de la vie à bord.

Le songe se reprend dans la laisse suivante et le discours de l'homme se mue en une espèce de réflexion sur la condition humaine. La promesse d'immortalité que la femme offre à l'homme rend la femme d'autant plus attirante, surtout lorsqu'elle est faible et en péril. Mais tout comme Ulysse, l'homme du conte qui a refusé l'immortalité auprès de Calypso, l'homme du poème résiste à l'offre d'un amour éternel. Pour s'aider dans sa lutte, il fait appel aux légendes et aux contes. Lui veut plutôt la « couche des humains, honorée de la mort ». Il désire mener une existence de mortel et subir les hauts et les bas de la fortune. Son rapport avec la femme lui restera un souvenir qui lui fera toujours de la peine. Comme il le dit, il gardera « de male épine Celle qui s'abrite sous [s]a voile ». Mais le travail de ses mains sur la mer lui rappelle la « dignité de vaincre », malgré le fait qu'il mourra ainsi un jour. À une vie qui dure à jamais, lui préfère la liberté et « l'arrogance du haut vivre », ce « frémissement d'honneur », indépendant, sur les ondes.

---

157. Dans ses annotations Perse explique que la légende mentionnée, « Roses dit la légende, roses qui preniez feu aux mains du Ravisseur », est une référence à quelque conte oriental (Kemp, *op. cit.*, p. 88). L'explication est peu satisfaisante.

Dans sa dernière tirade, l'amant nomme les bienfaits de ses rapports amoureux avec la femme. Les « deux rides pures » qui marquent le front de la femme lui rappellent sa bonté et son amour. Elles sont comme les marques d'un sacrifice, de ce don d'amour qu'il porte avec lui maintenant sur les eaux. On constate ainsi que la femme a le pouvoir de transformer l'homme. Elle « nourrit l'innocence du jour ». Elle porte « à l'indigence son bol de douceur ». Son amour, naturel et vrai, rachète l'homme « des mains du Barbaresque », le laissant autre qu'il n'était. Elle est douceur, et c'est justement la douceur que l'homme apprend chez elle. Il s'agit même d'une douceur qui fait ouvrir un autre monde pour l'homme, celui du désir d'aller plus loin, de rechercher la nouveauté, un désir souligné ici par la parabole des abeilles. Ce texte est placé entre parenthèses, pour le distinguer du récit. Il s'agit d'une parabole qui raconte la façon dont les abeilles se sont attachées une fois à la mâture du bateau en haut mer avant de poursuivre leur chemin. Pour le poète il s'agit d'« une âme très nombreuse, en quête de son lieu... ». C'est dire que les abeilles, symbole de l'amour, ne restent pas au même endroit, mais poursuivent leur quête ailleurs, tout comme l'homme.

De même, l'homme s'en ira lui aussi à la découverte, bien que ce soit déjà l'aperception d'un autre monde, d'un monde seulement possible, que la femme lui a offerte, et à son insu même. S'adressant aux amants au pluriel, l'homme précise, par exemple, que la mer les a en sa puissance et qu'elle est depuis toujours. Comme la mer est symbole du désir, cela veut dire que les hommes seront à jamais troublés par leur désir pour la femme, et que c'est ainsi depuis toujours, car la mer, elle aussi, est depuis toujours. Le drame de l'amour se répète depuis les tout débuts de l'espèce et il continuera, « non faillible » à l'avenir. La mer, elle, a vu le renouvellement des sociétés, la chute des idéologies du passé et la naissance de nouvelles idées. Elle a été le témoin du drame de la civilisation humaine, drame qui se poursuit depuis toujours et qui continuera à se dérouler.

C'est ainsi que le mot « drame » se lit et dans le contexte des rapports sexuels entre hommes et femmes, et dans celui de l'évolution de la société humaine. Qui plus est, les amants ont raison de se fier à la mer, nous dit l'homme, car la mer, « invétérée » ou vieille, leur offre depuis toujours l'accès à un autre monde. On constate alors que Perse se sert ici de la métaphore du voyage sur différents plans. Il est d'abord le voyage sur la mer qui permet et qui a permis de découvrir d'autres terres et de fonder de nouvelles sociétés. Il est aussi l'évolution de la société humaine dans le cours des années, et il est également le voyage dans le songe que permettent les relations avec la femme et qui aboutit à la notion qu'il existe un autre niveau de vie, un autre monde où l'homme ne craint pas de mourir. En fin de compte, les amants connaissent la mer en songe, et le songe est « dit réel » car il est aussi désir, désir de la femme, désir de liberté, désir tout court.

C'est grâce à la mer même que les hommes connaissent les voies des empires et les routes des alliances. Ils savent que la mer est une offre de liberté par le moyen de ces « grandes lois d'irrévérence ». Tout en évoquant la richesse possible de l'avenir, « l'immense ruche du futur », par référence de nouveau aux abeilles, le locuteur fait savoir aussi que cette richesse prend la forme d'une offrande de femme. Autrement dit, le don d'amour de la femme fait entrevoir à l'homme un autre monde où il est plus heureux parce que plus libre et plus inspiré.

Les quatre dernières laisses de cette tirade soulignent l'idée que l'amour représente un salut pour l'homme. Les « amants » avancent face à la nuit, c'est-à-dire sans savoir vraiment où ils vont, sans avoir de destination précise. Derrière eux, ils laissent la trace de leur présence, leur œuvre, disons, ou leur « sillage ». Il s'agit d'une « mémoire en fuite » ou d'une « voie sacrée ». Ils renoncent aux coutumes et aux habitudes des peuples terrestres, de ces peuples « rétrogrades », des « balustres » qui jouissent tranquillement de leurs richesses. Les amants, eux, n'ont besoin ni de la poudre ni de la cendre « aux mains de l'usager », ce qui veut dire qu'ils n'ont pas besoin d'offices religieux sur la mer libre, ce qui est confirmé par le vers suivant : « De nul office n'avons-nous charge, n'étant de nul accréditées ». À la vie sédentaire, réglementée et traditionnelle des terrestres, ils préfèrent la réalité simple qui est celle de l'homme libre sur la mer. Qui plus est, en mer il n'y a aucun pouvoir supérieur pour établir une hiérarchie religieuse, comme il n'y a pas non plus de hiérarchie politique sous forme de roi et de princes. C'est pour cette raison que la mer représente la liberté et la nouveauté. C'est une table rase, un renouvellement incessant des traditions et des lois. Les amants sur la mer sont « sels et libres, sans caution ni gage ». Pour comble, l'étude historique nous apprend que les civilisations meurent et que toute construction finisse par s'écrouler. Tout n'est que provisoire sur terre. C'est le sens de la parabole de la trirème d'or qui chaque soir navigue vers cette « fosse de splendeur », à savoir vers l'oubli, là où on verse les bris des civilisations passées. Sur la mer, sous les étoiles, à savoir sous ces « torches innombrables », les amants sont semblables aux dieux qui « vont nus à leur ouvrage ». Ils n'ont pas besoin des accoutrements dont d'autres se servent, et que la vie en société semble exiger. La mer elle-même est splendeur, à savoir amour à leurs yeux, et tout le passé répète inlassablement ce seul drame.

Les amants n'ont d'ailleurs pas de destination fixe. Pour ceux qui restent en ville, les amants représentent des égarés sur la mer, et ils font tort aux citadins du fait de leur absence. Mais les « égarés sur mer » sont comme la mer elle-même. Ils sont heureux, et l'idée seule de l'amour est suffisante pour les rendre heureux. Ils appartiennent à l'espèce humaine et ils vivent grâce à l'amour que la vie leur rend possible. La mer en est d'ailleurs le symbole : « Amour et mer de même lit, amour et mer au même lit ». Sa houle, à savoir « l'hydre amoureuse de sa force », ou sa

« pulsation très forte, et qui tout gagne », rappelle la force et la longévité de la mer, mais évoque aussi le désir qui pousse l'amant vers l'amante ainsi que les rapports sexuels entre homme et femme. Le « talon divin » fait penser au talon d'Achille, seul point faible du guerrier, mais ici le talon divin signifie le désir, le point faible de l'homme, c'est-à-dire le point divin de l'homme car la source du désir nous reste voilée de mystère et que le désir rend faible et nécessiteux. Pour Perse il s'agit d'un élément de l'homme qui échappe à toute compréhension. C'est pour cette raison qu'on peut l'appeler « divin », ou bien un reflet du « divin ». C'est un sentiment qui vient d'ailleurs pour troubler la pensée et le corps de l'homme, qu'il le veuille ou non, et cela arrive depuis les tout débuts de l'espèce. C'est pour cette raison que l'amour est conçu ici, et par l'homme et par la femme, comme une « véracité divine » à laquelle ils rendent hommage.

Strophe-IX, VII

La dernière suite de cette partie du poème est en quatre tirades plutôt courtes. L'absence de guillemets nous fait savoir qu'il ne s'agit plus des discours de l'homme et de la femme. Le poète s'adresse toujours à son « amie », mais il la vouvoie maintenant, ce qui indique que son propos est devenu plus général ou plus abstrait. Il s'agit de la fin de l'été et, sur le plan symbolique, il s'agit de la fin d'un amour. Le poète décrit la ville qui se prépare pour l'hiver. Il emploie des phrases simples et plutôt courtes, ce qui semble suggérer une certaine lassitude dans l'esprit, une absence d'émotion, un manque de bonheur même, ou du moins la fin du songe et le retour à la réalité. C'est-à-dire que sur le plan du discours la phrase simple au mode indicatif semble mieux que d'autres formes verbales dénoter la réalité, de façon directe, nous semble-t-il, sans subir l'influence de la subjectivité du locuteur.

Les trois premières tirades commencent chacune par les mots « L'hiver venu ». Chaque tirade peint une scène de la ville. Dans le premier verset de la première tirade on apprend que la mer s'est retirée (« [est] en chasse ») et que les bateaux sont amarrés dans le port. Les peuples terrestres et les négociants s'y présentent ; les étrangers sont soumis au « cens ». Les habitants de la ville sont préoccupés par les comptes à établir et par l'administration de la ville.

L'amant s'adresse à son amie dont les yeux étaient « barrés de mer » comme les yeux de l'Égyptienne. Le mot « Égyptienne » pourrait signifier Cléopâtre[158]. À notre sens, pourtant, Perse prépare ainsi la référence dans la tirade suivante à Cybèle, déesse phrygienne. L'Égypte et la Phrygie ne dénotent certes pas la même région, mais c'est l'influence orientale qui est visée, nous semble-t-il. D'ailleurs, Perse a souvent tendance à dissimuler ses références. Toutefois, cette

158. Joëlle Gardes Tamine, *et al*, *op. cit.*, p. 372.

référence importe peu sur le plan du poème. Les « yeux barrés de mer » signifient sans doute la présence du désir chez la femme, et c'est le désir qui importe. L'amant précise en plus que les barques sont rangées, que les terrasses sont « envahies » de « petits lys des sables », qu'il y a des orages, que les demeures sur les caps sont étayées, en préparation pour l'hiver sans doute, et qu'on a rapporté les cages d'oiseaux pour la même raison.

La deuxième tirade poursuit ce récit un peu lugubre des préparatifs de l'hiver. La mer est « loin » et la terre est dénudée. C'est le moment de faire des travaux, de préparer la « poix et le goudron », de « célébrer le fer ». C'est surtout le moment où les villes doivent « armorier d'une nef les portes de Cybèle ». On trouve enfin une référence à la déesse dont le culte semble avoir grandement inspiré le poète tout au long du poème. Déesse phrygienne, Cybèle est la mère des dieux et la maîtresse des bêtes fauves[159]. L'expression, « armorier d'une nef les portes de Cybèle », ne peut vouloir dire qu'il faut graver la figure d'une nef sur les portes des temples consacrés à Cybèle. Dans ses annotations pour F. Kemp, Perse explique ainsi que l'expression « armorier d'une nef » veut dire « sculpter une nef en guise d'armoiries »[160]. L'essentiel pourtant, à notre sens, est la référence à Cybèle, et par là au culte de la déesse qui met en valeur le désir et la sexualité. L'amour est un « vaisseau » selon le poète, et la nef est un navire. Par analogie, la nef est aussi la partie longitudinale entre le portail et le chœur d'une église. L'expression, « les portes de Cybèle », est alors une métonymie (la partie pour le tout) qui désigne un établissement à caractère religieux. Le culte de Cybèle représente une forme religieuse toujours en vigueur selon le poète, d'autant plus que la porte est symbole du passage d'un monde vers un autre.

En ville, les activités se poursuivent pourtant. Les cordiers travaillent au port. Les pilotes se reprennent dans les tavernes, les géographes pensent aux routes, et les amants ont établi leur gîte au loin. Dans les maisons les gens vaquent à leurs affaires, c'est-à-dire dans ces espaces clos et renfermés où la flamme de l'âtre « bat de l'aile comme un rapace de mer dans une cage de fer ». Les négociants font le compte de leur argent, mais le poète, lui, songe à une autre devise en forme de « nacelle » celle-là, ou de « chaussure de femme ». On dirait qu'il s'agit de la forme d'un vaisseau, souvenir des amours de l'été, comme quoi l'argent qu'on rapporte serait le témoin de l'histoire qu'on a vécue. La « devise en forme de nacelle » donne alors à nouveau une valeur d'échange à l'amour, tout en lui dressant un culte.

---

159. *Cf.* Fernand Comte, *op. cit.*, p. 60.
160. *Cf.* Kemp, *op. cit.* p. 91.

L'avant-dernière tirade poursuit le récit des « activités » de la ville, mais tout en évoquant le souvenir de l'été et de l'amour. Les habitants de la ville pensent au théâtre. Ils sortent les vieilles étoffes, mais les acteurs, à savoir les figurants, sont associés ici aux morts : les « habilleuses des morts se louent dans les théâtres avec les figurants ». Dans les « conques de Septembre » le poète entend toujours les bruits de l'été et il demande à son « amie », « quelle autre mer en nous s'immerge et clôt sa rose d'ellébore ? ». L'autre mer est sans doute celle qu'on entend dans la conque, mais celle-là est aussi une mer de souvenirs, et la conque est symbole de l'amour et du désir. Le sens de cette phrase se laisse mieux comprendre quand on change un peu l'ordre des mots, quand on déplace le groupe prépositionnel, « en nous » jusqu'après le deuxième verbe, « clôt ». Ainsi lit-on, « quelle autre mer s'immerge et clôt en nous sa rose d'ellébore ? ». L'autre mer dont il est question est celle du désir car la mer est aussi l'amour (« une même vague par le monde »). La « rose d'ellébore » est sans doute l'ellébore noir ou la « rose de Noël », une espèce ornementale. Une fleur qui clôt est en plus symbole d'une passion qui se perd, et la rose de Noël évoque l'hiver. De plus, la racine de l'ellébore est toxique de sorte que cette référence reprend l'image de l'hiver et de la mort. De toute façon, il semble que les activités et les fêtes de l'hiver n'aient pas beaucoup d'importance pour le poète, car, lorsque l'amour n'est pas au rendez-vous, la « foule est vaine, et l'heure vaine, où vont les hommes sans vaisseaux ». Le mot vaisseau se reporte sans doute ici à la fois à l'amour et à la liberté.

Le poète somme pourtant le songe et exige qu'il lui dise encore la vérité. C'est dire que le poète veut parler toujours de l'amour, à savoir de la « véracité divine ». C'est la nuit. La ville est illuminée, elle « brille de tous ses feux ». L'aspic – ici l'huile de lavande – des lampes est dans les chambres. La torche est dans son anneau de fer. Les femmes se préparent à l'amour. Elles sont ivres. Elles se peignent en rouge pour la nuit à venir et leurs yeux sont « barrés de mer ». Celles qui se donnent et s'offrent à l'amour émettent la plainte douce de l'amour, cette plainte qui rappelle le souvenir « du long été ». La tirade se termine par une phrase à la voix impérative, à savoir « aux portes closes des Amants clouez l'image du Navire ! ». Il faut alors fixer à la porte des chambres l'image d'un vaisseau, symbole de l'amour, c'est-à-dire la même image qu'on a ajoutée aux armoiries des portes du temple consacré à Cybèle.

La toute dernière tirade de cette suite reprend en quatre lignes le thème principal du poème, à savoir, le rapport symbolique de la mer et de l'amour. La mer, et le désir sexuel, ont toujours rythmé la vie des êtres humains. C'est plus ou moins la seule certitude de la vie, d'après le poète. Et comme la mer est depuis toujours, connaître la mer, c'est connaître l'amour, c'est atteindre l'immortalité dans le sens que dans l'amour on participe à l'ensemble de la civilisation humaine.

La mort n'a plus le pouvoir de faire peur. Faire l'amour c'est ainsi participer à une connaissance supérieure que le poète appelle le divin : les « dieux nous hèlent à l'escale », nous dit-il. Qui plus est, il y a des femmes dans chaque port et elles se donnent aux voyageurs selon le culte de la déesse. Mais pour l'hiver, les amants sont obligés de porter le masque, le plus grand masque d'ailleurs, celui de la famille. Pour les autres les amants doivent dissimuler et paraître autres qu'ils ne sont en leur amour, c'est-à-dire l'un pour l'autre. Cette image souligne la distinction entre les mœurs sociales et l'instinct primitif qui gouverne le comportement de l'homme. En mettant en valeur l'instinct, Perse rejoint encore une fois la perspective nietzschéenne. Pour sa part, Nietzsche n'a de cesse de dénoncer l'hypocrisie des lois morales qui rendent l'homme malade de lui-même, et qui l'obligent en quelque sorte à porter le masque.

Chœur

Cette partie du poème est en cinq développements ; elle est précédée des noms, « Mer de Baal, Mer de Mammon... ». Sur les manuscrits on lit deux phrases que Perse a supprimées sur la version finale. Sur le manuscrit am2, écrit à la main, la phrase, « Repris aux femmes pour le chant », précède le texte. Les « femmes » auxquelles le texte fait référence sont sans doute les personnages féminins des suites de la Strophe. Cette phrase fait donc une distinction de ton et de genre entre les différentes parties du poème. Sur le manuscrit am13, version dactylographiée, Perse avait ajouté à la main « à voix plus basse pour le chant », phrase qu'il a également biffée sur le même manuscrit. Les deux phrases rayées soulignent la distinction entre la Strophe et le Chœur, mais mettent aussi la sexualité en valeur, comme quoi le Chœur constitue une réponse masculine aux discours féminins de la Strophe. Le dialogue créé de cette façon reprend l'organisation du poème en dialogues, structures que l'on constate surtout dans la Strophe.

Qui plus est, comme l'organisation du poème rappelle celle de la tragédie grecque, il faudrait voir le Chœur dans ce contexte. Or, dans les tragédies grecques, le chœur représentait une pièce lyrique ou musicale qui avait pour fonction de commenter l'action de la pièce. C'était une partie du poème où les fonctions rythmique et musicale l'emportaient sur la narration. Le chœur dans le poème de Perse remplit une fonction semblable car le Chœur d'*Amers* a pour fonction de commenter le contenu du poème, à savoir le drame développé par la Strophe. Mais comme la musique et le rythme du chœur sont plus importants que le récit, il s'ensuit que le sens du texte est ici plus lâche, plus obscur, ou peut-être même plus osé qu'il ne l'est dans la partie du poème où le récit et la réalité à conter imposent des contraintes au langage du poète.

Chœur-1

La première tirade du premier développement est entièrement entre guillemets, ce qui veut dire qu'il s'agit d'une espèce d'invocation ou de prière où convergent plusieurs voix, notamment celles du Chœur. Cette tirade reprend les noms propres comme la « mer de Baal » et la « mer de Mammon ». Or, « Ba'al », ou « seigneur » en langue sémitique, est un nom que l'on trouve dans la Bible, et « Mammon » est le nom d'un dieu syrien qui personnifie les richesses et les possessions dont l'homme se fait habituellement l'esclave. On y trouve aussi une référence à la « mer de Baal et de Dagon ». « Dagon » était un dieu sémitique de la fertilité. Dans la Bible c'est un dieu philistin. L'essentiel de ces références aux dieux anciens n'est pourtant pas religieux à notre sens, même si le caractère divin de l'amour y est suggéré. Bien que le divin soit une notion importante dans la poésie de Perse, c'est plutôt à l'aide d'images naturelles que le divin s'exprime chez lui. De plus, chez Perse le « divin » se réfère surtout à ce qui dépasse la compréhension, de sorte qu'il est plutôt aporie et non pas une force positive à l'instar d'un dieu personnifié. Or, l'emploi des noms propres de la mer ainsi que la répétition des appellations – « Mer de Baal, mer de Mammon », « Mer de Baal et de Dagon » – ont plutôt pour fonction de mettre en valeur l'ancienneté de la mer, la mer étant plus ancienne que les premières chroniques connues de la civilisation humaine.

Le vers, « Mer de tout âge et de tout nom », signifie que la mer a toujours été, et qu'elle sera sans doute pour toujours, notion soulignée par la suite de ce premier développement. La mer est une certitude de la vie humaine, malgré les noms différents dont les langues diverses se sont servies pour la nommer au cours des siècles, qu'il s'agisse de la mer de « Baal », de « Mammon » ou de « Dagon ». En plus, la mer est toujours pareille, « une même vague par le monde ». Par conséquent, elle est aussi témoin de la civilisation humaine depuis ses tout premiers débuts : « Très haut regard porté sur l'étendue des choses et sur le cours de l'Être ». Sous cet angle, la première tirade du Chœur rejoint la thématique de l'Invocation (l'importance de la mer dans la vie des hommes) mais tout en soulignant le rapport aux textes anciens et à la création poétique. La formule « Mer de Baal et de Dagon – face première de nos songes » suggère que la réflexion du poète se fait non pas à partir de la mer elle-même, mais à partir des premières références connues à la mer, c'est-à-dire dans les textes les plus anciens. Le « culte » de la mer que le poète semble avancer ici se fait construire sur le fondement des civilisations révolues. Ce sont les histoires de la mer et l'importance de la mer dans le développement des sociétés d'antan et d'aujourd'hui qui inspirent le poète. De là, l'importance des mythes et des références à la mer. Il s'agit d'histoires et de légendes qui révèlent le rapport historique de l'homme avec la mer, et soulignent alors la présence de la mer dans sa pensée.

L'invocation de la mer se poursuit dans la deuxième tirade où le chœur se sert du pronom « tu » pour s'adresser à la mer et pour en chanter la grandeur, comme s'il s'agissait d'un roi tout-puissant : « Nous t'invoquons, Sagesse ! Et t'impliquons dans nos serments, […] ». La mer est ainsi « sagesse ». Elle est grande dans sa dissemblance et, elle est de la plus pure race. Elle est elle-même sa propre race avec son peuple à elle et son élite. Mais elle n'a pas de régence, pas d'arbitre non plus, et son règne s'est accompli sans guerre ni conflit. Elle est supérieure depuis ses débuts et possède ses « droits régaliens » depuis sa formation. Elle décide les faveurs d'empire et les grâces domaniales au loin parce qu'elle forme la frontière naturelle des terres et sépare souvent ainsi les royaumes de la terre les uns des autres. La présence et le fait de la mer ont donc toujours exercé une influence capitale sur la civilisation humaine, ainsi que sur le développement des sociétés au cours des âges. Mais dans l'histoire des hommes, et dans les histoires que les hommes se racontent, l'importance de la mer est souvent ignorée ou négligée. On parle des rois et des empereurs. On évoque fréquemment la volonté de l'homme, mais on n'invoque que rarement le rôle qu'y a joué la mer. Et pourtant, grâce à sa seule présence, la mer a toujours joué un rôle capital dans l'histoire de l'homme. Ses « façons d'être » sont comme des « faveurs d'empire » et des « grâces domaniales ».

Dans la troisième tirade du Chœur-1 la mer est tout simplement « Présence », et le poète de s'étonner devant cette situation où la mer, comme c'est indiqué à la fin de la tirade précédente, détermine de par sa seule présence l'organisation et la suite des sociétés, mais sans être reconnue pour autant. Il demande : « Dormions-nous, et toi-même, Présence, quand fut rêvée pour nous pareille déraison ? ». La « déraison » se réfère à l'organisation politique des terres. La mer inspire pourtant à l'homme une révérence. C'est ainsi le cœur « étreint » que les hommes descendent maintenant à la mer. Le poète se demande en plus si, face à la mer, il faut « crier » ou « créer ». La proximité phonétique de ces deux mots à part – un seul phonème les distingue – il semble que le poète pose ici une question plus profonde, presque comme un aparté. Il enchaîne : « contre la mort elle-même n'est-il que de créer ? ». Autrement dit, on ne peut éviter la mort, mais on peut laisser derrière soi les fruits de ses créations. C'est une perspective d'artiste sans doute, empruntée peut-être à Nietzsche. Elle fait de l'homme un créateur, un bâtisseur de villes et de sociétés. Le poète ne répond pourtant pas à sa propre question, du moins pas en cet endroit.

L'homme descend donc à la mer, inspiré par l'étendue de la mer, et sans doute craintif aussi de la puissance de la mer. Il y établit un premier lieu de culte, un « singulier parage », dit-il. C'est-à-dire qu'il s'agit d'un « cirque d'honneur et de croissance », et d'un « champ d'acclamation ». Il offre ses prières à la mer bien qu'il n'en reçoive jamais de réponse et n'ait aucun recours face à la mer. Il pourrait tout aussi bien faire des sacrifices et brûler « cent Rois lépreux couronnés d'or ». Cela ne changerait rien. Il n'aurait toujours aucune réponse de la part de la mer. Or, l'image des rois sacrifiés au pourtour de la mer souligne que la mer a toujours échappé aux règnes établis sur terre ferme parce qu'elle est toujours plus puissante que des rois. On se rappelle d'ailleurs que la lèpre est synonyme du désir (Strophe-VIII). Les rois « lépreux » représentent alors des rois travaillés par le désir de gain et de puissance. La notion de sacrifice donne d'ailleurs à la mer le statut de déesse dont les attributs dépassent tout ce que des êtres humains pourraient espérer acquérir. On constate pourtant, et encore une fois, que chez Perse les rituels et les cultes religieux n'ont aucun cours, sauf dans la mesure où ils miment la nature et figurent dans la vie réelle des hommes. C'est-à-dire que le discours avec la mer est sans issue, et que le sacrifice des rois n'aurait pas non plus pour conséquence une influence quelconque sur la mer. Le sacrifice ne porte pas fruit. Et cependant, malgré sa pauvreté et son manque de pouvoir face à la mer, l'homme n'abandonne pas sa fierté. La mer est un « Massif d'honneur et d'indigence », mais elle représente aussi la fierté humaine dans la mesure où elle offre une échappatoire aux hommes « sans appel ». Comme on a vu ailleurs dans le poème, c'est au moyen de la mer que les hommes ont pu fuir l'oppression et retrouver la liberté.

Les éloges et les hommages à la mer se poursuivent dans la dernière tirade de ce premier développement du Chœur, où les termes juridiques sont nombreux. Le chœur reconnaît ici le règne de la mer et lui témoigne son respect. La mer, elle, est glorieuse et puissante. Son district est immense et sa juridiction est plénière. Les hommes, eux, se contentent de « mendier l'usage et la franchise, [...] où s'étend l'ombre cramoisie des Grands ! ». Les « Grands » sont sans doute et les montagnes sur le littoral de la mer et les dieux des anciennes civilisations, c'est-à-dire les « habitants » des montagnes. Ils ressemblent alors aux dieux olympiens de la Grèce antique. Ils sont assis aux confins de la mer comme « des chiens à tête de singes ». Ce sont des « dieux métissés d'argile et de tristesse ». Pour sa part, et étant toute-puissante, la mer n'a ni clôtures ni cultures pour délimiter ses domaines. De ce point de vue elle est le contraire de la civilisation humaine qui a justement besoin de limites et de distinctions pour fonder ses villes, sa civilisation et ses cultures. Et les hommes confessent ici leur obsession de la mer ainsi que leur respect pour la mer : « Nous te rêvions, Session dernière ». Le « rêve d'une plus haute instance », c'est sans doute que tous les peuples de la terre, à savoir « toute la terre », « comme une amphictyonie sacrée » (un groupe de cités grecques), siègent à « l'hémicycle de pierre blanche... », à savoir face à la mer. Le rêve des participants, c'est que tous les peuples de la terre rendent ainsi hommage à la mer.

Chœur-2

Le deuxième développement du Chœur, également en 4 tirades, approfondit les rapports entre la mer et les êtres humains qui habitent sur ses côtes. On y trouve toujours l'idée d'un hommage rendu à la mer. Le spiritualisme et la religion ne sont pas loin des pensées. L'absence de guillemets dans ce deuxième développement signifie qu'il ne s'agit pas uniquement d'un chant « repris aux femmes », mais d'un développement à la voix du poète.

Dans la première tirade de ce développement la mer est toujours sans soucis car elle est sans pensée. Elle est « innocence du Solstice », comme elle est « insouciance de l'accueil » qu'on lui fait. Les gens descendent vers la mer pour lui rendre hommage, et le poète fait partie de ces gens-là. Certains, nous dit-il, en

« s'en allant, laissent aux sables leurs sandales » ; ils entrent pieds nus dans l'eau pour ne plus revenir, comme, selon la légende, Empédocle aurait laissé une sandale comme signe de sa mort au bord du volcan où il se serait jeté. D'autres « s'ouvrent les voies du songe sans retour », formule qui signifie une disparition, ou bien une mort, ou bien un départ sur l'eau, comme une conséquence du rêve de trouver un monde meilleur. Ainsi les vivants qui descendent vers la côte se sentent-ils dans la présence des gens qui ne sont plus. Derrière l'idée de se mettre à l'eau, se faufilent aussi les notions de sacrifice et de transgression. Ceux qui descendent à la mer portent leurs « habits de fête » et ne savent plus où s'arrêteront leurs pas. Ainsi la mer exerce-t-elle une influence importante sur les gens. Ceux-ci ignorent si c'est leur volonté d'honorer ainsi la mer qui les motive, ou si c'est plutôt la mer qui a sur eux cet effet particulier de les faire agir d'une telle manière. Le savoir et la raison de l'homme sont mis en question. On ne sait pas par exemple si la volonté humaine provient de la pensée, ou s'il y a d'autres facteurs qui déterminent la volonté, facteurs dont on ignore la portée. Sous cet angle, l'influence de la mer est semblable à l'effet que produit le vin : la « fumée du seuil est semblable à l'esprit sacré du vin », et il va de soi que le poète évoque le vin consommé pendant des rites, c'est-à-dire dans des « vaisseaux de bois violet, au temps des astres rougeoyants ».

Dans cette tirade, on trouve aussi, et de nouveau, l'image de la ruche pour décrire la mer (*cf.* Strophe-IX, VI, 2), image qui renvoie à la Bible et plus particulièrement à la terre promise de « lait et de miel ». À dire vrai, les habitants du littoral sont parasites de la mer : « Nous t'assiégeons [...] Et te parasiterons ». Ils en tirent leur existence. La mer est leur ruche et, pour compléter l'analogie, les terrestres sont des abeilles. Mais ici on lit que le « délit se consume » dans les « chambres de l'écume ». C'est une phrase ambiguë. Elle veut dire peut-être que les gens s'épuisent à tirer de la mer leur bien-être, comme les abeilles produisent du miel dans leur ruche. Mais l'abeille est aussi un symbole de l'amour de sorte que le « délit » pourrait tout aussi bien se référer au délit de Cronos à l'égard d'Ouranos, délit qui a eu pour conséquence la naissance d'Aphrodite dans l'écume de la mer, selon le récit d'Hésiode. Le mot « chambre » souligne l'aspect sexuel de la référence car c'est surtout dans des chambres que les gens se donnent aux plaisirs intimes.

Dans le vers suivant, séparé du précédent par un tiret, le poète fait allusion aux anciennes villes de Cumes et d'Éphèse : « Sois avec nous, dit le poète, rire de Cumes et dernier cri de l'Éphésien ». Or, Cumes était une colonie grecque importante, fondée par les Ioniens, en ce qui est aujourd'hui le sud-ouest de l'Italie. La référence à Cumes est ainsi une référence à la culture et à la mythologie grecque transplantées alors dans de nouvelles terres. La ville était entre autres célèbre pour sa sibylle, cette devineresse qui prédisait l'avenir. Dans l'*Énéide* c'est la sibylle de Cumes qui accompagne Énée dans sa descente aux enfers, et on se rappelle qu'Énée est le fils du mortel, Anchise, et de la déesse, Aphrodite, autre allusion alors au culte de la déesse.

Le Chant VI de l'*Énéide* raconte la descente aux enfers, un « voyage vertical et initiatique, où le temps et l'espace sont comme suspendus, en contrepoint du voyage réel et horizontal du héros entrepris d'Est en ouest, de Troie vers l'Italie »[161]. Aux enfers, Énée revoit son père mort, et celui-ci lui raconte que les choses à l'origine viennent d'une masse matérielle originelle, que les êtres humains sont constitués d'un élément spirituel alourdi par la matière. Il lui explique également qu'après la mort certains êtres entrent dans l'Élysée, tandis que d'autres attendent une réincarnation. On sait d'ailleurs que Perse connaissait la notion de retour éternel dans la pensée de Nietzsche, et on comprend alors son intérêt pour une doctrine semblable, celle de la réincarnation. La référence qu'il fait au « voyage » d'Énée précède de peu le récit qui raconte l'entrée dans la mer du poète, établissant ainsi un rapport entre le poète et le héros de Virgile. Qui plus est, la région autour de l'ancienne ville, la Campanie, comprend des plaines et des massifs calcaires et volcaniques, dont la Vésuve. La ville a perdu son indépendance lorsqu'elle était vaincue par les Campaniens en 417 av. J.-C., à quel moment les habitants étaient vendus comme esclaves. Cet événement marque la chute de la colonie grecque et la fin des croyances grecques dans cette région. Autre parallèle entre le poète et le héros de Virgile, c'est qu'ils sont tous deux tournés vers le passé, vers la cité détruite.

Le « dernier cri de l'Éphésien » est peut-être une référence à Héraclite, comme certains l'ont proposé[162], mais il pourrait tout aussi bien être une référence à la perte de la ville grecque. La ville assiégée évoque le changement de régime et de culture. Selon l'aristotélicien, Thémistius, Héraclite aurait aidé ses concitoyens à résister aux Perses pendant le siège de la ville d'Éphèse[163]. Éphèse était une ville d'Ionie sur la mer Égée, célèbre entre autres pour son temple d'Artémis, temple qui était considéré comme une des sept merveilles du monde antique. La ville fut évangélisée par l'apôtre Paul. Selon la tradition, c'est à Éphèse que la Vierge est morte. C'est ainsi que la ville d'Éphèse est devenue le premier centre du christianisme, réalisant ainsi la prédiction de Saint Paul, d'où peut-être le « dernier cri de l'Éphésien ». À notre sens, dans le poème de Perse, c'est le changement de culture qui importe plus que la référence historique. En général, Perse favorise

161. Paul-Augustin Deproost, « La Descente d'Énée aux enfers – mort symbolique et temps absolu », Loxias 2, http://revel.unice.fr/loxias/document, 15 janvier, 2004.

162. *Cf.* Joëlle Gardes Tamine, *op. cit., Saint-John Perse sans masque*.

163. Jean-François Pradeau, dans Héraclite, *Fragments*, *op. cit.*, p. 11. Le témoignage est incertain selon Pradeau, mais ce n'est toutefois pas la précision historique qui intéresse Perse. La ville assiégée évoque le changement de régime et de culture.

l'universel plutôt que le particulier, et dans les deux exemples, de Cumes et d'Éphèse, il est question d'un changement important sur le plan historique et culturel. Il s'agit d'un changement qui a eu pour conséquence la perte d'une ville. Ainsi le « rire de Cumes » pourrait-il témoigner du fleurissement de la culture grecque dans ses plus beaux moments, à moins qu'il s'agisse d'un rire sardonique – et nous pensons notamment aux prophéties de la sibylle qui justement annonçaient les luttes à venir et l'ascendance de la ville de Rome – tandis que le « dernier cri de l'Éphésien » signifie le désir de s'assumer et de poursuivre son développement, face au danger et au changement.

Le paragraphe suivant souligne la notion de changement sur le plan culturel. Le poète nous y fait part de la chute d'une civilisation et du fleurissement d'une autre. Le Conquérant est devant le « Sanctuaire » et il entre dans le temple, dans les « chambres interdites » du temple, et il s'y promène. Une civilisation et une culture sont en train de périr, et d'autres naîtront dans les ruines. Mais comme le temple reste un temple, ceux qui y sont morts, « Bitume des morts », ne deviennent pas « l'engrais de ces lieux-là ». Le mot « bitume » doit se lire à la fois dans son sens familier de « sol », ainsi que dans le sens plus fréquent de « mélange de carbures » qui n'est donc pas un engrais. Ou bien c'est une référence à la ville détruite par la lave et aux gens qui sont morts sous les coulées. Le mot « lave » se trouve d'ailleurs dans la laisse suivante. Sur le plan du poème, il paraît, cependant, qu'il s'agisse encore une fois d'une analogie, car c'est le poète qui se voit lui-même ici en « Conquérant, sous sa plume de guerre ». C'est-à-dire qu'il est prêt, lui, à se mettre à l'eau (ce qu'il fera dans le passage suivant intitulé, « Mer de transe et de délit ») et à faire le récit de son exploit.

Or, le poète est maintenant aux « dernières portes du Sanctuaire ». Il est debout devant la mer et s'apprête à s'y mettre. En entrant dans l'eau il entrera dans les chambres interdites où se cachent les secrets des milliers d'années de culture humaine. La mer l'aidera ainsi « contre la nuit des hommes ». Elle l'aidera ainsi à comprendre les civilisations du passé. En entrant dans l'eau le poète s'immerge aussi, et par analogie, dans l'histoire de l'homme dont la mer a toujours été le témoin et le récipient. Symboliquement il rejoint les morts de la culture humaine, et par empathie il comprend leur humanité.

La première tirade de ce développement sert enfin à introduire trois façons différentes de penser la mer. La mer est ainsi « ouverte au triple drame ». Les trois parties du drame sont reprises l'une après l'autre. Il s'agit de la « Mer de la transe et du délit », de la « Mer de la fête et de l'éclat », et de la « Mer aussi de l'action ».

« Mer de la transe et du délit »

Le passage intitulé « Mer de la transe et du délit – voici » présente des références voilées aux mythes de la création, mais il s'agit avant tout des songes et des rêves du poète. Il est question ici de l'effet physique de la mer sur le corps et sur l'esprit du poète de sorte que le « délit » évoqué par le sous-titre est à la fois celui de Cronos eu égard à son père, et celui du poète qui entre dans la mer. Le poète nous dit dès la première phrase que « Nous franchissons enfin le vert royal du Seuil ». Or, le mot « seuil » renvoie ici à la limite de l'eau dont la couleur est « vert royal ». La majuscule semble évoquer la grandeur de la mer. En franchissant le seuil de l'eau, le poète commence alors à descendre dans la mer, à la manière dont Énée a fait un voyage chez les morts, à savoir dans le sens vertical.

Mais marcher dans l'eau, c'est une transgression parce que la mer est semblable à une déesse. Et c'est symbolique parce que c'est marcher sur la mer et la fouler aux pieds : « faisant plus que te rêver, nous te foulons, fable divine ! ». Le poète marche alors dans l'eau et la mer divine passe sous ses pieds. Il rappelle ainsi les traditions et les mythes des temps passés, mais en même temps il manifeste son manque de respect pour les mythes qu'il foule aux pieds en même temps qu'il foule la mer. D'après lui, la mer, ce n'est que la mer, mais elle ne perd pas son charme pour autant et peut toujours susciter le sentiment du sublime. Elle est « mouvante », et dans l'eau le poète est lui aussi « mouvant ». L'offense et le délit des traditions n'ont plus cours. Il se baigne dans la mer et c'est un pur « délice », un plaisir physique surtout. Lui n'a pas besoin d'artifices : le « citron vert d'Afrique » et « l'ambre fossile et clair enchâssé d'ailes d'éphémères » ne servent à rien[164]. Il s'est déshabillé et il s'est mis à l'eau. Son corps ne semble plus avoir de poids : « la chair même n'est plus chair » ; « le feu même n'est plus flamme », ce qui veut dire sans doute que le « feu » scintillant à la surface de l'eau n'est pas un vrai feu mais seulement le reflet de la lumière à la surface de l'eau. L'eau et la lumière sont maintenant comme une « aube verte », comme une « feuille infusée d'aube et lumineuse… ».

Dans la troisième laisse, le poète nous dit que se mettre à l'eau, c'est retrouver l'unité et la présence de la mer. Pendant qu'il se baigne, il reste conscient des mythes et des légendes qui en font partie. La mer est « sève rayonnante » et « semence très précieuse », sans doute encore une référence à la naissance d'Aphrodite. La mer est aussi la « clarté pour nous faite substance », nous dit-il. Elle est aussi le « dieu même consommé dans ses espèces les plus saintes ». Cette image reprend encore une fois la naissance d'Aphrodite car les parties les plus saintes du dieu, étant tranchées et jetées à la mer, ont donné naissance à la déesse. La mer semble d'ailleurs tout aussi attirante que la déesse.

Le souhait exprimé à la fin de cette laisse, voire « Que l'Hôte enfin s'attable avec ses commensaux !… », exprime de façon métaphorique le désir du poète de retrouver tous les disparus de la civilisation humaine. Il est à l'eau et

164. C'est ainsi que nous interprétons ces références qui nous sont plutôt obscures.

« l'alliance est consommée, la collusion parfaite ». Il continue à penser à tous ceux et à celles qui ont fêté la mer avant lui. Il voudrait en plus que son discours signifie plus « qu'il n'est permis au songe de mimer ». Autrement dit, il voudrait pouvoir faire plus que d'évoquer la mer et les morts dans ses poèmes. Il voudrait sans doute faire comme Énée et parler avec les défunts, mais cela ne lui est pas possible. Le poète aborde là des vérités « ombrageuses », comme il le dit, et il perd pied, et de façon métaphorique, car la vérité est obscure et difficile à démêler, et de façon littérale, parce qu'il entre toujours plus avant dans l'eau et ne peut plus toucher le fond. Il se demande à la fin si sa mémoire n'est pas à l'image de la mer, à savoir seulement un reflet du passé. Mais bien sûr la mer existe depuis toujours, et l'homme ne jouit que d'une courte durée pour la « nommer ».

« Mer de la fête et de l'éclat »

Le « deuxième drame » de la mer, en quatre laisses, met surtout en valeur l'aspect visuel de la mer. Le poète se sert surtout d'un langage métaphorique. La première laisse souligne ce qu'on pourrait appeler le « mystère » de la mer. Les premiers mots, « Dieu l'Indivis gouverne ses provinces », avec majuscules, soulignent l'omniprésence de la mer, à travers différentes époques et différentes civilisations. La mer est toujours pareille depuis le début, et a toujours eu le même geste, celui de bercer et de laver la côte. En plus, elle fait toujours rouler sa vague d'amour par le monde : elle « entre en liesse aux champs de braise de l'amour... ». Elle a toujours eu un effet de charmeur pour l'homme. Elle est « mangeuse de mauves » et de « pavots d'or » dans les « prairies illuminées d'un éternel Orient ! ». C'est-à-dire qu'elle a sur l'homme un effet semblable à celui de la mauve et du pavot dans le sens qu'elle a le pouvoir de sidérer l'homme, le faisant sentir, par exemple, sa faiblesse et son impuissance face à cette mer qui fait ses miracles depuis toujours. La notion d'un « éternel Orient » nous dit en plus que la mer représente aussi l'espoir d'un monde renouvelé, et d'un monde meilleur car l'orient est symbole du nouveau. Les références à Sibylle, « diluée dans les argiles blanches de la baie !… », ainsi qu'aux tombeaux lavés « à toutes pointes de la terre », soulignent la présence du passé dans les songes du poète. Il s'agit d'un passé réel dont les tombeaux témoignent, et d'un passé légendaire tel que raconté dans les mythes et les légendes.

Les trois laisses suivantes se servent de la métaphore du cheval pour décrire la fête de la mer. Dans la première de ces trois laisses (la deuxième de ce second drame de la mer), les gens sont levés dès avant l'aube pour « saluer » la mer. Ils constatent l'œuvre salutaire de la mer « lessiveuse » et « laveuse », ainsi que l'aspect noir de la mer avant que le soleil se lève. La mer est comme « la vierge prohibée en qui s'accroît le dieu ». On trouve là, et encore une fois, une référence possible à la séduction de Danaé, enfermée sous terre. Pour l'atteindre, Zeus s'est transformé en une pluie d'or. Danaé a donné ensuite le jour à Persée. À midi d'ailleurs l'aspect de la mer est autre. Elle est dorée, étincelante, d'une brillance éclatante. Encore des termes qui rappellent la pluie d'or de Zeus. Elle est comme la « monture caparaçonnée du dieu » sous ses « housses royales, enchâssée de pierreries et surhaussée d'argent ». On se rappelle d'ailleurs que c'est lorsque Persée a décapité Méduse qu'est né Pégase, le cheval ailé.

Il semble que le mythe de Persée informe cette partie du poème car ce mythe établit un rapport entre la mer, la pluie d'or à la surface de la mer, et le cheval quasi mythique dans l'histoire de l'homme. Les aspects changeants de la mer sont exprimés ici comme différents aspects du cheval dressé. Le cheval est présenté de trois façons, d'abord comme un cheval de parade, « cadencée sous ses housses royales », ensuite comme un cheval de guerre, c'est-à-dire avec sa « cotte d'armure, et ses beaux fers de guerre », et finalement comme un animal aimé et respecté, « la douce bête nue dans sa couleur d'asphalte ». Après l'avoir présenté sous ses habits de fête, le poète le présente alors sous ses armures, et puis dans sa simplicité, « porteuse seulement du sceptre au joyau rouge et du bétyle noir ». On se rappelle en plus que le bétyle sacré faisait partie des cérémonies pour fêter la déesse, Cybèle. Le cheval est en plus une « douce bête », « votive, et massive » qui danse seule et qui est considéré par la foule – « pèse parmi la foule » – comme étant son dieu. Et bien sûr, sous les traits du cheval, multiples et divers, le poète décrit la mer massive et noire en dépit des fêtes organisées à son pourtour. C'est ainsi également que le poète décrit les différents aspects de la mer, c'est-à-dire aux différents moments de la journée. La nuit, la mer est calme et noire. Au lever du soleil elle est brillante et réfléchissante, telle une fête qui commence (d'où sans doute le sous-titre de ce « drame »). Au milieu de la journée, lorsque le vent se lève, elle est plus violente et suscite des images de guerre. Et puis, vers le soir elle se calme, mais elle garde toujours l'effet du vent sous forme de sa houle, une espèce de danse selon le poète. Elle est massive, et elle se meut comme si elle dansait « parmi la foule immolestée... ».

« Et Mer aussi de l'action »

Le « troisième drame » de la mer présente la mer dans la perspective de l'action. Pour ce faire le poète reprend l'imagerie de la guerre. Il évoque des batailles dont la mer a été le témoin en quelque sorte et il parle des mouvements de l'eau et des effets de la mer elle-même. Il fait surtout référence au désir sans lequel l'homme ne chercherait jamais à se dépasser, et dont l'absence lui rendrait l'amour à jamais impossible.

Dans la première des quatre laisses de ce passage, le désir ou l'inspiration, est exprimé par des métaphores de guerre : « Nous y cherchons nos lances, nos milices, et cette lancination du cœur qui force en nous l'exploit », la « lancination du cœur » étant sans doute synonyme du désir. C'est ce sentiment de peine, ou de besoin, qui provoque l'action ou l'exploit de la part des individus. On apprend de nouveau que la mer a été témoin de plusieurs guerres ainsi que de la « violence du Barbare ». Elle a aussi été témoin de plusieurs transformations naturelles, à savoir du « tumulte du grand Ordre », où l'ordre est sans doute l'ordre naturel de la terre et de la mer, référence qui semble se confirmer par une autre référence à l'ordre dans la troisième laisse de ce drame. Comme les avances et les repliements des armées, la mer est « afflux » et « reflux », inlassable et infaillible. Pour le Chœur la mer ressemble à un athlète dans l'arène, à une espèce de gladiateur, on dirait, le glaive à la main.

Le premier mot de la deuxième laisse de ce drame, à savoir « car », nous fait savoir que le poète cherche en quelque sorte à justifier l'analogie précédente qui fait de la mer un guerrier ou un gladiateur. On apprend que la mer se plaît dans sa masse et dans sa puissance, c'est-à-dire dans sa « propension divine ». Pour le poète la grandeur et la puissance de la mer évoquent le sublime. Mais la mer suscite aussi des plaisirs plus vifs. Le « délice » de la mer, c'est sa façon de se jeter contre la « pointe du récif, dans la fréquence de l'éclair et la fréquentation du glaive ». Le spectacle des vagues qui s'écrasent contre des rochers en plein soleil provoque une vive émotion chez le poète. D'ailleurs, la violence déchaînée des vagues, comme sous l'influence de l'ivresse, a le pouvoir de déplacer des « lourdes pierres lavées d'or », semblables à des tortues géantes. L'assimilation des « lourdes pierres lavées d'or de tes tortues géantes » à des « meules saintes marquées de l'hexagramme impur » fait des actions de la mer des actions d'un ordre supérieur, comme s'il s'agissait de forces occultes devant lesquelles l'être humain ne peut que s'émerveiller, ce qui provoque encore une fois le sentiment du sublime.

La laisse suivante poursuit l'analogie du guerrier. La mer est à la fois « incessante sous l'armure » et « puissance très agile ». C'est une « lourde fondation » et une « levée du plus grand Ordre ». Le poète évoque ainsi l'aspect vertical de l'eau, des profondeurs jusqu'à la surface de la mer mais, ce sont surtout les aspects changeants de la surface de l'eau qui retiennent son attention. La mer est « courbe » dans son apparence. Elle est « tuméfiée » et elle est « toute martelée » de son ressac. Elle est comme « l'ancile tutélaire sur sa dalle de bronze ». Or, l'ancile est un terme de l'antiquité romaine. Il s'agit d'un bouclier sacré que les Romains croyaient tombé du ciel, et à la possession duquel ils supposaient attachée la durée de leur empire (Littré). Il s'agit alors d'un symbole de la mer guerrière et éternelle. Par ailleurs, dans la mesure où l'ancile décrit la surface de l'eau, il s'agit d'un bouclier qui masque les profondeurs de la mer et les cache du regard scrutateur de l'homme. Cela veut dire, en plus, et parce qu'on a déjà compris que la mer est le lieu des morts, de façon symbolique du moins, que les morts sont voilés à la vue de l'homme.

Dans la quatrième laisse de ce drame, il semble pourtant que l'analogie guerrière ne soit pas suffisante pour rendre justice à l'effet que produit l'aspect de la mer sur le poète. On y lit que la mer est plus vaste que toutes les « citadelles démantelées au son des flûtes de guerre », à savoir elle est plus vaste que les villes détruites dans les guerres des hommes, guerres dont elle a été témoin et dont elle recèle en quelque sorte les morts. Ce n'est qu'en songe que l'être humain peut comprendre la grandeur de la mer, et le songe qui tient compte de l'immensité de la mer, dans le sens géographique et naturel ainsi que dans le sens historique du mot, est un songe effrayant : « l'anneau terrible du Songeur enclôt l'instant d'un immortel effroi ».

Se saisir de la grandeur de la mer, des profondeurs des abîmes jusqu'à la surface reluisante sous le ciel, des souvenirs et des vestiges des civilisations révolues, et jusqu'au savoir historique que la mer représente, même en songe, est un exploit quasi impossible pour l'homme. Lorsque le poète regarde la mer, cependant, pour mieux pouvoir l'exprimer, il semble qu'il n'y voie que le reflet de sa propre image. Toute comme la lumière ne pénètre pas bien avant dans l'eau, les paroles du poète ne réussissent pas non plus à pénétrer dans les profondeurs de la mer. Et le poète de s'interroger sur son rôle dans cette « rixe lumineuse », à savoir dans ses efforts pour décrire la mer de façon satisfaisante du point de vue de la poésie. À sa propre question, il répond qu'il est « Pris les armes à la main », formule qui communique sa résignation mais qui témoigne aussi de sa perspective ironique.

L'emploi de la métaphore de la guerre pour évoquer la puissance et la force de la mer ne semble pas produire l'effet désiré. C'est d'ailleurs la même métaphore que le poète utilise pour désigner la création poétique, et qui a déjà servi pour évoquer l'action de l'amour. La poésie est ainsi une bataille à sa façon menée à coups de mots et d'images. Écrire, nommer les objets du monde, c'est lutter avec les objets, et on n'est jamais sûr de réussir, à savoir de faire comparaître devant soi les objets du monde et les événements passés d'une façon qui suscite l'émotion poétique. Il semble, en fin de compte, que la métaphore de la guerre ne rende justice ni à la mer, ni à la poésie, et par conséquent ni à l'amour.

Or, il faut se rappeler que le drame de l'action n'est qu'un des trois drames de ce développement, à savoir une des trois perspectives différentes dans lesquelles le poète présente les nombreux aspects de la mer. Il y a aussi l'analogie de la fête et de l'éclat, et celle de la transe et du délit. C'est-à-dire que l'analogie de la guerre et de la lutte pour rendre la mer en des termes poétiques capture sans doute certains aspects de la mer pour le poète, bien qu'elle ne soit pas suffisante à elle seule pour relater toute la diversité de la mer. La preuve, c'est que le poète poursuit sa « rixe » dans les développements suivants où les premiers mots semblent faire écho à cette interprétation : « Innombrable l'image, et le mètre prodigue ». Ce qui est certain, toutefois, c'est que dans le développement suivant le poète s'écarte un peu de son objet, la mer, pour s'intéresser plus ouvertement à son langage et aux mots qu'il utilise pour nommer la mer. On dirait que sa poésie passe à un autre niveau. Dans Chœur-3 surtout, c'est la fonction poétique elle-même qui devient objet de poésie.

Chœur-3

Le troisième développement du Chœur est également divisé en quatre tirades. La deuxième, la plus longue, reprend le format des guillemets et de la récitation. Les autres tirades n'ont pas de guillemets et représentent alors la voix du poète. Dans ce troisième développement la lutte du poète avec son langage prend un ton quelque peu nouveau et inattendu. Les images complexes et les nombreuses analogies à part, c'est le sens même de la phrase ainsi que son organisation qui semblent déraper.

Dans la première tirade de ce troisième développement le poète fait des références à l'art de la poésie. Il évoque la structure de son poème et il dit qu'il faut « ramener le Chœur au circuit de la strophe ». Il évoque « l'Ode souveraine » et une « récitation en l'honneur de la mer ». Il poursuit alors sa réflexion du développement précédent sur la création poétique. L'image, à savoir l'image de la mer, est « innombrable », dit-il, et le mètre est « prodigue ». Le mètre est à la fois la forme du vers et la houle de la mer. Il faut pourtant que le poète ramène « le Chœur au circuit de la strophe », ce qui veut dire sans doute que le poète envisage la conclusion de son poème où le chœur prendra, ou reprendra, sa fonction de « chant ». On se rappelle, d'ailleurs, que le chœur représente un commentaire sur l'histoire racontée ou développée par la strophe. C'est surtout dans la deuxième tirade de ce développement, placée entièrement entre guillemets, que la récitation « en l'honneur de la Mer » se reprend.

Or, il reste que les images possibles pour décrire la mer abondent. Dans la première tirade, c'est-à-dire avant de laisser la parole au chœur, le poète est face à la mer : « Le Récitant fait face encore à l'étendue des Eaux », et il donne encore deux images pour décrire la surface houleuse de la mer. Il nous dit d'abord que la mer ressemble à la « tunique infiniment plissée du dieu aux mains des filles des sanctuaires ». L'image combine la puissance et la force de la mer avec la douceur et la souplesse du tissu. Perse se sert ailleurs du mot « tunique » pour évoquer l'aspect de la mer. Ensuite, la mer est comme « l'ample filet de mer de la communauté » retenu « aux mains des filles de pêcheurs », là où elles travaillent, à savoir « sur les pentes d'herbe pauvre ». La première image invoque le culte religieux et la forme changeante de la mer, et la deuxième met plutôt en valeur la communauté travailleuse qui habite au bord de la mer et qui en tire sa subsistance. La première image religieuse et mythique n'est pas préférable, nous semble-t-il, à la deuxième plus réaliste. C'est une même trame qui se répète « comme un récitatif sacré ». Autrement dit, l'image dont on se sert pour nommer la mer importe moins que le geste même de nommer. Au cours de l'histoire, on vient de le voir, l'homme a nommé la mer de différentes façons, les unes tout aussi valables que les autres. Il est significatif, d'ailleurs qu'à la façon traditionnelle de voir la mer, dans une perspective religieuse et mythique, se juxtapose cette autre image d'un naturel plus évident et par là plus contemporain.

La récitation de la deuxième tirade reprend certaines des images de la mer qui ont figuré dans d'autres parties du poème. On y trouve aussi comme des permutations d'images qui ont déjà été utilisées. L'essentiel de la deuxième tirade n'est pourtant pas à chercher sur le plan du descriptif de la mer. L'essentiel se situe plutôt sur le plan de la création poétique. Le poète joue sur les mots, en évoquant surtout les sonorités des mots, mais il manipule aussi l'ordre des mots dans la phrase. En même temps, les jeux de mots renseignent sur le sens et sur le symbolisme de certaines images et de certains termes. Par exemple, la première phrase de la deuxième tirade, « Mer de Baal, Mer de Mammon, Mer de tout âge et de tout nom ; [...] », reprend la formule du premier développement du Chœur et fait valoir l'ancienneté de la mer, les noms de « Baal » et de « Mammon » appartenant à une époque révolue. Ces noms soulignent aussi le fait que la mer a connu différentes appellations dans différentes sociétés, et à différents moments de l'histoire des humains. Comme le poète le dit, la mer est de « tout âge et de tout nom », comme un « récitatif sacré » sur la page du récitant.

Le poète souligne ainsi la souplesse du langage qui varie et qui change au cours des années, et en même temps il met en valeur l'incapacité du langage de préciser exactement ce qu'il nomme. Les noms mêmes qu'on utilise pour désigner la mer appartiennent à une culture particulière, culture qui prête du moins en partie son sens aux mots. Il semble que la vérité soit en quelque sorte culturelle et historique. Par conséquent, la mer est « innombrable ». Chaque culture en parle à sa façon. Qui plus est, la mer a de très nombreux aspects selon les différentes perspectives des gens. Pour cette raison elle est aussi « prolixité sans nom ». On en parle depuis toujours et on la décrit souvent. Les mots ne s'y collent pas pour ainsi dire, et ils changent sans cesse. Dans la deuxième tirade, il ne s'agit pas vraiment d'un symbolisme biblique ou autre qui nous renseignerait sur le sens du poème. Cette tirade est plutôt une espèce de jeu linguistique qui renseigne sur la création poétique.

Les alinéas qui suivent la première laisse représentent souvent une liste de mots aux phonèmes et aux graphèmes semblables. Le sens des mots est parfois semblable, mais il est parfois opposé. Dans la deuxième laisse, par exemple, le poète nous dit que la mer est « innommable : muable et meuble dans ses mues, immuable et même dans sa masse ». L'idée du changement ou de ce qui est muable est liée à celle de la constance, à celle de l'immuable, au moyen de mots où figure un même phonème « m ». Mais la mer est aussi « diversité dans le principe et parité de l'Être ». Elle est « véracité dans le mensonge et trahison dans le message ; toute présence et toute absence ». En plus de réunir en une seule image des idées contraires et contrastées, en plus de composer des propositions où abondent allitérations et assonances, le poète joue aussi avec le mètre, établissant une symétrie entre les différentes parties des phrases. Par exemple, la mer est « véracité dans le mensonge et trahison dans le message ». Elle est « toute présence et toute absence », « toute patience et tout refus ». Elle est à la fois absence et présence, « ordre et démence ». C'est l'être et le non-être en un même temps, on dirait, et cela grâce aux mots. Pour le poète il s'agit de « licence ! ». Il semble que sous les traits du chœur, le poète se libère des contraintes normalement imposées par le langage et surtout par la logique. Il frôle le délire des mots. La fonction ludique du langage, où prime le plaisir du poète, semble plus importer ici que la dénotation et la logique.

L'aspect ludique de cette tirade à part, on note aussi entre les nombreux contrastes et les maintes contradictions des formules qui soulignent des notions importantes du poème. On trouve de nouveau la formule, « Mer innocence du Solstice », pour souligner l'ignorance et la simplicité de la mer dans sa matière. On lit aussi que la mer est « comme le vin des Rois ! », c'est-à-dire qu'elle a de la noblesse en plus de posséder le pouvoir d'intoxiquer. Le poète énonce aussi son respect pour la mer, pour « Celle toujours qui nous fut là et qui toujours nous sera là » en réitérant l'aspect éternel de la mer.

Après avoir évoqué les qualités nombreuses et souvent contradictoires de la mer, le poète dresse une liste, d'après leur fonction ou leur travail, des gens qui voient la mer « en songe », liste qui remplit presque une page entière. Il s'agit, entre autres, de garnisaires aux frontières, de sculpteurs d'insignes, d'entrepositaires de marchandises et de pourvoyeurs en monnaie de coquilles. En général il s'agit de fonctions à des époques révolues. À la fin de cette liste on lit que « c'est midi », et on se rappelle que le mot « midi » désigne à la fois l'heure où le désir est au plus fort, et la plénitude de l'activité humaine. Le poète joue pourtant sur les différents sens du mot. À part la notion abstraite du midi de l'humanité, il y a le midi de tous les jours. C'est à midi que le philosophe « sommeille dans son vaisseau d'argile », que le juge s'endort « sur son entablement de pierre », et que les pontifes somnolent « sur leur siège en forme de nacelle ». Qu'il s'agisse ici du philosophe, du juge et du prêtre, n'est pas dû au hasard. Ensemble ces trois figures représentent l'autorité morale, mais on apprend qu'ils dorment au moment précis de la journée où le désir est le plus fort. Dans l'absence de l'autorité morale, on est libre de vivre comme on l'entend, et de jouir de la vie. L'expression poétique elle-même se révolte ainsi contre les figures d'autorité, et elle fait fi des limites imposées par les convenances sociales.

La troisième tirade de ce développement, sans guillemets, commence par les mots, « Indicible, ô promesse ! Vers toi la fièvre et le tourment ! ». Les mots « fièvre » et « tourment » se réfèrent au désir qui se renouvelle sans cesse. La troisième tirade poursuit alors le développement de la notion de désir, développement entamé vers la fin de la tirade précédente. Le délire cède le pas, nous semble-t-il, à la montée du désir, thème principal du poème. Toutes les laisses de la troisième tirade décrivent l'agitation émotionnelle causée par le désir. « Les peuples tirent sur leur chaîne », et « les bêtes tirent sur leur corde ». Les hommes mourants ou perdus cherchent toujours la mer, et les nuées au ciel sont des « filles » du lit de la mer : c'est dire que les nuages sont engendrés par l'humidité échappant à la mer.

Vue ainsi, la mer participe de la régénération de la vie. C'est-à-dire que la nature elle-même se met en mouvement. Les sources cherchent leur route vers la mer, mais elles sont entravées par des rocs et des arbres « ivres de gravitation ». Les rocs et les arbres aussi sont prêts à se mobiliser et à descendre les côtes vers la mer. Le poète invite d'ailleurs les gens à desceller « la pierre close des fontaines » afin de laisser s'échapper l'eau de source. La flamme, elle, dévale, « dans une explosion » et « mène à son fouet de flamme la harde folle des vivants ! » vers la mer. Et la mer, pour sa part, accueille de la même façon les riches et les indigents, les puissants et les faibles, les hommes et les animaux, « l'étalon sauvage avec la biche au rameau d'or... ». On pourrait voir dans l'étalon sauvage et dans la biche au rameau d'or encore des références à la mythologie, à savoir à Pégase et à Artémis, mais il nous semble, étant donné le contexte, que ces termes désignent plutôt des animaux. Évidemment la mythologie est suggérée par certains termes, des termes employés ailleurs dans le poème, mais il paraît que Perse passe du langage mythique au langage naturel dans cette partie du poème, ce qui est confirmé par la laisse suivante.

La dernière laisse de cette tirade est entre parenthèses. Elle se distingue en plus des autres laisses plutôt descriptives dans le sens qu'elle propose une réflexion sur la migration des gens vers la mer. Les gens, nous dit-on, ne pensent ni aux pénates ni aux lares. Ils ne se concernent nullement de leurs dieux. Ils font abstraction de leur situation sociale. Ils ne pensent pas à l'aïeul, « fondateur de caste », et surtout, ils n'ont pas peur. Derrière eux ne se trouve pas « l'épouse de sel ». La référence est à l'histoire de Lot dans la Bible, histoire semblable à celle d'Orphée. En ramenant son épouse des Enfers, Lot s'est retourné, abrogeant ainsi les conditions imposées pour son retour parmi les vivants, et a vu sa bien aimée se transformer en une tour de sel. L'analogie nous fait savoir que la peur du surnaturel n'a plus sa place dans les gestes des humains car on est désormais libre des anciennes croyances qui nous faisaient croire que des dieux gouvernaient la vie humaine. C'est pour cette raison, à notre sens, que l'épouse de sel n'est point derrière ces figurants.

Cela veut dire en plus que les gens qui se tournent vers la mer ne se préoccupent pas du passé, mais qu'ils se tournent plutôt vers l'avenir. Devant eux se trouvent « l'outrance et la luxure », le dépassement des limites et le plaisir de l'amour. Arrivé au bord de la mer, l'homme regarde dans l'eau, et il y voit la trace des siècles. Il y voit la mer comme une « immense vulve convulsive [...], comme l'entraille divine elle-même un instant mise à nu ». La vulve représente la femme mais elle symbolise aussi le désir de l'homme et la régénération de la vie. Le singulier du mot « entraille », un mot qui est normalement au pluriel, souligne l'unité de la nature et son principe créateur. La mer qui existe depuis toujours dans sa masse et son innocence est également la source de toute vie sur terre. Ensemble, les hommes et la nature semblent participer d'une espèce de fête orgiaque où les passions se déchaînent, où l'homme se sent libre et renoue avec l'esprit de la nature.

La dernière tirade de ce développement poursuit l'idée d'une migration vers la mer, vers la source de toute vie, et elle finit par mettre en valeur l'ouverture que la mer représente vers un monde autre. La mer est présentée ici comme étant « l'Épouse universelle » et « l'Épouse licencieuse dans l'abondance de ses sources ». Toute la terre, paraît-il, descend maintenant les « gorges de l'amour » pour s'unir avec la mer. Les gens attendent avec impatience dans leurs habits de fête comme s'il s'agissait de la « récitation finale hors de la strophe et de l'épode ». C'est comme si les acteurs dans leurs gestes d'hommage et d'amour participaient du poème. Ils descendent vers la mer « puissante et large ». La foule descend, de mer et de terre « ivre ». Le navigateur qui arrive de par la mer voit sur les rives des gens assemblés avec leurs bêtes, comme des pâtres qui marchent « à la façon d'acteurs antiques agitant leurs bâtons ». Et les bateaux passent par les détroits et les baies étroites, à savoir par le « resserrement des eaux », passage comparé ici à une naissance : « sur la mer prochaine vont les grandes serres de labour du resserrement des eaux ». Et plus loin ils prennent le large. Ils rejoignent la grande mer, c'est-à-dire le « seuil majeur du plus grand Orbe », là où une nouvelle vie les attend, à savoir celle du « plus grand Âge ».

Or, bien que cette formule puisse désigner plusieurs endroits, il semble que Perse décrive ici le trajet d'un navire qui quitte un port de la Méditerranée et qui passe ensuite dans l'Atlantique, à savoir par le « seuil majeur du plus grand Orbe ». Historiquement, le voyage en Atlantique représentait une progression, de sorte qu'on peut y voir la suite du voyage de l'homme à partir de la ville de Troie et jusqu'en Italie. L'avancement vers l'ouest marque ainsi le progrès dans des termes historiques. De plus, le progrès scientifique rend possibles des voyages d'une plus grande envergure. Sous cet angle il s'agit du dépassement d'une limite. Sur le plan symbolique cela représente une nouvelle naissance, une renaissance, et une nouvelle vie qui commence. Sur la mer étrangère, les voyageurs découvrent que la mer est « ouverture du monde d'interdit », du monde qui est « sur l'autre face de nos songes ». Elle représente l'au-delà et l'inconnu à découvrir, ce qui veut dire qu'elle permet de vivre mieux, et plus loin[165].

Chœur-4

Le quatrième développement du Chœur, en trois tirades, manifeste une alternance de voix. Quelques vers sont énoncés par le poète, étant donné le manque de guillemets, tandis que d'autres, la plupart, représentent la voix du chœur, et ils sont placés entre guillemets pour cette raison. Les vers énoncés par le poète présentent ou commentent la « louange » qui, elle, est énoncée par le chœur. La structure du texte ressemble alors à l'alternance de la strophe et de l'antistrophe qu'on trouve dans des tragédies anciennes.

Le premier vers de la première tirade, « Et c'est à Celle-là que nous disons notre âge d'hommes, et c'est à Celle-là que va notre louange », nous fait savoir que le poète parle au nom de tous les hommes qui ont jamais existé. Et il nous renseigne en quelque sorte sur le texte à suivre. Cette suite de phrases a pour fonction de dénommer la mer, mais elle constitue aussi une louange de la mer. Au nom de tous les hommes le chœur chante entre autres que la mer est « comme la pierre du sacre » et qu'elle est « de la couleur du glaive ». Sa grâce règne « dans sa pureté lustrale », à savoir comme le reflet du ciel. La mer est au « confluent de toutes mers et de toutes naissances ». C'est un corps qui permet aux domaines terrestres des échanges par voies maritimes. Et elle est ivresse, innombrable et inlassable, nommée même par le plus ivre. C'est un grand espace où les gens se perdent et où ils s'embarquent à la recherche d'une nouvelle vie. Elle est présence. Dans son écume on s'imagine la naissance d'Aphrodite, et les présages des Océanides, sens souligné par l'attribut de « l'écume prophétique ». Dans ses mouvements et ses marées la mer est périodique comme la femme, et saisonnière comme la gloire. Mais la mer elle-même ignore tout de la civilisation humaine et continue à rouler son « épaisseur d'idiome sur la tristesse » des exploits humains, c'est-à-dire sur les ruines des « sites engloutis ».

---

165. Cette formule est une référence à la réponse que Perse a donnée à Pierre Mazars lorsque celui-ci lui a posé la question : « Pourquoi écrivez-vous ? ». Et Perse de répondre : « Pour mieux vivre, et plus loin ! » (*Œuvres complètes*, *op. cit.*, p. 576).

C'est ainsi qu'elle est physiquement, la mer, mais dans les pensées des hommes elle est tout autre. C'est ce que la deuxième tirade de ce développement nous fait savoir. Dans cette tirade les hommes, toujours au moyen de la voix du chœur, renseignent la mer sur leur façon d'être et sur leur expérience de la mer. Ils notent d'abord que la mer existe depuis toujours tandis qu'eux, les hommes, sont mortels : la mer « pèche infiniment contre la mort et le déclin des choses ». Les bruits de la mer et du ressac sont ou bien une chanson, ou bien un cri pour les hommes. Parfois il s'agit même d'un « grondement ». La mer est consolation dans le malheur et inspiration dans l'amour ; c'est dire qu'elle est joie et tristesse. Et les hommes invitent la mer à partager « l'étrangeté de vivre », à savoir la force et la joie, la faiblesse et le « délaissement » du dernier soir, car la mer est du « très grand Ordre ! ». Cela veut dire sans doute qu'elle est de l'ordre qui dépasse les capacités intellectuelles de l'homme, car elle représente une organisation de la vie et de la terre qui ne dépend nullement de l'être humain. L'idée seule de la mer provoque « le surcroît » dans les songes des hommes, surcroît qu'on pourrait appeler une espèce de connaissance rudimentaire de l'au-delà, une connaissance à la fois intellectuelle et émotionnelle du divin. Comme le poète le dit : « Et le surcroît nous vienne en songe à ton seul nom de Mer !... ».

La troisième tirade de ce développement se donne pour thème la médiatisation du mot, du mot qui établit un rapport entre l'objet nommé, à savoir la mer, et la conscience. C'est-à-dire que le poète poursuit ici sa réflexion sur la fonction poétique. Il voudrait que la mer sorte du vers en quelque sorte, pour qu'il puisse y accéder directement, voire sans « l'éclat insoutenable du langage ». Il est significatif, d'ailleurs que le poète se serve du pluriel de la première personne. Le pronom « nous » regroupe tous les êtres humains, vivants et morts, en une même société humaine et exige la participation du lecteur, comme quoi le lecteur participe lui aussi de cette fête de la mer. C'est un peu la fonction du Chœur d'ailleurs de faire exprimer plusieurs voix à l'unisson. Cela veut dire toutefois que le poète n'est plus seul, que c'est maintenant l'humanité entière qui fait partie de la fête.

Prêtant sa voix au chœur, le poète dit, le verbe au passé, que nous avions des mots pour dire la mer, bien que nous n'en eussions jamais eu assez. Ce même thème se répète d'un bout à l'autre du Chœur. Ici on apprend pourtant que l'amour a tout confondu, de sorte que nous ne savons plus à quoi les mots se réfèrent. Il paraît même que les mots sont devenus l'objet même qu'ils nomment, ou mieux, qu'en récitant la mer, nous sommes devenus nous-mêmes le récit. Et puis, étant donné que le récit était déjà de la mer, en devenant le récit nous devenons aussi la mer : « te récitant toi-même, le récit, voici que nous te devenons toi-même, le récit ». Or, la mer était « l'Inconciliable », et pourtant le poète lui-même est devenu la substance et le mouvement de son texte, substance et mouvement semblable à la substance et au mouvement de la mer. Il est devenu « le texte même et sa substance et son mouvement de mer ». Il porte maintenant la « grande robe prosodique » qui est celle de la mer, et elle est également celle du poème. Le poète est devenu en quelque sorte et son poème et l'objet de son poème.

Sans guillemets pour les distinguer, les dernières laisses de cette tirade représentent donc encore une fois la voix du poète. Le pronom « nous » est utilisé pour souligner la solidarité de l'humanité, et en ce sens il s'agit d'un « nous » inclusif qui permet au poète de dépasser les limites de son être individuel. Le premier vers de la dernière partie de cette tirade reprend la formule, « En toi, mouvante, nous mouvant, en toi, vivante [...] ». C'est une formule que le poète utilise en Chœur-2 pour décrire son bain de mer, mais ici la formule ne semble plus décrire les seuls gestes du poète dans l'eau. Il s'agit plutôt d'une métaphore pour la symbiose des humains et de la mer. Les gens acclament la mer dans son éclat et dans son essence propre, sur ses « baies frappées de rames étincelantes » et sur ses « rives fouettées des chaînes du Barbare », comme dans ses « rades déchirées de l'aigle de midi » et dans les « places de pierres rondes ouvertes » devant la mer.

La mer est maintenant « Récit », et c'est le récit qui fait se lever la foule avec le « Récitant ». Ainsi la mer se trouve-t-elle couverte de gloire, « couronnée de l'or du soir ». Toute la ville descend vers la mer dans une espèce de cérémonie où se laissent voir la « promiscuité divine et la dépravation de l'homme chez les dieux ». Pour les dieux, la terre et la mer s'unissent sous les traits d'un accouplement harmonieux et absolu. Pour les êtres humains, une telle union est impossible mais, libérés des contraintes de la morale et des traditions oppressives, ils peuvent accéder à une nouvelle façon de vivre, plus heureuse et plus satisfaisante. C'est ainsi qu'ils peuvent réussir enfin à entrevoir le divin de l'être humain.

Chœur-5

Le cinquième et dernier développement du Chœur consiste en une seule tirade. Comme les développements précédents, celui-ci commence par une espèce d'introduction qui est énoncée à la voix du poète. Ces quatre vers, sans guillemets, sont suivis de plusieurs vers entre guillemets. Ceux-ci représentent alors le chant du chœur. Une même idée s'y trouve sous plusieurs formes, l'idée selon laquelle la mer réunit des concepts opposés et contradictoires de la pensée de l'homme. Ce n'est d'ailleurs qu'en songe que l'homme peut comprendre la mer, c'est-à-dire en réunissant des notions contraires et contradictoires. Ainsi, la mer défie-t-elle la logique de l'homme.

Dans l'introduction à cette tirade, on apprend que « Dieu l'étranger est à la ville », et que le Poète, pour sa part, « rentre seul avec les filles moroses de la gloire ». Or, la mer est souvent nommée « l'étrangère », au féminin, de sorte que l'arrivée du « Dieu l'étranger » semble souligner l'union naturelle du masculin et du féminin. On se rappelle d'ailleurs que dans les premières parties de la Strophe, l'étranger arrive par la mer et que les peuples qui habitent sur la côte, notamment les femmes, attendent cette arrivée, qu'elles la prévoient même et y trouvent une source de renouvellement et de bonheur. De même, selon les légendes de Dionysos, le dieu étranger arrivait par la mer. Nous soulignons encore une fois le parallèle. Dans le poème de Perse, cependant, la référence au « dieu étranger » est une figure, synonyme de fête, de sorte que la présence du dieu signifie le comble de la fête où le masculin et le féminin se réunissent. C'est-à-dire qu'il s'agit d'un moment où l'union est complète, celle de l'homme et de la femme, celle de la mer et de la terre, et celle du langage du poète et de la chose qu'il nomme.

Le fait que le poète « rentre seule avec les Filles moroses de la gloire » suggère encore une fois le culte d'Aphrodite selon lequel les hiérodules, de jeunes filles, se prostituaient aux étrangers de passage, consacrant ainsi leur virginité à la déesse. Mais le texte distingue entre le dieu et le poète. Le dieu se fait fêter tandis que le poète rentre seul. Le travail du poète se termine avec le poème, mais la fête de la mer qu'il a longuement préparée ne vient que de débuter. Le dieu dont il évoque la présence n'est en effet que l'inspiration que son poème offre aux lecteurs. Si le poète rentre seul avec les « Filles moroses de la gloire », il faut comprendre qu'il n'a pas encore de gloire. Il s'efface derrière l'effet de son poème, ce qui ne l'empêchera pas de connaître un jour la gloire car il reste une feuille errante, c'est-à-dire une feuille de couronne de gloire toujours en quête du « front d'homme… ».

Sur le manuscrit on lit pourtant que c'est le « Poète hors de l'arène qui rentre seul, et le front nu, avec les Filles moroses de la gloire »[166]. Les mots « hors de l'arène » et « le front nu » ont été supprimés sur la version finale. La formule « le front nu » surtout signifie l'absence de gloire du poète à la fin de son exploit.

Or, le texte chanté par le chœur ne semble constituer qu'une seule phrase ici, mais c'est une phrase divisée en plusieurs vers dont la longueur et le rythme sont semblables. Au moyen du rythme de son vers, il semble que le chœur veuille reproduire le mouvement et le rythme des vagues. Le passage reprend des images rencontrées dans d'autres parties du poème. Le premier vers du chœur reprend par exemple la formule, « Mer de Baal, Mer de Mammon ; Mer de tout âge et de tout nom ! ». La forme succincte de l'énoncé souligne la pérennité de la mer et la souplesse du langage que les hommes utilisent pour en parler. Mais cela est déjà un contraste en soi car la mer, cet être, ou cet autre qui existe depuis toujours, se laisse nommer par des mots qui, comme les hommes eux-mêmes, sont éphémères. Et

166. Ms am2, Fondation Saint-John Perse.

pourtant ce sont les paroles des hommes qui font de la mer cette chose magnifique et formidable que le poète célèbre. C'est en songe et grâce aux paroles des poésies que la mer devient la Mer. Comme le poète le dit, elle est « utérine » des songes et « hantée du songe vrai ». Elle est l'amour et la haine, l'inexorable et l'exorable. Elle est « nourrice et mère », « amante et mère », et elle est surtout « l'immense compassion de toutes choses périssables ».

Le dernier vers de ce développement pose à la mer une question, à savoir, « Est-ce toi, Nomade, qui nous passera ce soir aux rives du Réel ? ». La question souligne la distinction entre le songe et le réel, et suggère que le poète s'était laissé emporter par le songe. Cependant, ce n'est qu'en songe que la mer a pour les hommes le sens que le poète essaie de nous communiquer, et il est donc normal que celui-ci exploite le songe pour faire son poème. Mais le poète semble devenir lui-même l'objet de son récit. Il devient la mer grâce au récit lui-même et grâce au songe qui est la source et l'objet de son poème. De plus, on a appris que la mer a une valeur symbolique pour les hommes. Souvent considérée comme un moyen d'évasion, c'est sur la mer que les gens ont quitté des conditions difficiles pour chercher ailleurs une vie meilleure. C'est grâce à la mer qu'ils ont pu échapper à la répression et aux guerres et, c'est en traversant la mer qu'ils ont pu trouver une nouvelle vie.

Il s'ensuit, et sur plusieurs niveaux, que la mer est symbole du dépassement d'une limite. Il est clair, en plus, et surtout dans les derniers développements du Chœur, que le poète a dépassé les limites logiques et linguistiques que sa langue impose. Ce n'est pourtant qu'au moyen de son poème que le poète réalise son respect et son amour pour la mer. Alors, demander à la mer, à cette « Nomade », si elle « nous passera ce soir aux rives du Réel », c'est un peu comme demander à la mer, comme sujet et objet du poème, de concrétiser le sentiment du poète. C'est-à-dire, et malgré le délire du langage poétique, que le sentiment du poète trouve dans son poème une forme intelligible pour tout lecteur. Il s'agit d'une louange offerte à la mer, et comme la mer reste un objet réel, elle résiste au langage du poète. Le mot « louange » est sans doute insuffisant ici, mais il est clair tout de même qu'il ne s'agit pas d'une idée platonicienne que le poète cherche à mettre en valeur, comme s'il s'agissait d'un monde idéal à réaliser. Plutôt, Perse se rend compte que la créativité artistique comprend une réalisation et une concrétisation sans lesquelles l'art n'existerait pas.

Deuxième Partie : remarques, constats, conclusions

Notre lecture d'*Amers* a pour objectif de rendre le poème de Perse plus accessible et plus intelligible. En précisant le sens de certains mythes (dans la mesure du possible), en éclaircissant certaines images obscures et des passages difficiles, et en reformulant les thèses principales du poème, nous espérons avoir atteint notre but. Il nous semble en fait que dans le poème *Amers*, Perse développe une véritable philosophie de la vie. C'est ce que nous cherchons à mettre en valeur ici. Dans notre analyse, nous avons suivi le sens général du poème, bien que nous ayons commencé par une analyse de la Dédicace car ce court passage souligne l'importance du désir comme thème principal dans l'ensemble du poème. Dans les pages qui suivent nous cherchons à formaliser notre lecture du poème. Tous nos commentaires, constats et conclusions se fondent pourtant sur la lecture effectuée. Nous cherchons donc ici à souligner l'importance et la justesse de notre hypothèse de départ et selon laquelle les différentes parties du poème ont surtout pour objet le désir humain.

Amers est divisé en quatre parties principales mais en fait elle en compte cinq. La version finale du poème divise le texte dans les parties connues, à savoir, l'Invocation, la Strophe, le Chœur et la Dédicace. On sait d'ailleurs que les différentes parties du poème ont été composées et publiées à différents moments (voir l'introduction). Suivant la logique de la publication des textes, il faudrait aussi compter Strophe-IX, « Étroits sont les vaisseaux », comme une partie indépendante du poème. Qui plus est, en tenant compte du sens et de la forme des vers, ainsi que du caractère et des objectifs de cette partie du poème, il faudrait dire en fait que Strophe-IX représente un poème à part.

Or, on peut considérer les parties principales du poème comme des textes en soi. Perse les a publiées séparément et, comme on le sait, il les a très peu changées lors de la mise en forme finale pour produire le poème que l'on connaît aujourd'hui sous le titre *Amers*. Ce serait pourtant faire abstraction de la forme dramatique que Perse a ainsi donnée à son ouvrage, forme qui à notre sens n'est pas équivoque pour l'ensemble du poème. Afin de compléter notre analyse, et pour bien cerner les idées que le poème exprime, nous considérons l'œuvre comme un ensemble, car les différentes parties du poème constituent une espèce de drame qui formule un message particulier. Le message varie un peu d'une partie du poème à l'autre, et il n'est pas toujours facile à comprendre, étant donné d'abord la longueur et la complexité du poème, et ensuite le fait que chaque partie du poème a ses propres traits et ses propres objectifs qui ne sont pas toujours les mêmes. Mais d'une partie à l'autre du poème, le message du poète semble être le même. La forme dramatique du poème est ainsi capitale car c'est surtout grâce à la forme dramatique que les cinq poèmes différents expriment ensemble une même thèse du début jusqu'à la fin.

au dire de Perse

Il convient de commencer par rappeler la perspective du poète. Dans sa « Note pour un écrivain suédois »[167], Perse évoque sa façon de comprendre *Amers*. Il est significatif que le thème de la mer ne paraisse que secondaire dans ses idées. Au préalable, c'était plutôt la condition humaine qu'il voulait mettre en vers. La mer, elle, y jouait le rôle de symbole. Perse : « C'est l'intégrité même de l'homme – et de l'homme de tout temps, physique et moral, sous sa vocation de puissance et son goût du divin – que j'ai voulu dresser sur le seuil le plus nu, face à la nuit splendide de son destin en cours. Et c'est la Mer que j'ai choisie, symboliquement, comme miroir offert à ce destin [...] »[168]. La mer sera la « table d'autel du drame antique, autour de quoi se déroule l'action »[169]. Les figurants, à savoir des représentants des civilisations révolues, se placent devant la mer qui, elle, fait figure d'arène solitaire.

D'après le poète, l'Invocation est un prologue qui introduit la pensée du poète. La Strophe représente l'action du drame, et il faut noter que dans cette « Note » Perse ne parle pas explicitement du poème *Étroits sont les vaisseaux*. La troisième partie du poème, le Chœur, est une « exaltation humaine en faveur de la Mer »[170], selon le dire de Perse, et la Dédicace « libère le Poète et le restitue à lui-même »[171]. Dans le texte final plutôt court que représente la Dédicace, Perse évoque alors la thématique du poème, mais sans en préciser le mobile, ni la trame logique et culturelle qui rattache les peuples antiques à notre civilisation. Mais Perse ne dit pas tout dans sa « Note ». Ses commentaires sont très brefs. Il n'y parle pas, par exemple, de l'importance des mythes, ni de l'évolution de sa pensée du premier jusqu'au dernier de ces poèmes. Il y fait une référence au mythe de Shiva, déesse hindoue de la destruction et de la régénération, mais en fait cette déesse n'est pas nommée dans le poème.

Dans son « Discours de Stockholm » Perse reprend certains des thèmes mis en valeurs dans *Amers*. Trois passages en particulier nous intéressent. Le poète dit par exemple que lorsque les « mythologies s'effondrent, c'est dans la poésie que trouve refuge le divin ; être même son relais »[172]. Sur un premier plan, cela veut dire que la poésie s'oppose à la mythologie. Quand on ne croit plus aux mythes, on

167. Dans Saint-John Perse, *Œuvres complètes*, *op. cit.*, pp. 569-571.
168. *Ibid.*, p. 569-570.
169. *Ibid.*, p. 570.
170. *Ibid.*, p. 571.
171. *Ibid.*, p. 571.
172. Saint-John Perse, *Œuvres complètes*, *op. cit.*, p. 445.

accepte cependant que la poésie exprime le divin. Sur un deuxième plan, cette remarque avance pourtant que la mythologie et la poésie se ressemblent car elles peuvent avoir une même inspiration, à savoir le divin. Comme la mythologie le faisait par le passé, la poésie peut exprimer le divin, selon Perse, et ainsi aider à sonder les mystères de l'homme, mystères que les hommes cherchent depuis toujours à s'expliquer à leur façon. Dans le contexte du poème *Amers*, la remarque de Perse est d'autant plus intéressante que la mythologie est présente dans le poème et y joue un rôle considérable. Dans le poème de Perse, cependant, on dirait que les fonctions de la poésie et de la mythologie sont inversées par rapport à ce qu'elles étaient au passé, car chez Perse la poésie exprime le rapport de l'homme avec le divin, et la mythologie a plutôt la valeur d'une forme artistique et religieuse révolue.

Une deuxième remarque de Perse met en valeur les objectifs de la poésie en général, et il paraît que dans cette perspective, la poésie et la mythologie se ressemblent. D'après lui, c'est dorénavant dans l'œuvre des poètes que la permanence et l'unité de l'être humain se laissent voir. C'est-à-dire que le poète s'intéresse à l'universel. Comme il le dit : une « même loi d'harmonie régit pour lui le monde entier des choses »[173]. Or, à l'antiquité la mythologie expliquait les rapports des hommes avec les dieux et déterminait ainsi le rôle et la fonction de l'homme dans la vie et dans la société. De nos jours, il semble que ce soit la poésie qui met en valeur les rapports entre des éléments d'apparence disparate du monde, et qui établit par là des rapports entre des objets divers. C'est donc la poésie qui exprime le rôle de l'individu dans ses rapports avec les autres et en tant que membre de son espèce. C'est ainsi, d'après Perse, que les civilisations du passé ne meurent pas. Elles se muent plutôt, se transforment et deviennent autres. Le poète est celui qui fait voir la « loi d'harmonie » du monde et qui relate l'essentiel des cultures passées. Par là, il fait aussi « revivre » des peuples disparus, à savoir en cherchant à surmonter les différences entre les gens, et en insistant sur leurs ressemblances. Sous cet angle, le poète ne s'intéresse pas à la situation particulière d'une personne quelconque, mais se sert de ses personnages particuliers pour viser la condition humaine. La tragédie, nous dit Perse, n'est pas dans le changement et dans le déclin des cultures. Elle est plutôt dans « l'écart qu'on laisse croître entre l'homme temporel et l'homme intemporel ». La tragédie se creuse alors entre les vivants et les morts. Le rôle du poète est de réduire cet écart et de rendre les peuples disparus présents dans leurs désirs et leurs accomplissements pour le lecteur d'aujourd'hui.

Une troisième remarque de Perse souligne l'importance qu'il accorde à la poésie sur le plan de l'esthétique. Selon Perse, la poésie refuse de dissocier l'art de

173. *Ibid.*, p. 446.

la vie. Elle est action et elle est passion. « L'amour est son foyer, l'insoumission sa loi, et son lieu est partout, dans l'anticipation »[174]. En ce sens, et dans la mesure où elle représente l'expression essentielle de l'être humain, la poésie est aussi créatrice de valeurs, ce qui veut dire qu'elle n'est pas une simple forme artistique, qu'elle est plus fondamentale à la vie qu'une forme simple. C'est-à-dire qu'en plus d'être forme artistique la poésie comprend la création artistique dans son inspiration même, ainsi que dans sa vision, et qu'elle réside même dans le désir qui se fait connaître sur le plan sentimental de l'artiste avant que la production se fasse. On dirait que dans son « Discours de Stockholm », mais sans le dire explicitement, Perse parle du poème *Amers*, tellement la thématique de son discours se rapproche du contenu du poème. Et on se rappelle que Perse a gagné le prix Nobel seulement trois ans après la publication de la version finale de son poème.

le Sens du poème dans son développement et sa forme

« Invocation » ou l'ode à la mer

L'Invocation comprend six développements plutôt courts. Le poète y annonce son sujet, à savoir la mer, rattache sa forme poétique aux traditions des conteurs, et établit le ton général de son poème, qui est de respect et de révérence. Il explique aussi en quelque sorte le lent mûrissement dans sa pensée de l'idée de faire un poème sur la mer. Il nous informe enfin et surtout que son poème vise le règne de la mer au cœur de l'homme, et que c'est le plaisir qui le guide dans son travail. Cette partie du poème nous prépare alors pour ce qui sera un périple mirobolant dans l'histoire ancienne et dans les chemins contournés de la subjectivité humaine. Le résultat, d'après Perse, sera un portrait de la condition universelle de l'homme, étant donné que l'objet du poème, la mer, préoccupe la pensée des hommes depuis toujours.

Or, dans son étude de cette partie du poème d'*Amers*, Georges Cesbron avance qu'il s'agit de quatre mouvements. Le premier se laisse définir par le sous-titre, « le désir du poème et ses délices ». Le deuxième mouvement raconte « l'angoisse de l'instant et l'urgence du poème », à savoir le besoin d'écrire du poète. Le troisième mouvement, ou « le travail nécessaire à la création poétique », nous explique en quelque sorte l'effort du poète, et « la récompense », à savoir le quatrième mouvement du poème, nous en communique la joie du poète[175]. Ces sous-titres résument plus ou moins bien le contenu de cette première partie du

---

174. *Ibid.*, p. 445.

175. Georges Cesbron, « Naissance du poème chez Saint-John Perse : une proposition de lecture d'*Amers* », *Cahiers Saint-John Perse 6,* 1983, pp. 9-37.

poème, et ils ont en plus le mérite de souligner la genèse et la production du poème dans la perspective du poète. Mais si l'on détache un peu le poème du vécu du poète, le contenu et les objectifs du poème sont mieux cernés. On se rend compte que cette première partie du poème, en plus de révéler les sentiments du poète eu égard à son œuvre, comme Cesbron nous le dit, prépare aussi le lecteur à entendre le récit qui suit. Certes, l'Invocation cerne l'objet du poème, la mer, et nous apprend que le poète y pense depuis longtemps, mais elle nous fait savoir en plus que dans ce poème qui se prépare ainsi il sera aussi question de l'histoire, du désir, et en quelque sorte de l'histoire même du désir.

C'est-à-dire que dans un poème qui se fonde sur le plaisir du poète, plaisir qui à la fois guide et motive son auteur, il doit aussi être question du désir car le désir est à l'origine du plaisir. Or, il est certain que l'idée de raconter l'histoire de l'homme par le biais de la mer et du point de vue du désir qui s'exprime et qui se manifeste dans les actes et les œuvres des gens représente au tout le moins une idée originale. Elle permet au poète de sonder les profondeurs des motivations des hommes et de formuler l'expression du désir, et cela dans les rapports des gens avec le monde physique. En plus de révéler l'état d'esprit du poète aux moments qui précèdent la composition de son œuvre, et au moment où il l'écrit, l'Invocation situe donc le poème dans un rapport subjectif avec le monde réel, et cela sur les deux plans de l'actuel et de l'historique.

L'Invocation fait penser en outre aux odes de Pindare. Lorsque les critiques parlent du style de Perse, ils font souvent référence à l'influence sur le poète des Odes de Pindare, surtout parce que dans sa jeunesse, Perse s'intéressait aux œuvres du poète lyrique grec. Il n'est pas notre intention de revenir ici sur cette influence, mais nous constatons tout de même que l'Invocation surtout manifeste certaines des qualités des odes du poète antique. Chez Pindare, l'ode est souvent inspirée par le triomphe d'un athlète lors des jeux athlétiques, et elle mentionne le nom du dieu en l'honneur duquel les jeux ont eu lieu, ou bien le nom de la foire où on l'a chanté[176]. L'objectif de l'ode pindarique est d'ailleurs de faire l'éloge des exploits du héros. À cette fin, Pindare fait souvent référence aux mythes, à savoir aux exploits des dieux, afin de rehausser la gloire du héros qu'il chante, c'est-à-dire en établissant un parallèle entre les dieux et le héros. La gloire du héros, pour sa part, est réalisée, du moins en partie, par le poème lui-même qui rapproche le héros des dieux au moyen des vers du poète et des références aux dieux.

Dans les premières parties de son poème surtout, Perse fait lui aussi référence aux mythes pour chanter la gloire de son héros, à savoir le poète lui-même, – et il faut sans doute voir le parallèle entre le héros et Dionysos dans ce

176. *Cf. The Odes of Pindar*, introduction and translation by Sir John Sandys, Cambridge, Mass., Harvard University Press, William Heineman Ltd., 1915, 1937, p. xxxi.

contexte – mais dans *Amers* l'exploit raconté est aussi celui de la mer. Le poème chante la gloire de la mer, et c'est cette gloire de la mer qui coïncide avec la réalisation du poème, tout comme l'ode de Pindare établissait la gloire de son héros. Toutefois, il faut se rappeler que pour Perse la mer est symbole des exploits humains, depuis les origines de notre espèce et jusqu'au présent. Chanter la gloire de la mer, c'est alors chanter encore une fois la gloire de l'homme, bien que sous une forme symbolique et quelque peu abstraite.

À l'encontre de Pindare, cependant, Perse ne fait pas référence au « dieu » en l'honneur duquel les jeux se déroulent. Lui fait surtout référence à la mer. C'est-à-dire que chez Perse, la mer semble jouer et le rôle du héros, et le rôle réservé au dieu dans les Odes de Pindare. La mer est à la fois héros de façon symbolique, et ainsi elle est chantée par le poème. Mais la mer est aussi éternelle et en ce sens elle est elle-même une espèce de divinité, de sorte que, et nonobstant les nombreuses références aux mythes et aux dieux de l'antiquité que l'on trouve dans son poème – références qui établissent un certain écart entre la mer et le divin sous sa forme plus traditionnelle –, d'après nous, il serait fort possible de voir dans cette divinisation de la mer un reflet du naturalisme de Perse, naturalisme qu'on pourrait qualifier d'une sorte de panthéisme. Cet aspect de sa poésie et cette notion sont mis en valeur à plusieurs reprises et à différents endroits dans le poème. Cela a pour effet que, sous cet angle du moins, la poésie de Perse s'écarte de l'ode pindarique. Chez Perse, et par rapport à l'ode de Pindare, il paraît que le divin s'est déplacé. Il ne se trouve plus dans les mythes, mais dans l'homme lui-même. À notre sens, une des idées directrices du poème, dans ses différentes parties et dans ses objectifs multiples, est en effet de placer le divin dans l'exploit humain.

Strophe I à VIII : l'épopée du désir

Pour sa part, la Strophe raconte plusieurs histoires. Ce sont des histoires semblables du point de vue thématique, cependant, de sorte qu'on serait tenté de dire qu'il s'agit d'une même histoire et d'une même intrigue racontée à plusieurs reprises, mais dans différentes perspectives. Cette histoire est l'histoire d'une inspiration renouvelée et d'un désir de liberté, occasionné par le poème lui-même et par l'arrivée de cet étranger dont le geste ressemble à celui du dieu grec, Dionysos. Il paraît, en plus, que l'inspiration et le changement sont vivement souhaités par les protagonistes. Dans les discours des Tragédiennes, des Patriciennes et des autres personnages féminins surtout, on entend l'histoire d'une révolte, celle d'un voyage, celle d'une découverte et enfin, une histoire d'amour. Mais les différentes suites de la Strophe nous racontent aussi l'histoire de l'homme au sens général, étant donné que les personnages représentés semblent venir de différentes périodes historiques, bien que ces périodes ne soient pas clairement indiquées.

Les premières suites de la Strophe nous donnent en bref l'histoire de l'homme. Il y est question de la fondation des villes, de la fuite des opprimés vers de nouvelles terres au nom de la liberté. Il s'agit du besoin constant de l'être humain de comprendre son monde, et de son goût pour les légendes et les mythes qui lui expliquent ses origines. Il y est également question des découvertes scientifiques qui ont changé le cours de l'histoire de l'homme. La deuxième suite raconte, entre autres, les conséquences de la découverte de la navigation au moyen des étoiles, science qui a permis à l'homme de prendre la mer et de s'éloigner des côtes sans pour autant se perdre ou déambuler à la dérive. Dans certains cas, il semble que l'avancement sur le plan des connaissances scientifiques soit même le mobile du changement. La science de la navigation, par exemple, est une des causes de l'abandon d'amers importants dans la vie de nos ancêtres, et par là elle peut aussi être la cause principale de plusieurs des ruines trouvées sur les côtes de la mer.

On sait d'ailleurs que pour Perse la science et la poésie partagent certains traits. Comme il le dit dans son discours de Stockholm, « la grande aventure de l'esprit poétique ne le cède en rien aux ouvertures dramatiques de la science moderne. Des astronomes ont pu s'affoler d'une théorie de l'univers en expansion : il n'est pas moins d'expansion dans l'infini moral de l'homme – cet univers. Aussi loin que la science recule les frontières, et sur tout l'arc étendu de ces frontières, on entendra courir encore la meute chasseresse du poète »[177]. L'ouverture scientifique du monde pourrait donc être l'analogon de l'ouverture poétique, et la poésie pourrait être source de connaissances. Même si elle ne peut relater le réel de façon absolue, nous dit Perse, la poésie en est la « plus proche convoitise et la proche appréhension ». En effet, la poésie se situe à cette « limite extrême de complicité où le réel dans le poème semble s'informer lui-même »[178].

Dans la perspective du développement de la société, le poème de Perse garde un peu le caractère d'un poème épique comme relateur d'événements réalistes. Il est question de la fondation des villes, de leurs fortifications et de leur construction. Le poète nous y parle des navires qui s'aventurent sur la mer, du désir de l'homme de découvrir de nouvelles sources de richesses et de la soif de certains de s'enrichir. Il y est aussi question des déplacements des populations et, bien sûr, la fondation de cultes religieux y joue un rôle prépondérant. Toutefois, le poème ne chante pas la gloire d'une ville particulière ni d'un événement précis comme le fait d'habitude le poème épique. Perse semble s'intéresser moins à la forme épique elle-même, alors, qu'au drame de l'être humain au sens auguste du mot. Il paraît que chez lui prime surtout le sens.

177. Perse, « Discours de Stockholm », *op. cit.*, p. 444.
178. *Ibid.*, p. 444.

Les différentes suites de la Strophe présentent divers personnages du drame. À part les villes et les vestiges qui figurent dans la première suite, et qui jouent le rôle de personnages sur le plan historique, on compte comme personnages le poète lui-même, le maître d'astres et de navigation, les tragédiennes, les patriciennes, la poétesse, les prophétesses, les jeunes filles, l'étranger, et enfin les amants (Strophe-IX). À part le poète, le maître de navigation, l'étranger et l'amant, qui sont peut-être un seul et même personnage, les personnages principaux sont féminins. Le poète se place surtout, alors, dans la perspective des personnages « faibles » de l'histoire de l'homme.

En cela, son drame se rapproche en effet des drames d'Eschyle, dramaturge dont les œuvres ont sans doute eu, eux aussi, une influence sur la poésie de Perse. Dans *Les Suppliantes* et *Les Perses* surtout, Eschyle a présenté son drame dans la perspective des faibles. Selon Émile Chambry, par exemple, Eschyle a fait preuve de « pitié pour les malheurs des vaincus » dans sa présentation des Perses, peuple vaincu par les Grecs, et à son sens ce sentiment donne à la pièce du même nom « cette noble impassibilité » qui n'est pas un des moindres mérites d'Eschyle[179].

Si le poème de Perse se raconte souvent dans la bouche des personnages féminins, c'est sans doute parce que les femmes étaient souvent victimes des traditions sociales oppressives, qui les réprimaient ou qui les dénigraient en raison de leur sexualité. Dans le poème de Perse, les personnages féminins renoncent aux traditions oppressives, et leur révolte prend l'allure d'un désir de liberté sur le plan sexuel. Comme la répression des femmes se déterminait par le sexe, il s'ensuit que la révolte des personnages féminins a pour objet les rapports sexuels, en plus de mettre en avant le désir de connaître le bonheur de vivre[180].

Or les personnages d'*Amers* se présentent à tour de rôle dans les suites successives du poème. Ils racontent leur histoire et laissent la place pour ainsi dire aux prochains. Or, dans l'ordre de présentation des personnages, Béatrice Perregaux, pour sa part, voit un double mouvement à la fois décroissant et croissant[181]. C'est un mouvement décroissant dans le sens qu'on passe des anciennes traditions, qui sont à rejeter, vers l'établissement d'un comportement plus apte à rendre les gens heureux. On passe des tragédiennes de la troisième suite

179. Émile Chambry, dans *Eschyle*, *op. cit.*, p. 44.
180. Il faudrait aussi mettre en valeur le parallèle entre la faiblesse traditionnelle des personnages féminins et la faiblesse de la mer par rapport à la terre, du moins dans l'histoire des hommes. Au cours de l'histoire, l'homme s'est surtout intéressé à la terre, aux divisions et aux richesses de la terre tandis que la mer, malgré les ressources qu'elle offrait à l'économie des hommes, a toujours été laissée pour compte. La politique des hommes avait pour objet la division des terres et la mer n'en représentait que les limites car les vastes domaines de la mer n'appartenaient à personne.
181. Béatrice Perregaux, « *Amers* de Saint-John Perse », *Cahiers du Sud*, 57, 1964, 276-284, p. 280.

de la Strophe, aux jeunes filles de la septième suite pour qui la vie en société s'ébauche à peine. Le mouvement croissant, selon Perregaux, vise plutôt la dignité de la fonction des personnages féminins. On passe ainsi des tragédiennes aux patriciennes, à la poétesse, et aux prophétesses. Avec chaque transition la fonction du personnage, ou des personnages, est un peu plus près du sacré. Or, cette progression semble juste jusqu'à la septième suite où il s'agit des jeunes filles, à quel moment elle ne semble plus tenir. Les jeunes filles sont de simple tenue et semblent quelque peu naïves. Elles semblent faire abstraction des traditions de leurs ancêtres, se délectent plutôt dans la nature, et se réjouissent de leur situation comme si les notions religieuses ou de révérence ne les concernaient pas, ou ne figuraient pas dans leurs préoccupations. Mais il faut se rappeler le premier vers de cette suite, vers qui fonctionne aussi comme sous-titre de la suite, à savoir « un soir promu de main divine… ». Il paraît que la simplicité des jeunes filles les rapproche plus du divin que les rites religieux et la fonction sociale des femmes dans les suites précédentes.

Il s'agit là sans doute encore une fois d'un élément du naturalisme de Perse. Les jeunes filles se préparent pour ce qui est, paraît-il, une cérémonie de mariage. Elles s'ouvrent à la mer et s'offrent à l'amour sans arrière-pensée, comme s'il s'agissait d'un sacrifice souhaité. Elles semblent être heureuses. On sait d'ailleurs que l'amour symbolise le passage de l'enfance vers l'âge adulte, de sorte que le mariage qui se prépare peut se voir comme la transgression d'une limite sociale. Sous cet angle, l'amour rapproche les jeunes filles du divin, non pas seulement dans le sens traditionnel et religieux du mot, mais dans le contexte du poème de Perse où l'acte sexuel rapproche l'être humain du divin qui est en l'homme (*cf.* Strophe-IX). On pourrait donc abonder dans le sens de Perregaux, et dire qu'en effet les jeunes filles de Strophe-VII sont plus près du divin que les autres personnages féminins, surtout lorsqu'on précise qu'elles sont aussi et surtout plus naturelles, plus simples, et plus proches de la nature que les autres personnages féminins des suites III à VII de la Strophe.

Les personnages féminins de cette partie du poème représentent aussi différentes formes de révolte. Pour leur part, les tragédiennes se révoltent contre le silence, et contre l'abandon des formes théâtrales anciennes. C'est-à-dire qu'elles se révoltent contre l'inertie qui, d'après elles, a trop longtemps caractérisé la civilisation humaine. C'est chez les tragédiennes que les traditions et les anciennes croyances religieuses semblent pourtant être les plus enracinées. Les tragédiennes représentent un monde intermédiaire, entre celui du mythe et celui du réel. Lorsqu'elles jouent, elles portent un masque et incarnent le rôle des déesses, des dieux, et des héros. Ce sont des femmes pauvres des classes inférieures, mais quand elles montent sur scène elles font revivre les puissances divines dans l'imaginaire des spectateurs. Elles font entrevoir ainsi, et surtout dans la pièce tragique, des changements possibles qui pourraient s'effectuer sur le plan social.

Au sujet de la tragédie grecque, Jean-Pierre Vernant souligne, pour sa part, que le « domaine propre de la tragédie se situe à cette zone frontière où les actes humains viennent s'articuler avec les puissances divines, où ils prennent leur sens véritable, ignoré de l'agent, en s'intégrant dans un ordre qui dépasse l'homme et lui échappe »[182]. Dans le poème de Perse, les tragédiennes attendent l'inspiration qui vient d'ailleurs. Elles sont prêtes à renoncer à tout ce qu'elles sont devenues, à tout ce qu'elles ont fait, pour faire revivre la gloire du théâtre, et pour reconnaître encore une fois la grandeur de l'homme. Par là, elles représentent aussi de grands changements qui s'opèrent sur le plan social. L'homme connaîtra encore une fois, à leur dire, l'inspiration et la créativité. Ce sont d'ailleurs, d'après elles, ses qualités les plus essentielles. Un domaine nouveau de la création artistique est en voie de se faire sentir pour les tragédiennes, et elles sont prêtes à se sacrifier pour qu'il se réalise. Elles se révèlent dans l'intime de leur corps même, et s'offrent ainsi de façon symbolique à leurs spectateurs et leurs juges. C'est-à-dire qu'elles se donnent entièrement à la nouvelle vie qui s'amorce selon elles.

Les patriciennes sont, en revanche, des femmes riches et d'origine noble, mais toutes comme les tragédiennes elles ne peuvent plus vivre sans inspiration. Elles ne peuvent plus supporter l'ennui où leur condition de femmes les a reléguées, c'est-à-dire dans une société traditionnelle régie par les hommes. Elles ne sont plus sensibles aux œuvres et aux formes culturelles de leur passé, ce qui est symbolisé par la plume laissée dans le jardin brûlé. Elles sont attirées elles aussi par la mer, et elles descendent vers l'eau afin de reconnaître le changement et la nouveauté qui leur arrivent de ce côté-là. C'est dire que les patriciennes aussi se révoltent, mais grâce à leur situation dans la vie, leur révolte à elles est plus sociale et politique que ne l'est celle des tragédiennes. Celles-ci, d'origine plébéienne, se révoltent surtout contre l'inertie des forces créatives dans la société. C'est l'inspiration qu'elles souhaitent, tandis que les patriciennes, par le moyen de leur révolte, désirent en plus que la société se transforme. Le changement social est d'ailleurs la conséquence de leur désir, et de leur départ sur la mer. Comme elles le disent : « Et s'il faut mener plus loin l'offense d'être nées, que par la foule, jusqu'au port, s'ouvre pour nous l'accès des routes insoumises »[183]. Elles souhaitent une société où elles seront plus libres et surtout plus heureuses, une société où elles pourront sans honte et sans gêne connaître le plaisir d'être femmes. Or, malgré les différences, la révolte des tragédiennes se relaie dans celle des

---

182. Jean-Pierre Vernant, « Tensions et ambiguïtés dans la tragédie grecque », dans *Mythe et tragédie en Grèce ancienne*, 2, *op. cit.*, p. 39.
183. Perse, *Œuvres complètes*, *op. cit.* p. 302.

patriciennes car il s'agit encore une fois d'une révolte féminine contre les pouvoirs qui oppriment. Et puisqu'il s'agit d'une oppression déterminée selon les critères du sexe, leur révolte prend l'allure d'une réclamation de droits eu égard à la sexuelle.

La révolte des tragédiennes et la révolte des patriciennes sont sans doute la révolte qu'évoque la poétesse dans la cinquième suite du poème. Il semble que le discours de la poétesse représente tout ce qu'il reste de la vie d'une femme poétesse d'une époque révolue. On ne sait rien sur la personne qui a écrit ce texte, mais on a son poème qui constitue un témoignage des événements passés. Le texte nous fait revivre, sous forme de vers, la lutte qui a eu lieu à un moment donné du passé. Il nous raconte le changement dans les attitudes des femmes, leur révolte contre les croyances et les rites religieux, leur peur face au changement pourtant nécessaire à leurs yeux, et il raconte aussi l'espoir qu'un jour meilleur viendra pour les femmes de l'avenir. Comme témoin des soulèvements qui ont eu lieu pendant sa vie, la poétesse raconte, paraît-il, des événements réels, mais elle raconte sa réalité à elle, à savoir son expérience comme telle, bornée par la situation particulière où elle se trouve et par les événements de son époque.

La vérité historique qu'elle dessine pour nous est donc limitée par sa perspective personnelle, mais cela n'est pas un trait négatif de son poème. C'est plutôt une condition nécessaire de la création poétique, toute vérité étant limitée par la perspective de son auteur. Ce qu'il faut noter, à la fin, c'est que le discours de la poétesse, discours qui se donne pour but de raconter la réalité d'un événement passé, fait plus figure de prophétie que le discours de la prophétesse, discours relaté en Strophe-VI. La poétesse raconte les souffrances et les luttes des femmes, ses contemporaines, mais pour nous, lecteurs de son poème, les changements pour lesquels les femmes luttent ont déjà été réalisés, du moins jusqu'à un certain point. Le désir de ses femmes d'une époque révolue, désir de voir se produire des changements dans leur société à elles, s'est exaucé et aujourd'hui les femmes ne connaissent pas la même forme d'oppression, c'est-à-dire l'oppression fondée sur la sexualité, du moins, pas dans les pays où nous vivons.

Pour sa part, la prophétesse, cette fille chez les prêtres, refuse d'interpréter les signes de la nature selon les traditions des oracles. Ces signes ne manquent pourtant pas. Dans l'aspect de la tempête sur la mer, dans les averses sur l'eau, et dans les couleurs changeantes de la surface de la mer, il serait possible de voir la première étape de la transmission d'un message venant de la part des dieux et à l'intention des hommes. Dans la tempête, la pluie, et les couleurs de l'eau, la prophétesse ne voit pourtant qu'une tempête qui passe, de la pluie qui tombe et le reflet du ciel à la surface de l'eau. Dans les bulles de l'écume de mer, elle ne veut voir que la mer. Dans l'éclair, elle ne veut voir qu'un aspect de la tempête. Elle a peut-être perdu son don de fille oracle, ou bien elle a peut-être cessé de croire aux mythes et aux traditions de son époque. Dans l'un ou l'autre des cas, les oracles

eux-mêmes n'ont guère plus de sens. À son tour, alors, la prophétesse se révolte, elle aussi, contre sa condition de femme opprimée, à savoir contre sa condition de fille liée « au bas des Caps [...] au bout des Caps comme aux timons des chars... »[184]
.

Il ne s'agit certes pas pour la prophétesse d'une manifestation politique, ou d'un désir de saper les efforts d'une société florissante, comme c'est le cas des patriciennes. Ce n'est pas une révolte dans ce sens-là du mot qu'elle mène. Il s'agit plutôt des idées qui changent avec la découverte de connaissances nouvelles, et à mesure que les schémas qui expliquent notre monde, et notre position dans le monde se développent, se transforment et deviennent autres. La prophétesse voudrait d'ailleurs que les filles prophétesses comme elle soient un jour libérées de la fonction qu'on leur a imposée. Elle voudrait être libre comme celles qui, à l'avenir, auront su prendre le large et s'évader. Il s'agit en effet du progrès naturel de la société, qui fait en sorte qu'on passe d'une croyance en des mythes à des croyances plus naturelles parce que fondées sur la nature et sur la réalité humaine.

Dans Strophe-VII les jeunes filles de l'autre rive, c'est-à-dire les jeunes filles d'une civilisation plus moderne et d'une culture qui ressemble un peu plus à celle du poète, voire, ces jeunes filles héritières de la révolte de toutes les femmes qui ont lutté contre l'oppression, se préparent pour l'amour et se donnent ainsi à leur propre plaisir. Elles ne semblent connaître ni la gêne ni la honte. Elles se baignent dans la mer, sans peur. Elles apprécient les belles couleurs de la soirée et la brise fraîche provenant du large. Elles s'offrent le plaisir des linges propres, parfumés à la lavande. Bref, elles se réjouissent de la nature et des plaisirs que la vie leur offre, sans s'inquiéter de ce que pourraient en penser les prêtres, et sans se soucier du jugement des puissances divines. Elles prennent plaisir à la vie, et ne voient dans les phénomènes naturels que des phénomènes naturels, dont elles apprécient cependant et le spectacle et la splendeur. Il paraît qu'à la fin de ce passage, ces mêmes jeunes femmes entrent en rapport avec l'étranger qui, lui, n'arrive enfin sur terre ferme que dans la suite suivante. Les derniers vers du discours des jeunes femmes sont convaincants : « Et l'homme de mer est dans nos songes. Meilleur des hommes, viens et prends !... »[185].

Dans la huitième suite, les jeunes femmes demandent à l'étranger pourquoi, cette fois-ci, il a accosté la terre, et l'étranger d'expliquer qu'il a été poussé par son désir pour la femme. Il explique qu'il est venu à leur rencontre, dans le pays de leurs traditions et dans leurs maisons. « C'est la christe-marine qui sur vos grèves mûrissait [c]e goût de chair encore entre toutes chairs heureuses », nous dit-il. Et on comprend que les jeunes femmes se donnent enfin à l'étranger, sans gêne et

---

184. Perse, *Œuvres complètes*, *op. cit.*, p. 309.
185. *Ibid.*, p. 317.

sans honte, comme s'il s'agissait du cours le plus naturel des choses. C'est dire que dans ce nouveau monde transformé, naturel et inspiré, le désir prime car il constitue l'essence de l'être humain. Il est d'ailleurs la source de toute créativité, comme le démontrent à tour de rôle les suites I à VIII de la Strophe.

Or, à l'instar de Béatrice Perregaux, on pourrait voir dans la séquence des suites de la Strophe un mouvement à la fois décroissant et croissant. Par ailleurs, on n'aurait pas tort de le faire car il semble que cette progression dans les deux sens fasse partie du poème. On peut pourtant voir l'organisation de ses discours d'une façon autre. À notre sens, les discours présentés dans les suites I à VIII de la Strophe constituent des paires de discours, ce qui n'est pas sans importance pour la bonne compréhension du poème. Les deux premières suites présentent, par exemple, et respectivement, les vestiges géographiques et culturels des civilisations passées ainsi que la raison de leur désuétude, à savoir la découverte de la navigation au moyen des étoiles, découverte qui a rendu caducs les amers qui parsemaient les côtes, et qui servaient comme points de repère aux navigateurs. Les suites III et IV racontent, dans la bouche des tragédiennes et dans celle des patriciennes respectivement, le malheur des femmes, l'inertie générale de la société dans laquelle elles vivent, et le début d'une révolte contre les traditions qui oppriment. Ces personnages s'opposent les uns aux autres dans le sens que les tragédiennes sont d'origine humble, tandis que les patriciennes sont des femmes nobles et riches. Mais ils se rejoignent dans leurs discours respectifs. Ils se révoltent tous contre les traditions sociales qui oppriment les femmes à tous les niveaux de la société, et peu importent leurs origines.

Les suites V et VI soulignent le changement de valeurs en cours dans la société. En cela ces deux discours marquent un progrès par rapport aux discours précédents qui annoncent plutôt le début d'un mouvement des femmes contre l'oppression. La lutte se poursuit dans les suites V et VI, mais il paraît que les idées ont changé. La poétesse et la prophétesse savent que la lutte engagée est d'une envergure importante, et que cette lutte aura des conséquences pour l'avenir des femmes. Comme la poétesse le dit : « Faites qu'un soir il nous souvienne de tout cela de fier et de réel qui se consumait là […] »[186]. Au dire de la poétesse, s'oppose pourtant le non-dit de la prophétesse : « Plutôt nous taire, nous dit-elle, la bouche rafraîchie de petites coquilles »[187]. Ces deux discours au singulier sont semblables par le fait qu'ils visent à leur façon les prévisions de l'avenir, mais ils s'opposent l'un à l'autre par le fait que la poétesse se concerne des événements « réels », et elle dit juste, tandis que la fille oracle appartient à l'ère des mythes et, en principe, elle est à l'écoute de la voix des dieux, mais elle refuse d'y croire.

186. *Ibid.*, p. 306.
187. *Ibid.*, p. 312.

Ensemble ces deux discours nous disent que les croyances sont en train de changer, et que la poésie « réaliste » augure mieux de l'avenir que le discours mythique d'origine religieuse.

Finalement, les suites VII et VIII remettent les êtres humains dans la nature et dans leur simplicité. La révolte a eu lieu, paraît-il, de nouvelles croyances et de nouvelles mœurs ont été introduites dans la société. C'est dorénavant la nature humaine et le monde réel qui fondent les croyances des gens. Mais comme la révolte se veut, en partie du moins, la fin de la répression sexuelle, le rapprochement des suites VII et VIII, de ces suites où les jeunes femmes se préparent sans gêne pour une soirée avec leur amant et où l'amant arrive enfin, amené près des femmes par son désir incontournable, marque l'apogée du drame de la révolte, et constitue la preuve qu'enfin les mœurs ont changé. Comme c'est le cas des autres paires de dialogues, il y a également une opposition dans les suites VII et VIII, mais celle-ci est plus naturelle. D'abord, le dialogue des jeunes femmes de la suite VII s'oppose au discours de l'homme de la suite VIII, dans le sens que les femmes habitent la terre tandis que l'homme vient de la mer. Ce qui est plus important, par contre, c'est qu'il s'agit d'une distinction sexuelle, à savoir un dialogue entre un homme et une femme, tandis que tous les autres discours sont ou bien un discours d'homme, ou bien un discours de femmes. Les jeunes femmes de la suite VII s'opposent maintenant à l'homme de la suite VIII. Ces deux suites se terminent d'ailleurs par l'union de l'homme et de la femme. Leur union est rendue possible, semble-t-il, par le renversement des valeurs sociales. C'est d'ailleurs un renversement – où une transvaluation, pour parler comme Nietzsche – occasionné par le dépassement des notions religieuses démodées, et par l'avènement de nouvelles idées dans l'ordre moral.

Il y a donc un progrès notionnel à signaler dans l'agencement des discours de la Strophe. Dans les premières suites est souligné le changement occasionné par le progrès scientifique, tandis que dans les suites suivantes on constate la revalorisation de la nature, et les conséquences de cette nouvelle perspective sur le plan moral. De l'inspiration nouvelle, qui est l'objet du discours des tragédiennes et de celui des patriciennes, on passe aux rapports des gens avec le monde réel, pour finir avec le plaisir de vivre, et avec l'union de l'homme et de la femme. Cette progression est soulignée, entre autres, par les paires de discours dont la Strophe est composée. Malgré leurs origines différentes, les tragédiennes et les patriciennes souhaitent une nouvelle inspiration ; malgré leur rapport au monde réaliste et religieux, la poétesse et la prophétesse envisagent un monde meilleur où les femmes peuvent être libres ; et malgré leurs domaines contrastés – la mer et la terre – les jeunes femmes de l'autre rive se donnent à l'homme venu de loin. L'union des contraires souligne, en plus, l'union des sexes à la fin de cette suite. C'est-à-dire que dans les oppositions apparentes de forme et de contenu qu'on constate dans ces discours, il y a aussi une ressemblance et une unité. La résolution des oppositions rétablit, en fait, l'harmonie du monde, l'harmonie que le poète cherche à souligner, paraît-il, et à mettre en valeur. De façon romantique, dirait-on, Perse utilise les distinctions d'extraction sociale, de croyance et de sexe pour mettre en valeur, d'abord la distinction entre les sexes, et ensuite leur union dans la simplicité de la nature. Ainsi son poème accomplit-il la transvaluation des valeurs sociales factices et néfastes pour l'être humain, et la remise en valeur de l'instinct naturel qui le gouverne.

Sur le plan du poème entier les huit premières suites de Strophe remplissent certaines fonctions formelles qu'il faut préciser. Il s'agit de la fonction épique, de la fonction poétique et de la fonction morale. D'abord ces suites ont ce qu'on pourrait appeler une fonction épique. À la fin de Strophe-VIII, l'attente est terminée. L'étranger nommé dans les premières suites, et dont l'arrivée présagée et tant attendue coïncide avec le renouvellement de l'inspiration, est enfin venu sur terre ferme. Les femmes s'étaient révoltées contre leurs conditions de vie, et surtout contre l'oppression. Elles désiraient renouer avec le bonheur de vivre et cherchaient à connaître à nouveau l'espoir et le plaisir de la vie. Les jeunes femmes qui accueillent l'étranger ne sont pourtant pas de la même période historique que les tragédiennes et les patriciennes. Cela se voit sur le plan des mœurs. Il s'est opéré un changement important dans les idées et dans les mœurs pour que les jeunes femmes de Strophe-VII puissent se réjouir sans gêne, comme elles le font, de l'arrivée d'un inconnu, qui est un amant en quelque sorte. Il s'agit apparemment de différentes époques. C'est-à-dire que les huit premières suites de la Strophe ont une fonction plutôt épique dans ce poème de la mer. Elles racontent des changements sociaux sur une période non déterminée d'années. Elles se distinguent en cela des autres parties du poème, à savoir de l'Invocation, du Chœur, de la neuvième suite de la Strophe ainsi que de la Dédicace. Dans ces autres parties du poème, le passage du temps ne semble pas entrer en ligne de compte.

De plus, les huit premières suites de la Strophe constituent un récit à voix multiples. La voix du poète de la première suite évoque l'histoire de l'être humain et des périodes révolues, tandis que la voix du maître de navigation de la deuxième suite nous ramène en quelque sorte vers l'actualité du récit. Viennent ensuite le discours des tragédiennes et celui des patriciennes. Il faut sans doute comprendre ces deux suites à la voix féminine comme un ensemble où sont représentées les voix de toutes les femmes qui, et peu importent les distinctions de classe et de moyens, souhaitent un changement de valeurs et une inspiration sur le plan moral. Les deux drames que représentent les discours des tragédiennes et des patriciennes se font relayer par les discours de la poétesse et de la fille oracle. Ces derniers forment également une unité. La voix plus moderne et plus réaliste de la poétesse raconte un événement majeur qui se déroule pendant sa vie. Elle parle de choses supposées réelles, et cependant son discours se révèle quelque peu prophétique. C'est une nouvelle Cassandre qui semble ignorer la portée de son propre discours. En revanche, la jeune fille chez les prêtres représente, elle, la tradition prophétique. Dans les phénomènes naturels, elle est censée voir le signe des dieux et de leur influence sur les humains, mais elle n'y croit plus et renonce à prononcer l'oracle. Et finalement, les suites VII et VIII constituent une représentation des mœurs nouvelles. La septième suite met en scène des jeunes femmes qui se préparent pour une nuit d'amour. Leur voix se reprend au début de la huitième suite qui, elle, souligne le désir de l'homme.

Tous ces personnages parlent en leur propre nom, ce qui donne à ce poème épique plus de variété et plus de possibilités énonciatrices. Ce sont des voix de différentes classes sociales et de personnes appartenant à différents systèmes de croyances. Il se peut donc que le mot « strophe » veuille dire mouvement autour d'un autel, comme plusieurs l'ont suggéré, et comme Perse lui-même nous l'indique, mais on a du mal à voir en quoi ce mouvement consiste. Il nous semble plutôt que la « procession » relatée par le poème est plutôt une mise en scène. Différentes voix se relaient et se répondent en quelque sorte à travers des époques éloignées dans ces suites qui représentent des paires de discours. On s'imagine par exemple une scène où les protagonistes, pourtant de différentes époques historiques, sont assis en demi-cercle devant la mer, et où ils prennent la voix à tour de rôle. Ce qu'il faut souligner, toutefois, c'est que dans tous ces discours, les femmes se trouvent en rupture avec le système des croyances de leur vivant. Elles ressentent que le mode de vie de leurs ancêtres ne sert qu'à les opprimer en tant que femmes. Elles désirent plus de liberté et veulent mieux jouir de la vie. Elles sont non seulement prêtes à abandonner les traditions de leur jeunesse, mais renoncent ainsi aux certitudes d'une existence organisée, et dans certains cas privilégiée – c'est le cas des patriciennes du moins. Elles s'adonnent enfin à la quête d'une nouvelle inspiration, celle qui leur offre l'espérance d'une vie plus heureuse.

En ce sens, les voix des personnages féminins constituent en elles-mêmes des « amers » des différentes étapes du développement de la civilisation. Sur le plan historique et culturel, les discours des personnages féminins ont la même fonction que l'architecture des villes et des pierres sur les côtes. Celles-ci servaient à la navigation sur l'eau. Repérés par les navigateurs, les amers, naturels ou érigés par l'homme, servaient au transit des navires et marquaient les étapes d'un voyage. Par analogie, les amers marquent aussi le développement social. Les discours des personnages féminins, pour leur part, marquent par exemple les étapes de l'émancipation des femmes. Ce sont ainsi des amers des croyances historiques. Le récit des huit premières suites de la Strophe, raconté par différents personnages et dans différentes perspectives, constitue l'épopée d'une révolte contre l'oppression, au nom de la liberté sexuelle.

À l'histoire de la révolte des femmes s'ajoute pourtant une autre. C'est dans la bouche des femmes, et au moyen de la révolte des femmes, qui est déjà en soi une histoire d'envergure épique, que Perse raconte aussi l'épopée du désir humain. Le désir représente en quelque sorte la recherche de nouveau, et il s'exerce à se libérer des contraintes imposées sur les plans physique, moral, ou autre.

La deuxième fonction des suites I à VIII de la Strophe est poétique. Ces suites racontent un événement à venir. En ce sens, ces huit premières suites adoptent la manière de raconter que le poète a utilisée dans l'Invocation. Le poète y raconte son poème, et pour sa part, le poème raconte l'avènement du poème. Les six développements de l'Invocation annoncent le poème à venir, mais bien sûr, ils constituent déjà ce poème qui chante la mer. De même, les femmes qui parlent à tour de rôle insistent sur le changement imminent et sur leur désir d'accueillir les bras ouverts ce nouveau venu, cet étranger, cette inspiration venue de loin, quasiment d'un autre monde. Elles ressemblent d'une part à ces jeunes femmes du culte d'Aphrodite qui se prostituaient à des étrangers de passage afin de donner leur virginité à la déesse, mais grâce surtout à leurs discours, elles ressemblent aux muses qui inspiraient autrefois les poètes. Elles font naître le dialogue par le fait qu'elles créent ce qu'elles chantent[188]. C'est dire que les discours des femmes qui racontent l'avènement du poème et l'inspiration à venir sont également des discours qui constituent ce poème d'inspiration, à l'instar du « conteur » de l'Invocation dont le poème à venir est en effet son poème. C'est peut-être là un vestige de la tradition orale, qui vise ainsi à attirer l'attention de l'audience, mais il faut reconnaître que les personnages féminins du poème de Perse fonctionnent aussi comme des muses qui inspirent le poète. Leurs discours constituent à la fois le poème et l'inspiration à laquelle elles font référence. On sait d'ailleurs que la muse du poète est le plaisir. Il le précise dans Invocation-6.

Or, comme les femmes dans ce poème désirent renouer, elles aussi, avec le plaisir de la vie, et surtout avec le plaisir sexuel, il est facile de faire le rapport entre la muse qui est plaisir, et la muse qui est femme, de sorte que les huit premières suites de la Strophe représentent la préparation des relations sexuelles contées dans le poème « Étroits sont les vaisseaux ».

La troisième fonction des suites I à VIII découle de la position de ces suites dans le poème et, elle est plutôt morale. Les huit premières suites de la Strophe précèdent la suite IX, la suite la plus longue, et qu'elles préparent en quelque sorte. Ce n'est pourtant pas une simple question d'ordre séquentiel. La suite IX raconte

---

188. *Ibid.*, p. 34.

l'amour entre un homme et une femme et les suites I à VIII préparent cet épanouissement sur le plan moral. Les personnages féminins évoquent leur désir de liberté. Elles cherchent à faire réaliser un nouveau système de valeurs qui leur laissera plus de liberté. Les nouvelles valeurs préconisées semblent, en plus, représenter un retour à la nature, un retour à des rapports plus simples entre hommes et femmes, des rapports où le comportement est fondé sur la nature humaine et où le désir en est un aspect capital. Le développement du poème ainsi que les nombreuses références à la nature que l'on trouve dans le poème soulignent cette interprétation.

Selon ce nouveau système de valeurs, le désir se laisse combler par le plaisir, attitude sans gêne et sans honte devant le corps humain. Ces nouvelles valeurs représentent comme une révolution dans la pensée des personnages féminins. Selon le poème de Perse, se donner à l'amour pour ainsi connaître le plaisir, et pour se réjouir de la vie, représente cependant un comportement normal. Celui-ci n'est ni à craindre ni à réprimer car il est pour ainsi dire dans la nature des choses. Ce sont donc de nouvelles valeurs que préparent les discours des huit premières suites de la Strophe, et ces valeurs sont sanctionnées, enfin, dans Strophe-IX.

La neuvième suite de la Strophe représente alors le triomphe des valeurs nouvelles. C'est un exemple de ce que pourraient être les relations entre hommes et femmes, sans qu'y interviennent les préconceptions d'ordre idéologique ou religieux. C'est en effet un exemple des rapports naturels qui existent entre hommes et femmes depuis le début de l'espèce. Comme le poète le dit, c'est la « même vague depuis Troie ». Et jouant un peu sur l'analogie, on dirait que sur le plan de la tragédie grecque, Strophe-IX représente comme un cheval de Troie inséré dans le camp ennemi, au moment même où s'annonce la victoire des valeurs nouvelles sur les croyances anciennes. Le poème « Étroits sont les vaisseaux » représente ainsi la célébration de la victoire, au moment de l'avènement des valeurs nouvelles. Il constitue le récit de l'aboutissement du changement. Il fête la victoire dans l'élaboration de son récit. Il poursuit alors la même démarche poétique que les suites précédentes et selon laquelle l'écrit assume l'anticipation présente et l'espoir futur qu'il annonce.

Or, bien que les premières suites de la Strophe constituent à leur manière une épopée du désir humain, dans l'ensemble, ce poème est organisé plutôt comme un drame, comme un drame simple, d'ailleurs, composé des discours successifs de ces personnages. C'est sans doute pour souligner le thème de la révolte et du changement social que Perse a choisi de composer son poème de cette manière, à savoir selon la forme générale de la tragédie grecque. Comme nous l'avons noté, la pièce tragique n'était pas seulement une forme esthétique, ou un genre artistique, mais avait souvent pour fonction de représenter un conflit social, politique ou juridique. Dans cette optique, elle avait pour but de brouiller un peu la distinction entre le réel et le fictif. C'est en partie pour cette raison que Dionysos était considéré comme le dieu du théâtre, parce qu'il brouillait les frontières de l'illusoire et du réel. Le dieu masqué, représenté souvent comme un étranger qui arrivait de par la mer, incarnait la quête d'une folie divine. Il faisait surgir brusquement l'ailleurs ici-bas. Selon Jean-Pierre Vernant, par exemple, un des traits majeurs du dieu consiste à « nous déprendre et nous dépayser de nous-mêmes ». C'est le « visage du dieu qui nous sourit, énigmatique et ambigu, dans ce jeu de l'illusion théâtrale que la tragédie, pour la première fois, instaure sur la scène grecque »[189].

Dans le poème de Perse, l'étranger, symbole du nouveau et du renouveau, arrive, lui aussi, de par la mer et, lorsqu'il débarque enfin sur la côte, dans la huitième suite, c'est pour s'unir avec la femme, et pour connaître l'amour et le plaisir qu'elle lui offre. Cela représente une libération sous forme du rejet des traditions et des mœurs qui réprimaient ou qui dénigraient la sexualité des femmes. C'est, d'ailleurs, quasiment un culte de l'amour que l'homme établit. Celui-ci est fondé sur le plaisir de vivre, où le réel rencontre pour ainsi dire le songe, et où le plaisir sexuel se comprend comme un aspect divin de la nature humaine. Dans cette perspective le poème de Perse représente, lui aussi, la mise en scène d'un conflit social : celui de la quête de la liberté. L'action visée dans son poème est l'amour, à savoir des rapports sexuels naturels entre hommes et femmes, et le plaisir de vivre plus libre selon la nature elle-même. Le poème brouille un peu la distinction entre le réel et le moral en faisant surgir devant ses lecteurs l'aspect divin de la nature humaine, et en présentant la sexualité non pas dans un cadre moral, religieux ou autre, mais comme appartenant simplement à la nature humaine, comme une source de plaisir dans la vie.

On se rappelle que la huitième suite de la Strophe fut d'abord publiée en 1948 sous le titre « Gloire, marine », tandis que les suites I à VII furent publiées en 1951 sous le titre « Amers ». Le fait que Perse a publié la huitième suite avant les sept premières semble indiquer que les premières suites ont été élaborées pour préparer l'idée exprimée dans Strophe VIII, d'autant plus que cette dernière marque la suite naturelle des événements racontés dans les suites I à VII. La juxtaposition des deux poèmes, « Amers » et « Gloire, marine », rend d'ailleurs le thème sexuel du poème plus saillant. Dans la version finale du poème, les discours des personnages féminins se terminent par l'union de l'homme et de la femme, ce qui n'était pas évident d'après la première version d'« Amers ». En outre, le

189. Jean-Pierre Vernant, « Le Dieu de la fiction tragique », dans Jean-Pierre Vernant et Pierre Vidal-Naquet, *Mythe et tragédie en Grèce ancienne*, II, *op. cit.*, pp. 17-24. p. 24.

discours de l'étranger dans Strophe-VIII se comprend mieux comme l'expression du désir sexuel quand on sait que sa réponse est offerte aux jeunes femmes qu'il est venu rencontrer. On se rappelle d'ailleurs que la question posée par les jeunes femmes au début de Strophe-VIII ne figure pas dans la première version du poème, mais a été ajoutée sur la version finale. De plus, la juxtaposition des deux poèmes nous fait savoir que Perse pensait sans doute déjà au thème de la sexualité avant de trouver la forme finale de son poème de la mer. Quoi qu'il en soit, la suite VIII marque la fin de cette épopée du désir et nous donne déjà la « leçon » du poème, leçon qui se fait pourtant mieux souligner et en plus de détails dans la suite IX de la Strophe. Dans cette dernière, l'homme et la femme des suites VII et VIII consomment enfin leur union de façon explicite, et non pas seulement de manière sous-entendue.

Strophe-IX : « Étroits sont les vaisseaux » ou la parabole de l'amour

Le poème, « Étroits sont les vaisseaux », à savoir la suite IX de la Strophe, met en scène deux amants, un homme et une femme. Ils prennent la parole à tour de rôle, pour exprimer leurs désirs et leurs craintes. Cette suite comprend sept développements ou chants. Les chants II à VI comprennent chacun un premier discours prononcé par la femme, et un deuxième discours prononcé par l'homme. Les chants I et VII sont à la voix du poète. En ce sens, ce poème reprend la structure par dialogues des suites précédentes. Par ailleurs, sur le plan de l'intrigue, les deux amants s'unissent sous l'égide d'un bel été chaud qui devient par là le symbole de leur amour. Cependant, leur union ne semble durer que d'une seule nuit, ce qui rappelle le culte d'Aphrodite que le poète invoque à maintes reprises dans son ouvrage.

Dans des termes généraux, il ne s'agit ni pour l'homme, ni pour la femme, de trouver son partenaire idéal : ce n'est pas un poème d'amour en ce genre. Il n'est pas question non plus de trouver un bonheur subjectif et éternel, tel que certains pourraient se représenter un amour véritable. Et il ne s'agit pas non plus d'un drame psychologique, où les gens font valoir leur personnalité particulière et leur désir individuel. Les deux personnages du poème de Perse incarnent plutôt les rapports sexuels entre des hommes et des femmes, presque comme des membres d'une même espèce. La femme évoque son plaisir et son bonheur dans l'amour ainsi que sa crainte que l'homme ne veuille pas rester auprès d'elle. À la fin, elle se résigne au départ de l'homme parce qu'elle sait que les hommes sont ainsi faits. C'est-à-dire que la femme se rend compte qu'en s'éloignant d'elle, l'homme ne fait que suivre les préceptes de sa nature. L'homme, pour sa part, raconte l'extase de l'amour et la beauté de sa partenaire. Il craint, lui, la réaction de la femme lorsqu'il lui fera savoir qu'il a l'intention de reprendre bientôt le large, réaction qu'il cherche à atténuer en quelque sorte, en expliquant qu'elle occupera toujours une place importante dans ses pensées et ses rêves.

Dans ce poème plutôt lyrique qui a pour titre « Étroits sont les vaisseaux », il semble que ce soit grâce à l'amour d'une part, et grâce à l'union avec la femme d'autre part, que l'homme connaît le divin. Mais il faut reconnaître que le rapport avec le divin est autre ici que dans les premières suites du poème. Dans les premières suites de la Strophe, il s'agit de traditions et de croyances religieuses anciennes. Les personnages divers des premières suites invoquent souvent les dieux, et la crainte qu'ils interviennent de façon inattendue et imprévisible dans la vie des êtres humains. Dans le poème « Étroits sont les vaisseaux », il y a également des références aux « dieux » et au mystère de l'existence, mais il nous semble, en revanche, que les expressions où se trouvent les références aux dieux sont plutôt des figures de rhétorique, et ne renvoient pas à des croyances religieuses. Presque chaque référence aux « dieux » se fait suivre de près par une explication, ou par une description naturelle, ainsi mettant en valeur deux façons différentes de comprendre les phénomènes naturels. C'est-à-dire que dans la suite IX de la Strophe, les mots ont changé sensiblement de sens. Ils ont perdu leur pouvoir de nommer les dieux, et par là de les faire vivre, comme ils le faisaient dans les langues de l'antiquité. Les amants ne croient plus aux dieux et aux déesses de l'antiquité. Pour eux la référence aux dieux fait seulement partie du langage poétique et du songe du monde. C'est-à-dire que, comme la société évolue, la langue aussi doit s'adapter et se muer pour s'adopter aux croyances.

Le divin fait cependant partie des rapports entre l'homme et la femme dans ce poème. Dans cette nuit de douceur, d'amour et de désirs violents où la femme se donne à l'homme, et où l'homme prend la femme, la conséquence pour les deux personnages est un rapprochement avec le divin. À travers les ébats amoureux et l'orgasme, l'homme entrevoit la mort, non pas seulement comme la disparition de son être, mais comme une transformation, et comme une autre forme d'existence. Il voit dans sa partenaire, et dans l'amour en général, le rythme de la mer, le rythme même que les humains reprennent et répètent depuis toujours, du moins depuis l'origine de l'espèce, et surtout depuis l'origine de la poésie. C'est une même vague depuis Troie qui est fêtée ici. La femme, pour sa part, est comme le navire qui porte l'homme sur l'eau. Son corps est semblable à la structure du navire dans sa symétrie et dans sa fonction de porter sa charge dans la matrice de son corps. Elle est d'ailleurs source de vie. C'est enfin grâce à elle que l'homme connaît cette expérience quasi mystique qui le transforme, et qui éloigne de ses pensées l'idée tragique de la mort.

Le divin entrevu au moyen de l'amour n'est pourtant pas le divin dans le sens traditionnel du mot, comme quelque chose qui appartient à Dieu ou aux dieux. Dans « Étroits sont les vaisseaux », le divin est une expression de la nature humaine. Il fait partie de l'homme et ne se révèle que dans l'union naturelle de l'homme avec la femme. C'est dire que c'est dans l'union physique des deux corps que le divin se laisse sentir. Dans cette perspective le divin n'est pas une forme idéale à respecter, et ne s'apprend pas dans des livres. Il se fait connaître et se laisse comprendre pour l'être humain dans le plaisir et la jouissance du corps. Il ne se limite pas cependant à un simple sentiment de plaisir parce qu'il permet de rétablir le rapport de l'individu avec le monde et avec les autres membres de son espèce. C'est pourquoi l'homme peut à la fin choisir de s'éloigner de son amante après une nuit d'amour divin – car il faut se demander pourquoi l'homme quitterait celle qui lui offre le don du divin, et comment il pourrait survivre sans elle après qu'il a eu connu le divin dans ses rapports avec elle. Il peut enfin accepter de quitter cette femme auprès de laquelle il a connu un plaisir intense et a entrevu le divin, parce qu'il a compris que le divin appartient à la nature humaine et alors à l'espèce. Le divin se laisse enfin comprendre comme une expression du désir.

C'est grâce au désir même que l'homme reconnaît le caractère divin de l'être humain. C'est le désir qui dans Strophe-VIII a amené l'étranger sur les côtes habitées par des femmes, et c'est maintenant le désir qui fait connaître à l'homme le divin de sa nature. Dans cette perspective, on comprend aussi que le désir est éternel. C'est sans doute la raison pour laquelle la façon dont l'homme comprend la vie se transforme, une fois qu'il se rend compte que le divin est un aspect de son être. Il ne craint plus la mort parce qu'il a pu entrevoir le divin en lui ; il comprend enfin que l'homme est immortel dans son appartenance à l'espèce humaine. Dorénavant, où qu'il aille, quoi qu'il fasse, il porte le divin en lui sous forme de désir. Pour sa part, et encore une fois en raison de l'amour, la femme n'est plus seulement femme non plus. Elle aussi, elle fait partie de la nature humaine, et connaît ainsi le divin. Selon son discours à elle, elle appartient toujours à l'homme, même lorsque l'homme est au large, même lorsqu'elle n'est pas présente en chair et en os dans sa vie, car, tout comme l'homme, elle participe de la nature humaine. C'est pour cette raison surtout que l'homme peut enfin se décider à prendre le large. Par ailleurs, dans le dernier chant de cette suite, il s'est déjà éloigné de la femme.

Sous cet angle, le poème, « Étroits sont les vaisseaux », représente une parabole. Il nous donne une idée de ce que pourraient être les mœurs suivant la révolte préconisée par les premières suites de la Strophe. Le conflit ébauché dans les premières suites est à vrai dire résolu dans les suites suivantes qui racontent d'abord le plaisir des jeunes filles d'une tradition nouvelle et plus heureuse, et ensuite l'arrivée de l'étranger sur la côte. Les traditions morales, opprimantes et vieillies, ont déjà été récusées dans les suites VII et VIII de la Strophe. Dans la suite IX, les amants jouissent pleinement de la nature humaine. Ils ne craignent plus la réaction des dieux. Ils n'ont pas honte de leur corps et se donnent au plaisir de l'amour qui est divin. Ils vivent mieux ainsi car ils participent de la nature humaine. C'est-à-dire que la révolution sur le plan moral et social s'est déjà accomplie. La femme de Strophe-IX n'est plus opprimée par des traditions néfastes du passé qui dénigraient ou qui réprimaient sa sexualité. En jouissant de l'amour, les amants ne font pourtant que manifester leur appartenance à l'espèce. Ils connaissent les mêmes désirs et les mêmes plaisirs dont les humains se jouissent depuis toujours. La suite, « Étroits sont les vaisseaux », cet exemple de ce que pourraient être les rapports entre les hommes et les femmes dans une société où le plaisir de vivre n'est pas réprimé, mais où il est plutôt célébré comme un aspect divin de la nature humaine, répète, en quelque sorte, le message du poème élaboré dans les suites précédentes, à savoir que la nature humaine n'est pas à condamner mais à mieux connaître et à faire valoir. C'est pour cette raison surtout que cette partie du poème semble faire rupture dans le poème, mais tout en poursuivant une même thématique. Comme nous l'avons déjà dit, elle représente comme un cheval de Troie inséré dans le récit d'une révolte. C'est un poème de bonheur et d'amour inséré dans un poème qui a pour objet la lutte contre l'oppression. La suite IX de la Strophe nous donne cependant une idée du genre de vie que les humains pourraient connaître s'ils réussissaient à se débarrasser des traditions et des mœurs vieillies qui oppriment leurs instincts naturels. Ils pourraient connaître une vie plus heureuse parce que fondée sur le plaisir et sur le bonheur de vivre. Pour poursuivre l'analogie, on pourrait dire qu'après la chute de Troie, Énée a fondé une nouvelle vie dans le sud de ce qui est aujourd'hui l'Italie. Le poème « Étroits sont les vaisseaux » nous donne encore un exemple de la fondation d'une vie « ailleurs », une vie qui serait plus heureuse car plus conforme aux instincts humains.

Or, il paraît que la liberté sexuelle des femmes que prône ce poème de la mer est aussi une liberté pour l'homme. C'est grâce à l'amour et à ses rapports avec la femme que l'homme se rapproche du divin. C'est-à-dire que l'émancipation des femmes, et la reconnaissance du droit au plaisir des femmes qui en est la conséquence, sont aussi une offre de plaisir et d'immortalité faite à l'homme. Suivant la logique du poème, c'est dans l'offre de son corps que la femme peut se dire libre sur le plan sexuel. Et en acceptant l'offre de la femme, l'homme pour sa part participe de la liberté sexuelle des femmes. On peut aller plus loin, cependant, car il paraît que c'est aussi grâce à l'offre de l'amour de la part de la femme que l'homme connaît à son tour la liberté et l'aspect divin de l'être humain. On peut donc dire que l'amour permet à la fois à l'homme de « libérer » la femme, de se découvrir en tant qu'homme, et de se dépasser même en tant qu'individu. Grâce à l'amour, l'homme réussit ainsi à surmonter sa peur de la mort, et il s'approche par là du divin. Il paraît que la liberté des femmes, ainsi que celle des hommes, passe par le sexe opposé. C'est en se donnant à l'amour que l'être humain connaît la liberté et s'approche du divin. Autrement dit, c'est en renonçant à soi que l'individu peut enfin entrevoir l'au-delà et échapper à l'angoisse que provoque en lui l'idée de sa propre mort. Sous un certain angle, pourtant, la pensée de Perse rejoint la pensée religieuse selon laquelle la vie et la mort doivent se faire interpréter dans des rapports avec le divin, mais il faut souligner que chez Perse ce n'est pas par le moyen de l'ascèse que l'individu se rapproche du divin, comme c'est le cas dans plusieurs religions. C'est plutôt en acceptant la nature, et en en jouissant pleinement, que l'être humain se complète et fait voir l'aspect divin de son être. Cela constitue, sans doute, un aspect de la philosophie plutôt panthéiste de Perse.

La lutte qui a pour objet la liberté de l'être humain révèle l'aspect divin des désirs naturels et de la nature elle-même. Le fait de se débarrasser des contraintes qu'on s'est imposées à soi-même en tant que société offre à l'individu la possibilité de mieux jouir de la vie et des plaisirs que la vie rend possibles. Mais la lutte est en elle-même l'expression d'un désir, du désir d'être libre, du désir de faire connaître sa propre volonté et de jouir de la vie. La lutte constitue, elle aussi alors, une partie de la nature humaine. Dans ce sens, le désir représente peut-être même l'aspect le plus fondamental de la nature humaine, et dont la lutte pour la liberté n'en est qu'une expression. La lutte en tant que telle appartiendrait ainsi à la nature humaine, et aurait toujours fait partie de l'homme. Les efforts des hommes pour être libres, et pour vivre heureux, constituent ainsi un aspect de leur nature. Dans son « Discours de Stockholm », Perse explique le sens qu'a pour lui le mot « poésie ». Comme il le dit : « Se refusant à dissocier l'art de la vie, ni de l'amour la connaissance, elle [la poésie] est action, elle est passion, elle est puissance, et novation toujours qui déplace les bornes. L'amour est son foyer, l'insoumission sa loi, et son lieu est partout, dans l'anticipation »[190]. La poésie est donc elle-même une lutte dont l'inspiration relève du désir, et dont le but est, semble-t-il, un sentiment de bien-être, à savoir le sentiment d'avoir bien vécu, librement et de façon intelligente. Ce qui veut dire, à notre sens, qu'il faut vivre sans craindre d'être soi, sans avoir honte de soi-même, et sans se faire consumer par le remords.

Chœur : aux prises avec la langue

Selon l'organisation d'une pièce grecque de l'antiquité, le chœur avait pour fonction de souligner les thèmes principaux développés par la strophe. Comme Jean-Pierre Vernant le dit, le chœur dans la pièce classique est un « être collectif et anonyme, dont le rôle consiste à exprimer dans ses craintes, ses espoirs et ses jugements, les sentiments des spectateurs qui composent la communauté civique »[191]

190. Perse, *Œuvre complètes*, *op. cit.*, p. 445.

191. Jean-Pierre Vernant, « Le Moment historique de la tragédie en Grèce : quelques conditions sociales et psychologiques », dans *Mythe et tragédie en Grèce ancienne*, 1, *op. cit.*, pp. 11-17, p.

. Sous cet angle, le chœur ne fait pas progresser le récit du poème. Il raconte plutôt la réaction des spectateurs et reprend ainsi les thèmes déjà développés par le texte. Dans *Amers* la partie intitulée « Chœur » est conforme à la fonction du chœur de la pièce classique. C'est en partie l'organisation même du poème qui le veut ainsi. Mais on peut dire en plus que par rapport à la Strophe, qui relate un récit, le Chœur ressemble plutôt à un chant, ce qui veut dire que dans cette partie du poème le rythme et la « musique » du vers l'emportent sur le sens. Par conséquent, c'est dans cette partie du poème que le rapport du poète avec son langage est le plus clairement mis en valeur. À plusieurs reprises, il semble même que le poète ne fasse que jouer sur les mots.

Or, selon Gabrielle Clerc, les deux parties du poème que sont la Strophe et le Chœur constituent ensemble un « récit mythique ». Elle y voit même « l'épopée de la création poétique » dans un texte qui a le sacré pour origine et pour but[192]. Pour notre part, il nous semble que le texte de Perse pourrait fort bien avoir le sacré comme origine, mais seulement dans le sens que par le biais de son texte le poète cherche à rejoindre la poésie et les croyances de l'antiquité. Dans son chant de la mer, Perse veut remonter aux premiers textes, des textes souvent très liés avec la pensée religieuse et la notion de sacré, pour faire revivre les anciens, et pour raconter leur rapport avec la mer. Il veut mettre en valeur les ressemblances entre la culture antique et notre culture, à savoir sur le plan du désir, et dans la mesure où le désir est conçu comme le mobile de l'action humaine. Il montre en effet que le rapport avec le divin a changé au cours des siècles, et que le mot « divin » n'a pas le même sens aujourd'hui qu'il n'avait par le passé. Comme nous venons de le constater, dans la mesure où *Amers* raconte des changements qui ont eu lieu sur le plan historique, ce poème de la mer rejoint la poésie épique, surtout dans les huit premières suites de la Strophe. Et le divin ou le sacré que le poète met en scène dans « Étroits sont les vaisseaux » est conçu autrement qu'il ne l'est dans les autres parties du poème. Pour les amants de la suite IX de la Strophe, le divin est à vrai dire un aspect de la nature humaine. Autrement dit, le récit que la Strophe représente raconte moins le sacré, à notre sens, qu'il ne raconte l'histoire de la liberté progressive et de la jouissance de l'être humain. Il faut souligner alors, et à l'encontre de G. Clerc, que la Strophe et le Chœur jouent différents rôles dans ce drame. A la Strophe qui est récit répond le Chœur qui est chant.

Il est vrai pourtant que dans le poème de Perse il s'agit également de la création poétique, et sur ce point nous sommes d'accord avec le propos de Gabrielle Clerc, mais il faut souligner que même dans la perspective de la création poétique, la Strophe et le Chœur jouent différents rôles. La fonction poétique, par

---

14.

192. Gabrielle Clerc, *op. cit.*, p. 83.

exemple, est moins mise en valeur dans la Strophe qu'elle ne l'est dans le Chœur. D'après Perse lui-même, le Chœur « rassemble dans un seul mouvement et dans une même voix collective toute cette exaltation humaine en l'honneur de la Mer », où la mer est identifiée à « l'Être universel »[193]. En ce sens, le Chœur souligne certaines notions que la Strophe a déjà fait connaître. Il rappelle, par exemple, que la mer occupe dans cette œuvre la place réservée aux dieux dans les drames et les poèmes épiques des époques révolues. Ensuite il semble que les voix qui se réunissent ici en un seul mouvement et en une seule voix collective se donnent au mouvement du poème comme au mouvement de la mer. Elles se laissent aller au chant, au rythme, et à la mélodie même du poème qui est semblable au rythme périodique et au chant de la mer. Sous cet angle, et en comparaison avec la Strophe, le Chœur représente une partition de musique où les rôles attribués aux différentes voix sont indiqués, et où les textes se reprennent, se répètent et disparaissent en quelque sorte dans le chant qu'ils constituent. C'est-à-dire que dans le Chœur, la fonction poétique prend le dessus et l'emporte sur le sens.

Il paraît alors que la fonction du Chœur dans *Amers* est double. En plus de résumer le message principal du poème, message développé surtout par la Strophe, à savoir par un long poème d'amour qui est également l'épopée du désir de l'homme, le Chœur révèle aussi le rapport du poète avec son langage. D'abord, selon le poète lui-même, il semble que l'homme doive s'évertuer à dépasser ses limites. C'est en quelque sorte le message du poème. Mais on se rappelle aussi que c'est le désir qui pousse l'homme à agir, de sorte qu'au fond c'est le désir qui rend possible le dépassement des limites, et qui par là rend la liberté souhaitable, nécessaire même pour l'homme. Et le désir, lui, fait partie de la nature humaine. D'après ce poème qui fête la nature humaine, il s'ensuit qu'il faut accepter cette nature telle qu'elle est, d'abord parce qu'on ne peut faire autrement, et ensuite parce qu'au moment où on se donne à ses désirs, la vie est plus belle et plus heureuse. Dans cette perspective, le dépassement des limites est au fond l'œuvre du désir humain. Comme Gilberte Aigrisse le précise, dans ce poème du « soleil mûrissant l'action », comme elle le dit, le Chœur fait savoir que l'interdit est au-delà des seuils[194]. Pour jouir de sa liberté, il faut savoir dépasser les limites. C'est en quelque sorte le message du récit de la Strophe. Ou bien, comme Colette Camelin et Joëlle Gardes Tamine le disent, le divin chez Perse, est le « pouvoir de transgresser les limites imposées par la condition humaine »[195]. Or, la transgression des limites est certes une notion importante chez Perse, mais il faut préciser que le

193. « Note pour un écrivain suédois », *Œuvres complètes*, *op. cit.*, p. 571.
194. Gilberte Aigrisse, *Saint-John Perse ses mythologies*, Paris, Éditions Imago, 1992, pp. 141-143.
195. *La Rhétorique profonde*, *op. cit.*, p. 98.

pouvoir de transgresser les limites n'est plus, comme à l'antiquité, la conséquence d'une intervention divine. Chez Perse, c'est le désir qui pousse l'homme à agir et à se dépasser. C'est le désir qui représente le divin chez l'homme et, comme le désir est un aspect de la nature humaine, ce doit être la nature elle-même qui est divine chez Perse.

Or, le dépassement des limites, ou le passage par le seuil de l'interdit, constitue en soi une espèce de révolte et, il est évident que la révolte est un des thèmes principaux du poème. Les gestes et paroles des personnages féminins représentent, par exemple, la mise en scène d'une révolte contre les traditions qui oppriment et qui empêchent la pleine jouissance de la vie. La poétesse et la prophétesse racontent une révolte à leur façon. Mais dans le poème de Perse la révolte se laisse sentir aussi sur les plans formels et linguistiques, et c'est surtout dans le Chœur que cela se constate. Dans la perspective formelle d'abord, il est évident que le poète s'inspire des formes littéraires du passé, mais qu'il interprète ces formes à sa façon, de façon lâche disons, sans chercher à respecter l'organisation classique de ces formes dépassées, qu'il s'agisse de la forme du drame, du récit mythique ou du poème épique. Il s'inspire de différentes traditions, et il en choisit les éléments qui lui conviennent. C'est sans doute la raison pour laquelle on peut avoir un poème à caractère épique et un poème lyrique ensemble dans un même poème d'une envergure plus importante. C'est sans doute pour la même raison qu'on peut trouver ensemble dans un seul poème des références historiques et religieuses provenant de différentes époques et traditions cultuelles. Le poète élabore son récit à lui à partir des éléments divers qu'il emprunte ailleurs. Il en construit une forme originale, et c'est en ce sens que son poème à lui représente le refus des traditions qui le précèdent. C'est-à-dire que le poème de Perse représente une espèce de « révolte » à sa façon contre les formes connues et auxquelles il emprunte même certains éléments. Il incarne ainsi, sur le plan formel, le nouveau dont le poète se veut le héraut. Cela coïncide d'ailleurs avec la thématique du désir que le poème développe. On désire normalement ce qu'on n'a pas, de sorte que le désir est mobile du changement. Grâce au désir, on s'affaire à faire exister ce qui n'existait pas auparavant, et grâce au désir l'homme s'amène vers la nouveauté. De même il est amené par le désir vers l'amour, vers un amour qui entraîne ses participants dans son sillage, et qui leur fait connaître le divin de la nature humaine. Par ailleurs, c'est dans l'ordre des choses, d'après le poète, car le monde change en même temps que l'homme se renouvelle et se transforme. Sous cet angle, on dirait que Perse est, en quelque sorte, l'héritier des poètes romantiques[196].

---

196. La notion selon laquelle l'amour est une force capable de transformer l'être humain, ou de lui faire connaître le divin, rapproche le poème de Perse des Romantiques, et de l'œuvre de

En plus d'incarner la révolte sur le plan formel, le Chœur constitue aussi une révolte sur le plan linguistique et, par là, il sous-entend une révolte contre la logique réaliste. Il ne s'agit pourtant pas ici du vocabulaire de Perse, ni de la syntaxe de sa phrase, pour difficiles qu'ils soient. Comme la bonne forme linguistique était très importante pour Perse[197], ce n'est pas sur le plan de la grammaire que la révolte linguistique se fait sentir. La révolte linguistique que nous évoquons se concrétise surtout là où le chant l'emporte sur le sens, et où le texte semble frôler le non-sens et l'obscurité sémantique. Le poète le dit lui-même : « Ils m'ont appelé l'Obscur et j'habitais l'éclat ». Nous comprenons cette formule comme voulant dire que le langage du poète paraît obscur à certains, bien qu'il ne cache rien d'après le poète. Or, la fonction logique du langage est de viser les objets du monde, qu'ils soient réels ou intentionnels, et de les faire entrer dans le discours. C'est ainsi qu'on développe les objets figurés. Or, certains critiques ont souligné ce qu'ils appellent la perspective « phénoménologique » de Perse, perspective selon laquelle, disent-ils, le poète s'évertue à présenter les objets figurés de plusieurs points de vue, afin de les rendre plus complets et alors plus réalistes[198]. En général, c'est de cette façon que la pensée se développe et que les arguments se composent, à savoir selon la logique du récit et en respectant la syntaxe de la langue. C'est-à-dire que les traits des objets s'ajoutent au fur et à mesure que le texte se développe, et que les arguments se composent dans la suite des syntagmes. Or, il paraît que dans le Chœur, le poète pousse le langage à ses limites, au point où le langage n'est plus signe d'autre chose mais devient lui-même la chose qu'il nomme. La mer, c'est la mer, mais c'est aussi une « fable » et un « idiome », comme c'est un « livre ouvert ». La mer est même plus que langage : elle est « la clarté pour nous faite substance »[199]. Elle cesse d'être l'objet signifié par le langage, par un langage qui d'ailleurs lui est inadéquat car la mer est « l'innombrable du récit » et la « prolixité sans nom »[200]. Le poète se demande d'ailleurs comment il doit faire pour nommer la mer de façon suffisante, pour que la mer entre comme il faut dans son discours. « Faut-il crier ? Faut-il créer ? »[201],

---

Baudelaire en particulier. Baudelaire chantait, par exemple, la gloire des stimulants qui permettaient de connaître un monde meilleur, car plus beau. Sur le plan poétique, chez Baudelaire, la fonction transformatrice est dévolue surtout à la métaphore, tandis que chez Perse, et sans vouloir amoindrir le rôle de la métaphore chez ce dernier, cette fonction est reprise plutôt par le rythme incantatoire, par la répétition de mots et de formules.

197. « Colloque avec des écrivains suédois », *op. cit.*, p. 5.

198. Émile Yoyo, *Saint-John Perse et le conteur*, Paris, Bordas, 1971, p. 30. Pour sa part, Élisabeth Coss-Humbert fait l'analyse de la poésie de Perse dans la perspective phénoménologique. Elle voit dans la pensée de Perse un mouvement dialectique entre la contemplation du monde et la recréation du monde par l'homme (Coss-Humbert, *op. cit.*, p. 17).

199. Perse, *Œuvres complètes*, *op. cit.*, p. 367, 377, 376, 368, 371.

200. *Ibid.*, p. 371.

se demande-t-il. Et le lecteur de se demander si, dans le chant du Chœur du moins, « crier » et « créer » ne dénotent pas une seule et même activité.

Le poète voudrait également que ses phrases signifient plus « qu'est permis au songe de mimer ». Il veut diriger son langage vers de nouveaux domaines, vers des découvertes poétiques, là où la langue n'est plus obligée de respecter les limites de la pensée logique. Le dépassement du langage au moyen du langage s'exprime ici surtout sous forme de contradictions. Le poète en dénombre plusieurs, de telle façon que son discours semble perdre parfois le nord. Un même objet, à savoir la mer, semble posséder des qualités contradictoires. Elle est multiple et contraire. Elle est mer plénière de l'alliance et de la mésentente. Elle est mesure et démesure, violence et mansuétude, pureté dans l'impureté et dans l'obscénité. Elle est anarchique et légale, comme elle est illicite et complice. Elle est « démence »[202]. Elle est en plus « indicible »[203]. C'est sans doute la raison pour laquelle le poète l'invoque « hors de la Strophe du poète »[204]. Les mots « hors de la strophe » peuvent signifier tout simplement ailleurs que dans la strophe, c'est-à-dire dans le chœur, mais peuvent aussi vouloir dire en dehors du poème car le poète souhaite supprimer l'espace entre lui et la mer, espace qu'on peut appeler celui du langage, espace que le poète appelle « l'éclat insoutenable du langage »[205].

Mais la question se pose : comment se peut-il qu'un même objet puisse posséder des qualités contradictoires ? Un objet est déterminé ou limité par les qualités et les propriétés qui le constituent. Les mots qu'on utilise pour signifier les objets et pour en nommer les qualités sont censés exprimer ces limites, même dans la perspective dite phénoménologique selon laquelle le poète peut faire voir les différents traits d'un même objet. La langue a pour fonction, du moins en partie, de nommer, ce qui veut dire que la langue 'analyse' et 'classifie', car la langue est un produit de la pensée analytique. Nommer un objet, c'est distinguer cet objet en tant que tel, ou bien comme un objet indépendant, ou bien comme un objet dépendant d'un autre objet, mais qu'on distingue tout de même comme un objet. Or, nommer, c'est fixer les limites d'un objet. C'est un effort de la pensée pour qualifier et pour quantifier les différences et les ressemblances entre divers objets, distinctions et ressemblances auxquelles elle colle un groupe sonore qui permet au locuteur de les nommer et par là de les identifier[206]. Dans *Amers*, la mer est un objet nommé par la

---

201. *Ibid.*, p. 366.
202. *Ibid.*, p. 372.
203. *Ibid.*, p. 373.
204. *Ibid.*, p. 378.
205. *Ibid.*, p. 378.
206. Des considérations de ce genre ne sont pas étrangères à Perse. Sa lettre à Gabriel Frizeau, datée du 2 octobre 1908, en témoigne. Perse y parle entre autres du panthéisme et du spinozisme. A son sens le système de Spinoza recèle une contradiction, à savoir que la substance est ou bien

langue, et alors elle se distingue des autres objets nommés. Décrire la mer, c'est représenter les qualités et les propriétés que la mer recèle, de sorte que la mer représentée possède les qualités et les propriétés nommées au moyen du langage. En plus de posséder des traits particuliers, par contre, dans le poème de Perse la mer comprend aussi des traits contradictoires, et c'est dans ces contradictions que les mots cessent d'être des mots pour le poète et deviennent la chose même qu'ils figurent, et la chose même qu'ils paraient[207]. La mer est déjà « récit », c'est le poète qui le dit, et comme le poète est aussi son récit à lui, dans le sens que la poétesse de Strophe-V était son récit à elle, le fait de réciter la mer a pour conséquence que le poète devient lui-même la mer, du moins sur le plan poétique. Le poète et son objet sont donc unis. La mer, cette inconciliable, devient récit. Le texte et sa substance s'unissent sous les traits du poète. La foule se lève avec le Récitant, avec le poète qui est devenu mer. Et le poète de révéler qu'il s'agit de « licence »[208]. C'est de la licence poétique dont il s'agit sans doute, et le poète d'ajouter que tout cela se passe dans la « promiscuité divine et la dépravation de l'homme chez les dieux… »[209].

Or, le langage a pour fonction de nommer les choses telles qu'elles sont à un certain moment, et les choses ainsi nommées possèdent alors leurs qualités propres à un moment précis. La stabilité apparente que le langage impose au monde masque pourtant le fait que les objets sont toujours en train de se muer et de devenir autre. Du point de vue logique et linguistique, les traits contradictoires et apparemment inconciliables de la mer sont pourtant possibles si l'on considère la mer dans la perspective temporelle. Les critiques sont sensibles d'ailleurs au glissement du plan synchronique vers le plan diachronique chez Perse. Comme Émile Yoyo le dit, chez Perse les « variations spatiales cèdent le plus souvent aux variations temporelles. L'objet est décrit à des moments différents du temps objectif »[210]. Dans le contexte d'*Amers*, il faut reconnaître que la mer peut être calme un jour, mais fouettée et violente le lendemain. Ainsi est-elle et calme et violente, mais à différents moments. De cette façon elle peut aussi être alliance et mésentente, pure et impure, c'est-à-dire si on tient compte de cette autre dimension qu'est le temps. Pour que le poète s'unisse à la mer, pour que son langage devienne

---

déterminée par ses attributs qui constituent son essence, ou bien elle est l'indéterminée en tant qu'elle reste distincte de ses attributs. Selon Perse le système de Spinoza semble avoir besoin des ces deux théorèmes pourtant contradictoires (lettre publiée par Albert Henry, *Souffle de Perse* 3, 1993, pp. 13-20). Cette même problématique représente d'ailleurs un aspect important de la philosophie de Hegel.

207. Perse, *Œuvres complètes*, p. 378.

208. *Ibid.*, p. 371.

209. *Ibid.*, p. 379.

210. Émile Yoyo, *op. cit.*, p. 31.

chose, il faudrait pourtant qu'il possède toutes les qualités de la mer, et la mer, on se rappelle, est pour toujours. Il faudrait que son langage ne soit plus la conséquence de la pensée analytique et distinctive – et à certains égards trompeuse – mais qu'il soit multiple et contradictoire tout comme l'objet qu'il nomme. Il doit être la synthèse des différentes dimensions et des différents traits de la mer. Il doit en quelque sorte supprimer la dimension temporelle pour s'unir à la mer, pour devenir l'autre et pour participer enfin du divin, de telle façon que l'union avec l'absolu puisse se réaliser. Autrement dit, il faut que le temps soit supprimé dans l'instant de l'union avec la mer, laissant ainsi à la mer sa multiplicité atemporelle car la mer, elle, possède toujours toutes ses qualités, nonobstant la dimension temporelle que le langage de l'homme lui impose.

Du même coup est supprimé, du moins dans la mesure du possible, l'enchaînement naturel et temporel de la langue. Par là, est également supprimée la dimension logique de la langue. Le langage du poète cherche à refléter cette aporie. Il se désintègre et se reprend comme si la séquence linguistique n'avait plus aucune prise, comme si tout pouvait se dire en un seul instant. La mer est récit, et le récitant se conforme à son récit de sorte qu'il est lui-même la mer, un peu comme un acteur devient le personnage qu'il interprète en récitant le propos de son personnage. Du moins est-ce de cette façon que le poète supprime le temps. Les différents traits de la mer, semblables ou contradictoires, à savoir à différents moments de son histoire ou de son développement, sont réunis en un même texte qui représente l'apogée de l'art poétique où le poète se confond avec son objet. Il s'agit également du point culminant du récit, à savoir les dernières parties du Chœur où, au moyen du langage, le poète s'identifie à son objet. Pour son audience le poète est lui-même la mer et son langage en épouse les traits. C'est en plus une analogie du changement historique qui fait en sorte qu'à travers plusieurs époques, on aboutit au présent. Ainsi, toutes les civilisations passées imprègnent-elles le présent. C'est ainsi que le présent se laisse concevoir comme l'éternel. Il s'agit d'ailleurs d'un éternel représenté sur le plan notionnel par l'image du grand midi de l'homme, image que l'on retrouve surtout dans la Dédicace.

Dans un autre sens, l'union du poète avec l'objet qu'il nomme et décrit traduit aussi la frustration du poète et son incapacité de trouver le mot qui convient à son objet. Les mots ne suffisent pas. Ce ne sont que des mots, et ils ne remplacent pas la chose qu'ils dénotent. Cet aspect du poème de Perse, ce désir de s'unir avec son objet, n'est pourtant pas éloigné, lui non plus, des considérations des Tragiques. Jean-Pierre Vernant : « L'emprise des individus et des groupes sur l'avenir est si restreinte, l'aménagement prospectif du futur demeure si étranger à la catégorie grecque de l'action que l'activité pratique apparaît d'autant plus parfaite qu'elle est moins engagée dans le temps, moins tendue vers un objectif qu'elle projette et prépare à l'avance ; l'idéal de l'action est d'abolir toute distance temporelle entre l'agent et son acte, de les faire entièrement coïncider dans un pur présent. Agir, pour les Grecs de l'âge classique, c'est moins organiser et dominer le temps que s'en exclure, le dépasser »[211]. Dans ce sens l'union du poète avec l'objet de son poème représente l'apogée de l'art poétique de l'époque grecque classique. La parole coïncide avec l'action. Qui plus est, l'union du poète avec l'objet qu'il nomme reprend l'image de l'union du couple de la suite IX de la Strophe, à savoir dans ce poème où les amoureux perdent leurs particularités et participent à l'harmonie du monde.

L'allégorie du poète récitant la mer, et devenant ainsi la mer même, est significative pour l'ensemble de la poésie de Perse. C'est que la langue, tout comme la mer, se transforme au cours des années. Le sens des mots et des expressions peut varier beaucoup d'une époque à l'autre, et selon les différents emplois des mots. Cela explique en partie, à notre sens, l'intérêt de Perse pour le sens archaïque de certains mots, ainsi que son plaisir à mettre en valeur différents sens d'un même mot. Lorsqu'il se sert d'un même mot, dans des contextes différents, de sorte à souligner le sens que le mot avait par le passé et le sens qu'il a aujourd'hui, il nous rappelle que la langue n'est jamais immuable, mais qu'elle change sans cesse et se transforme selon les époques et selon les locuteurs. Tout comme la mer peut avoir différents traits à différents moments, les propriétés d'un mot peuvent varier. De plus, comme la mer peut avoir différentes fonctions selon les civilisations qui vivent sur ses bords, les mots aussi peuvent avoir différentes fonctions à différentes époques et chez différents peuples. Chaque civilisation cherche à préciser le sens et l'emploi de ses mots, et par là elle confectionne ses propres contes, ses légendes et ses histoires. Ainsi chaque civilisation développe-t-elle son propre rapport avec le langage qu'elle hérite de ses ancêtres. C'est-à-dire que les mots eux-mêmes sont encore des amers des civilisations passées. Ce sont des analogons des amers physiques et désuets de la navigation que l'on voit sur les côtes et sur la mer, tels que racontés du moins par les premières suites de la Strophe. Ce sont également des analogons des amers sociaux et moraux des civilisations révolues.

Dédicace : l'hymne du désir

La dernière partie du poème, à savoir la Dédicace, a pour fonction, selon Perse lui-même, de libérer le Poète et de le restituer à lui-même[212]. La Dédicace est

211. Jean-Pierre Vernant, « Ébauches de la volonté dans la tragédie grecque », dans *Mythe et tragédie en Grèce ancienne*, 1, *op. cit.*, pp. 41-74, p. 73.

alors une sorte d'envoi, ou de « finale ». Après l'union du poète avec son langage et avec l'objet nommé par ce langage, dans une espèce de délire poétique que représente le Chœur, il faut que le poète redevienne lui-même en quelque sorte, et que la forme artistique se reconnaisse comme telle.

On a déjà évoqué les différents sens possibles de cette partie du poème. Il est clair que la Dédicace souligne le thème principal du poème, à savoir le désir, le désir qui pousse l'être humain vers de nouvelles découvertes, le désir qui le pousse vers l'autre et qui par là lui permet de connaître le divin de sa nature ainsi que le bonheur et la joie de vivre. La Dédicace nous apprend aussi que le désir est éternel. Cela est symbolisé dans le poème par l'heure de midi, moment auquel, au dire de certains, le désir est au plus fort. L'heure de midi est aussi une métaphore pour le désir à l'échelle de la société humaine, comme dans l'œuvre de Nietzsche. Une société en plein essor, et qui continue à fleurir, représente l'expression formelle des désirs de ses citoyens et de leurs activités nombreuses. Le désir caractérise d'ailleurs, et en même temps, chaque être humain et tous les peuples de la terre, qu'ils soient florissants ou subjugués, actuels ou révolus. Le désir est peut-être même, selon le poème bien entendu, le seul constant de l'être humain au cours de son histoire.

Il est vrai que sur le plan de l'organisation du poème la Dédicace suit les autres parties du poème, mais selon l'ordre de publication elle précède plusieurs des chants du poème. Elle fut publiée en 1952, c'est-à-dire, avant que soient publiés le Chœur et la plupart des chants de la Strophe, peut-être même avant que les idées du poème plus long aient été complètement élaborées dans l'imagination du poète. Cela veut dire que la thématique de la Dédicace a devancé celle de la Strophe, et s'est reprise dans les autres parties du poème. Selon Mireille Sacotte, d'ailleurs, « L'architecture de l'ensemble n'est apparue que progressivement à son auteur »[213]. Dans cette perspective, il est ainsi légitime de voir représentée dans ce court texte la clef thématique du poème, ou du moins d'y voir une première ébauche de ce qui deviendra par la suite un poème plus étendu sur le désir humain. Il est toutefois évident que l'objet principal de la Dédicace est le désir, et vu que le thème du désir va se répéter tout au long du poème, et jusqu'à en constituer le mobile principal des gestes de l'homme racontés par le poème, il semble juste de comprendre cette partie du poème comme un dernier chant consacré au thème principal du poème, comme une mise en valeur du désir, ou comme le triomphe du désir humain toujours renaissant et toujours florissant chez l'homme. D'après le

---

212. *Ibid.*, p. 571.
213. Mireille Sacotte, *Saint-John Perse*, Paris, Pierre Belfond, 1991, p. 271. Pour la chronologie de la publication d'*Amers*, voir aussi Albert Henry, *« Amers » de Saint-John Perse*, *op. cit.*, pp. 33-37.

poème, le désir serait même le mobile le plus fondamental et le plus naturel de l'action humaine.

le symbolisme de la mer

Dans *Amers* il est clair que Perse raconte sa passion de la mer. La mer y est présente sur plusieurs plans. Elle est l'objet de maints termes et passages descriptifs où il semble que l'objectif du poète soit surtout de transmettre l'aspect physique de la mer, sa forme, sa couleur, son odeur, les vagues, les marées, les images reflétées à la surface de l'eau, la côte, les plages et ainsi de suite. La mer y est présentée aussi de façon historique, dans ses rapports avec la civilisation humaine, ainsi que de façon psychologique, à savoir dans ses rapports avec les gens, le poète nous précisant dès le départ qu'il s'agit moins de la mer elle-même que de la mer dans la pensée de l'homme, ou du « règne » de la mer « au cœur de l'homme »[214].

Le récit du poète n'est pas limité d'ailleurs au seul plan descriptif, et ne coïncide pas non plus avec le vécu expérientiel du poète, mais comprend plutôt toutes les histoires et légendes que les hommes se sont racontées au sujet de la mer, et cela au cours des siècles, car les histoires et les légendes du passé racontent aussi le rapport des hommes avec la mer, à savoir ce règne de la mer au cœur de l'homme. Les nombreuses références aux mythes de l'antiquité peuvent se comprendre de cette façon, dans le sens que les mythes et les légendes représentent l'expression du rapport des ancêtres avec la mer. Les mythes racontent l'origine du monde et de la mer, ainsi que la création des dieux et de l'homme.

De plus, la mer figure souvent au premier plan des récits de l'antiquité, même dans des cas où elle n'est pas l'objet principal des textes. Dans l'*Iliade* et l'*Odyssée*, ainsi que dans l'*Énéide*, par exemple, la mer joue un rôle significatif, même si les auteurs de ces textes ne se sont pas donné pour but de traiter de la mer. Et finalement, pour Perse, ce poème qui parle de la mer comprend aussi une dimension politique, ou diplomatique si l'on préfère, car dans *Amers* le poète se range du côté des « faibles » et des « laissés-pour-compte ». Il dénonce les traditions morales qui réprimaient la sexualité des femmes, la sexualité prenant alors l'allure de la mer elle-même. Souvent conçue comme négligeable, ou comme la limite seule de la terre, la mer n'a pas été considérée comme un être à soi. Comme le poète le dit, la mer est souvent sans plénipotentiaires, et n'est pas représentée dans les pourparlers des puissants. En plus d'être objet pour le poète créateur, alors, la mer a aussi une valeur historique et mythique, c'est-à-dire en plus d'être symbole de la femme et de sa sexualité réprimée.

---

214. Perse, *Œuvres complètes*, *op. cit.*, Invocation IV, p. 262.

Or, Perse a dit lui-même que s'il a choisi de faire un poème sur la mer, c'est que la mer fonctionne « symboliquement, comme miroir offert » au destin de l'homme[215]. Dans *Amers*, la mer est symbole de l'histoire humaine, comme elle est symbole de l'au-delà, du voyage et de la liberté humaine. Elle est surtout symbole de la femme et du désir. Il faut se rappeler, d'ailleurs, la ressemblance phonétique des mots « mer » et « mère », et souligner le genre féminin des deux mots, car Perse lui-même voit la mer comme la source de la vie, comme une vulve gigantesque, dit-il, à savoir comme la source originaire de toute forme de vie. Il souligne aussi que l'odeur du sexe féminin rappelle celle de la mer, comme si la femme possédait en son corps un aspect élémentaire de la mer. Et toute comme la femme, la mer répète des cycles périodiques sous l'influence de la syzygie.

Le poète établit ainsi un rapport entre la mer et la femme, et un autre entre la mer et le désir de l'homme. Ce sont des rapports importants pour le poème entier, où le désir sexuel figure en vedette ensemble avec le plaisir. Le rapport établi entre le désir des hommes et la mer a pour conséquence que la mer appartient au schéma des impulsions des hommes. Par conséquent, le désir de l'homme pour la femme peut se lire comme un désir de l'homme pour la mer, la mer se substituant alors dans une relation métonymique à la femme. Comme la mer est gigantesque et immortelle, lorsqu'elle symbolise le désir, elle confère à la femme et sa qualité éternelle et sa présence on ne peut plus imposante dans la vie des hommes. Le sublime que ressent le poète devant l'aspect de la mer, sentiment symbolisé à son tour par l'enlèvement du masque, se laisse formuler ici d'après les termes du désir. On se rappelle que le poète enlève deux fois son masque, une fois devant la mer, et une autre fois face à l'amante. L'homme désire la mer comme il désire la femme, et grâce à la femme, grâce à l'amante que la femme représente en elle-même de façon naturelle et essentielle, et grâce surtout aux rapports sexuels avec la femme, l'homme a commerce avec le divin. Il devient « immortel » à son tour, et nous précisons que le mot « immortel » dans ce contexte a plutôt pour sens que l'homme ne craint plus la mort. C'est-à-dire que grâce au désir, grâce à l'amour et au moyen des rapports sexuels qui constituent l'assouvissement de ce désir, les hommes et les femmes réussissent à dépasser leurs limites individuelles. Ils réussissent à sublimer leur peur de la mort. C'est ainsi que la mer est également chez Perse un symbole de l'au-delà et du destin de l'homme.

l'allégorie de la mer

Sur le plan référentiel ou dénotatif, la mer s'oppose à la terre. Elle impose des limites à la terre, et à l'inverse, la terre marque les limites de l'eau, l'une niant la présence de l'autre, comme deux termes contradictoires mais complémentaires.

---

215. Saint-John Perse, « Note pour un écrivain suédois », *Œuvres complètes*, *op. cit.*, p. 570.

Sur le plan élémentaire, on pourrait parler de la « mer » et de la « non-mer », de la « terre » et de la « non-terre », selon la perspective. Or, l'homme a toujours partagé et organisé les terres incultes que ses voyages lui ont fait découvrir. Les conquérants ont toujours imposé leurs lois, leurs us et coutumes, pour faire prospérer leur culture dans des terres étrangères. Par contre, la mer a plus ou moins échappé à ce travail de défrichement, mais elle n'est pas sans valeur sur le plan psychologique pour autant. Tandis que la terre représente les valeurs et les traditions bien fondées, la mer représente surtout le désir de partir, de voyager, de se découvrir soi-même, et de connaître d'autres lieux que l'on pourrait appeler tout simplement l'au-delà. La mer constitue ainsi la limite des terres, et pour cette même raison elle marque l'au-delà. Mais elle est aussi par là même une invitation au voyage. Elle est liberté. La limite de la terre est de cette façon une limite à dépasser, justement parce qu'elle est limite. C'est ainsi que la mer s'impose dans la psyché de l'homme, et c'est dans le contexte du voyage que ce récit de la mer prend l'aspect d'une allégorie.

Or, la mer représente les limites de la terre. Elle représente les limites des régions que les êtres humains ont apprivoisées avec beaucoup d'efforts et de peines au cours des siècles. Les hommes ont pu enfin conquérir la terre, la maîtriser, la diviser en terrains particuliers, en raison des exploitations agricoles, ou pour fixer les limites des pouvoirs d'un souverain. La mer, en revanche, s'est largement échappée à cet effort administratif, et pourtant elle représente une masse énorme et un espace plus important que celui des terres. C'est une masse sourde et invisible dans les jeux de pouvoir de l'homme alors, bien qu'elle en détermine les limites. C'est dire que la mer est une présence qui fonctionne plutôt comme une absence sur le plan de l'organisation sociale.

La mer a ainsi toujours imposé une limite au désir de l'homme de s'aventurer plus loin. Arrivé devant la mer, l'homme en fuite ou désireux de poursuivre son voyage était obligé de s'arrêter, de poser ses bagages et de chercher un moyen pour aller plus loin. Pendant longtemps, d'ailleurs, il ne pouvait s'aventurer trop loin sur l'eau car il n'avait pas les moyens techniques. Mais il a appris à construire des navires, et un jour il a compris le déplacement apparent des étoiles. Cela lui a ouvert de nouveaux domaines à conquérir, celui de la mer d'abord, et puis ceux des terres incultes qui se trouvaient au-delà de la mer. La navigation au moyen des étoiles et le départ de l'homme sur la mer représentent alors un effort de la part de l'homme pour se dépasser. C'est dans ce contexte que nous comprenons les références dans le poème aux périples de Jason, d'Ulysse et surtout d'Énée. On se rappelle, en plus, que c'est au moyen de la mer que l'étranger arrive auprès de la femme dans *Amers*, amenant avec lui une nouvelle loi, une nouvelle règle et une nouvelle façon de vivre.

La mer représente ainsi un défi et une invitation à se dépasser. Puisqu'elle est là, elle invite à se laisser franchir, malgré les difficultés que cela représente. Elle est comme le mythe qui représente lui aussi une limite, une limite culturelle à dépasser. C'est que le mythe tient compte de la façon dont les hommes se figuraient la mer et la vie humaine au passé. Parce que les forces et les événements de la nature étaient liés aux pouvoirs des dieux, les textes sacrés, ou les mythes, révélaient ces croyances, à savoir les us et les coutumes d'une époque particulière passée. Sous cet angle, le mythe constitue une limite à dépasser à son tour, mais une limite culturelle, et c'est une limite qui a déjà été franchie en quelque sorte parce que les croyances et le savoir ont évolué depuis l'époque où les religions polythéistes fleurissaient. Tout comme l'homme s'est aventuré plus loin sur l'eau, et au moyen de l'eau, il s'est développé aussi sur le plan culturel, au moyen des fables qu'il se racontait. La religion aussi a changé au cours des années, comme les villes sur les côtes se sont transformées. N'ayant plus peur d'offenser les dieux, et ayant appris à naviguer au moyen des étoiles, l'homme s'est aventuré plus loin et plus libre, la transformation des croyances emboîtant le pas au développement du savoir.

Et le voyage de l'homme se poursuit. Une génération donne le relais à une autre et le « voyage » de l'espèce humaine se perpétue. C'est le poète d'ailleurs qui fait le récit de ce voyage et qui tient compte par là du périple de l'homme de son époque. Il est l'auteur du récit de l'homme, tout comme le scribe des civilisations du passé – et dont il est l'héritier – était le chroniqueur de son époque à lui. Le scribe avait pour responsabilité d'enregistrer les activités, celles des dieux et celles des hommes. Il composait parfois des listes des biens et des avoirs, mais parfois il racontait les événements importants de son époque. Il notait, par exemple, les paroles et les ordres du pharaon. De même, les poètes et les prophètes racontaient les paroles et les gestes des dieux. La composition du récit avait une allure autre à l'antiquité cependant, car à cette époque l'écrit s'approchait de la magie. Il transmettait aussi, par exemple, les décrets du culte, et avait pour cette raison un rapport avec le sacré. C'est-à-dire que même lorsqu'il servait à chroniquer des développements historiques, l'écrit avait un rapport avec l'au-delà. C'est un aspect de la langue que notre poète reprend dans son texte à lui. Par analogie avec le modèle historique, comme poète il a la capacité, sinon le devoir, de produire le récit de son époque. Et bien que le sacré ne fasse plus partie de notre conception de la langue, Perse en souligne néanmoins cet aspect. Son récit à lui se veut plus réaliste, cependant, que les récits des ancêtres. Cela se voit dans le fait que chez Perse le rôle joué par les dieux dans les textes de l'antiquité se voit accorder aux phénomènes naturels, bien que ceux-ci soient éternels et sublimes. Et lorsque Perse évoque l'au-delà, c'est dans le contexte du divin de la nature. À vrai dire, chez

Perse, le sacré ne se manifeste pas seulement dans un rapport avec l'au-delà. Plutôt, il est en dedans, dans l'homme et dans la nature.

L'allégorie que le poème de Perse raconte se laisse saisir dans ce contexte. Les mythes, les légendes et les histoires du passé témoignent tous du désir humain d'être libre. L'homme fuit l'oppression. Où qu'il se trouve, il s'évertue à fonder une société qui lui convient et qui lui permet de se développer culturellement. Il lui est nécessaire parfois de quitter sa demeure, sa situation s'altérant, et de chercher sa vie ailleurs, toujours au nom de la liberté. Cela provoque des changements. Dans cette perspective, la quête de la liberté peut s'avérer responsable de la défaillance de certaines villes, et même des civilisations entières. Lorsque les structures d'une société, construites sur des croyances particulières ou sur un certain savoir se révèlent insuffisantes, ou lorsque ce savoir se révèle faux, les anciennes structures ne conviennent plus. Il en faut des nouvelles à l'image de la société que l'on désire fonder. Il en résulte parfois des conflits et même des guerres. La société se déchire, et certains individus cherchent à fuir ce qui est à leur sens une oppression non justifiée tandis que d'autres, ceux qui ont du pouvoir surtout, cherchent à tout prix à sauvegarder les institutions qui ont fait leur gloire. Or, l'idée de fuir une situation qui n'est guère convenable rappelle l'essai célèbre de Rousseau sur l'origine des inégalités parmi les hommes, mais elle évoque aussi la thèse de Benjamin Constant sur le développement des sociétés et des religions[216]. Dans le texte de Perse, il nous semble par contre que la perspective du poète reste optimiste, l'espoir appartenant à la quête de la liberté, et bien que cette même quête de liberté – c'est la thèse surtout de Constant – ait souvent pour conséquence des tensions sociales, voire des révolutions et des guerres désastreuses pour la société et pour l'homme.

L'individu reste pourtant seul, même dans ses rapports avec sa famille et en société, car il sait que la vie, sa vie, ne durera pas longtemps. La mort lui est ainsi une source constante d'angoisse et de peur. Selon le poète, l'homme peut cependant mieux vivre avec cette peur, grâce à l'amour, car l'amour lui permet de connaître l'au-delà. Il donne une idée de ce que l'au-delà pourrait être, de sorte que, grâce à l'amour, l'homme ne craint plus la mort. Chacun sait que le voyage de l'espèce humaine se poursuivra. Cependant, ayant connu l'amour et ayant aimé, l'individu ne craint plus la mort. Comme l'amour n'est d'ailleurs que la réalisation du désir, à savoir l'expression du divin dans l'homme – un désir qui se fait représenter depuis le début de la civilisation humaine sous forme de mythes et légendes – il en résulte que l'homme qui réalise son désir et qui réussit à aimer, réussit également à surmonter sa peur de la mort. C'est grâce alors à son désir et à son besoin d'amour que l'homme réussit à calmer l'angoisse que produit en lui

216. *Cf.* Benjamin Constant, *De la Religion*, Paris, Pichon et Didier, 1824-1832, et *Principes de politique applicables à tous les gouvernements*, Genève, Librairie Droz, 1980.

l'idée de sa propre mort. Comme symbole du désir, et comme une allégorie de l'histoire de l'homme, la mer et l'histoire de la mer aident alors l'homme à vivre, comme membre de l'espèce humaine.

En même temps, en se concevant comme membre de l'espèce, l'individu en tant que tel disparaît. Réduit à son seul désir, et même lorsque ce désir est conçu comme une expression de la nature la plus essentielle de l'homme, l'individu comme tel fond pour ainsi dire dans cette mer énorme qu'on appelle l'espèce humaine. En tant qu'individu l'homme seul n'existe plus lorsqu'il n'est considéré que du point de vue de la nature qui s'exprime à travers lui, lorsqu'il n'est que l'expression du désir qui réside en lui, et même dans le cas où le désir serait le reflet du divin en lui. Autrement dit, quand l'homme arrive à ne plus craindre la mort, c'est qu'il n'existe plus en tant qu'individu. Il réalise son désir, l'essence de son être, et appartient déjà à « l'au-delà », à savoir à l'essence de l'être humain.

les mythes dans *Amers*

Se servir d'histoires anciennes et de mythes dans un poème de notre époque, c'est tenir compte de notre héritage culturel. Étant donné qu'il s'agit d'un poème sur la mer, l'idée de remonter aux « origines » de la mer, telles que racontées par nos ancêtres, se comprend facilement. Or, il semble que Perse se réfère aux mythes de la même façon qu'il invoque le sens archaïque d'un mot, c'est-à-dire pour faire savoir que le sens du mythe n'est jamais ni précis ni toujours le même mais se transforme au cours des années, à mesure que les croyances évoluent. N'est-ce pas ainsi qu'il faut comprendre les références, souvent métonymiques ou métaphoriques, à Aphrodite, à Cybèle et puis à Ishtar, déesses semblables sur le plan du culte ? Les références à Orphée, et puis à l'épouse de sel semblent confondre deux anecdotes historiques pourtant semblables quant à leur thématique et quant à leur morale. Et les histoires d'Ulysse, d'Énée et même de Jason ne sont-elles pas semblables du point de vue du voyage entrepris sur la mer, et malgré leurs différences ? En ce qui concerne Ulysse et Énée il faut tenir compte de leur départ de Troie et de leur passage vers l'ouest. Ulysse finit par rentrer chez lui, mais Énée vise la fondation d'une nouvelle civilisation. C'est une « même vague par le monde » depuis Troie qui nous unit, nous dit le poète, et pour compléter sa pensée, il faudrait dire que c'est une même vague depuis Troie, et jusque chez nous, qui nous unit et qui nous apporte la culture de nos ancêtres.

Autrement dit, la quête de la liberté est ancienne. Elle préoccupe l'homme depuis le début de son histoire connue. Elle constitue la clef de ses récits et légendes. Elle semble appartenir à toutes les civilisations, peu importent les noms que les gens donnent à leurs dieux, tellement les histoires sont semblables pour ceux et celles qui cherchent à comprendre l'essentiel des contes, c'est-à-dire, pour ceux et celles qui ne s'arrêtent pas devant les détails et les nuances qui permettraient peut-être de distinguer entre les différentes cultures, mais qui veulent plutôt se servir du passé pour mieux vivre leur présent. On pourrait se demander s'il n'est pas quelque peu osé de chercher à *s'expliquer* les cultures du passé, dont nous ne possédons que des vestiges et des récits, d'autant plus que ceux-ci sont souvent contradictoires. C'est d'ailleurs la pensée de Perse. Dans une lettre adressée à Valéry Larbaud, datée fin décembre 1911, Perse note par exemple qu'il a toujours senti « qu'il y a en nous, pareille au goût de remonter les âges et les races dans leur semi anonymat, une instinctive horreur de nommer trop spécifiquement, selon la science ou la coutume »[217]. Et pourtant, ces mêmes récits sont souvent la trace la plus importante que nous possédons de la pensée et des ambitions de nos ancêtres. Pour lacunaires et imbibés du fantastique qu'ils soient, ils révèlent les désirs de leurs héros et leur appartenance à la race humaine. C'est que les récits du passé nous racontent l'essentiel de l'homme. C'est dans ce sens qu'Henriette Levillain interprète le rôle du mythe chez Perse. Comme elle l'écrit, le « mythe persien n'a rien de commun avec la nostalgie d'un paradis perdu. Il renoue avec un sacré perdu et dépassant le temps de l'utopie ou mieux de l'anachronie, il vit en dehors de la durée historique, au seuil de l'avenir […] »[218].

À vrai dire, on ne pourrait, sans difficultés, constituer un catalogue de toutes les références aux mythes anciens qui se trouvent dans *Amers*. Les références ne sont pas toujours claires et, elles se laissent interpréter de différentes façons. Toutefois, à notre sens, les mythes doivent se comprendre dans le contexte du récit qu'ils aident à élaborer. Si nous avons procédé premièrement à l'élaboration du sens du poème, en précisant le sens des différentes parties du poème, c'est, entre autres, pour nous rendre plus intelligibles les nombreuses références aux mythes et à l'histoire ancienne que l'on trouve dans le poème de Perse. Dans le contexte du poème, d'ailleurs, certaines références nous semblent plus importantes que d'autres, et certaines influences semblent être plus prononcées que d'autres. Il convient alors de passer en revue les mythes les plus significatifs pour le sens du poème.

Bien qu'il ne soit pas nommé dans le poème, Dionysos y joue un rôle prépondérant. Dans la mythologie grecque Dionysos est le dieu du théâtre. Il brouille les distinctions entre le réel et le fictif, et prépare les spectateurs au conflit que la pièce attendue mettra en scène. Selon Walter Friedrich Otto, Dionysos signifie « le monde de la pure merveille, la surabondance de toute croissance, la puissance enchanteresse de la vigne, qui fait de l'âme humaine elle-même une merveille et qui l'unit à l'infini »[219]. Lorsque le dieu apparaît, les frontières

---

217. *Œuvres complètes*, *op. cit.*, p. 793. N'est-ce pas, d'ailleurs, une autre façon de prôner son dégoût pour la « culture » ?
218. H. Levillain, *Le Rituel poétique de Saint-John Perse*, Paris Gallimard, 1977, p. 329.

s'effacent entre les hommes et les animaux, entre les hommes et les femmes, entre les sexes, entre les jeunes et les vieux. Les participants acceptent la divine folie et se laissent aller au délire joyeux et libérateur. D'ailleurs, Dionysos est le dieu masqué. Il avance, le sourire aux lèvres. C'est un dieu étranger qui arrive de la mer. Dans *Amers*, l'étranger arrive lui aussi par la mer et, les personnages divers s'apprêtent à renoncer à leurs traditions afin de connaître la liberté et le plaisir qu'une vie nouvelle peut leur offrir. En ce sens les distinctions entre le réel et le possible sont plutôt brouillées et, lorsque « Dieu l'étranger » est à la ville dans Chœur-5[220], il semble que le langage du poète frôle le délire.

Cependant, dans le poème de Perse, les rapports entre les hommes et les femmes restent plutôt traditionnels, et le côté orgiaque de la fête de Dionysos y fait défaut, bien que le langage du poète dans le Chœur semble en être le reflet. La fête elle-même n'est pourtant qu'une partie de l'influence du dieu de la nouveauté. Dionysos représente aussi l'enthousiasme, le plaisir de l'amour, et la félicité du quotidien. Comme Jean-Pierre Vernant l'explique, le culte de Dionysos préconise que les hommes doivent « accepter leur condition mortelle, savoir qu'ils ne sont rien face à des puissances qui de toute part les débordent et qui ont pouvoir de les écraser »[221]. C'est pourquoi il nous semble que la référence au mythe de Dionysos joue surtout sur le plan symbolique ici. Faire référence à Dionysos, c'est prôner la liberté de l'être humain dans le sens du rejet des traditions qui oppriment. C'est inviter les gens à prendre plaisir à la vie et à l'amour. Comme W. Otto le précise, lorsque Dionysos et son charme sauvage font leur percée dans le monde, le « monde originel est à nouveau là, qui se moque de toutes les barrières et de toutes les règles parce que le monde est plus ancien que celles-ci, qu'il ne connaît aucune hiérarchie ni aucune séparation des sexes, parce que, en tant qu'il est la vie intriquée dans la mort, il englobe et unit tous les êtres de la même manière »[222]. Exprimé ainsi, le mythe de Dionysos reprend bien la thématique du poème de Perse. Même si cela ne se voit pas tout de suite, dans le contexte de la fête ou du délire, cette influence est clairement marquée dans le sens du renouveau de la vie et du refus préconisé des barrières que l'on s'impose en quelque sorte à soi-même en tant que société. Dionysos représente ce grand effort de l'homme pour vivre libre.

---

219. W.F. Otto, *L'Esprit de la religion grecque ancienne*, *op. cit.* p. 180.

220. Sur le plan thématique le Chœur suit directement la huitième suite de la Strophe, « Étranger, dont la voile… ». Cette suite raconte l'arrivée de l'étranger, et son arrivée est l'occasion, nous semble-t-il, de la fête que le Chœur représente.

221. Jean-Pierre Vernant, « Le Dionysos masqué des *Bacchantes* d'Euripide », dans *Mythe et tragédie en Grèce ancienne, II*, *op. cit.*, pp. 237-270. p. 269.

222. W.F. Otto, *op. cit.*, p. 180.

Les déesses Cybèle, Aphrodite et Artémis sont plus présentes que Dionysos dans le poème. Selon les mythes, Cybèle, déesse phrygienne, est à l'origine de « toute forme de vie, qu'elle soit humaine, animale ou végétale. Elle a également le pouvoir d'accorder l'immortalité »[223]. Son culte se rapproche de celui de Dionysos dans le sens qu'il est souvent célébré au cours des cérémonies accompagnées de danses et de fureurs extatiques. Pour sa part, Aphrodite, déesse de l'amour chez les Grecs, est venue d'Orient en Grèce. Elle représente peut-être même la version grecque de la déesse Cybèle, ou de la déesse Ishtar. Aphrodite entraîne jusqu'au ravissement. Son royaume est celui de la volupté, depuis la sexualité jusqu'au beau éternel. Elle devient, « en un sens nouveau, une puissance cosmique, elle devient l'éternel amour, qui réunit tout ce qui est séparé. Celle qui fait battre les cœurs humains les uns pour les autres est la même qui, dans les grandes périodes, introduit encore et toujours la parfaite harmonie et l'union »[224]. Et bien sûr, selon certaines pratiques, les jeunes femmes se donnaient aux étrangers de passage afin d'honorer la déesse. Le mythe d'Aphrodite reprend en effet plusieurs aspects du mythe de Cybèle, si bien que dans le poème de Perse les deux déesses peuvent figurer une même idée, celle de l'amour qui rapproche les amants dans une relation naturelle, sexuelle, et harmonieuse.

Pour sa part, Artémis joue un autre rôle que Cybèle, Ishtar et Aphrodite. Artémis représente la fraîcheur, la pureté, et la douceur virginale. Selon W.F. Otto, le royaume d'Artémis est le « sauvage, éternellement lointain. En tant qu'elle est inapprochable, elle est la vierge »[225]. Et tandis que son frère Apollon représente la liberté spirituelle, Artémis incarne la liberté féminine et la liberté de la nature. Elle est souvent représentée tenant un lion dans chacune de ses mains levées. Dans les légendes de fondation, c'est Artémis qui montre aux émigrants le chemin qui conduit jusqu'à l'endroit où il convient de construire une nouvelle ville[226]. Selon Jean-Claude Belfiore, Artémis veille sur les routes et les ports. Qui plus est, elle vit entourée de soixante Océanides et de vingt nymphes[227]. Dans *Amers*, la présence d'Artémis souligne l'importance et des discours féminins, et des voyages vers de nouvelles terres. C'est dire que le monde d'Artémis est celui des limites et des zones limitrophes où l'autre se manifeste, où le sauvage et le civilisé se côtoient. Mais comme Artémis reste vierge, cette déesse signifie aussi l'éternel féminin que l'homme, ce navigateur incorrigible, porte partout avec lui dans ses songes.

Il existe d'autres références aux mythes dans le poème de Perse, comme nous l'avons indiqué dans notre lecture du poème, mais à notre avis, les mythes de

223. Jean-Claude Belfiore, *op. cit.*
224. W.F Otto, *op. cit.*, p. 148.
225. *Ibid.*, p. 150.
226. *Ibid.*, p. 152.
227. Jean-Claude Belfiore, *op.cit.*

Dionysos, de Cybèle, d'Aphrodite et d'Artémis sont les mythes les plus importants car ils servent le mieux à illustrer la thématique du poème. Pour sa part, Dionysos représente le rejet des barrières et la célébration de la nature humaine. Cybèle est déesse de la Terre et de la nature. Aphrodite, née de la mer, représente l'amour et l'harmonie naturelle du monde, tandis qu'Artémis, vierge éternelle, est donc symbole du féminin éternel et, comme guide aux voyageurs, elle aide ceux-ci à se dépasser, pour ainsi dire. Comme nous l'avons déjà souligné, les références aux mythes mettent en valeur les croyances des peuples antiques, à savoir des peuples auteurs des premiers textes connus, mais évoquer les mythes anciens, c'est aussi faire revivre le rapport des anciens avec la mer, dans leurs récits eu égard à la mer, c'est-à-dire là où la réalité et le sacré se côtoient. C'est en quelque sorte réduire l'espace qui sépare les modernes des anciens. C'est aider à limiter le tragique de l'homme.

Le caractère religieux de la pensée de l'homme est également souligné par les références aux mythes. Les lecteurs de nos jours savent que le monde de la mythologie grecque est un monde révolu. On ne croit plus aux dieux de l'antiquité, raison pour laquelle la révolte des personnages féminins de l'antiquité contre les croyances anciennes se comprend facilement pour les lecteurs d'aujourd'hui. Il ne s'agit d'ailleurs pas d'un seul phénomène littéraire ou religieux, mais d'un changement d'idées et de croyances. Nous habitons un autre monde. Nous avons des croyances et un savoir autre. Les changements qui ont eu lieu dans le cours des siècles, et qui nous séparent de nos ancêtres, sont faciles à comprendre et à accepter aujourd'hui.

Ce qui est peut-être moins facile à comprendre, et plus difficile à accepter, c'est que nous avons, nous aussi, du moins selon le poète, des croyances et des traditions qui nous empêchent de jouir pleinement de la vie. Pour connaître plus de plaisir dans la vie, et pour être plus heureux, il faudrait se débarrasser des formes de pensée qui nous gênent, et qui nous rendent malheureux. Dans cette perspective, les références aux mythes de l'antiquité et aux changements parfois difficiles à réaliser, fonctionnent dans le poème de Perse comme une allégorie du changement. Le poème nous fait savoir que le changement est parfois nécessaire, qu'il est souvent inévitable, et qu'il arrive même malgré nous. Le monde révolu de l'antiquité est la preuve que la civilisation a changé au cours des siècles. Les conséquences d'un changement parfois difficile, et pénible à vivre au moment où le changement a lieu, sont peut-être même désirables par après. En fin de compte c'est le message du texte de la poétesse dans Strophe-V.

les influences notionnelles

Sur le plan notionnel, Perse a sans doute emprunté des idées à plusieurs. Ce n'est pourtant pas notre objectif de revenir ici sur toutes ces influences, mais certaines sont plus évidentes que d'autres. Nous ne cherchons pas non plus à préciser les emprunts possibles que Perse aurait pu faire à d'autres textes[228]. Mais il nous semble que pour bien comprendre *Amers* et les idées que Perse y exprime, il est nécessaire de cerner certaines notions clés que Perse aurait trouvées chez d'autres écrivains et qu'il aurait intégrées par la suite à son œuvre à lui. Toujours est-il que les influences mises en valeur ici se lisent d'abord dans le poème de Perse. Il convient alors de revenir sur les idées exprimées dans le poème afin de mieux les préciser et de pouvoir plus facilement retrouver leur parenté.

Homère

Dans le poème de Perse il est souvent question des écrivains de l'antiquité. Perse fait par exemple de nombreuses références aux contes et légendes racontés par Homère dans l'*Iliade* et l'*Odyssée*. On pourrait donc y voir une influence. Son poème ressemble par exemple à la forme épique dont Homère se sert, surtout dans les suites I à VIII de la Strophe où Perse raconte *grosso modo* l'histoire du désir de l'être humain de vivre libre. Chez Homère, en plus, on trouve des passages où des personnages racontent leur situation de leur propre point de vue, de la même manière que les personnages d'*Amers* racontent leur histoire, surtout dans les premières suites de la Strophe et dans « Étroits sont les vaisseaux ».

Les ressemblances à part, il faut pourtant préciser qu'il existe une différence capitale entre les textes d'Homère et le drame de Perse. C'est que l'aède grec cherche toujours, paraît-il, à préciser le nom de ses personnages, et à donner même leur généalogie. Chaque soldat dans l'*Iliade*, mort ou vivant, a un nom qui le particularise. Cela constitue même un élément important du récit d'Homère, dans le sens que chaque personnage est ainsi rattaché à sa filiation et alors aux forces sociales qui le déterminent. Chez Perse, par contre, aucun des personnages n'est nommé en tant que tel, et aucun personnage n'a un caractère propre à lui. Souvent même les personnages sont nommés au pluriel, comme c'est le cas pour les tragédiennes, les patriciennes et les jeunes filles de l'autre rive. Par conséquent, on dirait que l'individu n'existe pas chez Perse, du moins pas de la même façon que chez Homère. Chez Perse les personnages divers ne sont que des figurants. Même le maître d'astres et de navigation, cet homme de la mer, l'étranger, ou bien le « meilleur des hommes » n'a pas de vraie personnalité. Il ressemble au dieu Dionysos par le fait qu'il inspire les riverains, mais on ne sait pas vraiment qui c'est. C'est dire que dans *Amers* l'être humain est représenté sous forme de pluriel ou sous les traits de l'homme universel, à l'exception peut-être de la poétesse de

---

228. *Cf.* Catherine Mayaux, *Saint-John Perse lecteur-poète*, Berne, Peter Lang, 2006 ; Renée Ventresque, *Saint-John Perse dans sa bibliothèque*, *op. cit.* Les auteures de ces deux ouvrages soulignent les emprunts que Perse aurait faits dans différents textes de sa bibliothèque.

Strophe-V qui raconte son expérience personnelle. Mais même dans ce cas, on ne sait rien de la poétesse elle-même, et son discours, dont l'époque n'est pas précisée, vise la condition des femmes de façon générale.

Les ressemblances et les contrastes qu'on puisse établir entre le texte de Perse et les textes d'Homère à part, il nous semble que les récits d'Homère fournissent surtout à Perse le contexte et le contenu des mythes, mais que leur influence sur son poème s'arrête là. Perse fait référence aux mythes sans doute pour les raisons que nous avons données plus haut, et pour souligner que les croyances s'altèrent et se transforment dans le cours du temps. Ce n'est d'ailleurs pas lui qui l'affirme. C'est comme cela depuis longtemps. Même à l'époque d'Homère, par exemple, il est fort probable qu'on ne croyait plus aux mythes de l'antiquité. Comme Nietzsche le dit, et on se rappelle que la philosophie de Nietzsche semble avoir exercé une influence considérable sur Perse, dans la communauté philosophique des « anaxagoréens d'Athènes, la mythologie du peuple n'était plus admise que comme un langage symbolique ; tous les mythes, tous les dieux, tous les héros n'avaient plus que la valeur de hiéroglyphes pour l'interprétation de la nature, et l'épopée d'Homère elle-même ne devait plus être que le chant canonique qui célébrait le règne du *Nous*, les luttes et les lois de la *Physis* »[229]. C'est dans cette perspective que Perse se sert à son tour des mythes de l'antiquité. Cela est évident surtout dans Strophe-IX où les références aux divinités s'accompagnent d'une interprétation plus naturelle des phénomènes constatés. Enfin, les références aux mythes permettent, sans doute, et en faisant abstraction de leur valeur poétique, d'évoquer des notions qu'il serait beaucoup plus difficile d'élaborer sans ces références. Le nom seul de Dionysos, par exemple, évoque toute une tradition d'inspiration fébrile et de licence poétique, comme toute référence à Aphrodite suggère une longue tradition de récits d'amour.

Eschyle

Dans les divisions principales du poème de Perse, il faut également voir la reprise, sans doute un peu lâche, de l'organisation des tragédies grecques. Il est vrai que la structure de la tragédie ne se trouve que dans la version finale du poème, de sorte qu'on aurait tort de voir dans la forme dramatique son inspiration, mais enfin l'organisation du poème selon le schéma de la tragédie grecque fait partie de la version finale du poème, et pour cette raison il faut en tenir compte. La division du poème selon le schéma « Invocation, Strophe, Chœur et Dédicace » fait du poème une espèce de drame rudimentaire. Et si l'on parle d'un drame, il faut d'une part parler aussi d'une intrigue, des personnages et des dialogues. D'autre

229. F. Nietzsche, *La Philosophie à l'époque tragique des Grecs*, traduit par Jean-Louis Backes, Michel Haar et Marc B. Launay, Paris, Gallimard, 1975, p. 71.

part, et puisqu'il s'agit surtout d'un genre didactique, on s'imagine que le poète nous « dit » quelque chose. Il est vrai que l'intrigue d'*Amers* n'est pas très développée, mais certaines pièces d'Eschyle non plus ne présentent pas de véritable intrigue. Dans sa présentation du *Prométhée enchaîné* d'Eschyle, par exemple, Émile Chambry précise que cette pièce ne comprend ni intrigue ni action. « C'est, comme *les Suppliantes*, *les Sept [contre Thèbes]*, *les Perses*, un de ces drames qu'Aristote appelle simples, où aucune péripétie n'éveille ni ne maintient la curiosité, et où l'intérêt vient de la peinture des caractères et de la gradation que le poète a su ménager par des scènes épisodiques [...] »[230].

En plus, dans Eschyle les échanges sont souvent limités aux propos de deux protagonistes qui se parlent à tour de rôle, et qui laissent ensuite la parole à d'autres personnages. La structure de la pièce d'Eschyle évoque alors celle du poème de Perse, à savoir une « gradation que le poète a su ménager par des scènes épisodiques », à la manière des huit premières suites de la Strophe. Par ailleurs, les dialogues que l'on trouve dans les pièces d'Eschyle rappellent les échanges que l'on trouve dans le poème de Perse, à savoir dans les paires de discours de la Strophe par exemple, ainsi que dans les discours des amants dans « Étroits sont les vaisseaux ». Il est fort probable alors, étant donné les ressemblances formelles entre ces textes, que Perse cherchait dans *Amers* à reprendre certains aspects structuraux des pièces d'Eschyle.

Il faut se rappeler, en plus, que les tragédies grecques avaient une prédilection pour le vocabulaire technique de droit[231] – c'est-à-dire un peu comme le texte de Perse – et que la langue des tragiques manifestait une « multiplicité de niveaux, plus ou moins distants l'un de l'autre – le même mot se rattachant à des champs sémantiques différents, suivant qu'il appartient au vocabulaire religieux, juridique, politique, commun ou à tel secteur de ces vocabulaires [...] »[232]. Chez Perse aussi, nous l'avons constaté, un même mot peut avoir différents sens selon le contexte où il se trouve. Le mot « épice », pour ne prendre que ce seul exemple, peut avoir un sens juridique et un sens naturel. Certains termes religieux sont souvent utilisés d'ailleurs pour parler et de la nature humaine et de la mer.

De plus, un drame comprend normalement une leçon morale, présentée et développée dans l'intrigue ou par l'action de la pièce, et cette leçon est soulignée par le chant du chœur. Comme nous l'avons vu, la leçon d'*Amers* est présentée et développée dans la Strophe et elle est soulignée par la partie intitulée, Chœur. Elle est d'ailleurs rendue encore plus précise, et encore plus poignante dans la Dédicace

---

230. Émile Chambry, « notices et notes », dans Eschyle, *Théâtre complet*, Paris, GF Flammarion, 1964, p. 99.
231. Jean-Pierre Vernant, « Tensions et ambiguïtés dans la tragédie grecque », dans *Mythe et tragédie en Grèce ancienne,* 1, *op. cit.*, p. 23.
232. *Ibid.*, p. 35.

finale. Ce n'est donc pas la structure seule du drame qui rapproche le texte de Perse des pièces tragiques anciennes. Sa langue aussi ressemble sous certains égards à celle des tragiques, et le développement de l'intrigue par le recours aux dialogues simples et alternants comme mobiles de l'action parlent en faveur d'une influence de ces textes sur notre poète.

Héraclite

L'auteur grec qui semble avoir le plus influencé Perse est le philosophe, ou le mystique, Héraclite. Déjà dans l'Invocation le poète se plaint qu'on le dit « obscur », et on sait qu'Héraclite aussi était appelé l'Obscur. Il existe également dans Chœur-2 une référence à l'Éphésien, et il se peut qu'au moyen de cette formule Perse fasse de nouveau référence à Héraclite, originaire de la ville d'Éphèse. Or, comme les références dans le poème de Perse ne sont pas précises, et pour cette raison restent un peu énigmatiques, il est difficile de jauger l'influence du philosophe sur notre poète, d'autant plus que les textes fragmentaires d'Héraclite sont eux-mêmes difficiles à interpréter. On sait pourtant que la notion de mouvement était très importante pour Perse, et que Perse s'intéressait aussi à la notion de l'unité ou de l'harmonie du monde. Ce sont aussi des notions importantes chez Héraclite[233]. Et puis, la notion d'un éternel retour, notion que Nietzsche pour sa part a soulignée, surtout vers la fin de sa période productive, a peut-être sa source dans les écrits d'Héraclite. Il s'agit de l'année héliaque où tout revient à son point de départ. Perse fait référence à l'année héliaque dans Strophe-II.

Héraclite met aussi en valeur le flux constant de l'être, et la stabilité seulement apparente des choses, selon les termes qu'on utilise pour les désigner. Les formules héraclitéennes, « tout passe et rien ne demeure », et « tu ne saurais entrer deux fois dans le même fleuve » sont très connues[234]. Ces deux aphorismes semblent faire valoir que les réalités apparemment stables sont en fait composées de mouvements lents et parfois quasi imperceptibles. Dans *Amers*, il est évident que le monde est en transition. Le changement effectué sur une période de plusieurs années, voire sur une période de plusieurs siècles, sur le plan physique tout aussi bien que sur le plan des croyances, est souligné par la notion même d'amers, à savoir, par la présence dans notre monde des vestiges des civilisations

233. On pourrait y voir aussi une influence des idées de Plotin, auteur que Perse connaissait. Perse a souligné, entre autres, le passage sur la « communion » de l'être individuel et de l'Un dans l'ouvrage qu'il possédait d'Édouard Krokowski (*L'esthétique de Plotin et son influence*, Paris, Éditions de Boccard, 1929, p. 232 ; Fondation Saint-John Perse).

234. Héraclite, *Fragments*, *op. cit.*, p. 208. Ces deux passages sont cités par Socrate dans le *Cratyle* de Platon.

d'antan. Ces amers sont justement les indices des cultures et des civilisations révolues. Ils sont la preuve même que le monde est toujours en état de devenir. Qui plus est, Perse s'en prend en quelque sorte à la notion selon laquelle les mots donnent de la stabilité aux objets réels. Son discours dans le Chœur notamment souligne le devenir des objets réels.

Il y a plusieurs passages dans le poème de Perse où la pensée d'Héraclite semble se manifester. Là où certains parlent du « taoïsme » de Perse, par exemple, on pourrait tout aussi bien se référer à l'influence d'Héraclite. Selon le philosophe, la « vie et la mort sont une seule et même chose ; de même, la veille et le sommeil, la jeunesse et la vieillesse ; car les premiers de ces états sont devenus les seconds et les seconds, à rebours, devenus les premiers »[235]. Selon Jean-François Pradeau, ce passage illustre, mieux que l'exemple du fleuve, le changement perpétuel entre deux seuils contraires. Si le jour et la nuit sont un, selon Pradeau, c'est que leur nature unique est délimitée par des seuils atteints cycliquement, de sorte que connaître une chose quelconque, c'est « découvrir les limites contraires qui définissent une nature, c'est-à-dire un intervalle de changement ». Il enchaîne : les « contraires sont en effet des seuils, qui délimitent et définissent une nature »[236]. Connaître une chose, c'est connaître alors les différentes formes qui constituent cette chose. Par ailleurs, la chose est moins une chose qu'elle n'est un devenir selon le philosophe de l'antiquité.

La transformation des choses et la notion de seuil sont des éléments clés de la pensée de Perse. Comme nous l'avons vu, pour celui-ci, se connaître soi-même veut dire connaître ses limites, même si ce n'est que pour les dépasser. En même temps, on ne peut se dépasser sans savoir où se trouvent ses limites. Mais enfin, la limite n'est que le seuil de notre nature, ou de nos connaissances. Elle fait valoir l'au-delà et tout ce qui nous dépasse. Elle invite alors à la transgression, de sorte que la limite elle-même représente un seuil à dépasser. Et puis en se dépassant, on devient ce qu'on n'était pas auparavant. On devient autre, c'est-à-dire que l'on déplace les limites et les seuils de son existence. C'est dans ce sens surtout que le « délire » du Chœur intéresse. Connaître et nommer la mer, c'est reconnaître les limites de la mer, mais cela veut dire aussi connaître la mer et les diverses qualités que la mer pourrait avoir à différents moments et en ces différentes phases. Posséder des qualités contradictoires, comme la présence et l'absence, comme la mesure et la démesure, n'est guère compréhensible autrement que dans le contexte temporel des seuils. En ce sens, lorsqu'elle manifeste une qualité qui par la suite se mue en une autre, son contraire même, la mer se dépasse elle-même dans le cours du temps, mais tout en restant la mer. De la même façon la civilisation humaine se

235. *Ibid.*, p. 229.
236. *Ibid.*, p. 230.

dépasse, elle aussi, dans le temps. Elle se transforme au fur et à mesure que ses croyances progressent, et elle devient autre suivant l'état de ses connaissances. On dirait que dans le Chœur, Perse cherche justement à donner une expression poétique à la notion héraclitéenne de l'unité du monde.

La pensée de Perse semble également proche de celle d'Héraclite sur le plan des connaissances. Les deux auteurs insistent tous deux sur l'importance de la nature comme objet d'étude. Toujours d'après Jean-François Pradeau, Héraclite est le premier à utiliser le mot « nature » comme substantif désignant non pas la nature de telle ou telle chose, mais la nature dans son ensemble. La formule d'Héraclite selon laquelle « la nature aime à se cacher » semble vouloir dire, toujours d'après Pradeau, que la nature est ce qui se dérobe à la connaissance et lui échappe[237]. C'est dans ce sens que nous utilisons la phrase d'Héraclite en exergue de cet ouvrage : « si l'on n'attend pas l'inattendu, on ne le trouvera pas, car il est difficile à trouver ». D'après Pradeau, cette formule constitue même une leçon épistémologique, à savoir que la recherche de ce que sont toutes choses est difficile. Et cela pour deux raisons. D'abord parce que l'ordre de toutes choses n'est pas manifeste, et ensuite parce que nos opinions et nos fictions nous éloignent de cette réflexion[238]. Pour bien connaître un objet du monde naturel, il faudrait le saisir non pas seulement en ses qualités et propriétés, mais aussi dans ses changements et dans les différentes étapes de son devenir. Il faudrait veiller, en plus, à ce que nos préjugés ne nous influencent pas trop, dans la mesure du possible, dans l'établissement de nos connaissances.

Finalement, dans les fragments d'Héraclite, on trouve également la raillerie des formes et des pratiques religieuses. Pour ce philosophe de l'antiquité, les gens croient aux dieux parce qu'ils sont ignorants de la nature des choses. Selon Héraclite, les gens ne semblent pas s'apercevoir que le monde n'est pas le désordre de leur existence à eux, mais qu'il est plutôt une « harmonie divine, une concorde discordante qui est de part en part divine »[239]. Dans la seule véritable définition du divin qu'on trouve dans les fragments d'Héraclite, toujours selon Pradeau, le « dieu est le jour, la nuit, l'hiver, l'été, la guerre, la paix, la satiété, la faim, il change comme le feu qui, lorsqu'il est mêlé à des épices, est nommé selon le parfum de chacune d'elles »[240]. Le divin participe ainsi des phénomènes naturels du monde physique selon Héraclite. Pour Perse également le monde naturel est vu comme une unité, et dont le divin est un aspect capital. C'est une même vague depuis Troie qui unit l'homme et la femme, dit le poète, et cette union participe de la nature. En

237. *Ibid.*, p. 254.
238. *Ibid.*, p. 255
239. *Ibid.*, p. 77.
240. *Ibid.*, p. 322.

fait, ce n'est qu'au moyen de la nature, à savoir dans les rapports des amoureux, que l'homme peut avoir une idée de ce qu'est le divin. Autrement dit, on ne peut séparer le divin de la nature humaine qui rend l'amour humain possible. Chez Perse aussi le divin se révèle dans la nature et dans le monde naturel.

Empédocle

Parmi les philosophes de l'antiquité dont Perse connaissait les œuvres, et qui semblent avoir influencé sa pensée, il faut compter aussi Empédocle. Dans ses entretiens avec Pierre Guerre, Perse a laissé savoir que sa « règle métaphysique » dérivait de ce philosophe. En particulier, c'est la notion d'un double mouvement de l'être qui intéressait le poète. C'est-à-dire que l'être particulier se détache de l'être en soi, le tout, puis tend à retourner à l'unité totale[241]. En ce sens il y a un mouvement du tout vers le particulier, qui est subséquemment résorbé par le tout. D'après Pierre Guerre, ce mouvement ressemble plus à un acte de volonté qu'à un mouvement passif de spectateur[242]. Autrement dit, l'individu agit en tant qu'individu et poursuit la satisfaction de ses propres désirs. Toutefois, l'individu appartient à l'espèce et, comme nous l'avons vu, dans le poème de Perse, c'est comme représentant de l'espèce humaine que l'individu peut sublimer sa peur de la mort et par là devenir immortel à sa façon. Cela correspond à la pensée d'Empédocle. Dans son ouvrage, *De la Nature*, par exemple, le philosophe exprime que le sage est celui qui sait se libérer de la condition mortelle. Selon la formule de Jean-Pierre Vernant, le sage chez Empédocle est celui qui, « parvenu à l'intelligence du tout, sait qu'il n'y a en vérité pour les créatures mortelles ni commencement, ni fin, mais seulement des cycles de métamorphoses »[243]. Sous cet angle, il faudrait sans doute souligner que la pensée d'Empédocle est très proche de l'enseignement d'Héraclite.

Le rapport entre la partie et le tout, selon Empédocle, ainsi que la notion d'harmonie chez Héraclite semblent indiquer que ces deux philosophes partageaient une même perspective panthéiste, perspective qui n'est pas sans ressemblance avec celle de Perse. Chez ce dernier, c'est la nature qui est divinisée. La mer prend l'allure d'un dieu, de sorte qu'on pourrait parler d'un panthéisme « matérialiste » selon lequel Dieu, ou le divin, serait la somme de tout ce qui existe. Dans cette perspective, tous les êtres appartiennent au monde. Ce sont des

---

241. Pierre Guerre, *Portrait de Saint-John Perse*, textes établis par Roger Little, Marseille, Sud, 1989, p. 280.
242. *Ibid.*, p. 283.
243. Jean-Pierre Vernant, *Mythes et pensée chez les Grecs*, *op.cit.*, p. 123.

entités individuelles, qui ensemble constituent le monde dans le sens absolu, et cela au cours des années. Pour Perse, grâce surtout à sa présence physique dans la vie des humains, mais aussi parce qu'il est éternel, le monde naturel représente le divin. Connaître les objets du monde, c'est les comprendre comme des aspects divers du tout, qu'il s'agisse de la mer et de la terre, ou de l'homme et de la femme. Le divin s'exprime sous forme de nature, de manière que la connaissance du divin comprend la connaissance de la nature. Comme les individus sont tous différents, pourtant, et jusque dans leurs similitudes, pour connaître le divin dans son expression humaine, il faudrait comprendre les qualités ou les aspects des humains qui les rendent pareils les uns aux autres. Nous l'avons vu, selon Perse, le trait essentiel qui permet de définir l'être humain, c'est le désir. Le désir représente l'inspiration à l'action, et il constitue le devenir de l'être humain. C'est le désir qui pousse l'homme à s'aventurer loin sur la mer dans des régions inconnues, comme c'est le désir qui le pousse vers la femme. C'est enfin le désir qui constitue le divin de l'être humain. On pourrait parler ainsi d'une structure de l'homme.

Spinoza

Comme certains l'ont souligné, la perspective panthéiste de Perse rapproche le poète de Spinoza, auteur que Perse a lu et apprécié. Dans une lettre adressée à son ami de jeunesse, Gabriel Frizeau, lettre datée du 19 septembre 1908, Perse avoue son faible pour le panthéisme, doctrine qu'il dit porter au plus secret de son corps[244]. Mais seulement quelques semaines plus tard, dans une lettre datée du 2 octobre 1908, Perse fait savoir qu'il ne croit plus au panthéisme de Spinoza[245]. C'est dans cette dernière lettre qu'il formule le malaise qu'il ressent devant les notions spinozistes de substance et d'attribut. À son sens, ces deux notions se contredisent. C'est que, si la substance est ce qui est en soi, elle ne peut être constituée d'attributs qui lui sont extérieurs.

On sait que Spinoza définit les termes de substance et d'attribut à la première page de la première partie de l'*Éthique*. La substance est une chose qui existe, et l'attribut est la qualité qui détermine la substance pour l'entendement. Ces termes ont donné lieu à plusieurs débats, de sorte qu'il soit important de les comprendre dans le contexte de l'ontologie de Spinoza avant de procéder. Pour Spinoza, dire qu'une substance existe en soi, c'est dire que son essence enveloppe nécessairement l'existence, et qu'il appartient alors à la nature de la substance d'exister. L'attribut de la substance permet de distinguer alors entre différentes substances. Le philosophe veut pouvoir préciser ainsi l'essence d'une chose, et en

---

244. Saint-John Perse, *Œuvres complètes*, *op. cit.*, p. 737.
245. Albert Henry, « Lettre de Alexis Léger sur le panthéisme », *Souffle de Perse* 3, 1993, pp. 13-20, p. 15.

déterminer l'origine ou la cause, afin de montrer finalement en quoi Dieu consiste[246] . Puisque Dieu est une « substance constituée par une infinité d'attributs dont chacun exprime une essence éternelle et infinie », Dieu doit être absolument infini[247] . Il s'ensuit pour Spinoza que « tout ce qui est, est en Dieu et rien ne peut sans Dieu être ni être conçu »[248].

Or, rejeter les définitions de base du système de Spinoza, comme Perse semble le faire, ce serait renoncer à sa doctrine entière et, pourtant, le poème *Amers* semble manifester certaines affinités avec la pensée de Spinoza. Selon Colette Camelin, par exemple, la pensée de Spinoza a eu un impact considérable sur la pensée du poète. D'après Camelin, la philosophie de Spinoza propose une plénitude présente, une joie active et constructive, et développe la capacité de l'entendement pour une plus grande liberté. Camelin ajoute qu'un des thèmes qui a le plus touché Perse est celui de l'épanouissement du corps comme corollaire de la liberté intellectuelle, ce qui est la condition de la béatitude présente[249].

Or, selon Spinoza, la béatitude consiste « dans l'amour envers Dieu »[250]. La béatitude n'est pas le prix de la vertu alors, « mais la vertu elle-même ; et cet épanouissement n'est pas obtenu par la réduction de nos appétits sensuels, mais c'est au contraire cet épanouissement qui rend possible la réduction de nos appétits sensuels »[251]. On a là une expression succincte de la visée éthique de la philosophie de Spinoza, philosophie stoïque dans le sens qu'elle nous enseigne, entre autres, « comment nous devons nous comporter à l'égard des choses de fortune, c'est-à-dire qui ne sont pas en notre pouvoir, en d'autres termes à l'égard des choses qui ne suivent pas de notre nature »[252]. Mais comme Dieu est présent dans toutes choses et dans toute la nature, aimer Dieu, ce serait aimer la nature, d'où le panthéisme de Spinoza. Or, dans le poème de Perse, la mer est plus ou moins divinisée. Elle est éternelle et source de vie. C'est un objet de culte ; c'est en son honneur que les gens descendent sur la côte. C'est d'ailleurs en présence de la mer que le poète se démasque et se montre comme il est, à savoir comme un homme simple. Se comporter ainsi face à la mer, ce serait, selon la pensée de Spinoza, reconnaître la puissance de Dieu et participer à la nature divine dans sa

---

246. Pour sa part, Charles Appuhn, traducteur de Spinoza, avance que les termes « substance » et « attribut » désignent une seule et même chose qui porte deux noms selon qu'on la considère comme une unité infinie et en soi ou comme une entité pour l'entendement (*Cf.* Spinoza, *Éthique*, traduction et notes par Charles Appuhn, Paris, Garnier-Frères, 1965, p. 343).
247. Spinoza, *Éthique*, *op. cit.*, p. 21, définition VI.
248. *Ibid.*, p. 35, proposition XV.
249. Colette Camelin, *Éclat des contraires*, *op.cit.*, p. 127.
250. Spinoza, *op. cit.*, p. 340, proposition XLII et sa démonstration.
251. *Ibid.*, p. 340.
252. *Ibid.*, p. 131, scolie, proposition XLIX.

manifestation sous forme de mer. Dans ce sens, la pensée de Perse semble proche de celle de Spinoza.

De plus, chez Perse, le désir est un aspect fondamental de la nature humaine, comme il est également un élément clé de la philosophie éthique de Spinoza. Selon ce dernier, en effet, le désir est « l'essence même de l'homme en tant qu'elle est conçue comme déterminée à faire quelque chose par une affection quelconque donnée en elle »[253]. Le désir est le mobile de l'action humaine, mais comme il pousse l'homme dans différentes directions, si bien que l'homme est entraîné en divers sens et ne sait souvent pas où se tourner, il faut que la pensée soit son guide. Le but pratique de la philosophie de Spinoza est justement d'amener l'homme à maîtriser ses désirs et de les diriger pour ainsi dire vers les choses qui sont bonnes, c'est-à-dire vers l'amour de Dieu.

Dans *Amers*, cependant, Dieu en tant que tel est absent. La mer est divinisée dans les propos des différents personnages, et la nature est souvent conçue comme l'intermédiaire entre l'homme et le divin, surtout dans la perspective des personnages des époques révolues. Comme le divin s'exprime ainsi dans la nature, il semble que la pensée de Perse rejoigne à cet égard le panthéisme de Spinoza, doctrine selon laquelle tout ce qui est, est en Dieu. Mais chez Perse le désir d'être heureux et de vivre mieux comprend aussi le refus des barrières élaborées par la pensée. L'esprit de révolte qui caractérise plusieurs des personnages d'*Amers* semble manquer à la philosophie plutôt conservatrice de Spinoza. Et surtout, dans le poème de Perse, la connaissance du divin se fait au moyen des rapports sexuels entre l'homme et la femme. À notre sens cela pose un problème pour le rapprochement des idées du philosophe et celles du poète. Si Perse s'était véritablement inspiré de la pensée de Spinoza, les rapports sexuels ne seraient sans doute pas au premier plan de son texte car ils ne sont pas essentiels pour la connaissance du divin. De même ils ne sont pas nécessaires pour que l'individu se libère de la crainte de sa propre mort. Si Dieu est en toute chose, et tout est en Dieu, l'expérience sexuelle ne serait aucunement le moyen d'y accéder. Du moins, elle ne serait pas plus privilégiée que toute autre démarche. Malgré les ressemblances entre certains des thèmes d'*Amers* et la philosophie panthéiste de Spinoza, il semble que Perse ne se soit pas véritablement inspiré des œuvres de ce dernier, d'autant plus que le mode de vie que les deux textes proposent comme exemplaires semble diverger de beaucoup.

Nietzsche

Sur le plan philosophique, il faut surtout souligner l'influence de Nietzsche sur Perse. On sait que Perse connaissait la pensée de Nietzsche. Sa bibliothèque en

---

253. *Ibid.*, p. 196, première définition des affections.

comptait certains ouvrages, notamment *La Volonté de puissance*, ouvrage que Perse a annoté et dont il a marqué plusieurs passages[254]. Or, le système de notation que Perse utilise dans ses lectures n'est nulle part expliqué à notre connaissance[255], de sorte qu'on ne peut préciser le sens exact de ces annotations. Il se sert par exemple de traces dans les marges. Il utilise des traits verticaux, parfois plusieurs petits traits, parfois des traits plus longs. Certains passages sont marqués par un « x », d'autres, par un petit cercle ou par un astérisque. Plusieurs passages sont soulignés, et certains jusqu'à trois fois au crayon. On trouve aussi des notes de la main de Perse, mais en général celles-ci ne semblent pas proposer une interprétation ou un jugement du texte de Nietzsche. Elles semblent plutôt avoir pour but de préciser l'idée de Nietzsche, à la manière, on dirait, d'un aide-mémoire. Or, il est hasardeux d'arguer en faveur d'une influence de la pensée de Nietzsche sur celle de Perse seulement à partir des textes retrouvés dans la bibliothèque du poète, car on ne sait pas à la fin pourquoi Perse a marqué des passages qu'il a marqués. Peut-être notait-il seulement les passages étonnants, ou les passages clés pour retrouver la pensée de Nietzsche, sans vouloir pour autant reprendre les idées que le philosophe défendait.

Et pourtant, dans ses lectures de Nietzsche, Perse semble noter les passages d'une thématique semblable. Si nous reprenons, dans l'ordre des chapitres, le volume de Nietzsche que Perse possédait, et que nous relevons les passages que Perse a le plus notés, il est évident que le poète s'intéressait à certaines notions en particulier. Dans le premier tome de l'ouvrage de Nietzsche, au livre premier, par exemple, Perse souligne des passages où Nietzsche évoque les « nouvelles valeurs », « l'immortalité de la nature », et l'importance des « instincts » pour l'être humain. Il souligne, entre autres, la phrase, « La vertu est notre plus grand malentendu », ainsi que l'idée de Nietzsche selon laquelle l'instinct de l'être humain a été placé la « tête en bas ». Dans le livre II de Nietzsche, Perse souligne plusieurs passages qui traitent du sentiment de puissance, de l'homme supérieur, et de la plénitude de la force. Il marque par un astérisque et un trait vertical dans la marge le passage, « seules les personnes les plus entières peuvent aimer ». Dans le deuxième tome, au livre trois, il retient les passages où Nietzsche affirme que la joie est « symptôme du sentiment que la puissance est atteinte », et que l'excitation sexuelle est une « croissance très rapide du sentiment de puissance, du sentiment

---

254. Perse possédait la sixième édition de l'ouvrage traduit par Henri Albert, édition publiée à Paris en 1909 par Mercure de France. (Fondation Saint-John Perse).

255. Selon M. Chehab, Perse se sert d'un système d'annotation alexandrin. *Cf. Saint-John Perse Neveu de Nietzsche*, *op. cit.*, pp. 85 à 86. Il n'empêche que la valeur accordée aux passages annotés dans les ouvrages de Nietzsche est impossible à déterminer. Perse ne s'est jamais expliqué à cet égard. On ne peut que souligner les ressemblances thématiques et notionnelles dans l'œuvre de Nietzsche et dans celle de Perse.

de plaisir ». Il note aussi des passages de Nietzsche sur les passions et sur l'ivresse. Dans le chapitre quatre du livre III, tome II, il note plusieurs commentaires sur l'art, sur l'ivresse comme condition de l'art, sur les principes apollinien et dionysien, et il repère surtout la phrase de Nietzsche selon laquelle, dans l'art, on ne communique pas des pensées mais des « mouvements ».

À la fin du livre III de l'ouvrage de Nietzsche, Perse fait un trait et un cercle dans la marge à côté d'une phrase qu'il souligne également, phrase où le philosophe avance qu'il est une « seule et même force dans l'art et l'acte sexuel ». Et dans le livre IV de l'ouvrage du philosophe, Perse souligne plusieurs passages où Nietzsche parle de la force et du monde dionysien, c'est-à-dire où le philosophe évoque la grandeur de l'être humain, et les niveaux que l'homme pourrait atteindre s'il se donnait la peine d'écouter ses instincts, et de réaliser sa volonté de puissance. Vers la fin du deuxième tome, Perse souligne quelques phrases qui cadrent bien avec les notions exprimées dans son poème. Il note par exemple la phrase suivante de Nietzsche : « être dionysien en face de l'existence, ma formule pour cela est *amor fati* ». Il note des passages sur l'instinct religieux, sur le divin, et sur la divinisation du corps. Il souligne et marque par un cercle dans la marge la maxime de Nietzsche selon laquelle il faut « redécouvrir, en soi-même, le *midi* », c'est-à-dire le « midi clair, brillant et mystérieux ». De même, il souligne et marque par un cercle dans la marge, l'affirmation selon laquelle « Dionysos déchiré en morceaux est une *prouesse* de vie, il renaîtra éternellement et reviendra de la destruction ».

Les nombreux passages que Perse a marqués et soulignés dans l'ouvrage de Nietzsche font valoir certains thèmes que l'on retrouve dans *Amers*. Or, bien qu'il soit difficile au préalable de préciser l'influence de Nietzsche sur Perse à partir de passages soulignés et marqués dans un ouvrage du philosophe, et Perse n'a rien indiqué d'un possible rapport entre sa poésie et la pensée de Nietzsche, il est néanmoins possible de noter les parallèles et les ressemblances entre les idées et les perspectives des deux hommes, d'autant plus que celles-ci se ressemblent de très près, et cela sur le plan formel tout aussi bien que sur le plan du contenu. Sur le plan formel, par exemple, l'organisation d'*Amers* semble correspondre à la façon dont Nietzsche présente l'origine de la tragédie grecque, ainsi qu'à la fonction des différentes parties de la pièce, et notamment du Chœur, telle que Nietzsche élabore cette fonction dans le contexte de la pièce tragique. Quant au contenu notionnel de la pièce, il faudrait surtout souligner l'importance de la nature pour le philosophe, ainsi que pour le poète, la primauté accordée à l'instinct sexuel dans les rapports entre les gens, ainsi que la notion de l'éternel retour qu'exprime en quelque sorte ce que Nietzsche appelle la volonté de puissance.

Sur le plan des idées, c'est surtout dans son ouvrage, *La Naissance de la tragédie,* que Nietzsche avance que la tragédie grecque a son origine dans le chant du chœur[256]. Selon Nietzsche, le chœur représente un pluriel, un groupe de personnes ou de spectateurs qui ont un besoin instinctif de s'exprimer au travers d'autres corps. La faculté de se voir entouré d'une cohorte d'esprits avec qui on se sent en communion profonde se laisse communiquer facilement à une foule entière, selon le philosophe. C'est d'ailleurs l'émotion dionysiaque qui rend cette communication possible[257]. Dans le dithyrambe, par exemple, d'après Nietzsche, « nous avons affaire à une communauté d'acteurs inconscients, qui sont mutuellement témoins de leurs propres métamorphoses »[258]. C'est-à-dire que dans ses origines, la tragédie grecque n'était qu'une « lyrique objective, un chant modulé sorti de l'état d'âme d'êtres mythologiques déterminés »[259]. Or, nous sommes loin des origines de la tragédie grecque dans le poème de Perse, mais comme Perse a organisé son poème sur le plan de la pièce antique, ce rapprochement se justifie. Dans *Amers*, et surtout dans le Chœur, il semble que le chant du poète frôle parfois le délire et l'oubli de soi caractéristique des états dionysiaques. Toutes les qualités de la mer y sont présentes à la fois et cela dans un texte où le poète s'identifie à son langage. La foule même devient un seul être récitant la mer, et elle se transforme enfin en un récit où l'union du récitant avec la mer peut s'accomplir. C'est d'ailleurs une union rendue possible par le récit lui-même. Dans le Chœur le langage du poète se désintègre et frôle le non-sens, dans un discours où le mot semble devenir la chose qu'il nomme. La communication sensuelle est ainsi parfaite car, s'agissant d'un seul être unifié, la communication classique entre deux êtres distincts n'a plus lieu. L'espace insoutenable du langage est ainsi supprimé au profit de l'unité du monde et du sujet récitant. La communication est devenue communion. Le délire du poète coïncide, par ailleurs, avec le moment où « Dieu l'étranger est à la ville ». C'est dans Chœur-5. Il s'agit d'une présence qui inspire la transgression et la mutation des formes.

De plus, selon Nietzsche la poésie n'est pas la vision d'un autre monde ou d'un monde subjectif sorti du cerveau seul du poète. Elle se veut plutôt « l'expression sans fard de la vérité » et, pour cette raison surtout, elle doit rejeter la « parure mensongère de la prétendue réalité de l'homme civilisé »[260]. Mais il n'est pas question pour Nietzsche d'un rapport d'équivalence entre le mot et la chose nommée car la poésie est aussi création. Dans son analyse de la pensée de

---

256. Nietzsche formule un argument semblable dans d'autres textes. *Cf.* « Le Drame musical grec » ou « La Vision dionysiaque du monde », textes publiés en français sous le titre « Textes divers sur la tragédie » dans la *Naissance de la tragédie*, Paris, Gallimard, 1977.
257. Friedrich Nietzsche, *La Naissance de la tragédie*, *op. cit.*, p. 59.
258. *Ibid.*, p. 60.
259. F. Nietzsche, « Le Drame musical grec », traduit par Jean-Louis Backès, dans F. Nietzsche, *La Naissance de la tragédie*, *op. cit.*, pp. 261-274, p. 270.
260. F. Nietzsche, *La Naissance de la tragédie*, *op. cit.*, p. 57.

Nietzsche, par exemple, Heidegger explique que pour Nietzsche la raison crée de la poésie dans l'élaboration des schémas ou des systèmes de pensée dont elle se sert pour comprendre le monde[261]. À l'encontre de Platon alors, qui voyait la vie comme une espèce de déformation du monde vrai et éternel, Nietzsche comprend la production des schémas comme une conséquence de la vie elle-même. C'est-à-dire que pour Nietzsche, le vrai monde est le monde du devenir, un monde toujours en train de se produire et de se renouveler. Et puisque la vérité du monde est une conséquence de la vie elle-même, elle est forcément limitée aux différentes perspectives des créateurs[262]. Autrement dit, il ne peut avoir de vérité en dehors des schémas qu'on élabore pour tenir compte du monde.

Cette façon de voir la poésie, et la vérité de la poésie, n'est pas sans affinité avec la pensée de Perse. D'abord, selon plusieurs critiques, la poésie de Perse est une poésie réaliste qui nomme et célèbre le monde. Cela correspond en partie à ce que l'on trouve dans *Amers*, poème où Perse raconte la mer et en donne maintes descriptions. Il décrit les aspects physiques de la mer, il nomme les animaux de la mer, et il évoque les rencontres des gens avec la mer. En revanche, la vérité de la mer est presque toujours exprimée dans la perspective de ses personnages. Le maître d'astres et de navigation raconte sa vérité à lui, les tragédiennes racontent leur vérité à elles, et les autres personnages racontent leur histoire à eux. Le récit de la poétesse (Strophe V), pour ne prendre que cet exemple, raconte un événement comme s'il s'agissait d'un événement réel vécu par des femmes d'une époque lointaine. Il s'agit d'une lutte contre les forces qui oppriment. Il se veut un témoignage des événements passés, mais comme nous l'avons déjà dit, ce récit plutôt court représente aussi un augure du changement à venir sur le plan moral. Il présente les espoirs et les désirs des femmes d'une époque révolue, mais comme ces espoirs et ces désirs ont déjà été réalisés pour les lecteurs d'aujourd'hui, il est évident que la perspective de la poétesse était bien juste. Par là, la poétesse fait figure de prophétesse, même si son ouvrage se veut « réaliste ». Elle est même plus juste dans ses augures, paraît-il, que la prophétesse elle-même dont l'expérience est relatée dans Strophe-VI.

La poésie de Perse semble insister sur la nature comme une valeur sûre. Les notions du renouvellement de l'être et du retour au désir primordial sont des notions essentielles à l'être humain, et leur rôle dans le poème de Perse semble impliquer le rejet des formes factices de la civilisation, formes qui ont souvent pour conséquence la répression des instincts des êtres humains. Le poème de Perse rejette tout ce qui gêne le développement de la civilisation humaine en faveur d'une compréhension plus simple et plus naturelle des relations entre les gens

---

261. Heidegger, *Nietzsche*, *op. cit.*, vol. 3, p. 97.
262. *Ibid.*, p. 129.

puisque fondée dans la nature. Le retour aux sources et le renouvellement de l'être sont des notions que le poète a sans doute empruntées à Nietzsche. Pour le philosophe, la fête de Dionysos représente le déchaînement de l'énergie primordiale de l'être, énergie dont le désir sexuel n'est qu'une forme d'expression particulière. « Sous le charme de Dionysos, nous dit Nietzsche, non seulement le lien d'homme à homme vient à se renouer, mais la nature aliénée – hostile ou asservie – célèbre de nouveau sa réconciliation avec son fils perdu, l'homme »[263]. Perse se sert de la notion de Pâques et de la couleur verte pour signifier ce retour à la nature et ce renouvellement de l'être. D'ailleurs, l'étranger qui arrive de par la mer inspire et libère en même temps ceux et celles, mais surtout celles, qui cherchent à renouer avec leur sentiment intime et qui ont envie de se soumettre à un régime nouveau.

Le retour à la nature constitue un aspect majeur de la philosophie de Nietzsche, mais il faut préciser tout de même que pour Nietzsche le retour à la nature n'est pas un véritable « retour » à la nature, il est plutôt la découverte de la nature. Comme le philosophe le formule dans *La Volonté de puissance*, « l'homme ne parvient à la nature qu'après une longue lutte ; jamais il n'y 'retourne'... »[264]. Chez Nietzsche la notion de la découverte de la nature découle en quelque sorte de l'écartement de la croyance en un objectif particulier qu'aurait la vie, objectif qu'en vivant on se donnerait pour but d'atteindre. Dans *Le Gai Savoir*, Nietzsche avance qu'il n'y a pas de lois dans la nature, qu'il n'y a que des nécessités : « là nul ne commande, nul n'obéit, nul ne transgresse »[265]. Conséquemment il n'y a pas non plus de but dans la nature, et sans but, il ne peut y avoir de hasard. Par conséquent le vivant n'est qu'un « genre de ce qui est mort, et un genre fort rare »[266] . Cette idée semble évoquer la pensée d'Héraclite, entre autres, pensée selon laquelle les notions contraires comme la nuit et le jour ne sont que différents aspects d'un même phénomène.

Pour sa part, Pierre Klossowski, traducteur et interprète de Nietzsche, avance que la leçon du *Gai Savoir* est justement que l'exaltation « du mouvement pour le mouvement ruine la notion d'une fin quelconque dans l'existence et glorifie l'inutile présence de l'être en l'absence de tout but »[267]. Autrement dit, si la vie est inutile, les buts et les objectifs qu'on se donne pendant la vie n'ont plus cours non plus, ces derniers n'étant en effet que le reflet de quelque idéologie dont on aurait

263. *Ibid.*, p 31.
264. F. Nietzsche, *La Volonté de puissance* II, traduit par Geneviève Banquis, Paris, Gallimard, 1995, p. 113.
265. F. Nietzsche, *Le Gai Savoir*, Paris, Gallimard, 1956, 1982, p. 138.
266. *Ibid.*, p. 214.
267. Pierre Klossowski, « Introduction », dans Nietzsche, *Le Gai Savoir*, Paris, Union Générale d'Éditions, 1957, p. 24.

été inculqué jeune. Pour savoir qui on est, pour sortir des labyrinthes factices de la civilisation qu'on nous a construite, il faudrait renouer avec la nature, avec son sentiment intime, ou son désir. C'est la seule façon, d'ailleurs, de revenir à la nature, ou plus précisément, c'est la seule façon de découvrir la nature. Il faudrait d'abord renoncer aux systèmes moraux qui falsifient l'existence. C'est-à-dire qu'il faudrait « oser être immoral comme la nature »[268].

On a constaté chez Perse aussi ce qu'on pourrait appeler un repli sur la nature. D'abord son texte à lui chante également la gloire et le sublime du monde naturel, par exemple, du ciel, de la mer, de la flore, de la faune, des pierres mêmes. Ensuite, il est clair que dans le poème de Perse, les traditions et les mœurs qui oppriment et qui ont pour conséquence l'inertie sur le plan de la créativité sont à rejeter en faveur de l'inconnu, à savoir au profit de l'inspiration qui semble surgir du fond intime de l'être. Les tragédiennes soupçonnent que le renouveau soit proche ; les patriciennes souhaitent connaître à nouveau la joie de vivre ; les jeunes femmes de l'autre bord se préparent pour l'amour de façon naturelle, et leur joie se fonde du moins en partie sur la reconnaissance et la valorisation des forces de la nature. Elles n'ont pas honte de leur corps, ni de leur désir, ni de leur plaisir. Elles se donnent sans gêne à l'étranger qui est consumé en quelque sorte par son désir à lui.

En outre, chez Nietzsche, comme chez Perse, le désir, c'est-à-dire cette force de la nature qui est en l'homme, joue un rôle capital et dans les rapports sexuels, et dans la société en général. La nature s'exprime chez l'homme sous forme de désir sexuel, mais elle n'est pas limitée à un instinct de base. D'après le philosophe, par exemple, en plus d'être capitale pour l'espèce humaine, la sexualité est la source de puissance de l'individu. Nietzsche : « L'importance inouïe que l'individu attache à l'*instinct sexuel* n'est pas une *conséquence* de l'importance de cet instinct pour l'espèce ; la procréation est la véritable prouesse de l'individu, donc son intérêt le plus cher, l'*expression suprême de sa puissance* (non par suite d'un jugement conscient, mais au point de vue central de tout le processus d'individuation) »[269]. Si l'instinct sexuel est au fond une puissance qui individualise, et qui représente l'expression de la puissance de l'individu, il est en fait ce que Nietzsche nomme la volonté de puissance, à savoir, le désir de croître, de vivre plus loin, et de se dépasser. Or, d'après Heidegger, la volonté de puissance est la notion la plus importante de la philosophie de Nietzsche car elle comprend celle du retour éternel et recouvre la notion d'être[270]. C'est-à-dire que pour Nietzsche, toujours d'après Heidegger, tout être qui existe, existe d'une certaine

268. F. Nietzsche, *La Volonté de puissance* II, *op. cit.* p. 113.
269. F. Nietzsche, *La Volonté de puissance* I, *op. cit.*, livre 2, § 201, p. 291.
270. M. Heidegger, *Nietzsche*, *op.cit.*, vol. 3, pp. 10 et 19.

façon et est toujours en train de devenir. Chez Perse, du moins dans *Amers*, nous l'avons constaté, le désir sexuel est central. Il motive l'arrivée de l'étranger sur la côte, et il coïncide avec la révolte des personnages féminins. C'est pour reconnaître la joie de vivre et le bonheur de la créativité que les femmes se révoltent contre l'inertie des mœurs qui répriment leur sexualité. Les jeunes femmes de Strophe-VII qui se donnent sans gêne sont heureuses dans leur geste, et bien sûr le poème « Étroits sont les vaisseaux » est un long poème lyrique qui met le désir en vedette. C'est grâce à leur désir, d'ailleurs, que les protagonistes de ce long poème d'amour réalisent l'essentiel de leur être, à savoir leur appartenance à l'espèce humaine. Lorsqu'ils se laissent emporter par le désir que la nature fait connaître dans leur corps, ils participent pleinement de la vie et se dépassent en quelque sorte dans leur geste, réussissant ainsi à comprendre le caractère divin de l'être humain, dans ses traits et naturels et particuliers.

Comme nous l'avons signalé, chez Nietzsche les notions de volonté de puissance et de retour éternel sont liées et se complètent l'une l'autre. Tout être qui existe est constitué d'une certaine matière et est toujours en train de devenir. L'être lui-même que l'on voit et que l'on nomme, et que l'on comprend comme un être en soi, n'est en effet qu'une apparence motivée et stimulée par une force qui est celle de son être, de son désir d'exister. La volonté de puissance détermine l'être dans sa matière ; l'être est ce qu'il est parce qu'il est déterminé par la volonté de puissance. Sous cet angle, l'être véritable est le devenir, le flou de l'existence qui se transforme, qui se module, qui s'accroît et qui diminue dans le cours du temps. Par contraste, la notion de l'éternel retour détermine ce qu'est l'être en un moment donné car tout ce qui existe doit exister d'une certaine façon. L'existence elle-même est un devenir sans cesse, mais les êtres doivent posséder une forme particulière à un moment donné[271]. La notion d'un éternel retour ne veut pas dire alors que tous les êtres reviennent toujours sous une même forme, mais que l'être est toujours déterminé par sa substance. D'après Nietzsche lui-même, l'éternel retour est une loi originelle[272], le mouvement cyclique absolu et infiniment répété de toutes choses[273]. C'est essentiellement la doctrine de Zarathoustra. Et Nietzsche reconnaît que cette doctrine est très proche de la notion de devenir d'Héraclite[274]. Dans son commentaire sur la leçon de *Zarathoustra*, Nietzsche note par exemple que bien loin d'avoir pour conséquence un esprit négatif, la notion de l'éternel retour est un « *oui* éternel à toutes choses »[275]. C'est une affirmation de l'être, une affirmation de soi-même dans son devenir qui ne cesse pas. C'est une volonté de

271. *Ibid.*, p. 170.
272. F. Nietzsche, *La Volonté de puissance* I, livre 2, *op. cit.*, § 325, p. 337.
273. F. Nietzsche, *Ecce Homo*, traduit par Jean-Claude Hémery, Paris, Gallimard, 1970, p. 142
274. *Ibid.*, p. 142.
275. *Ibid.*, p. 168.

puissance qui s'accroît, qui se forme et qui s'exprime sous les traits que l'individu sait lui donner. Ainsi est-ce également une expression de la créativité humaine.

Nous ne voulons pas entrer ici dans le bien-fondé de cette thèse très controversée de Nietzsche. Il suffit d'en noter les plus grosses lignes, et d'en souligner les parallèles avec le poème de Perse. Pour sa part, Perse fait référence à la notion de l'année héliaque, ce qui veut dire au moins qu'il connaissait cette notion héraclitéenne, et enfin nietzschéenne, et de là il est évident qu'il connaissait aussi la notion de l'éternel retour. Qui plus est, les personnages d'*Amers* ne sont pas individualisés, mais semblent représenter plutôt des figurants, comme des représentants de l'histoire et de l'espèce. Ils sont enfin comme tous les êtres humains depuis le début de la civilisation humaine et ils mettent en scène leur propre désir. Il s'agit du désir qui les détermine et qui en même temps les dépasse. C'est dire que les personnages de Perse représentent le retour de toutes choses, que le retour du désir et de la vie se confirme dans leur geste. Le fait que ces personnages appartiennent à différentes époques historiques souligne cette interprétation. Enfin, grâce à la narration du poète, ces personnages sont toujours vivants.

Or, il est clair que pour Perse les mêmes préoccupations existent chez l'homme depuis toujours. La vie est une quête de liberté et un désir de se dépasser ; c'est d'ailleurs dans cette quête de liberté qu'on connaît le plaisir de vivre. Le fait même d'appartenir à l'espèce humaine par le moyen de son geste et par le moyen de son désir a pour conséquence que l'idée de la mort ne fait plus peur. Selon la notion de l'éternel retour, comme selon la notion héraclitéenne de l'année héliaque, la mort et la vie sont essentiellement une même chose. Sous cet angle, on pourrait dire que le poème de Perse nous enseigne en effet le retour éternel des choses. Dans un passage qui n'est pas sans rappeler le poème de Perse, Nietzsche précise que cet « anneau dont tu n'es qu'un grain brillera à perpétuité. Et dans chacun des cycles successifs de l'histoire humaine, il y a toujours une heure où, pour un homme isolé, puis pour beaucoup, puis pour tous, se lève la pensée puissante entre toutes, celle du Retour éternel de toute chose : chaque fois sonne alors pour l'humanité l'heure de midi »[276].

Les notions de l'instinct naturel, de la volonté de puissance et du retour éternel trahissent enfin une conception particulière du monde. Le monde de Nietzsche, par exemple – et c'est le philosophe lui-même qui nous le dit – est un « monstre de force, sans commencement ni fin ; une somme fixe de force, dure comme l'airain, qui n'augmente ni ne diminue, qui ne s'use pas mais se transforme […] »[277]. Il appelle ce « monde » son « univers *dionysiaque* qui se crée et se détruit

---

276. F. Nietzsche, *La Volonté de puissance* I, *op. cit.*, livre 2, § 323, p. 336.
277. F. Nietzsche, *Volonté de puissance* I, *op. cit.*, livre 2, § 51, p. 235.

éternellement lui-même »[278]. Ce court passage très cité reprend la notion de la volonté de puissance, ou celle de la force qui se transforme, ainsi que celle du retour éternel car le monde ainsi envisagé « se crée et se détruit éternellement ». Dans la pensée de Nietzsche ces notions se comprennent et se jouent pour ainsi dire sur fond du nihilisme. Ce dernier est une espèce de malaise que l'on peut sentir à l'égard de l'existence, une espèce d'inertie de la pensée, ou la croyance à l'absence de toute valeur[279]. Le terme de « nihilisme » chez Nietzsche vise plus ou moins l'état de malaise psychologique qui découle du rejet de toute valeur historique, lorsqu'on ne croit plus au système moral de ses ancêtres, mais sans qu'on ait trouvé un autre système de valeurs qui pourrait remplacer le système défunt. Dans une telle situation on tombe dans le cynisme, dans le vide de motivation et dans celui de l'absence de valeurs. Le nihilisme dénote alors une forme de pessimisme qui demande sans cesse « à quoi bon ? », dans un monde où tout paraît inutile et vain. La réponse que Nietzsche formule eu égard au nihilisme, eu égard à cette forme de pensée qu'il rejette, est le retour à la nature, retour qui à son dire constitue un « oui » au monde et à l'univers, et à tout ce qui existe. C'est le culte de soi qu'il préconise sous forme de créativité et de production artistique. On se rappelle que pour Nietzsche la production des schémas de la pensée relève de la création artistique. D'après le philosophe, l'homme « est une créature inventive de formes et de rythmes ; c'est à cela qu'il est le mieux exercé et il semble que rien ne lui plaise autant que d'inventer des formes »[280].

Les neuf suites de la Strophe dans le poème de Perse semblent reprendre la lutte contre le nihilisme au sens nietzschéen du terme. C'est-à-dire que les tragédiennes et les patriciennes rejettent les systèmes moraux qui les répriment et qui étouffent leur inspiration, leur créativité et leur sexualité. Pour sa part, la fille oracle ne croit plus aux traditions de ses ancêtres, et elle se laisse emballer par l'enthousiasme des femmes qui ont osé partir à la recherche de nouvelles valeurs. Quant aux jeunes filles d'autres rives, elles semblent avoir déjà découvert la liberté et le plaisir de vivre dans la nature. Elles ont bénéficié des luttes de leurs ancêtres et ont fondé leurs croyances sur de nouvelles valeurs, sur des valeurs issues des luttes contre les traditions néfastes. Enfin les amants de Strophe-IX ont également trouvé l'inspiration et le plaisir. Ils les ont trouvés dans l'expression d'un désir naturel et dans leur reconnaissance des instincts qui gouvernent la vie.

Sous cet angle, le « monde » de Perse, du moins tel que représenté dans *Amers*, ressemble de près au monde dionysiaque tel que dépeint par Nietzsche. D'après Perse le monde se constitue du changement incessant de cultures et de

---

278. *Ibid.*, p. 235.
279. F. Nietzsche, *Volonté de puissance* II, *op. cit.*, livre 3, § 106, p. 52.
280. *Ibid.*, § 613, p. 225.

langues, mais où le désir reste poignant, sans doute parce qu'il est éternel et omniprésent. Pour le poète, également, le désir sexuel symbolise ce monde de puissance car il permet à l'homme de se dépasser, c'est-à-dire de connaître le divin qui est dans sa nature et qui alors constitue son essence. Le désir renaît d'ailleurs sans cesse. D'après le poète, paraît-il, plutôt que de condamner et de chercher à réprimer le désir, il faudrait en assumer la nature et l'essence, et donner pleine expression à la volonté de puissance qui constitue l'être.

La Dédicace à la fin du poème de Perse semble faire écho à la quatrième partie de l'ouvrage du philosophe. Cette partie de l'ouvrage de Nietzsche est intitulée « Midi et Éternité ». Dans le poème de Perse, « midi » représente la présence éternelle de l'être humain, la présence éternelle du désir qui pousse l'homme à agir et à créer de nouveaux mondes : pour la civilisation humaine il est toujours midi et on est toujours en voie de fonder une nouvelle société au fur et à mesure que l'ancienne tombe en désuétude. Pour Nietzsche aussi, bien sûr, le symbolisme du midi importe. Dans le premier aphorisme de l'introduction au quatrième livre de *La Volonté de puissance*, Nietzsche note que le « milieu de la voie est atteint chaque fois que naît *la volonté de créer l'avenir : l'événement capital est proche* »[281]. Le désir de vivre mieux constitue la volonté de créer l'avenir, et le milieu de la voie est le midi. L'heure du « *grand Midi* » est donc le point de départ du philosophe[282]. Dans son cas à lui, il s'agit de tirer un trait sur le pessimisme, pessimisme auquel mettra fin la découverte de nouvelles valeurs. Celles-ci sont semblables d'ailleurs à celles que le poète cherche à figurer dans son poème. Dans *La Volonté de puissance* les nouvelles idées se sentent venir en quelque sorte. C'est-à-dire qu'elles ne s'expliquent pas uniquement par les causes qui les précèdent. Plutôt, la cause du changement, la flamme imprévisible, est la représentation même de l'avenir. Lorsqu'ils cherchent la cause d'un événement, les historiens se trompent, dit Nietzsche, parce qu'ils « partent des données présentes et regardent en arrière. Mais le réel présent est une chose *neuve* » qui ne peut être inférée des causes prétendues[283]. Selon Nietzsche, il faut aller vers l'avant et retrouver en soi le *Midi*, étendre au-dessus de soi le ciel clair, brillant et mystérieux du Midi ; reconquérir la santé méridionale et la vigueur secrète de l'âme [...][284]. C'est un passage que Perse a également souligné dans son volume de Nietzsche. C'est d'ailleurs un passage qui décrit bien à notre sens le projet du poète.

281. F. Nietzsche, *La Volonté de puissance* II, *op.cit.*, livre 4, § 1, p. 267.
282. *Ibid.*, § 4, p. 267.
283. F. Nietzsche, *La Volonté de puissance* I, *op.cit.*, livre 2, § 82, p. 246.
284. *Ibid.*, § 557, p. 447.

le cynisme de Perse ?

Depuis les premiers poèmes qu'il a publiés, l'éloge est un aspect important de la poésie de Perse. L'éloge de la nature en fait partie. C'est dans ce contexte que nous avons évoqué le panthéisme de Perse, le divin participant, semble-t-il, des phénomènes naturels et des formes diverses de la vie. Mais le mot « panthéisme » pourrait s'avérer un peu fort ici parce que ce mot connote des valeurs religieuses, métaphysiques et historiques qui ne sont peut-être pas toujours à l'œuvre chez Perse. Sa poésie constitue la fête de la diversité des formes naturelles, mais ne met pas vraiment en valeur des croyances d'ordre métaphysique. On serait donc tenté d'évoquer plutôt le « naturalisme » de Perse, ou plutôt son « matérialisme », car dans sa poésie, Perse semble se donner pour but, entre autres, de raconter le monde naturel. Dans cette perspective le terme de « naturaliste » conviendrait sans doute mieux à la visée générale de la poésie de Perse que celui de « panthéiste ». Mais dans *Amers*, où la mer est divinisée en quelque sorte, et où l'être humain atteint le divin au moyen de la nature, le terme de panthéisme semble bel et bien décrire l'attitude du poète. C'est-à-dire que Perse semble introduire dans son poème de la mer une nouvelle forme de spiritualité. Le divin est peut-être dans la nature, mais ce n'est que dans les gestes de l'homme qu'il se fait connaître, que ce soit en poésie, en amour ou en une autre action quelconque. Alors, même si le divin chez Perse n'est pas celui de Spinoza, ni celui de Victor Hugo, il semble qu'il se fasse connaître tout de même dans la nature et à travers la nature. En ce sens, il nous semble qu'on peut parler du panthéisme de Perse.

C'est pourtant dans ce contexte que la pensée du poète pourrait faire preuve de cynisme. Cela se voit sur deux plans. D'abord, dans le poème de Perse, les personnages, ou les héros, restent sans nom et tendent à se fondre dans la masse de l'humanité. Le poète ne veut pas les particulariser en leur donnant un nom, et ne cherche pas alors à nous donner un exemple particulier à suivre. Les héros n'existent que dans leur acte et ne sont valorisés que dans ce contexte. C'est un peu comme si le poète réduisait l'individu à son geste. Ce genre de réflexion semble à l'opposé même des croyances actuelles qui veulent plutôt accorder de la valeur aux individus, non pas seulement comme acteurs ou comme producteurs d'œuvres particulières, mais parce que ce sont des êtres humains. Il est vrai toutefois que la préférence de Perse pour les termes abstraits et son emploi des généralisations font croire que le poète cherche à atteindre une vérité générale, ce qu'on pourrait appeler un aspect essentiel du caractère humain, mais l'individu en tant que tel tend néanmoins à disparaître dans son poème.

Ensuite, et dans le même sens, c'est surtout dans les rapports amoureux que l'individu se fait connaître de façon intime. En général, les rapports sexuels sont la consécration de l'amour, et l'amour se fixe sur les traits particuliers et personnels de l'aimé(e). Dans *Amers*, pourtant, où la nuit d'amour se modèle sur le culte d'Aphrodite – les jeunes femmes se donnant aux étrangers de passage – toute intimité semble impossible. Les amants racontent leurs craintes, et ils parlent de l'amour, mais ils ne se parlent pas à vrai dire – ils parlent plutôt à tour de rôle – et au matin l'homme s'en va. L'amour que le poète nous présente n'existe que sur le plan physique, comme l'expression du désir seul. Il est vrai, à la fin, que l'amour peut sauver l'homme de la mort, mais il ne le fait qu'en rappelant aux amants qu'ils appartiennent à l'espèce humaine. Ce n'est qu'en tant que membres de l'espèce que les amants réussissent à déjouer la mort et à connaître l'immortalité. C'est dire qu'ils disparaissent comme individus pour ainsi dire, sous les traits de l'espèce. De différentes façons, l'individu tend alors à disparaître dans *Amers*. Il se fait résorber par l'espèce, par les objets du monde, et par les forces puissantes de la nature. À notre sens, cela pourrait se laisser interpréter comme une forme de cynisme. Les personnages du poème seraient sans doute tentés de mimer les paroles des nihilistes d'après Nietzsche et de demander « à quoi bon ? ». À quoi bon faire quoi que ce soit, étant donné qu'on ne réussit jamais à se démarquer de la masse. Et pourtant cette question ne se pose pas chez Perse. Au contraire même, tous les personnages de son poème semblent justement rejeter le cynisme et se tourner vers l'avenir et vers une inspiration nouvelle.

À cet égard, notre réflexion reprend ce qui est en effet un aspect connu et controversé du panthéisme. C'est le même genre de critique que Kant a adressé à Spinoza. Comme Colette Camelin le fait savoir, le philosophe de Königsberg a rejeté l'idée selon laquelle Dieu est la chose absolue, parce que ce genre de raisonnement aboutissait, à son sens, à la disparition de la personnalité, l'être particulier se perdant en Dieu. Pour certains, la critique de Kant est pourtant injuste parce qu'elle fait abstraction de l'énergie physique et intellectuelle que Spinoza a placée au cœur de son système[285]. Dans cette perspective, l'individu ne se perd pas en Dieu ; plutôt, Dieu est présent en toutes choses et rayonne, pour ainsi dire, dans les choses du monde. On pourrait voir la divinisation de la mer dans le poème de Perse de cette façon, comme si le divin rayonnait dans les différents modes de la mer. Dans le poème de Perse, cependant, le divin fait aussi partie de l'amour, et pour leur part, les amants sont déjà présents comme membres de l'espèce humaine. Ils n'ont pas de nom personnel et restent sans histoire. Ils sont en fait l'incarnation de leur désir, et celui-ci les pousse vers l'amour et vers l'accouplement. La transformation que l'amour effectue, comme le résultat de la coïncidence de deux forces ou de deux désirs, a en plus pour conséquence que les amants ne craignent plus la mort, mais ce n'est que dans leur croyance en l'espèce humaine et comme membres de l'espèce qu'ils peuvent enfin sublimer leur peur de la mort et se libérer

---

285. Colette Camelin, « Notre Spinoza, la pensée du corps dans la poétique de Saint-John Perse », *Souffle de Perse* 5/6, 1995, pp. 164-179, p. 170.

de cette angoisse perpétuelle. L'affranchissement de l'être face à la mort exige, paraît-il, de gros sacrifices, à savoir la perte de la personnalité et de l'individualité.

Un certain cynisme se laisse également voir chez Perse sur le plan de l'histoire, histoire que le poète considère comme cyclique ou répétitif. Si le poète remonte aux premiers récits connus de l'histoire humaine afin d'élaborer son poème à lui, c'est en partie pour faire vivre de nouveau les civilisations défuntes. Ainsi met-il en valeur l'humanité des citoyens de ces civilisations révolues. Mais le poème de Perse manque de précisions historiques. Les récits sont mélangés, les allusions sont croisées, les vestiges des civilisations anciennes ne sont justement que des vestiges, des ruines quelconques des villes et de divers peuples du passé. C'est-à-dire que le mouvement et le changement font partie de la façon dont Perse voit le monde. Tout change, et rien ne reste pareil. C'est en quelques mots le sens de l'aphorisme d'Héraclite.

De plus, le message d'*Amers*, du moins en partie, est que nous devons lutter contre les barrières imposées à l'esprit, contre les croyances et les traditions qui nous oppriment, pour que nous puissions être libres et jouir de la vie. Le poète voudrait que nous revenions au début en quelque sorte et que nous fêtions les passions primitives de l'homme, comme le culte de Dionysos autrefois célébrait le retour au monde originel. Mais cette perspective fait aussi entendre que les développements culturels, que la construction des villes et les créations des hommes au cours des ans n'ont que peu de valeur à la fin. Toute construction tombe tôt ou tard en ruines et disparaît. Comme la fille oracle chez les prêtres le dit, intimant peut-être la volonté d'Artémis, guide des voyageurs, « Ô Voyageurs sur les eaux noires en quête de sanctuaires, allez et grandissez, plutôt que de bâtir. La terre aux pierres déliées s'en vient d'elle-même se défaire au penchant de ces eaux » (Strophe-VI, laisse 7). À quoi bâtir peut-il servir donc, si tout est condamné à disparaître ? Les ruines des civilisations passées et les amers abandonnés semblent nous dire que le développement culturel n'est que vanité et futilité.

Dans *Amers*, il semble alors que l'individu tende à s'estomper et à se fondre dans le pluriel de l'espèce. C'est peut-être d'ailleurs l'essence humaine qui le veut ainsi. Le désir qui détermine l'être, sur le plan général, est le trait essentiel des êtres humains, selon le poète, et le désir est semblable chez tous les individus. Souligner l'expression du désir en général, c'est, par conséquent, effectuer la sublimation de l'individu. Or, la seule chose qui semble échapper à la règle du mouvement perpétuel soit la poésie elle-même. Dans son « Discours de Florence » Perse reprend ce thème. Il y dit que les « grandes passions politiques s'en vont se perdre au cours du fleuve, de faux thèmes de grandeur s'effondrent sur les rives, mais sur la pierre nue ces cimes sont les gloires poétiques frappées d'un absolu éclat »[286]. Il semble que les rapports entre le particulier et le général, entre la liberté individuelle et l'appartenance de l'individu à l'espèce ne soient pas très précis dans le poème de Perse. C'est-à-dire qu'en plus de subsumer l'individu sous les traits de l'espèce, *Amers* représente aussi la célébration du désir sous ses différentes formes. Il s'agit du désir d'être heureux, du désir de connaître le plaisir de vivre, du désir d'aller plus loin, de connaître le nouveau et d'être libre. Dans la Dédicace surtout, le désir est fêté en ses différentes manifestations concrètes et réelles. Les « forges de midi » symbolisent les efforts constructeurs que le désir a intimés aux hommes. La vie est une plénitude, une activité incessante dont la Dédicace, pour sa part, fait l'éloge. En plus le poème « Étroits sont les vaisseaux » fait savoir que l'amour est une action aussi valable que celles de la guerre et de la poursuite de la gloire, et que sous cet angle l'amour est un acte particulier. Il semble, alors, qu'il existe une tension dans l'œuvre de Perse entre d'une part l'appartenance de l'individu à l'espèce, et d'autre part le désir qui s'exprime sur le plan personnel.

Or, l'éloge des activités des êtres particuliers semble faire contraste avec la perspective panthéiste de Perse, perspective que nous avons décrite plus haut. On pourrait dire que Perse évite ainsi de laisser l'individu se fusionner avec le Tout, qu'en attribuant une volonté et un désir d'agir à chaque membre de l'espèce, il met plutôt en valeur la force de Dieu en tout être, à la manière de Spinoza peut-être. Il semble pourtant que la perspective de Perse soit autre. Comme nous l'avons dit, le respect de la nature et la reconnaissance de la force divine dans les phénomènes naturels du monde ne nécessitent pas des rapports amoureux entre un homme et une femme pour se faire exprimer. De plus, si Dieu est tout et tout est en Dieu, on n'aurait pas besoin d'une attitude particulière pour le savoir, et surtout pour atteindre le divin. Les relations amoureuses ne montreraient pas autre chose que ce qu'on sait déjà, à savoir que Dieu est tout et que tout est en Dieu. Pour les deux protagonistes d'« Étroits sont les vaisseaux », par contre, c'est au paroxysme de l'amour que le divin se laisse apercevoir. L'expression du désir et sa culmination dans les rapports amoureux sont même nécessaires à la sublimation de la peur de la mort. C'est-à-dire que le divin se laisse concevoir chez Perse d'une façon particulière. Il se révèle surtout dans l'amour et dans l'union des amoureux. Ainsi faudrait-il reprendre la notion d'amour dans le poème afin de comprendre la notion de divin chez Perse.

Dans la tension entre l'individualisation de l'être et la participation du divin, on pourrait pourtant reconnaître encore un aspect de la pensée de Nietzsche. Selon Friedrich Würzbach, par exemple, auteur qui a établi une version de *La Volonté de Puissance* à partir du volume original auquel il a ajouté plusieurs fragments inédits de Nietzsche, celui-ci essaie de « saisir dans ses grandes lignes le devenir héraclitéen, la genèse de toutes les formes, leur croissance et leur

286. Saint-John Perse, *Œuvres complètes*, *op. cit.*, p. 456.

décroissance périodiques et leur destruction finale »[287]. Le vieux problème de l'individuation s'introduit ainsi dans la pensée de Nietzsche, et le philosophe y répond par une notion nouvelle de l'individu, à savoir par la notion du Moi cosmique. Toujours selon Würzbach, on représente Nietzsche comme un individualiste, mais il est « justement celui qui a aboli de façon grandiose l'ancien concept de l'individualité et qui a élargi l'individu aux dimensions mêmes de l'univers »[288]. Il s'agit pour Nietzsche des hommes forts qui connaissent et le bien et le mal, et qui peuvent se donner une destinée. Il s'agit d'hommes qui sont, selon Würzbach, « liés d'un lien fatal à l'accomplissement des tâches cosmiques et dont la vie privée passe nécessairement à l'arrière-plan »[289]. C'est alors sur le plan de la création que l'individuation se fait sentir chez Nietzsche. Encore une fois nous nous référons à Würzbach qui précise que d'après Nietzsche, « Toute volonté de créer est productrice de vie, elle est non une libération mais une concentration d'énergies qui se développent fructueusement dans un sens donné »[290].

La poésie représente certainement l'expression de la volonté de créer chez Perse. Par ailleurs, le fait que les protagonistes du poème « Étroits sont les vaisseaux » atteignent le divin de l'homme à travers l'instinct sexuel – et selon le poème lui-même l'amour aussi est action – nous fait savoir que Perse envisage le rapport entre l'individu et le flux de la vie d'une manière semblable à celle de Nietzsche. En quelque sorte, l'individu s'édifie en rejoignant le Moi cosmique, en atteignant le divin qui s'exprime à travers l'instinct et le désir sexuel, et qui se laisse connaître dans le corps humain. Sous cet angle du moins, la poésie de Perse n'aboutit pas à une impasse mais se veut justement un triomphe sur le cynisme, sur cette forme de pensée trop nihiliste, selon le philosophe, et sans doute trop déprimante selon le poète. Le désir chez les personnages d'*Amers* de retrouver l'inspiration et de faire nouveau en est le témoin et la preuve.

l'être et le masque

Le port du masque nous offre un exemple concret de la façon dont Perse réussit à contourner le cynisme qui semble se faufiler dans sa pensée et dans son œuvre. D'abord, quelles que soient les sources de la pensée de Perse, il faut reconnaître que l'effort créateur ne peut se satisfaire des textes du passé, sans abdiquer par là et sa propre quête de liberté et le dépassement des limites. C'est que la quête de liberté et le changement de valeurs vont de pair. On ne peut dépasser ses limites, tout en respectant les limites qui ont été tracées par d'autres,

287. Friedrich Würzbach, « Postface », dans *La Volonté de Puissance* II, *op.cit.*, p. 480.
288. *Ibid.*, p. 487.
289. *Ibid.*, p. 488.
290. *Ibid.*, p. 488.

de sorte que le désir d'être libre comprend en soi le refus de l'ancien. C'est ainsi qu'il faut comprendre la notion de mouvement chez Perse. Tout change ; rien ne reste pareil. Le nouveau remplace l'ancien, non pas forcément parce qu'il est meilleur, en revanche, mais parce qu'il est nouveau et le produit d'une nouvelle génération. C'est sans doute aussi dans ce sens qu'il faut comprendre l'attitude de Perse à l'égard de la culture. Si la culture doit toujours se faire respecter sous toutes ses formes, elle devient répression. Elle constituerait une limite imposée aux gens avant même qu'ils naissent, et ainsi serait-elle un frein qui empêcherait la créativité individuelle de s'exprimer. C'est-à-dire, pour quiconque cherche à comprendre la poésie de Perse, la précision des sources textuelles et notionnelles s'avère insuffisante, car dans la composition de son œuvre à lui Perse doit dépasser les auteurs qui l'ont inspiré. Par conséquent il faut se tourner vers les textes de Perse eux-mêmes, afin de savoir ce que le poète nous dit. C'est dans ce contexte que nous voyons la fonction du masque dans *Amers*. Plusieurs ont fait remarquer que le masque sert à voiler ou à cacher celui ou celle qui le porte, et dans ce sens, le masque peut aussi protéger. Il semble que chez Perse le masque indique le rôle que l'on joue dans la société. Dans *Amers*, lorsque les gens vaquent à leurs affaires, dans la ville en hiver par exemple, ils remplissent leur fonction et jouent ainsi le rôle qu'ils ont choisi, ou celui qui leur a échoué. Ils sont issus d'une famille quelque part. Ils possèdent pour cette raison des traits et des qualités qui dépassent les traits strictement physiques et naturels de l'être humain. Ils jouent un rôle, ce qui veut dire qu'ils portent un masque. Le dernier vers de la Strophe nous fait savoir que les amants tirent de sous leur lit, leurs « plus grands masques de famille ». L'été a fini, la saison de l'amour est terminée. C'est maintenant l'hiver, et il est temps de revenir au rôle qu'on joue dans la société. Ainsi chacun porte-t-il un masque à sa façon, et parfois une même personne peut porter plusieurs masques, bien entendu à différents moments. On se présente en société comme des individus particuliers ayant certains intérêts et préférences. On poursuit ses ambitions. Pour certains il est question de s'enrichir, tandis que d'autres s'évertuent à composer des poèmes, renonçant par là à l'espoir du gain financier, tel le maître d'astres et de navigation qui choisit de ne pas accompagner au cours de leurs périples tous ces hommes avides de gain. Mais dans leur rôle, ou dans leur fonction en société, tous ces personnages portent un masque, qui est justement celui de leur fonction.

Certains se demandent, d'ailleurs, si chez Perse le masque n'est pas un sourire de complicité, le sourire du conteur ou du faussaire par exemple ? Ce serait ainsi le moyen dont Perse s'est servi pour faire face à la critique, le port du masque constituant une attitude ironique face aux critiques éventuelles de son œuvre. Mais on pourrait tout aussi bien y voir la bonhomie du poète - conteur en train de se délecter dans la simplicité de son récit, à la manière d'un acteur qui veut plaire. Le masque pourrait ainsi représenter le déguisement du poète, ou sa façon de jouer avec les lecteurs. C'est ainsi que Colette Camelin et Joëlle Gardes Tamine[291], pour leur part, interprètent le port du « masque » chez le poète, suivant en cela les recherches de Catherine Mayaux[292].

Il nous semble à nous, cependant, que le masque fait partie de la philosophie de Perse. Selon le poète, et d'après le poème, chacun porte un masque. Chacun se donne un rôle à jouer. Il est d'ailleurs impossible de ne pas jouer un rôle dans la société. C'est un peu le sens de cette liste de « fonctions » sociales que le poète dresse dans la première tirade d'Invocation-6. Chaque individu joue un rôle qu'on peut nommer, qu'il soit prince, pirate ou pâtre. Personne n'échappe au nominalisme du langage, et par là chacun est condamné à jouer un rôle qui ne représente en fin de compte qu'une partie de sa personne. Dans cette perspective, le mot qui nomme et qui par là révèle son objet et le rend présent, est ainsi un masque qui révèle la présence d'un objet ou d'une personne, mais qui en cache d'autres parties, peut-être même les parties les plus essentielles, le sentiment intime et les inspirations, par exemple.

Or, il se peut que Perse ait emprunté la notion de masque à Nietzsche, philosophe pour qui le dieu masqué est en effet l'emblème de sa perspective philosophique. Nietzsche dit, par exemple, qu'il a choisi le « *masque* pour divinité suprême et pour rédempteur ». Il se sert aussi du terme « dionysisme » pour « *justifier la vie,* même dans ce qu'elle a de plus terrible »[293], et on se rappelle que la philosophie de Nietzsche, dans son expression la plus simple, est un « oui » eu égard à la nature, à la vie et à tout ce qui nous arrive. Par ailleurs, au sujet des rôles que nous jouons en société, Nietzsche note que tout « ce qui est impératif en morale s'adresse à la pluralité des masques que nous portons en nous et ordonne que nous montrions l'un et cachions l'autre, donc que nous changions d'apparence. 'S'améliorer', c'est mettre en évidence quelque chose qui plaise aux hommes de bien – *rien de plus !* »[294]. Par ailleurs, quant à l'expression, ou à la révélation des instincts, Nietzsche remarque que c'est le signe d'un instinct « affaibli » si le mobile des actions se détache de son expression, à savoir de son masque[295]. Le port du masque semble alors avoir une valeur et négative et positive chez Nietzsche. D'une part, le masque représente les rôles que nous jouons en société, et là il faut comprendre que Nietzsche vise la morale hypocrite, fausse et répressive à laquelle on se conforme en quelque sorte au moyen du masque. D'autre part, la morale et

291. Colette Camelin et Joëlle Gardes Tamine, *op. cit. Cf.* surtout le chapitre 4.

292. Catherine Mayaux, *Les « Lettres d'Asie » de Saint-John Perse*, dans *Cahiers Saint-John Perse*, Paris, Gallimard, 1994.

293. Nietzsche, *La Volonté de puissance* II, *op.cit.*, livre 3, § 323 et § 325, pp. 126, 127.

294. Nietzsche, *La Volonté de puissance* I, *op.cit.*, livre 2, § 215, p. 295.

295. *Ibid.*, § 278, p. 319.

les croyances morales peuvent cacher les véritables mobiles des actions, ce qui veut dire que l'explication qu'on donne des actions et des désirs n'est pas la bonne. Mais finalement, lorsque l'individu se masque, il peut donner libre cours à ses sentiments et à ses instincts, le masque correspondant sous cet angle à la fête dionysiaque et à la libre expression des instincts.

Pour sa part, Perse reconnaît que le masque ne sert pas seulement à cacher. Il nous semble d'ailleurs que chez Perse l'essentiel du masque n'est ni son pouvoir de présenter ni celui de receler une vérité quelconque. Dans *Amers,* l'essentiel du masque provient du fait qu'il se laisse enlever, afin de révéler celui qui le porte dans sa simplicité et sous ses traits on ne peut plus naturels, à quel moment on connaît l'harmonie de l'individu avec le monde. Enlever son masque c'est en quelque sorte se laisser voir, c'est le désir mis à nu. Mais le désir n'est pas une qualité comme les autres qualités physiques. Il ne représente pas une apparence fixe ; il est plutôt impulsion, une force qui pousse le sujet vers l'objet désiré. Il s'agit en fait d'un trait physique et psychique remarquable dans ce sens qu'il fait agir l'individu. Il se ressent, mais la forme que l'on donne au désir n'est pas elle-même le désir. Lorsqu'il se laisse voir sous forme d'objet désiré et se satisfait, il est déjà passé en autre chose. D'après la façon dont Perse réduit le comportement humain à une force primitive qui détermine l'individu, on comprend qu'il conçoit le désir comme responsable des schémas de la pensée qui se crée. Le désir est un trait physique, biologique et moral. Il motive les choix des individus et détermine enfin les formes sociales. Lorsqu'on enlève son masque, pourtant, on se révèle dans sa nature et sa vérité. On laisse apercevoir ses désirs. Dans *Amers* le poète se révèle deux fois sans masque. La première fois qu'il enlève son masque, c'est en l'honneur de la mer, la mer étant comme une déesse devant lequel il faut faire preuve de respect. La deuxième fois qu'il enlève son masque, c'est dans le poème « Étroits sont les vaisseaux » où il se donne à l'expression du désir et à l'amour. Il est travaillé par son désir pour la femme. Il s'agit d'ailleurs d'un désir qui s'exprime sans gêne en amour. Il ne peut qu'accepter la condition de l'homme dont le désir est la clé. Retirer son masque, c'est alors s'accepter lui-même tel qu'il est. C'est accepter la nature humaine et la condition de l'homme. C'est reconnaître la primauté du désir, et c'est accepter la vie. Se dévoiler devant la mer et se montrer tel qu'on est dans l'amour sont pourtant une même chose, la mer étant symbole du divin chez Perse. Comme nous l'avons dit, dans *Amers*, c'est au moyen de l'amour que l'on se rapproche du divin. Enlever son masque en l'honneur du divin, c'est donc reconnaître le moi cosmique, le moi nietzschéen, en quelque sorte. C'est faire honneur aux forces de la nature qui nous dépassent, comme c'est donner libre jeu à la volonté de puissance.

l'amour dans *Amers*

Dans *Amers*, l'amour est présenté de façon traditionnelle, comme des rapports sexuels et sentimentaux entre un homme et une femme. L'homme est fort et silencieux. Il est maître en amour. La femme est belle et douce. Elle se donne à son amant. Lui pense à son départ, tandis qu'elle craint l'abandon. Les deux se laissent aller pourtant au plaisir que leur offre l'expérience amoureuse, mais leur amour n'a rien de romantique. Il semble que l'union du couple se fasse en une nuit. Leurs discours semblent respecter d'ailleurs l'unité du temps de la pièce classique, et cela, même s'il s'agit de la représentation d'une même vague depuis Troie. La rencontre de l'homme et de la femme est longuement préparée cependant dans les premières suites de la Strophe, suites qui relatent l'histoire de l'inspiration et la lutte des femmes contre l'oppression sexuelle.

Il est vrai que les discours des personnages féminins de la Strophe n'ont pas toujours pour objet les rapports sexuels entre les hommes et les femmes, mais il est clair que leurs discours se fondent du moins en partie sur la sexualité, thème présent dans tous les discours des personnages féminins. Les tragédiennes lèvent la voix, par exemple, pour se plaindre de l'inertie de l'esprit qui a pour conséquence l'abandon des formes théâtrales et l'étouffement de la créativité humaine. Elles sont prêtes à tout donner pour retrouver leur inspiration. Elles se demandent même si elles doivent tout montrer, jusqu'au masque chevelu du sexe, pour que l'inspiration et la créativité reprennent. C'est un geste symbolique à interprétation multiple. Il représente d'abord l'offre de la femme faite aux hommes, et à l'intérieur de la pièce même. Il mime en plus l'offre des tragédiennes à leurs spectateurs, les tragédiennes se donnant en quelque sorte aux spectateurs lors des répétitions. Et enfin il rapproche la créativité de l'instinct sexuel. Pour leur part, les patriciennes veulent se libérer des traditions qui les oppriment en raison de leur sexe. Elles évoquent l'histoire de Cybèle et d'Attis. Elles précisent que malgré la répression qu'elles ont connue, malgré la douleur de la femme qui accouche, elles ne chercheront pas pour autant à dégoûter leurs filles de l'amour, tellement les relations sexuelles importent dans leur vie. La poétesse, pour sa part, et comme il convient peut-être en raison de sa perspective réaliste, décrit les effets physiologiques du désir dans le corps des femmes, et la fille oracle évoque, entre autres, les filles captives sous l'écume, ainsi que les vierges d'Artémis, qui ne semblent plus avoir d'influence auprès des jeunes femmes. Et finalement, les jeunes filles d'autres rives se préparent pour une nuit de noces, semble-t-il, et cela sans honte et sans gêne, tandis que l'étranger qui met pied à terre ne fait que respecter l'emprise de son désir sur sa pensée et ses gestes.

Cependant, ce n'est que dans « Étroits sont les vaisseaux » que la liaison amoureuse se réalise concrètement. Cette liaison réunit un homme et une femme qui, eux, représentent le masculin et le féminin dans des relations sempiternelles entre hommes et femmes. Comme le poète le dit, et le répète, il s'agit d'« une même vague depuis Troie », formule qui souligne la continuité de l'histoire, et la répétition des relations amoureuses entre hommes et femmes depuis toujours. Tout comme le désir, l'amour fait partie de la nature humaine, mais plutôt que de se soucier des gens qui cherchent à culpabiliser le désir et à rendre le sexe honteux, les amants dans *Amers* se donnent sans gêne au plaisir du corps. C'est qu'ils ont réussi à s'affranchir des contraintes, et des barrières morales et religieuses, que la civilisation a dressées au cours des siècles pour freiner l'expression du désir. Ce sont d'ailleurs les barrières contre lesquelles luttaient les personnages féminins des suites I à VIII de la Strophe. Le couple jouit de la vie et finit par participer de l'aspect divin de la nature humaine.

Or, les amants évitent normalement l'arène publique, de sorte que leurs gestes et leurs relations personnelles passent inaperçus. C'est sans doute une des raisons pour lesquelles ils sont les tard venus, et les derniers à témoigner dans la séquence des suites de la Strophe. Mais leur amour n'est pas moins important pour autant. Il est en effet central dans ce poème de la mer. D'après la femme, par exemple, il est important et que le couple et que l'amour perdurent. Pour l'homme, l'amour permet d'entrevoir le divin, et c'est à l'apogée intime de l'amour qu'il envisage la possibilité d'une autre forme d'existence, d'une vie après la mort, d'une vie autre que celle que les hommes ont connue jusque-là. Il aperçoit ainsi le divin, et par la suite, il n'a plus peur de mourir parce qu'il sait que la vie continuera, et que la mort ne représente qu'un autre aspect de la vie. La révélation du divin ne se fait pourtant que dans l'acte amoureux, et comme l'amour n'est que la conséquence de cette force inexplicable dans l'homme qu'on nomme le désir, il s'ensuit que par le biais de l'amour le divin est lié à l'expression du désir.

Il semble même que chez Perse le désir constitue le divin en l'homme : il nous fait voir le divin parce qu'il est lui-même le divin. Or, entrevoir le divin, c'est comprendre le désir humain, c'est comprendre que le désir et le divin sont une seule et même notion. C'est pourquoi, dans les transports de l'amour, au moment précis où le désir est au plus fort, la femme peut entrevoir dans le visage de l'amant les traces de l'aigle, symbole de Zeus, symbole du divin. Mais puisque les traits de Zeus se voient dans le visage de l'homme, il faut conclure que l'homme est ainsi visité par le dieu, et que c'est au moyen du désir que le divin s'exprime chez lui. Par conséquent, le divin n'appartient pas forcément à Dieu, comme être supérieur. Il trouve sa forme et son expression chez l'homme. Il se peut que le désir vienne d'ailleurs, d'une source qui nous reste inconnue et insondable, ou qu'il soit une force qui dépasse la compréhension humaine, mais sur le plan de la connaissance il constitue le divin en l'homme.

C'est ainsi que le divin appartient à l'être humain. Comme Perse lui-même le dit : « l'étincelle du divin vit à jamais dans le silex humain »[296]. C'est ainsi que, selon Perse, la poésie nous révèle sa vérité à elle. La poésie n'est pas comme la science qui est limitée en quelque sorte par la perception de la réalité. Elle n'est pas non plus philosophie, et alors elle n'est pas gênée comme telle par les principes de la logique et de la raison humaine, bien que, selon Perse, la pensée discursive et la poésie aient une même origine. Mais cette origine reste entourée de mystère. Au dire de Perse, enfin, l'office de la poésie est justement « l'approfondissement même du mystère de l'homme »[297].

le songe

La méthode de Perse, à savoir le songe, est une méthode qui lui est particulière. Chez lui, la poésie et la gloire de l'être humain se font connaître justement à l'endroit où le songe et la réalité se rencontrent. C'est au moyen du songe que le poète remonte le temps, pour ainsi dire, afin de capturer l'essence de la vie des civilisations révolues. Il cerne ainsi le désir qui lie les êtres humains les uns aux autres et à la race humaine depuis les tout premiers débuts de la civilisation. Le désir nous rapproche les uns des autres en tant qu'êtres humains et nous révèle notre humanité et, il s'exprime sous différentes formes, sous forme de mythes, par exemple, sous forme de poème, dans les gestes des vivants, et dans les productions culturelles. Les mythes sont pour nous des récits du passé, des récits dans lesquels les aèdes d'une civilisation antique ont donné une forme au désir humain, et où la réalité rejoint le songe, le songe étant un schéma de la pensée qui nous permet de tenir compte de la réalité dans laquelle nous vivons. C'est au moyen du songe que notre poète sonde le mystère de l'âme humaine et fait porter plus loin sa connaissance de l'homme[298]. Dans son discours de Florence, en l'honneur de Dante, Perse fait un parallèle entre le poète et les « Conquérants nomades » qui savaient devancer l'histoire et transcender le temps. Pour Dante, dit-il, le « premier d'Europe et d'Occident à fonder l'homme en poésie », le songe est action, et l'action est novatrice[299].

une dernière remarque

Dans les quatre divisions principales et les cinq poèmes différents qui constituent le poème *Amers*, on trouve différents styles poétiques et différents

---

296. Saint-John Perse, « Discours de Stockholm », dans *Œuvres complètes*, *op. cit.*, p. 445.
297. *Ibid.*, p. 444-445.
298. C'est la raison pour laquelle nous ne sommes pas d'accord avec Colette Camelin qui oppose le réel au songe chez Perse et dit qu'il s'agit pour Perse « de retrouver le pouvoir humain en revitalisant l'action au détriment du songe » (*Saint-John Perse L'imagination créatrice*, Paris, Harmann Éditeurs, 2007, p.57). À notre sens le songe est un aspect fondamental de la poésie de Perse.
299. Saint-John Perse, *Œuvres complètes*, *op. cit.*, pp. 457-458.

objectifs. Dans l'Invocation, par exemple, le poète nous offre une véritable ode à la mer et il évoque son inspiration et son désir de faire un poème sur la mer. Dans les suites I à VIII de la Strophe, il nous raconte les tentatives des femmes de se libérer des contraintes morales qui pendant longtemps ont réprimé leur sexualité et leur désir de vivre. Dans « Étroits sont les vaisseaux » le poète nous fait connaître le plaisir et le bonheur de vivre que la liberté et l'amour peuvent offrir à l'homme. L'amour est en effet l'expression du désir dans l'âme humaine. Afin de profiter pleinement de la vie il faut alors savoir libérer son désir et pour ainsi dire vivre jusqu'au bout. Dans le Chœur le poète nous chante la gloire et le délire du triomphe de l'amour et de la vie, le langage du poète s'unifiant avec la chose qu'il nomme, symbolisant par là le rapport de l'individu avec le tout. Et pour sa part, la Dédicace reprend la notion de midi, symbole de l'activité humaine, et elle chante la gloire de la créativité humaine.

Le poème de Perse doit enfin se lire également comme une tentative pour faire avancer la connaissance humaine, entre les deux pôles du particulier et de l'universel, entre l'individu et le tout. D'après le poète, la poésie est comme un ancien rite de feu où l'offrande était faite dans les deux sens, aux deux ordres à la fois car, bien que le poète puisse se vouloir autonome, il ne peut faire autrement que de témoigner de l'unanimité[300]. Dans *Amers*, la tension entre d'une part le particulier, à savoir la liberté personnelle et le plaisir qui ne peuvent être que subjectifs, et d'autre part la transcendance occasionnée par l'union des amants et la disparition de l'individu dans l'espèce semble plutôt se résoudre en faveur de l'universel.

Or, le développement des libertés personnelles et des droits de l'homme se poursuit depuis plusieurs décennies déjà, mais il se poursuit à l'intérieur d'un groupe social que tous les individus doivent en quelque sorte respecter et protéger. Il faut renoncer à certaines libertés si celles-ci sont jugées néfastes pour le tissu social. De même, certaines pratiques sociales peuvent gêner le développement individuel sans pour autant avancer la cohésion sociale. Ce seraient alors des pratiques néfastes et oppressives contre lesquelles il faudrait lutter. Mais si c'est dans les transports de l'amour que le divin se fait voir, et si l'amour est une action humaine qui mène à la gloire, il faudrait dire que c'est dans l'abandon de soi que l'être se découvre et réalise sa plus grande liberté. C'est lorsque le désir de se dépasser et d'aller plus loin aboutit à la perte de la conscience individuelle que l'être découvre l'immortalité et peut tirer enfin une barre sur l'angoisse que provoque en lui la certitude de sa propre mort. Dans l'importance que Perse accorde à l'amour, et dans l'appartenance de l'individu à l'espèce, on peut voir un contre-courant de ce qu'on peut appeler aujourd'hui le culte de l'individualisme.

---

300. *Ibid.*, p. 455.

Bibliographie sélective

œuvres de Saint-John Perse

« Colloque avec des écrivains suédois », Stockholm, décembre 1960, Fondation Saint-John Perse.

Œuvres Complètes, Paris, Gallimard, 1972, 1982.

ouvrages critiques

Aigrisse, Gilberte. *Saint-John Perse ses mythologies*, Paris, Éditions Imago, 1992.

Baker, Peter. *Obdurate Brilliance. Exteriority and the Modern Long Poem*. Gainesville, USA, University of Florida Press, 1991.

Bernabe, Yves. « Parole et pouvoir dans la poésie de Saint-John Perse », dans Henriette Levillain et Mireille Sacotte, *Saint-John Perse : Antillanité et Universalité*, Paris, Éditions Caribéennes, 1988, pp. 33-43.

Caillois, Roger. *Poétique de Saint-John Perse*, Paris, Gallimard, 1954.

Camelin, Colette. *Éclat des contraires : la poétique de Saint-John Perse*, Paris, CNRS Éditions, 1998.

Camelin, Colette. « Notre Spinoza, la pensée du corps dans la poétique de Saint-John Perse », *Souffle de Perse* 5/6, 1995, pp. 164-179.

Camelin, Colette. *Saint-John Perse L'imagination créatrice*, Paris, Harmann Éditeurs, 2007.

Camelin, Colette et Joëlle Gardes Tamine. *La « Rhétorique profonde » de Saint-John Perse*, Paris, Éditions Champion, 2002.

Castin, Nicolas. *Sens et sensible en poésie moderne et contemporaine*, Paris, PUF, 1998.

Chehab, May. *Saint-John Perse, neveu de Nietzsche*, Paris, Éditions Champion, 2009.

Clair Pillet, Benoît « Étude de 'Dédicace' dans *Amers* de Saint-John Perse », *Souffle de Perse* 4, 1994, pp. 16-18.

Clerc, Gabrielle. *Saint-John Perse ou de la poésie comme acte sacré*, Neuchâtel, les Éditions de la Baconnière, 1990.

Coss-Humbert, Élisabeth. *Saint-John Perse. Poésie, science de l'être*, Nancy, Presses universitaires de Nancy, 1993.

Frédéric, Madeleine. *La Répétition et ses structures dans l'œuvre de Saint-John Perse*, Paris, Gallimard, 1984.

Galand, René. Saint-John Perse, New York, Twayne Publishers, Inc., 1972.

Gardes Tamine, Joëlle et al. *Saint-John Perse sans masque : lecture philologique de l'œuvre*, La Licorne, Presses universitaires de Rennes, 2002, 2006.

Girard, Alain. « Le Mallarmé de Saint-John Perse », *Souffle de Perse* 5/6, 1995, pp. 79-95.

Guerre, Pierre. *Portrait de Saint-John Perse*, textes établis, réunis et présentés par Roger Little, Marseille, Sud, 1989.

Henry, Albert. « *Amers » de Saint-John Perse*, édition revue, Fondation Saint-John Perse, Éditions Gallimard, 1963, 1981.

Henry, Albert. « Lettre de Alexis Léger sur le panthéisme », *Souffle de Perse* 3, 1993, pp. 13-20.

Hurst, André. « Sur un passage d'*Amers* : la culture grecque comme élément de savoir intégré », *Espaces de Saint-John Perse* 1-2, 1979, pp. 213-227.

Kemp, Friedhelm. « *Annotations* de SJP », *Cahiers Saint-John Perse*, 6, 39-131.

Kocay, Victor. « Drama between earth and skies : Nietzsche, Saint-John Perse, Yves Bonnefoy », in A.-T. Tymieniecka, ed., *Analecta Husserliana*, 115, 2015, pp. 175-182.

Kocay, Victor. « L'analogie : démon ou astuce ? Image et pensée chez Saint-John Perse », in *Poésie, Langue, Désordre, Dalhousie French Studies,* Winter 2014, pp. 149-156. *Cf.*, Kocay, Victor, éd. *Poésie – Langue – Désordre*, Saarbrücken, Éditions Universitaires Européennes, 2017.

Kocay, Victor. « Saint-John Perse, 'mauvaise conscience de son temps' », *French Review*, 3, 89, 2016, pp. 124-135.

Kocay, Victor. « Sur la généalogie d'*Amers* de Saint-John Perse », *Dalhousie French Studies*, 2012, pp. 33-47.

Kocay, Victor. *Une étude des derniers poèmes de Saint-John Perse, lauréat du prix Nobel*, New York, Edwin Mellen Press, 2014.

Labasthe-Marne, Pierrette. « De la couleur à la trace, une page tableau : Dédicace d'*Amers* », *Souffle de Perse* 5/6, 1995, pp. 223-237.

Levillain, Henriette. *Le Rituel poétique de Saint-John Perse*, Paris, Gallimard, 1977.

Levillain, Henriette et Mireille Sacotte. *Saint-John Perse : Antillanité et Universalité*, Paris, Éditions Caribéennes, 1988.

Mayaux, Catherine. *Les « Lettres d'Asie » de Saint-John Perse, Cahiers Saint-John Perse* Paris, Gallimard, 1994.

Mayaux, Catherine. *Saint-John Perse lecteur-poète*, Berne, Peter Lang SA, 2006.

Noulet, Émilie. « Saint-John Perse et Mallarmé », *Europe*, avril - mai, 1976.

Perregaux, Béatrice. « *Amers* de Saint-John Perse », *Cahiers du Sud*, 57, 1964, pp. 276-284.

Perrin, Patrick. *Étude symbolique, mythologique, botanique et thérapeutique des végétaux cités dans « Amers » de Saint-John Perse*, Fondation Saint-John Perse.

Rieuneau, Maurice. « 'Langage que fut la poétesse' La Pythie selon Saint-John Perse », *Cahiers du 20e siècle* 7, 1976, pp. 104-114.

Ryan, Marie-Laure. *Rituel et poésie : une lecture de Saint-John Perse*, Berne, Éditions Peter Lang, 1977.

Sacotte, Mireille. *Parcours de Saint-John Perse*, Paris, Genève, Champion-Slatkine,1987.

Sacotte, Mireille. *Saint-John Perse*, Paris, Pierre Belfond, 1991.

Saillet, Maurice. *Saint-John Perse poète de gloire*. Paris, Mercure de France, 1947, 1952.

Van Rutten, Pierre. *Le Langage poétique de Saint-John Perse*, The Hague, Paris, Mouton, 1975.

Ventresque, Renée. *Saint-John Perse dans sa bibliothèque*, Paris, Éditions Champion, 2007.

Ventresque, Renée. « Saint-John Perse, un grand poète du XIXe siècle : l'héritage de Mallarmé », *Souffle de Perse* 5/6, 1995, pp. 96-105.

Windspur, Steven. *Saint-John Perse and the Imaginary Reader*, Genève, Librairie Droz, 1988.

Yoyo, Émile. *Saint-John Perse et le conteur*, Paris, Bordas, 1971.

autres ouvrages cités

Belfiore, Jean-Claude. *Dictionnaire de mythologie grecque et romaine*, Paris, Larousse, 2003.

Collectif, *Les Penseurs grecs avant Socrate*, traduction, introduction et notes par Jean Voilquin, Paris, GF Flammarion, 1964.

Comte, Fernand. *Larousse des mythologies du monde*, Paris, Larousse, 2004.

Delcourt, M. *L'Oracle de Delphes*, Paris, Payot, 1955, 1981.

Eschyle. *Théâtre complet*, traduction, notices et notes par Émile Chambry, Paris, GF Flammarion, 1964.

Graves, Robert. *The Greek Myths*, London, The Folio Society, 1955, 2001.

Hésiode. *Théogonie, Les Travaux et les jours. Hymnes homériques*, texte traduit, présenté et annoté par Jean-Louis Backès, Paris, Gallimard, 2001.

Homère. *L'Iliade*, traduction, introduction et notes par Eugène Lasserre, Paris, Garnier Frères, 1965.

Héraclite. *Fragments*, traduction et présentation par Jean-François Pradeau, Paris, GF Flammarion, 2002, 2004.

Klossowski, Pierre. « Introduction », dans F. Nietzsche, *Le Gai Savoir*, Paris, Union Générale d'Éditions, 1957.

Nietzsche, Friedrich. *Le Gai Savoir*, traduit par Pierre Klossowski, Paris, Gallimard, 1956, 1982.

Nietzsche, Friedrich. *La Naissance de la tragédie*, traduite par Michel Haar, Philippe Lacoue-Labarthe et Jean-Luc Nancy, Paris, Gallimard, 1977.

Nietzsche, Friedrich. *La Volonté de puissance*, I et II, traduite par Geneviève Bianquis, Paris, Gallimard, 1995

Otto, Walter Friedrich. *L'Esprit de la religion grecque ancienne*, traduit par Jean Lauxerois et Claude Roëls, Paris, Berg International, 1975, 1995.

Pindar. *The Odes of Pindar,* introduction and translation by Sir John Sandys, Cambridge, Mass., London, Harvard University Press, William Heineman Ltd., 1915, 1937.

Platon. *Phèdre*, « Notice » de L. Robin, texte établi par C. Moreschini, traduit par P. Vicaire, Paris, Les Belles Lettres, 1985, 1994.

Spinoza. *Éthique*, traduction et notes par Charles Appuhn, Paris, Garniers-Frères, 1965.

Jacques Sojcher, *La Question et le sens Esthétique de Nietzsche*, Paris, Aubier Montaigne, 1972.

Vernant, Jean-Pierre, *Mythe et pensée chez les Grecs*, Paris, La Découverte, 1965, 1996.

Vernant, Jean-Pierre et Pierre Vidal-Naquet, *Mythe et tragédie en Grèce ancienne, I, II,* Paris, La Découverte, 2001.

Veyne, Paul. *L'Empire gréco-romain*, Paris, Éditions du Seuil, 2005.

Virgile. *L'Énéide*, traduction, chronologie, introduction et notes par Maurice Rat, Paris, Flammarion, 1965.

Index Nominum

Index des mythes et légendes

TABLE DES MATIÈRES

Zeitfracht Medien GmbH
Ferdinand-Jühlke-Straße 7
99095 Erfurt, Deutschland
produktsicherheit@kolibri360.de